RATIONALISIERUNG IM KRANKENKASSEN-WESEN

BEARBEITET VOM ÖKW-ARBEITSAUSSCHUSS
„RATIONALISIERUNG IM KRANKENKASSEN- UND VERSICHERUNGSWESEN“

HERAUSGEGEBEN VOM
ÖSTERREICHISCHEN KURATORIUM FÜR WIRTSCHAFTLICHKEIT

Springer-Verlag Wien GmbH 1932

ISBN 978-3-662-34806-2 ISBN 978-3-662-35131-4 (eBook)
DOI 10.1007/978-3-662-35131-4

Ursprünglich erschienen bei Österreichisches Kuratorium Für Wirtschaftlichkeit, Wien 1932

Vorwort.

Die gegenwärtig auf einen Tiefpunkt gesunkene Ertragsfähigkeit der österreichischen Wirtschaft macht die ökonomische Verwendung der für die Zwecke der Sozialversicherung bereitgestellten Mittel zur ersten Voraussetzung für den ungefährdeten Weiterbestand ihrer Einrichtungen. Diese Erkenntnis gab dem Österreichischen Kuratorium für Wirtschaftlichkeit den begründeten Anlaß, seine Untersuchungen auch auf dieses Gebiet zu erstrecken.

Durch ihre praktischen Auswirkungen greift die Sozialversicherung stärkstens in das allgemeine Wirtschaftsleben ein. Zunächst die Produktionskosten erhöhend, gelangen bedeutende Teile der für die Sozialversicherung eingehobenen Mittel durch die Art ihrer Verwendung in der Folge wieder in den ständigen Güterkreislauf. Besonders umfassend erfolgt dies in der öffentlich-rechtlichen Krankenversicherung, weil in dieser außer Geldleistungen auch in sehr bedeutendem Umfange Sachleistungen erforderlich werden. Der von den Trägern der gesetzlichen Krankenversicherung getätigte jährliche Umsatz bezifferte sich in Österreich im Jahre 1930 auf rund 193 Millionen Schilling. Die Verwendung dieses für die Volkswirtschaft wesentlichen Betrages im einzelnen hängt stark von der leistungspolitischen Einstellung der autonom verwalteten Versicherungsträger ab. Es ist daher klar, daß Versuche, die Betriebsführung in der Sozialversicherung zu rationalisieren, nicht auf die zweckdienliche Umgestaltung und richtige Handhabung des Verwaltungsapparates ihrer Träger allein gerichtet sein dürfen, sondern auch den Geist, in dem verwaltet wird, und die Lösung von Grundfragen zum Gegenstande der kritischen Betrachtung machen müssen. Richtigerweise hat sich auch der zum Studium der Frage der Rationalisierung des Krankenkassenwesens eingesetzte Arbeitsausschuß des Kuratoriums von dieser Anschauung leiten lassen und in breiter Front alle Fragen aufgerollt, die im Zusammenhange mit dem Rationalisierungsproblem aktuelles Interesse beanspruchen dürfen.

Um den Weg für eine positive Arbeit freizulegen, fiel dem Krankenkassenausschuß zunächst die wichtige Aufgabe zu, sich eingehend mit den Angriffen zu befassen, denen das bestehende Versicherungssystem und die von den Krankenkassen geübte Praxis in der Öffentlichkeit vielfach begegnen. Ein erstes Ziel seiner Tätigkeit bildete daher die Feststellung, inwieweit die erhobenen Anwürfe in den Tatsachen begründet sind. Die Zusammensetzung des Ausschusses, dem Vertreter aller in Betracht kommenden Interessentengruppen angehörten, ließ dabei die Erwartung berechtigt erscheinen, daß dieses Ziel erreicht werden könne.

Eine Erörterung strittiger Fragen in diesem Kreis mußte notwendig zu einem Aufeinanderprallen grundsätzlich verschiedener Meinungen führen. Dies konnte der Klarstellung solcher Fragen nur förderlich sein. Dem letzteren Zwecke sollten vor allem die von einer Reihe von Ausschußmitgliedern zu den einzelnen Diskussionspunkten ausgearbeiteten Referate dienen, die den Hauptgegenstand dieser Veröffentlichung bilden.

Einer besonders schwierigen Aufgabe sah sich der Ausschuß bei seinem Bemühen gegenübergestellt, hinsichtlich der verschiedenen Probleme zu einer möglichst einheitlichen Stellungnahme des Ausschusses zu gelangen. Inwieweit dieses Bemühen positiven Erfolg hatte, geht aus den vom Ausschusse beschlossenen Resolutionen hervor, deren Annahme fast in allen Fällen einstimmig erfolgte. Es handelte sich dabei vielfach darum, eine mittlere Linie zu finden. Die Erfüllung dieser Aufgabe wurde dadurch erleichtert, daß auf allen Seiten ein aufrichtiger Wille zur Verständigung vorhanden war. Daß in diesen Resolutionen auf manche offene Wunde der Finger nur behutsam gelegt wurde, ist dem begreiflichen Bestreben nach Wahrung wirklicher oder vermeintlicher Sonderinteressen zugute zu halten, das sich in kontroversen Fragen oft mit starkem Nachdruck geltend gemacht hat.

Der ÖKW-Krankenkassenausschuß hat durch seine Tätigkeit, über die rein kritische Würdigung der bestehenden Einrichtungen hinausgehend, eine Fülle wertvoller Anregungen zutage gefördert. Das Österreichische Kuratorium für Wirtschaftlichkeit hofft, daß das Ergebnis dieser Tätigkeit den Ausgangspunkt für eine weitere Diskussion über die auf dem Gebiete des Krankenkassenwesens bestehenden Rationalisierungsmöglichkeiten bilden und damit die Grundlagen für eine zeitgemäße gesunde Reform der öffentlichrechtlichen Krankenversicherung schaffen helfen wird.

Der Antrag zur Einberufung des ÖKW-Arbeitsausschusses „Rationalisierung im Krankenkassen- und Versicherungswesen“ erfolgte im ÖKW-Vorstand durch dessen

Mitglied Dr. Ing. Bruno Bauer, der bei der Ausschußkonstituierung einstimmig zum Vorsitzenden gewählt wurde. Den Bemühungen des Ausschußobmannes verdankt das ÖKW den erfolgreichen Abschluß dieser Arbeiten; ihm gilt hiefür der aufrichtigste Dank des Kuratoriums. Besonderer Dank gebührt aber auch dem Delegierten des Bundesministeriums für soziale Verwaltung, Sektionschef Rudolf Schromm, dessen Bemühungen den Ausschußarbeiten über manche schwierige Klippe hinweggeholfen haben, ferner allen Mitgliedern des Krankenkassenausschusses, insbesondere jenen, die sich der Ausarbeitung der Referate gewidmet haben.

Die Arbeiten dieses Ausschusses haben den Beweis erbracht, daß es — soferne der aufrichtige Wille zur Verständigung besteht — durchaus möglich ist, auch schwierige und kontroverse, sozusagen agitationsbedrohte Wirtschaftsprobleme unsachlicher, demagogischer Behandlung zu entrücken und unter Berücksichtigung der Interessen aller Kreise der Bevölkerung auf ihre Wirtschaftlichkeit zu untersuchen und sachlich zu fördern. Dafür, daß die Arbeiten des Krankenkassenausschusses in diesem Geiste geführt werden konnten, weiß das Kuratorium dem Vorsitzenden und den Ausschußmitgliedern besonderen Dank.

Wien, im Mai 1932.

Ernst Streeruwitz,
Geschäftsführender Vorsitzender des ÖKW.

Inhaltsverzeichnis.

Seite

Organisation: ÖKW-Präsidium, ÖKW-Arbeitsausschuß „Rationalisierung im Krankenkassen- und Versicherungswesen“ und ÖKW-Geschäftsstelle 8

Referate der Ausschußmitglieder:

1. Mängel des österreichischen Sozialversicherungswesens.
   Von Dr. Leopold Bermann 13
2. Die Krankenversicherung der Arbeiter vom Standpunkt der Arbeiterkrankenkassen.
   Von Direktorstellvertreter Stephan Huppert 27
3. Rationalisierung des Krankenkassen- und Versicherungswesens (Angestelltenversicherungskassen).
   Von Ing. Fritz Jordan 35
4. Die Krankenversicherung der öffentlichen Angestellten in Österreich unter besonderer Berücksichtigung der Krankenversicherungsanstalt der Bundesangestellten.
   Von Generaldirektor Dr. Alfred Korschinek . . . 57
5. Allgemeine ärztliche Gesichtspunkte zur Frage der Rationalisierung der österreichischen Krankenversicherung.
   Von Medizinalrat Dr. med. Camillo Lill 89
6. Kritik an der sozialen Krankenversicherung und ihren derzeitigen Systemen.
   Von Dr. med. Josef Alexander Lipiner 101
7. Gedanken zur Reform der Sozialversicherung.
   Von Dr. Bruno Mathis 133
8. Konzentration in der Angestelltenversicherung.
   Von Zentralinspektor Leopold Mühlberger . . . 153
9. Anvertrautes Gut in der Sozialversicherung.
   Von Zentralinspektor Leopold Mühlberger 185
10. Überkonsum in der Sozialversicherung.
    Von Zentralinspektor Leopold Mühlberger . . . 199

Seite

11. Kritik an der Krankenversicherungsanstalt der Bundesangestellten.
Von Hofrat Theodor Nechwalsky 215

12. Kritische Betrachtungen zur österreichischen Sozialversicherung
Von Hofrat Dr. Edmund Palla 235

13. Reform der Sozialversicherung.
Von Dr. Theodor Schneider 255

14. Kritik und Vorschläge zum Angestelltenversicherungsgesetz 1928.
Von Direktor Alfred Sponner 273

15. Die Krankenversicherung der Landarbeiter.
Referat der Zentralkommission der christlichen Gewerkschaften Österreichs 291

16. Die Unfall- und Invalidenversicherung der Land- und Forstarbeiter.
Referat der Zentralkommission der christlichen Gewerkschaften Österreichs 301

17. Zur Information der Mitglieder des ÖKW-Krankenkassenausschusses:
Beitrags- und Versicherungsaufwand in der österreichischen Sozialversicherung im Jahre 1930.
Von Sektionschef Rudolf Schromm 307

Zusammenfassender Bericht über das Ergebnis der Beratungen des Ausschusses, einschließlich der 10 Resolutionen des Ausschusses zu den Fragepunkten:
Krankengeld, Arzthilfe, Heilmittel, Erweiterte Heilfürsorge, Leistungen aus außerordentlichen Fonds, Ambulatorien, Einkommensgrenze, Bagatellschäden und Schadensversicherung, Einbau des Spargedankens, Verwaltung 322

Liste der ÖKW-Veröffentlichungen, Stand 15. Mai 1932 332

Organisation.

Präsidium des Österreichischen Kuratoriums für Wirtschaftlichkeit:

Ernst Streeruwitz, Bundeskanzler a. D., geschäftsführender Vorsitzender des ÖKW, Präsident der Kammer für Handel, Gewerbe und Industrie in Wien.

Josef Reither, Präsident der n.-ö. Landes-Landwirtschaftskammer, Landeshauptmannstellvertreter von Niederösterreich.

Karl Weigl, Präsident der Kammer für Arbeiter und Angestellte in Wien, Vizepräsident des Wiener Landtages und Gemeinderates.

Zusammensetzung des Kuratoriumausschusses „Rationalisierung im Krankenkassen- und Versicherungswesen".

Stand Februar 1932.

Obmann:

Baurat Dr.-Ing. Bruno Bauer, Präsident der Ingenieurkammer für Wien, Niederösterreich und das Burgenland.

Mitglieder:

Dr. Leopold Bermann, Sekretär der Kammer für Handel, Gewerbe und Industrie in Wien.

Dr. Rudolf Brichta, Erster Sekretär des Gremiums der Wiener Kaufmannschaft.

Dr. med. Oskar Bürger, em. Univ.-Assistent, frei praktizierender Facharzt.

Medizinalrat Dr. med. August Burkhard, Vertreter der wirtschaftlichen Organisation der Ärzte Wiens.

Dr. med. Arnold Czech, em. Chefarzt der Versicherungskasse für kaufmännische Angestellte.

Dr. Engelbert Dollfuß, Bundesminister für Land- und Forstwirtschaft.

Dr. Franz Eidlitz, Sekretär der Hauptstelle gewerblicher Arbeitgeberverbände.

Dr. René Gerber, Generalsekretär des Österreichischen Verbandes der Versicherungsanstalten.

Magister Gustav H u m m e r, Obmann der Versicherungsanstalt für Pharmazeuten.

Stephan H u p p e r t, Direktorstellvertreter der Arbeiterkrankenversicherungskasse Wien.

Ing. Fritz J o r d a n, Leitender Beamter der Versicherungskasse für Industrieangestellte in Wien.

Ministerialrat Dr. Alfred K o r s c h i n e k, Generaldirektor der Krankenversicherungsanstalt der Bundesangestellten.

Leopold L a n g e r, Präsident des Gremiums der Wiener Kaufmannschaft.

Medizinalrat Dr. med. Camillo L i l l, Chefarzt der Städtischen Gaswerke, Vertreter des Verbandes der Kassenärzte.

Dr. med. Josef Alexander L i p i n e r, frei praktizierender Facharzt.

Regierungsrat Karl L o i d l, Direktor der Landwirtschaftskrankenkasse und Landarbeiterversicherungsanstalt in Steiermark.

Dr. Eugen M a r g a r é t h a, Sekretär des Wiener Industriellen-Verbandes.

Leopold M ü h l b e r g e r, Zentralinspektor der Hauptanstalt für Angestelltenversicherung.

Dr. med. Karl N a r b e s h u b e r, Präsident des Reichsverbandes österreichischer Ärzteorganisationen.

Hofrat Theodor N e c h w a l s k y, Obmann des Schutzverbandes der bei der Krankenversicherungsanstalt der Bundesangestellten Versicherten.

Hofrat Dr. Edmund P a l l a, Generalsekretär der Kammer für Arbeiter und Angestellte in Wien.

Medizinalrat Dr. med. Eugen P e t c o, Facharzt, Obmann der Wirtschaftlichen Organisation der Ärzte Wiens.

Dr. Theodor S c h n e i d e r, Sekretär des Hauptverbandes der Industrie Österreichs.

Univ.-Prof. Dr. Richard S t r i g l, Sekretär der Industriellen Bezirkskommission Wien.

Alfred S p o n n e r, Direktor der Versicherungsanstalt für Angestellte in der Land- und Forstwirtschaft.

Ing. Oskar T a u s s i g, beh. aut. Ing.-Konsulent.

Medizinalrat Dr. med. Georg W e i n l ä n d e r, frei praktizierender Arzt.

Delegierte der Bundesministerien:

Bundesministerium für soziale Verwaltung:
Sektionschef Rudolf Schromm.

Bundesministerium für Handel und Verkehr:
Ministerialrat Dr. Hans Kuttelwascher.

Bundesministerium für Land- und Forstwirtschaft:
Hofrat Dr. Alexander Reichmann (in seiner Vertretung Ministerialsekretär Peter Null).

Bundesministerium für Unterricht:
Ministerialrat Dr. Ludwig Haberer.

Bundesministerium für Heerwesen:
Generalintendant Nikolaus Levnaić-Iwański.

Geschäftsstelle des Österreichischen Kuratoriums für Wirtschaftlichkeit:

(Wien, I., Stubenring 8—10, Fernruf R 23-500 und R 25-005)

Geschäftsführer: Dr. u. Ing. Günter Bandat, Rechtskonsulent der Kammer für Handel, Gewerbe und Industrie in Wien, Mitglied des ÖKW-Vorstandes.

Stellvertreter des Geschäftsführers: Ing. Rudolf Teufelberger.

Referate der Ausschußmitglieder.

Mängel
des österreichischen Sozialversicherungswesens.

Referat für den ÖKW-Krankenkassenausschuß

erstattet von

Dr. Leopold Bermann,
Sekretär der Kammer für Handel, Gewerbe und Industrie in Wien.

Inhaltsverzeichnis.

Seite

I. Einleitung: Bestrebungen zur Reformierung des österreichischen Sozialversicherungswesens 15

II. Krankenversicherung 16

1. Umfang der Versicherung 16
   a) Einkommensgrenze 16
   b) Familienversicherung 16
   c) Versicherung der Heimarbeiter und Hausgehilfen . . 17
   d) Doppelversicherung 17
2. Verwaltung der Versicherungsträger 17
   a) Ausmaß der Verwaltungskörper 17
   b) Kosten der Verwaltung 18
   c) Entlohnung der Versicherungsbeamten 19
   d) Vertretung der Arbeitgeber und Arbeitnehmer in den Verwaltungskörpern 19
3. Versicherungsleistungen 20
   a) Verminderung der Mehrleistungen (des Überkonsums) 21
   b) Leistungen aus besonderen Fonds, Verwendung von Reserven 22

III. Unfallversicherung 23

1. Einbeziehung von Betrieben niederer Gefahrenkategorie . 23
2. Notwendigkeit einer Novellierung der Gefahrenklassifikation 23

IV. Arbeitslosenversicherung 24

1. Der Versichertenkreis 24
2. Versicherungsdauer, -höhe und -kontrolle 24

V. Angestellten- und Altersversicherung . . 25

VI. Schluß: Notwendigkeit der Reform zur Verminderung der sozialen Belastung in Österreich 25

I. Einleitung.

Die Bestrebungen, das österreichische Sozialversicherungswesen zu reformieren, reichen bereits auf eine geraume Zeit zurück. Als bedeutsame, zugleich aber vielumstrittene Versuche, zur Verbesserung der Verhältnisse in der Sozialversicherung sind vor allem das Krankenkassenorganisationsgesetz und die Übernahme einer Reihe von grundlegenden Bestimmungen des Arbeiterversicherungsgesetzes in das geltende Krankenkassenrecht zu bezeichnen. Diese Versuche, die Sozialversicherung leistungsfähiger zu gestalten und gewisse Mängel abzuschaffen, haben, wie vorweg festgestellt werden muß, ihr Ziel auch nicht annähernd erreicht. Nach wie vor weisen der Aufbau der Sozialversicherungsinstitute und die Geschäftsführung im einzelnen eine Reihe von Unvollkommenheiten auf, die den Wert dieser Einrichtungen erheblich schmälern, deren Kosten über Gebühr erhöhen und auf diese Weise, da sie die Unzufriedenheit aller an den verschiedenen Kassen und Instituten irgendwie beteiligten Kreise wachrufen und erhalten, für den Bestand der Sozialversicherungsinstitute eine nicht zu unterschätzende Gefahr bedeuten. Es ist daher durchaus begreiflich, daß bereits von vielen Seiten die Mängel der erwähnten Einrichtungen aufgezeigt und Vorschläge zu deren Abstellung erstattet wurden. In diesem Zusammenhange muß besonders auf die Anträge des VIII. Handelskammertages vom Februar 1930 verwiesen werden, die eine Reihe von Ersparungsmaßnahmen auf dem Gebiete der Sozialversicherung zur öffentlichen Erörterung gestellt haben. Die im Frühjahr 1930 vorgelegte Regierungsvorlage für eine Reform der Arbeitslosenversicherung (XXIV. Novelle) hat die gegebenen Anregungen aufgeriffen, ist aber — sehr zum Schaden der Sache — bisher bekanntlich nicht Gesetz geworden. Da die Regierung nunmehr dem allgemeinen Verlangen nach Reform der Sozialversicherung anscheinend in der nächsten Zeit Rechnung zu tragen gedenkt, darf eine neuerliche und ausführliche Darlegung der bestehenden Mängel, wie sie das Österreichische Kuratorium für Wirtschaftlichkeit in die Wege geleitet hat, als besonders zeitgemäße Unterstützung dieses Vorhabens bezeichnet werden und wird unzweifelhaft zur Klärung der Meinungen über die zwischen Arbeitgebern und Arbeitnehmern außerordentlich kontroversen Fragen, die diesen Zweig öffentlicher Fürsorge betreffen, wesentlich beitragen.

II. Krankenversicherung.

1. Umfang der Versicherung a) Einkommensgrenze

Neben der Arbeitslosenversicherung ist die Krankenversicherung als Grundlage der gesamten Sozialversicherung in erster Linie reformbedürftig. Es ist daher wohl angebracht, vorerst diese Einrichtung einer Betrachtung zu unterziehen. Als einer der wesentlichsten Mängel der Krankenversicherung in ihrer heutigen Gestalt ist es zu bezeichnen, daß der Kreis der ihr unterworfenen versicherungspflichtigen Personen viel zu weit gezogen ist. Es besteht unzweifelhaft für breite Schichten der heute von der Krankenversicherung erfaßten Personen kein wirkliches Versicherungsbedürfnis. Besonders bei den Angestellten, und hier wieder in erster Linie bei den besser bezahlten Angestellten, ist keine Notwendigkeit vorhanden, gegen jedes Krankheitsrisiko versichert zu sein. Ein Angestellter mit mehr als 600 S monatlich Verdienst ist in der Regel imstande, die Kosten einer ärztlichen Behandlung selbst zu tragen und wird von der Versicherung per Saldo keinen Vorteil ziehen. Daß diese guten Risken dennoch in die Versicherung miteinbezogen sind, mag vielleicht im Interesse der minderbesoldeten Angestellten liegen — obgleich hieraus keine fühlbare Ermäßigung des Beitrages erwächst —, läßt sich aber mit sozialpolitischen Erwägungen hinsichtlich der besser bezahlten Angestellten nicht rechtfertigen. Wenn eine Krankenversicherung für diese Kategorie von Angestellten einen Sinn haben soll, so kann es sich höchstens um eine ausgesprochene Katastrophenversicherung handeln.

b) Familienversicherung

Einer Einschränkung bedarf die Krankenversicherung weiters bezüglich der Familienmitglieder. Besonders in der Angestelltenversicherung erreichen die Kosten der Familienversicherung ein solche Höhe, daß sie die Gebarung der Kassen ernstlich gefährden. Im Durchschnitt wird hiefür über ein Viertel der gesamten zur Verfügung stehenden Mittel verausgabt, in einzelnen Fällen steigt der Prozentsatz auf 38,8% (Burgenland), in einem Fall sogar auf 50,95% (Vorarlberg). Die Kosten der Familienversicherung übersteigen im Jahre 1929 bei jeder Kasse um ein beträchtliches alle übrigen Teilkosten. Der Rahmen der Familienversicherung in der Krankenversicherung muß als viel zu weit gespannt bezeichnet werden. Es wäre verständlich, wenn für die Ehegattin und die Kinder Familienversicherung eingeräumt worden wäre, daß aber auch Stiefkinder, Enkel, Eltern, Großeltern und die Wirtschaftsführerin hierin miteinbezogen sind, läßt sich weder nach der Lage der Kasse, noch vom Gesichtspunkt des unbedingten Bedarfes nach einer solchen Einrichtung vertreten.

c) Versicherung der Heimarbeiter und Hausgehilfen

Der Umfang der Versicherungspflicht ist aber auch zu groß bezüglich einer Reihe von Beschäftigten, die, wie z. B. Heimarbeiter und Hausgehilfen, in das ganze System der Krankenversicherung nicht recht hineinpassen. Nicht ohne Grund wurde mit der Einbeziehung der Heimarbeiter und Hausgehilfen in die Versicherung geraume Zeit zugewartet. Trotz der bis dahin gesammelten Erfahrung muß die heute geltende Ordnung für diese Kategorie von Arbeitern als nicht besonders glücklich bezeichnet werden. Die Einführung einer Einkommengrenze als Merkmal für die Versicherungspflicht ist für Angestellte, die ein im wesentlichen gleichbleibendes Einkommen beziehen, zweckmäßig, für Heimarbeiter, deren Lohn ja fast immer nach dem Akkordsystem berechnet wird und außerordentlich schwankt, ist eine solche Abgrenzung nur schwer anwendbar.

d) Doppelversicherung

Einen besonders schweren Konstruktionsfehler der Krankenversicherung muß man weiters in der heute unvermeidlichen Doppelversicherung erblicken. Da die Krankenversicherungsgesetze nicht darauf Rücksicht nehmen, ob ein Bediensteter nicht etwa bereits bei einer anderen Kasse versichert ist, ergibt sich der für den Angestellten oder Arbeiter ungünstige Zustand, daß er für ein- und dieselbe Leistung zweimal bezahlen muß. So müssen z. B. alle Bundespensionisten, die ja bei der Krankenversicherungsanstalt der Bundesangestellten versichert sind, für den Fall, als sie irgend eine bezahlte Beschäftigung versehen, bei der betreffenden Angestellten- oder Arbeiterkrankenkasse neuerlich versichert werden. Wenn aber überdies die Gattin etwa als Heimarbeiterin oder sonstwie beschäftigt ist, so hat auch sie die Krankenversicherungsbeiträge zu bezahlen, obgleich sie bereits durch ihren Gatten zweimal in die Familienversicherung mit einbezogen ist. Zur Rechtfertigung dieser Doppel- und Dreifach-Versicherung wird von amtlichen Stellen meist angeführt, daß man damit vermeiden will, das Doppelverdienertum zu fördern. Dem ist entgegenzuhalten, daß Krankenversicherungsgesetze nicht dazu bestimmt sind, andere sozialpolitische Nebenwirkungen zu erzielen, sondern den Zweck haben, einem wirklich vorhandenen Bedürfnis nach einer Versicherung zu entsprechen. Jede mehrfache Versicherung ist vom Standpunkt der Betroffenen aber ein Unrecht und ruft Widerstand und Abneigung gegen sozialpolitische Schutzgesetze hervor.

2. Verwaltung der Versicherungsträger.

a) Ausmaß der Verwaltungskörper

Ein weiterer Mangel in der Organisation der Krankenversicherung besteht darin, daß die Verwaltungskörper viel zu groß sind. Schon bei Kassen bis 3000 Mitglieder beträgt die Zahl der Delegierten 30, der Vorstandsmitglieder 15, der Überwachungsausschußmitglieder 5, bei 60.000 Mitgliedern wächst die Zahl der Delegierten auf 125, der Vorstandsmitglieder auf 30, der Überwachungsausschußmitglieder auf 10. Bei der größten Arbeiterkrankenkasse, der Wiener Arbeiterkrankenversicherungskasse, die 1929 durchschnittlich 423.477 Mitglieder umfaßte, wären nach den gesetzlichen Bestimmungen sogar 225 Delegierte, 60 Vorstandsmitglieder und 20 Überwachungsausschußmitglieder zu wählen gewesen! Die Tatsache, daß unter stillschweigender Duldung der Aufsichtsbehörde dieser Vorschrift des Gesetzes nicht Rechnung getragen, sondern weitaus weniger Mandate besetzt wurden — der Vorstand wurde z. B. mit 30 Versichertenvertretern beschickt, also der Hälfte der vorgeschriebenen Zahl — beweist wohl zur Genüge die Unzweckmäßigkeit des Gesetzes in diesem Punkte.

b) Kosten der Verwaltung

Sehr bedeutend trägt zu den hohen Kosten der Verwaltung durch Funktionäre bei, daß sich — bedauerlicherweise unter Duldung der Aufsichtsbehörde — der Mißbrauch eingenistet hat, ehrenamtliche Funktionäre regelmäßig zu bezahlen. Diese Einrichtung ist auf das entschiedenste zu tadeln; ehrenamtliche Ausübung der Funktion eines gewählten Vertreters und regelmäßige Honorierung nach Art eines Berufsbeamten sind zwei strenge voneinander zu scheidende Dinge. Eine Kumulierung der Vorteile beider Gruppen, der Unabhängigkeit des gewählten Mandatars und der Bezahlung des Beamten, ist unzulässig und müßte eigentlich von den ihrer Unabhängigkeit bewußten Vertretern selbst zurückgewiesen werden. Wenn aber sogar der Vorsitzende des Überwachungsausschusses eine fixe monatliche Gebühr bezieht, so muß daraus eine Abhängigkeit entstehen, die mit der ihm übertragenen Aufgabe völlig unvereinbar ist. Der Einwand, daß es sich hier nur um eine Pauschalierung und somit eine vereinfachte Auszahlung von Sitzungsgeldern handelt, ist nicht stichhältig; wie eine einfache Nachrechnung der gehaltenen Sitzungen ergibt, übersteigt die Funktionszulage der meisten „Honorarfunktionäre" den Betrag, der ihnen bei Überweisung der üblichen Sitzungsgelder zugekommen wäre, um ein Vielfaches. Im übrigen versehen alle diese Funktionäre die Kassenverwaltung nur nebenbei, so daß sich diese Funktionsgelder als typische „Doppelbezüge" darstellen, gegen die gerade von Arbeitnehmerseite so oft angekämpft wird.

Der Wunsch nach Verringerung der Verwaltungskosten führt immer wieder zu der Feststellung, daß Betriebskrankenkassen erheblich billiger arbeiten, und schon aus diesem Grunde, aber auch deshalb, weil die Verbundenheit mit dem Betrieb eine viel bessere Kontrolle gestattet, zu fördern wären. Daß die Krankenkontrolle trotz aller Bemühungen der Kassen nur in recht bescheidenem Maße ihre Aufgabe erfüllt und erfüllen kann, ist zu bekannt, um es erst durch lange Beweisführung erhärten zu müssen. Bei der Darlegung der Verwaltungskosten ist aber auf einen immer wiederkehrenden Mißstand zu verweisen, darauf nämlich, daß in manchen Kassen ein Teil der unzweifelhaft auf dieses Konto zu setzenden Auslagen anders, unrichtig gebucht und daher das Bild der wahren Verwaltungskosten verschleiert wird. Es ist z. B. üblich, alle mit der erweiterten Heilfürsorge oder anderen, die Pflichtleistungen übersteigenden Kassenleistungen zusammenhängenden Verwaltungsauslagen dieser Post zuzubuchen. Aber auch die Sachauslagen werden gerne auf Konto „sonstige Auslagen" verrechnet, z. B. bei der Wiener Arbeiterkrankenkasse der Autobetrieb (S 24.544,—), ebenso die gesamten Krankenkontrollkosten, die Personalsteuer, Abschreibungen vom Wert der Verwaltungsgebäude, des Inventars und der Kanzleieinrichtungen u. a. m. Wenn der Gedanke, jede mit einer Sonderleistung verbundene Verwaltungspost derart zu verrechnen durchgreift, wird schließlich nur mehr der Gehalt des leitenden Beamten als „reine" Verwaltungsauslage aufscheinen. Bei der erwähnten Kasse ergibt die Hinzurechnung der unrichtig gebuchten Posten auf das Konto „Verwaltungskosten" eine Erhöhung des für 1929 ausgewiesenen Betrages von zirka 3,8 Mill. S auf etwa 5,7 Mill. S.

c) Entlohnung der Versicherungsbeamten

Zu der im allgemeinen ungünstigen Kassengebarung trägt auch wesentlich bei, daß die Beamten der Sozialversicherungsinstitute weitaus besser honoriert sind, als gleichartige öffentliche oder Privatangestellte. Die Kassenvorstände, die ja bekanntlich zu vier Fünftel aus Arbeitnehmervertreter bestehen, erweisen sich Forderungen der Kassenbeamtenschaft gegenüber, wie die Erfahrung lehrt, als außerordentlich nachgiebig. Da auch die erste Einreihung neu aufzunehmender Beamter bisher meist sehr entgegenkommend erfolgt ist, ergeben sich Gehaltssätze, die, gemessen an dem Wert der Arbeitsleistung, dem Dienstalter und den Durchschnittsgehalten der versicherten Angestellten kaum zu rechtfertigen sind. Trotz der verhältnismäßig hohen Gehalte werden von der Gewerkschaft der Sozialversicherungsangestellten häufig Notstandsaushilfen gefordert, und, was gerade heute besonders merkwürdig anmutet, auch nicht selten bewilligt.

d) Vertretung der Arbeitgeber und Arbeitnehmer in den Verwaltungskörpern

In derartigen Fragen zeigt sich die durchaus unrichtige Konstruktion der Verwaltung der Kassen in hellstem Licht. Sie ist ganz einseitig auf die Arbeit- bzw. Dienstnehmer zugeschnitten und läßt dem Einfluß der Arbeitgebervertreter so gut wie gar keinen Spielraum. Mit einem Fünftel der Stimmen im Vorstand kann naturgemäß eine entscheidende Einwirkung auf die Geschäftsführung nicht erzielt werden. Wenn die Arbeitgebervertreter nicht Gefahr laufen wollen, bei jeder Abstimmung über kontroverse Fragen einfach niedergestimmt zu werden, bleibt ihnen nur die Möglichkeit, sich der Stimme zu enthalten oder durch vorhergehende Verhandlungen eine Annäherung an ihren Standpunkt zu versuchen. Ob derartigen Vorstellungen durch die Arbeitnehmermehrheit Rechnung getragen wird, hängt völlig von deren guten Willen ab, in den meisten Fällen läßt sich auf diese Weise aber praktisch überhaupt nichts anderes erreichen, als die Verhinderung glatter Gesetzesverletzungen. Dazu wäre es aber gewiß nicht nötig, die Mitarbeit und Mitverantwortlichkeit der Arbeitgeberschaft zu beanspruchen, diesen Erfolg könnte die Aufsichtsbehörde allein selbstverständlich auch erreichen. Bei Einführung der vorerwähnten Bestimmung über die Mandatsverteilung zwischen Unternehmern und Arbeitern wurde von vielen Seiten seinerzeit darauf hingewiesen, daß dem Überwiegen des Einflusses der Arbeitnehmerschaft im Vorstand ein gleichartiges Verhältnis, jedoch zugunsten der Arbeitgeberschaft, im Überwachungsausschuß entspreche und somit ein maßgebender Einfluß der Arbeitgeberschaft sichergestellt sei. Diese Auffassung ist, wie die Praxis erwiesen hat, falsch, in erster Linie deshalb, weil der Wirkungskreis des Überwachungsausschusses viel zu klein ist. Die Vorschrift, daß bei dauernder Veranlagung von Vermögensbeständen, bei Erwerbung, Belastung oder Veräußerung von Liegenschaften der Vorstand im Einverständnis mit dem Überwachungsausschuß vorzugehen hat, daß bei Regelung der Dienstbezüge dem Überwachungsausschuß „Gelegenheit zur Stellungnahme zu geben ist“ und über Bestellung und Entlassung des leitenden Beamten in gemeinsamer Sitzung des Vorstandes und Überwachungsausschusses mit Stimmenmehrheit entschieden wird (§ 64, Abs. 4, des Krankenkassenorganisationsgesetzes bzw. § 80, Abs. 4, des Angestelltenversicherungsgesetzes), schränkt die Aufgabe des Überwachungsausschusses, in dem die Arbeitgeberschaft die Mehrheit hat, so ein, daß er bei der Verwaltung der Kasse praktisch ohne weiteres übergangen werden kann. Dies ist auch wiederholt in der letzten Zeit durch eine Beschlußfassung des Vorstandes dokumentiert worden, die dem deutlich und mit allem Nachdruck ausgesprochenen Wunsch des Überwachungsausschusses genau entgegengesetzt war.

3. Versicherungsleistungen

Bezüglich der Leistungen in der Familienversicherung ist neben der früher erwähnten Tatsache, daß der Kreis der Lei-

a) Verminderung der Mehrleistungen

stungsempfänger viel zu weit gezogen ist, zu bemängeln, daß von manchen Kassen Naturalleistungen geboten werden. Wenn man nicht überhaupt das Prinzip der Schadensvergütung als angemessene Art der Leistungserfüllung ansehen will, so muß man dies auf jeden Fall bei der Familienversicherung zugestehen. Es ist durch die Erfahrung längst erwiesen, daß Familienangehörige zur Überarztung am meisten beitragen. Sie haben ja auch im Gegensatz zu dem unmittelbar Versicherten selbst verhältnismäßig viel Zeit, ärztliche Hilfe in Anspruch zu nehmen. Es reicht nicht hin, daß eine Arzt- oder Rezeptgebühr vorgeschrieben wird, um dieser Überarztung abzuhelfen, sondern es muß eine, in angemessenem Verhältnis stehende Mittragung der Behandlungs- und Arzneikosten festgesetzt werden. Dasselbe gilt im übrigen auch mit gewissen Einschränkungen für die unmittelbar Versicherten. Hier wäre allerdings in erster Linie die übermäßige Gewährung von Bagatelleistungen abzustellen. Die Krankenstatistik beweist, daß unverhältnismäßig viele Kassengelder für Erkrankungen aufgewendet werden müssen, die nur von geringer Dauer und als leicht zu qualifizieren sind. Die Vorschreibung von Ärztegebühren und Rezeptgebühren hat hier keine durchgreifende Besserung zu erzielen vermocht. Soweit die Einhebung derartiger Gebühren im Nachhinein, z. B. wie bei der Krankenversicherungsanstalt der Bundesangestellten oder bei der burgenländischen Angestelltenversicherungskasse (mit Erlagschein der Postsparkasse) erfolgt, ist auch eine einschränkende Wirkung dieser Maßregel nicht zu erwarten, weil der Versicherte die ärztliche Leistung im voraus erhält und sich erfahrungsgemäß über seine Belastung, die oft erst nach Monaten vorgeschrieben wird, keine Gedanken macht. Daß eine solche Einhebung außerdem große Verwaltungskosten bei den Kassen erfordert, ist selbstverständlich. Bei der Arbeiterversicherung wirkt sich sehr ungünstig aus, daß in gewissen Fällen schon vom ersten Tag der Erkrankung Krankengeld bezahlt wird. Hiedurch wird im Hinblick auf § 1154 b des a. b. G.-B. ein Doppelbezug gewährleistet, der unbegründete Krankmeldungen fördert. Auch die Bezahlung des Krankengeldes nach Kalendertagen statt nach Arbeitstagen bringt eine ungerechtfertigte Belastung der Kasse mit sich und verleitet dazu, Sonntage und Feiertage in die Krankheitszeit mit einzubeziehen. Ebenso wirkt sich der Umstand, daß das Krankengeld in keinem angemessenen Verhältnis zum Arbeitsverdienst steht, zu ungunsten der Kassen aus und vermindert zweifellos die Arbeitswilligkeit. Die nachfolgende Tabelle weist das Verhältnis zwischen Krankengeld und Lohn aus:

Lohn-klasse	Durchschnitts-lohn (6mal wöchentlich)	Krankenkgeld (7mal wöchentlich)	Krankengeld in Prozent vom Lohn auf	
			den Tag	die Woche
			gerechnet	
1	1,08	0,86	79,62	93
2	1,26	1,00	79,36	92,5
3	1,56	1,24	79,48	92,7
4	1,80	1,44	80,00	93,6
5	2,10	1,68	80,00	93,3
6	2,70	2,00	74,07	86,4
7	3,30	2,40	72,72	84,9
8	4,20	3,00	71,42	83,3
9	5,40	3,60	66,66	77,8
10	7,20	4,20	58,34	68

In diesem Zusammenhang ist auch darauf hinzuweisen, daß das Krankengeld Arbeitsloser in vielen Fällen, besonders bei der Notstandsunterstützung, erheblich höher ist als die Arbeitslosenunterstützung selbst. Es kann nicht geleugnet werden, daß dies für die Arbeiterschaft einen Ansporn bildet, sich durch Krankmeldung die Vorteile eines höheren Bezuges zu sichern.

b) Leistungen aus besonderen Fonds, Verwendung von Reserven

Hinsichtlich der außerordentlichen Leistungen, insbesondere der erweiterten Heilfürsorge, ist festzustellen, daß sie häufig ohne Rücksicht auf die finanzielle Tragfähigkeit der Kassen gewährt werden. Hier fehlt offenkundig eine Bestimmung im Gesetz, die derartige Überschreitungen der gesetzlichen Regelleistungen nur dann gestattet, wenn ein genügender Reservefonds vorhanden ist. Ohne derartige Vorschriften wird kaum je eine sparsame Kassengebarung zu erzielen sein. Heute liegen die Verhältnisse bekanntlich so, daß in den meisten Kassen nach den Eingängen budgetiert und verwaltet wird, d. h. es wird nicht in erster Linie darauf Bedacht genommen, welche unbedingt notwendigen Auslagen zu bedecken sind und ein allfälliger Überschuß Reservefonds zugewiesen, sondern es werden die Ausgaben den Eingängen dadurch angepaßt, daß freigebig Erholungsaufenthalte gewährt, Barauslagen, auf die nach der Krankenordnung kein Anspruch besteht, vergütet und durch ähnliche Zuwendungen an die Versicherten ein allfälliger Überschuß ausgeschöpft wird. Im übrigen wird auch der Möglichkeit, daß etwa ein namhafter Reservefonds entsteht, gerne dadurch vorgebeugt, daß kostspielige Investitionen gemacht werden. Es galt seit jeher und gilt auch heute noch als ein Zeichen besonders tüchtiger Verwaltung, wenn eine Kasse über ihr eigenes Erholungsheim oder ähnliche Einrichtungen verfügt, ja bei manchen Kassen besteht sogar eine Vielzahl gleichartiger Institutionen, die meist nur während eines Teiles des Jahres überhaupt voll belegt sind oder entsprechend ausgenützt werden. Trotz der sonst so häufig bekundeten Solidarität der Kassen kann der Gedanke der gemeinsamen Bewirtschaftung solcher für gleiche Zwecke bestimmter gleichartiger Einrichtungen nicht Fuß fassen, offenkundig, weil befürchtet wird, daß damit der Autonomie Abbruch geschehen könnte.

III. Unfallversicherung.

1. Einbeziehung von Betrieben niederer Gefahrenkategorie

Bezüglich der Unfallversicherung ist vor allem auf zwei wesentliche Mängel zu verweisen, nämlich auf die dem Sinne des Gesetzes nicht entsprechende Einbeziehung von Betrieben, die nicht besonders gefährlich sind und die den heutigen Verhältnissen nicht mehr Rechnung tragende Gefahrenklassifikation. Es mag juristisch unanfechtbar sein, daß nach dem Wortlaut des Gesetzes auch der Besitz eines Haartrockenapparates die Unfallversicherungspflicht für alle Arbeiter begründet, daß der Besitz eines Automobils, das nur der Chef benützt, die gleiche rechtliche Wirkung für die Arbeiter nach sich zieht; logisch ist es jedenfalls nicht und ebensowenig kann von einem wirklichen Versicherungsbedürfnis in derartigen Fällen gesprochen werden. Da der Bestand der Versicherungsanstalten gewiß von der Lösung dieser Frage nicht abhängt, wäre eine vernünftige Praxis bezüglich solcher Gewerbeunternehmungen wohl zu rechtfertigen.

2. Notwendigkeit einer Novellierung der Gefahrenklassifikation

Die geltende Gefahrenklassifikation geht auf das Jahr 1914 zurück; damals waren unbestreitbar in vielen Branchen ganz andere Verhältnisse, die Maschinenausrüstung und die ganze Art der Betriebsführung unterschied sich wesentlich von der heutigen. Es ist daher begreiflich, wenn von den stärker belasteten Gewerbegruppen dagegen Stellung genommen wird, daß diese für sie nachteilige Gefahrenklassifikation weiterhin aufrecht erhalten bleibt. Der Einwand, daß das bereits beschlossene, aber noch nicht in Kraft gesetzte Arbeiterversicherungsgesetz eine ganz andere Regelung der Frage bringt und somit in absehrbarer Zeit die Ergebnisse der Arbeiten für eine neue Gefahrenklassifikation unverwendbar wären, ist nicht stichhältig, denn auch nach dem neuen Arbeiterversicherungsgesetz ist eine Gruppierung der Betriebe nach Gefahrenklassen, wenn auch weniger ins Einzelne gehend, vorgesehen, so daß auf jeden Fall eine statistische Erhebung über die Zahl der Arbeitsunfälle notwendig ist.

IV. Arbeitslosenversicherung.

1. Der Versichertenkreis

Die Mängel der *Arbeitslosenversicherung* wurden in der letzten Zeit von so vielen Seiten und so überzeugend aufgezeigt, daß es wohl zu rechtfertigen ist, wenn hier nur ganz kurz darauf verwiesen wird. Der größte Fehler der Arbeitslosenversicherung ist darin zu erblicken, daß der *Kreis der Versicherten* und damit auch der Unterstützungsempfänger viel *zu weit* gezogen ist. Die Arbeitslosenversicherung hat zweifellos ihre Berechtigung für Arbeiter und Angestellte, die mit der gewerblichen Produktion auf das engste verbunden sind und bei Mangel der Beschäftigungsmöglichkeit in ihrem gelernten Beruf nicht in der Lage sind, andere Arbeit zu erhalten. Jede Ausdehnung über diesen Kreis der Berufszugehörigen muß aber zu einem Mißbrauch der Wohltaten des Gesetzes führen, wie das Beispiel aller Länder beweist, wo ein Arbeitslosenversicherungsgesetz besteht. In erster Linie sind es die in der *Landwirtschaft* Tätigen, die ohne Ausnahme aus der Arbeitslosenversicherung herausgenommen werden müssen. Das gleiche gilt von den *Saisonarbeitern* im eigentlichen Sinne, deren Arbeitsverdienst ja in den allermeisten Fällen mit Rücksicht auf die durch die Witterungseinflüsse bedingte Arbeitslosigkeit während der Zeit ihrer Beschäftigung entsprechend höher ist.

2. Versicherungsdauer, -höhe und -kontrolle

Zu einer übermäßigen Beanspruchung der für die Arbeitslosenfürsorge bestimmten Mittel hat in gleicher Weise, wie die vorerwähnten Umstände die Bestimmung beigetragen, daß auf Grund der „außerordentlichen Maßnahmen der Arbeitslosenfürsorge“ eine *zeitliche Begrenzung* der Unterstützungsdauer mangelt. Es ist nicht zweifelhaft, daß ein Arbeitsloser, der durch sechs oder achte Jahre die Unterstützung erhielt, seine moralische Arbeitsfähigkeit eingebüßt hat und aus der Gruppe der Berufszugehörigen zu Handel, Gewerbe oder Industrie bereits ausgeschieden ist. Aber auch die *Unterstützungsdauer* der die *normale* Arbeitslosenversicherung beziehenden beschäftigungslosen Arbeiter und Angestellten ist in dem geltenden Gesetz *zu lange* bemessen. Ein weiterer Mangel der geltenden Bestimmungen besteht darin, daß die *Krankenfürsorge*, für die den Krankenkassen bekanntlich bezüglich der Arbeitslosen keinerlei Beiträge zufließen, in ihrer zeitlichen Dauer nicht genügenden Beschränkungen unterliegt. Dadurch, daß die *Anwartschaftsfristen* verhältnismäßig kurz festgesetzt sind, ergibt sich gleichfalls eine starke Belastung der Versicherung, ebenso wie aus der verhältnismäßig bedeutenden Höhe der Leistungen. Schließlich ist auf die, besonders zu Zeiten großer Arbeitslosigkeit unzureichende Kontrolle der Unterstützungsempfänger zu verweisen und auf die Tatsache, daß auf die unterstützende Überwachung durch die Arbeitgeber bisher zu Unrecht verzichtet wurde. Die Einführung einer obligatorischen Ausweiskarte für jeden Arbeitnehmer, die für den Fall der Beschäftigung beim Arbeitgeber zu hinterlegen wäre und für den Fall der Arbeitslosigkeit bei Erhebung des Anspruches vorgewiesen werden müßte, würde eine wesentliche Verbesserung der Kontrolle mit sich bringen.

V. Angestellten- und Altersversicherung.

Die Angestelltenversicherung ist, soweit sie die Fürsorge für den Krankheitsfall umfaßt, bereits in den Ausführungen über die Krankenversicherung behandelt worden. Es ist daher hier nur die Pensionsversicherung zu besprechen. In diesem Zweig der Angestelltenversicherung treten die Mängel der Organisation, vor allem die übermäßige Größe der Verwaltungskörper der Hauptanstalt ganz zurück angesichts der außerordentlichen Gefahr, daß die im Gesetz den Angestellten zugesicherten Leistungen in kurzer Zeit nicht mehr werden erfüllt werden können, weil der Zugang an Rentnern in den voraussichtlich zu erwartenden Eingängen keine Deckung mehr finden wird.

Bezüglich der Altersversicherung der Arbeiter ist vom Standpunkt des Gewerbes darauf zu verweisen, daß die Schaffung einer gleichartigen Fürsorge für die selbständigen Erwerbstätigen, die gleichzeitig mit der Arbeiterversicherung in Kraft zu treten hätte, nach wie vor gefordert wird. Sehr bedenklich ist es, daß eine im Lauf der Zeit stets steigende Zahl von Anwartschaften entsteht, für die versicherungsmäßig derzeit nicht vorgesorgt ist.

VI. Schluß.

Die in den vorstehenden Darlegungen aufgezeigten Mängel der österreichischen Sozialversicherung wirken sich fast ausnahmslos in einer Erhöhung der sozialen Belastung aus, die durch die Tatsache, daß in Österreich eine Sozialversicherung im weiten Umfang besteht, allein nicht begründet ist, sondern hauptsächlich darin ihre Ursache findet, daß notwendige Refor-

men bisher *unterlassen* wurden. Es wäre, ohne die wirklich Bedürftigen wesentlich an den ihnen gebührenden Leistungen einbüßen zu lassen, möglich, *große* und *dauernde Ersparungen* zu erzielen, wenn die vorerwähnten Unvollkommenheiten im System und in der Art der Durchführung der Sozialversicherung beseitigt und die Einrichtungen auf jenes Maß zurückgeführt würden, das der Wirtschaftslage Österreichs angepaßt ist und auch den Grundgedanken dieser Institutionen entspricht.

Dezember 1930.

Die Krankenversicherung der Arbeiter vom Standpunkt der Arbeiterkrankenkassen.

Referat für den ÖKW-Krankenkassenausschuß

erstattet von

Stephan Huppert
Direktorstellvertreter der Arbeiterkrankenversicherungskasse Wien.

Inhaltsverzeichnis.

Seite

1. Gesetzliche Grundlagen der Krankenversicherung der Arbeiter 29
2. Einkommensgrenze in der Arbeiterkrankenversicherung 30
3. Mißbräuche der Versicherten gegenüber den Krankenkassen 30
4. Das Grundübel der Arbeiterkrankenversicherung: Zersplitterung in zahlreiche kleine Krankenkassen 32
5. Vorschläge zur Rationalisierung der Arbeiterkrankenversicherung: Errichtung von Anstaltsapotheken, Einführung eines Gesamtbeitrages für die Sozialversicherung 33
6. Frage der Verwaltungskosten 34

1. Gesetzliche Grundlagen der Krankenversicherung der Arbeiter

Die Krankenversicherung der Arbeiter wird auf Grund des Gesetzes vom 31. März 1888 durchgeführt. Dieses Gesetz hat in seiner ursprünglichen Fassung den Versicherten im Krankheitsfalle ärztliche Hilfe mit Inbegriff des geburtshilflichen Beistandes, Medikamente und therapeutische Behelfe zugesichert. War die Krankheit mit Arbeitsunfähigkeit verbunden, dann erhielt der Erkrankte ein Krankengeld in der Höhe von 60% des ortsüblichen Taglohnes durch 20 Wochen. Wöchnerinnen wurde beim normalen Verlauf des Wochenbettes Krankengeld in der Dauer von vier Wochen ausbezahlt. Für den Todesfall eines Versicherten war die Auszahlung von Beerdigungskosten an die Hinterbliebenen im zwanzigfachen Betrage des ortsüblichen Taglohnes des Versicherten vorgesehen. An Stelle der ärztlichen Behandlung, der notwendigen Heilmittel und des Krankengeldes konnte freie Kur und Verpflegung in einem Krankenhause nach der letzten Klasse auf Kosten der Krankenkasse gewährt werden. Zu diesem Gesetze sind bis zum Jahre 1917 eine, seit 1918 23 weitere Novellen erschienen, die wesentliche Änderungen an dem Gesetze bewirkten, und zwar sowohl hinsichtlich der Bemessung des Krankengeldes (durch Einführung von Lohnklassen an Stelle des oft willkürlich festgesetzten ortsüblichen Taglohnes) als auch der Leistungen an die Versicherten sowie der Ausgestaltung der Mutterhilfe, Beistellung der Zahnbehandlung und der Gewährung von Kur- und Heilstättenbehandlung.

Während das Grundgesetz den Krankenkassen eigentlich nur die Versicherung gegen den Lohnverlust im Falle einer durch Krankheit hervorgerufenen Arbeitsunfähigkeit übertragen hat — die Beistellung der ärztlichen Hilfe und Heilmittel war nur nebenbei gedacht —, haben die Krankenkassen im Laufe der Jahre, in denen sie viele Erfahrungen sammelten, ihr Augenmerk auf eine Reihe von Fragen innerhalb ihres Wirkungskreises gerichtet. Die Bemühungen, dem Erkrankten die Gesundheit und damit auch die Arbeitsfähigkeit so rasch als möglich mit Hilfe hervorragend ausgebildeter Ärzte und nach dem jeweiligen Stande der Wissenschaft wirksamster Mittel wiederherzustellen, sind in den Vordergrund getreten. Es erscheint daher selbstverständlich, daß die Krankenkassen auch die Krankheitsverhütung und -vorbeugung nicht außer acht lassen dürfen. Die Tätigkeit der Krankenkassen bei Durchführung der Krankenversicherung ist zu einem wichtigen Faktor auf dem Gebiet der Bevölkerungspolitik und des Gesundheitswesens gediehen. Wenn man diese Entwicklung der Krankenkassen betrachtet und die Bestrebungen dieser Versicherungsträger nach immer größerer Vervollkommnung ihrer Einrichtungen unvoreingenommen betrachtet, findet man es unverständlich, wie nach 40jährigen Erfahrungen von einer grundstürzenden Umwandlung der Krankenversicherung ernstlich gesprochen werden kann und Vorschläge auf Abänderung in eine Katastrophenversicherung, ohne zu bedenken, daß dadurch der Sinn und Geist der Sozialversicherung getötet wird, zur Diskussion gestellt werden.

2. Einkommensgrenze in der Arbeiterkrankenversicherung

Für die Arbeiterversicherung kommt eine Einkommensgrenze überhaupt nicht in Frage; sie wurde auch niemals ernstlich in Erwägung gezogen. Aus dem Stande der Arbeiter wird kaum einer zu finden sein, dessen Einkommen derart hoch ist, daß er im Erkrankungsfalle von seinen Ersparnissen leben und die Kosten der ärztlichen Hilfe, der Heilmittel, der Spitalsbehandlung oder des Aufenthaltes in einem Kurhaus bestreiten könnte. Hingegen gereicht der Krankenversicherung die durch die Beschränkung der Lohnklassen hervorgerufene Unterversicherung zu großem Nachteile. Die Krankenversicherung erfaßt nur den Lohn bis 6 S täglich oder 36 S wöchentlich; alle höheren Verdienste bleiben unberücksichtigt. Die gelernten Arbeiter beziehen im allgemeinen höhere Löhne als 6 S im Tage; insgesamt sind es 40% der Versicherten, die dadurch hart betroffen werden. Ein Arbeiter, der 60 S wöchentlich verdient, erhält im Erkrankungsfalle S 29,20 an Krankengeld, d. s. 48% des Lohnes. Die Folge dieser Unterversicherung ist, daß gerade die wertvollsten Menschen unter den Arbeitern, deren Arbeitsfähigkeit so lange als möglich zu erhalten, volkswirtschaftlich von großer Bedeutung ist, sich erst dann krank melden, wenn die Krankheit schon weit vorgeschritten ist und die Heilung längere Zeit in Anspruch nimmt oder überhaupt nicht mehr möglich ist.

3. Mißbräuche der Versicherten gegenüber den Krankenkassen

In diesem Zusammenhange soll zu den Redensarten von den Mißbräuchen der Versicherten gegenüber den Krankenkassen folgendes gesagt werden: Das Gesetz verlangt von den Versicherungsträgern satzungsmäßige Maßnahmen gegen Simulanten. In den Satzungen aller Krankenkassen sind diesbezüglich Bestimmungen enthalten. Wirksamer sind jedoch die administrativen Vorkehrungen gegen beabsichtigte Schädigung der Kassen. Wenn nun Kassenverwalter über Mißbräuche klagen, gestehen sie ihre Unfähigkeit ein, zweckmäßige administrative Einrichtungen treffen zu können, die geeignet sind, das von ihnen geleitete Institut vor Schaden zu bewahren. Bezeichnend ist auch, daß oft dieselben

Menschen in einem Atem über die Mißbräuche klagen und die Einführung der freien Arztwahl verlangen. Die Berichte der Krankenkassen Deutschlands und derjenigen Kassen Österreichs, die mit dieser Art des ärztlichen Dienstes gesegnet sind, weisen alljährlich ziffernmäßig nach, daß die freie Ärztewahl allen Mißbräuchen in der Krankenversicherung Tür und Tor öffnet, daß dadurch Mißbräuche geradezu gezüchtet werden. Gegen Simulanten genügt die Einrichtung der Revisionsärzte sowie einer Laienkontrolle, welche obendrein durch administrative Behelfe in der gewissenhaften Ausübung ihres Dienstes überwacht wird. Zu jenen, welche die Krankenversicherung mißbrauchen, gehören nicht nur die Simulanten, sondern auch solche Personen, die oft schwer krank sind, der Versicherungspflicht nicht unterliegen, auch im Betriebe nicht arbeiten, aus Gefälligkeit von einem Betriebsinhaber zur Versicherung angemeldet werden und dann die Leistungen der Kasse in Anspruch nehmen. Diese Fälle sind nicht vereinzelt; das bestehende Gesetz ermöglicht derartige Gefälligkeitsversicherungen, es leistet ihnen geradezu Vorschub. Die Gattin des Gewerbeinhabers ist nicht versicherungspflichtig, die Kinder nur bedingt. Es ist naheliegend, manchmal sogar erklärlich, wenn ein in ungünstigen Verhältnissen lebender Meister seinen Sohn, die Tochter oder die Gattin, wenn sie mit einem schweren Leiden behaftet sind, zur Krankenversicherung anmeldet, um die Ausgaben für ärztliche Behandlung, Medikamente usw. zu ersparen. Die Bezahlung eines Wochenbeitrages in einer niederen Lohnklasse genügt, um Ansprüche an die Kasse zu erwerben. Im Falle der Namensgleichheit zwischen Unternehmer und Angemeldeten hat die Kasse die Möglichkeit, sich vor Benachteiligung zu schützen, wenn der Beamte bei Eintragung der Meldung in die Firmenliste durch die Namensgleichheit aufmerksam gemacht, Erhebungen veranlaßt. Handelt es sich jedoch um Verwandte der Frau oder um sonstige Freunde, so ist es nur dem Zufall überlassen, einen solchen Mißbrauch aufzudecken. Die Erhebungsorgane der Wiener Arbeiter-Krankenversicherungskasse haben in den letzten zwei Jahren einige Hundert solcher Fälle aufgedeckt. Im Gesetz sind gegen diese Mißbräuche keine Strafen vorgesehen.

In das Kapitel „Mißbräuche" ist auch die Nichtabfuhr der den Unternehmern vorgeschriebenen Beiträge einzureihen, wobei zwei Drittel dieser Summe den Arbeitern vom Lohn in Abzug gebracht werden. Die Außenstände bewegen sich um mehr als 25% der vorgeschriebenen Jahressumme, wobei ein verhältnismäßig hoher Prozentsatz als uneinbringlich abgeschrieben werden muß. Der Schaden, den die Arbeiterkrankenkassen dadurch erleiden, ist größer als Simulation und Gefälligkeitsversicherung jemals verursachen könnten. Die 23. Novelle zum Krankenversicherungsgesetz enthält eine Bestimmung, laut welcher die dem Arbeiter vom Lohne abgezogenen Beiträge bis zu ihrer Abfuhr an die Krankenkasse ein anvertrautes Gut darstellen (§ 36, Abs. 2, A.-K.-V.-G.). Die Krankenkassen machen im allgemeinen von dem ihnen zustehenden Rechte keinen Gebrauch, gegen die Schuldner die Veruntreuungsanzeige zu erstatten, nachdem die Staatsanwälte die Anzeigen nicht beachten. Dieser neue Paragraph hat daher keinerlei Wirkung ausgelöst.

4. Das Grundübel der Arbeiterkrankenversicherung

Das Grundübel in der Krankenversicherung der Arbeiter bildet ihre Zersplitterung in zahlreiche, kleine Krankenkassen. Zwar hat das Kassenorganisationsgesetz vom 28. Dezember 1926 wesentlich dazu beigetragen, die Zahl der Krankenkassen zu verringern, die freiwillige Einrichtung neuer Kassen ist untersagt. Gleichzeitig wurde aber die Errichtung von Vereinskrankenkassen, für jedes Bundesland eine, zugelassen, wobei ausschließlich politische Motive den Ausschlag gegeben haben. Der Bestand der Genossenschafts- und Betriebskrankenkassen ist durch kein Argument zu rechtfertigen; eine Gebietskrankenkasse für jedes Bundesland würde vollkommen genügen. Viele Klagen werden über die hohen Verwaltungskosten geführt, wobei man sich oft in starken Übertreibungen gefällt. Jedermann ist es bekannt, daß nur durch Zusammenlegung der Kassen an Verwaltungskosten gespart werden kann. Man läßt aber Gebietskrankenkassen bestehen, die 2000 Mitglieder zählen, mit eigenem Verwaltungs- und administrativen Apparat. An Stelle vieler Beispiele, die angeführt werden könnten, soll hier nur ein Beispiel gesetzt werden. Die Wiener Arbeiter-Krankenversicherungskasse könnte die 7000 Mitglieder der Wiener Vereinskrankenkasse in sich aufnehmen, ohne einen Beamten mehr anstellen zu müssen. Die Wiener Vereinskrankenkasse hat daher die im Jahre 1929 an Verwaltungskosten ausgewiesenen 66.000 S überflüssig verausgabt.

Der Bestand der Vereinskrankenkassen, deren Sprengel sich auf ein ganzes Bundesland erstreckt, behindert die Durchführung der Krankenversicherung der in demselben Bundeslande wirkenden Gebietskrankenkasse. Die Vereinskrankenkassen haben für ihre Mitglieder freie Ärztewahl eingeführt, über deren Schäden für die rationell durchzuführende Krankenversicherung schon früher Erwähnung getan wurde. Die freie Ärztewahl, unter der sie selbst schwer leiden, benützen sie als Werbemittel, veranlassen viele Firmen zum Übertritt aus der Gebietskrankenkasse zur Vereinskrankenkasse und gefährden den Bestand der ersteren. Die gegenseitigen Konkurrenzmanöver nehmen in den Kassen einen großen Raum ein, sie sind für die Beteiligten mit schweren Schäden verbunden und führen zur irrationellen Verwaltung der Krankenversicherung. Die trostlose finanzielle Lage aller Arbeiterkrankenkassen in Oberösterreich, Salzburg und Tirol, zum Teil auch in Niederösterreich, ist ausschließlich auf die Kassensplitterung zurückzuführen. Wenn über Rationalisierung des Krankenkassenwesens gesprochen wird und die ernste Absicht besteht, sie durchzuführen, ist in erster Linie auf dem soeben besprochenen Gebiete Hand anzulegen *).

5. Vorschläge zur Rationalisierung der Arbeiterkrankenversicherung

In den Kreis der Rationalisierung der Krankenversicherung fällt unter anderem auch die Errichtung von Anstaltsapotheken in Krankenkassen, die eigene Ambulatorien besitzen. Bisher hat das Bundesministerium für soziale Verwaltung die Genehmigung hiezu immer noch versagt, trotzdem im Arbeiterkrankenversicherungsgesetz und im Apothekergesetz § 35 solche Anstaltsapotheken vorgesehen sind.

Über die Rationalisierung der administrativen Einrichtungen der Arbeiterkrankenkassen, für die sich mannigfache Möglichkeiten bieten, in ihren Einzelheiten zu sprechen, liegt außerhalb des Rahmens dieses Referates. Wahrnehmungen ergeben, daß Bestrebungen nach dieser Richtung allgemein im Zuge sind. Es muß jedoch darauf hingewiesen werden, wie unrationell die gegenwärtige, durch die einschlägigen Gesetze bestimmte Art der Beitragsvorschreibung für die verschiedenen Zweige der Sozialversicherung und sonstige Zwecke beschaffen ist. Die Krankenkassen sind verpflichtet, neben den Beiträgen zur Krankenversicherung vorzuschreiben: Beiträge zur Arbeitslosenversicherung, Notstandsaushilfe, Altersfürsorgerenten, Beiträge zur Erhaltung der Arbeitsnachweise der Arbeiterkammer und für den Bundeswohnbau- und Siedlungsfonds sowie Gehilfenumlagen, diese in verschiedenen Beträgen für eine große Zahl von Gehilfenvertretungen (Wiener Arbeiter-Krankenversicherungskasse 95). Die einzelnen Beiträge müssen separat berechnet und ausgewiesen werden, und zwar auf den Vorschreibe- und Abstattungsformularen, den Listen, Konsignationen und Rekapitulationen. Die vielen in den Gesetzen enthaltenen Ausnahmen in der Versicherungspflicht sowie in der Pflicht, für die einzelnen Zwecke Beiträge zu leisten, verhindern die Möglichkeit, die Vorschreibung und Abstattung in einem Gesamtbetrag

*) In den Bundesländern Kärnten und Oberösterreich sind seither auf Grund der Erlässe des Ministeriums für soziale Verwaltung die Gebietskassen zu Landeskrankenkassen vereinigt worden.

vorzunehmen, dessen Monatssumme nach einem Schlüssel auf die verschiedenen Fonds aufgeteilt werden könnte. Gegenwärtig erfordert die geschilderte Art der Vorschreibung viele Arbeitskräfte, große Rechenmaschinen mit vielen Zählwerken und eine große Menge Drucksorten. Nach Inkrafttreten des Arbeiterversicherungsgesetzes wird dieser Teil der Administration eine weitere Belastung erfahren, nachdem zu den bisherigen noch die Beiträge für die Unfallversicherung mit vier Gefahrenklassen und für die Alters- und Invalidenversicherung dazukommen werden. Die Einführung eines Gesamtbeitrages für die Sozialversicherung würde wesentliche Ersparnisse in der Administration zur Folge haben.

Die Nichtabfuhr vorgeschriebener Beiträge zwingt die Arbeiterkrankenkassen, einen unverhältnismäßig großen administrativen Apparat zu halten. Auf diesem Gebiete scheitern alle Rationalisierungsbestrebungen.

6. Frage der Verwaltungskosten

Die Behauptungen von den hohen Verwaltungskosten, die angeblich den größten Teil der Beiträge verschlingen, sind oft genug widerlegt worden. Hier genügt es wohl, auf das Referat des Herrn Sektionschefs Rudolf Schromm: „Beitragslast und Versicherungsaufwand in der österreichischen Sozialversicherung im Jahre 1930" (Seite 319) hinzuweisen, aus dem hervorgeht, daß 89% der Einnahmen in Form von Leistungen an die Versicherten verausgabt werden: 11% dienen zur Stärkung der vorgeschriebenen Reservefonds und zur Deckung der Verwaltungsausgaben.

Bei der Behandlung aller hier besprochenen Fragen der Krankenversicherung kommt es darauf an, wie sich der einzelne zur Sozialversicherung stellt. Ob er diese als eine wichtige, im Interesse der Volksgesundheit gelegene Einrichtung der menschlichen Gesellschaft betrachtet, oder von dem rein kaufmännischen Gesichtswinkel der Beitragslast, welch egoistischer Standpunkt ihn vergessen läßt, daß die Volksgesundheit ein Stück Volksvermögen bedeutet.

Rationalisierung des Krankenkassen- und Versicherungswesens.

(Unter besonderer Berücksichtigung der Angestelltenversicherungskassen.)

Referat für den ÖKW-Krankenkassenausschuß

erstattet von

Ing. Fritz Jordan,
leitender Beamter der Versicherungskasse für Industrieangestellte, Wien.

Inhaltsverzeichnis.

Seite

I. Vorwort 37

II. Zweck und Ausdehnung der Versicherung . 37
1. Zweck der Versicherung 37
2. Ausdehnung der Versicherung 37
3. Mängel bezüglich des Versichertenkreises 38

III. System und Leistungsniveau 40
1. Gewährung von Naturalleistungen 40
2. Zahlung von Krankengeld in den ersten vier Wochen . . 42
3. Höhe der Stellenlosenunterstützung 42
4. Zentralisation des ärztlichen Dienstes 43

IV. Aufbringung der Mittel 44
1. Finanzsystem und Verteilung der Beitragslast 44
2. Beiträge aus öffentlichen Mitteln 45

V. Organisation und Verwaltung 47
1. Schaffung einer Arbeitsgemeinschaft für Krankenversicherungsleistungen 47
2. Träger der Angestelltenversicherung 48
3. Vorteile einer Angestellteneinheitskasse 50
4. Prinzip der Selbstverwaltung 51
5. Organisation des inneren Dienstes 52
6. Unterstützung der Kasse von Seiten der Versicherten und Dienstgeber 53
7. Verwaltungskosten der Versicherungsinstitute 53

I. Vorwort.

Auf Grund des beschlossenen Rahmenarbeitsprogrammes (siehe Seite 323) soll dieses Referat vom Gesichtspunkte der Versicherungsträger (Angestelltenversicherungskassen) Kritik an dem heutigen System der Sozialversicherung üben und Verbesserungsvorschläge bringen.

Um Mißverständnisse von vornherein auszuschalten, muß vor Eingang auf das eigentliche Thema des Referates grundsätzlich festgestellt werden, daß von den Trägern der Angestelltenversicherung, d. h. von jenen Angestelltenversicherungskassen, die ihre Tätigkeit auf Grund des Angestelltenversicherungsgesetzes 1928 ausüben, das Prinzip der Sozialversicherung, wie es im Angestelltenversicherungsgesetz festgelegt ist, für das derzeit einzig mögliche und zweckmäßige gehalten wird, da es den wirklichen Bedürfnissen der Versicherten im großen und ganzen Rechnung trägt.

Naturgemäß wird sich das Referat nicht allein darauf beschränken können, Kritik zu üben und Verbesserungsvorschläge zu machen, sondern wird auch zu informativen Zwecken Ausführungen über die derzeitigen Verhältnisse bringen müssen.

II. Zweck und Ausdehnung der Versicherung.

Der Zweck der Sozialversicherung soll sein, dem Versicherten durch die in Zeiten der Erwerbsmöglichkeit auf Grund gesetzlicher Bestimmungen obligatorisch gezahlten Beiträge einen gesetzlichen Anspruch auf Leistungen bei einer vorübergehenden Störung der Erwerbsmöglichkeit und für die Zeit teilweiser oder gänzlicher Erwerbsunfähigkeit zu sichern. **1. Zweck der Versicherung**

Diese Leistungen sollen sich auf folgende Zweige erstrecken: **2. Ausdehnung der Versicherung**

A. Für die Versicherten:

1. Als Äquivalent für den zeitweiligen oder dauernden Ausfall und die Verminderung des Verdienstes bzw. Schadensvergütung:

   a) Unfall-, Invaliditäts-, Altersrente;
   b) Arbeitslosenunterstützung;
   c) Krankengeld.

2. Gewährung der zur Erhaltung und Wiederherstellung der Verdienstfähigkeit notwendigen Mittel:
   a) Krankenpflege und Krankengeld;
   b) erweiterte Heilbehandlung.
3. Kostenbeitrag für Fälle, in welchen der Kostenaufwand aus dem normalen Verdienst nicht bestritten werden kann:
   a) Begräbniskostenbeitrag;
   b) Wochenhilfe.

B. Für die Angehörigen des Versicherten:

1. Als Äquivalent für den Ausfall des Verdienstes des Familienerhalters:
   a) Witwen- und Waisenrente;
   b) Familien-Krankengeld.
2. Im Krankheitsfalle:
   a) Krankenpflege;
   b) erweiterte Heilbehandlung.
3. Kostenbeiträge für besondere Fälle:
   a) Begräbnisgeld;
   b) Wochenhilfe.

3. Mängel bezüglich des Versichertenkreises

Das heutige System weist in bezug auf den Versichertenkreis folgende Mängel auf:

1. Fehlen der Invaliditäts-, Alters- und Hinterbliebenenversicherung für die Arbeiter.
   Rückwirkung auf die Angestelltenversicherung durch Vergrößerung des Kreises der Familienversicherten.
2. Fehlen einer obligatorischen Versicherung der Selbständigen. Daraus ergeben sich folgende Rückwirkungen auf die Angestelltenversicherung:
   a) Vergrößerung des Kreises der Familienversicherten in einem allerdings nicht genau festzustellenden Umfange.
   b) Mehrbelastung durch Versicherte, die im Nebenberuf nach dem Angestelltenversicherungsgesetz mit geringer Beitragsgrundlage aus gewichtigen Gründen versicherungspflichtig sind (Ärzte, Fachschullehrer etc.).
   c) Schlechte Risken bei Eintritt in eine nach dem Angestelltenversicherungsgesetz verpflichteten Stellung (vernachlässigte Krankheiten; in der Altersversicherung durch Eintritt in höherem Alter, Anreiz zu Gefälligkeitsanmeldungen).

3. Doppelversicherungen:
   a) Freiwillig Versicherte bei Arbeiter-Versicherungskassen und Familienversicherung bei Angestellten-Versicherungskassen;
   b) Angestellte der Gemeinde Wien, der städtischen Straßenbahnen, durch Nebenberuf in der Angestellten-Versicherungskasse.
   (Behandlung dieser Fälle nach § 85 Ang.-V.-G. wie Mitglieder der Bundes- und Bundesbahnkrankenkassen wäre zweckmäßig.)
4. Rechtsunsicherheit in der Beurteilung des Versichertenkreises nach dem Angestelltenversicherungsgesetz. Forderung: Herbeiführung einer Übereinstimmung der dem Angestelltenversicherungsgesetz und Angestelltengesetz unterliegenden Personenkreise.
   Rückwirkung des derzeitigen Zustandes auf die Angestellten-Versicherungskassen:
   a) Schwierigkeiten im Erhebungsdienst, vermehrte Verwaltungskosten infolge der vielen Fälle, die im Instanzenzug ihre Erledigung finden.
   b) Mehrbelastung und Schwierigkeit der Angestellten-Versicherungskasse infolge der Bestimmungen des § 12/1 und 42/3 Angestelltenversicherungsgesetz.
5. Chaos in der österreichischen Ehegesetzgebung.
   Rückwirkung auf die Angestellten-Versicherungskassen infolge Schwierigkeit der Feststellung der Anspruchsberechtigung bei Vorhandensein von mehreren Gattinnen (§ 3/2). In den vorstehend angeführten Fällen 1—4 wird die Angestelltenversicherung mit Leistungen zugunsten anderer Bevölkerungskreise belastet, die bei Ausdehnung der obligatorischen gesetzlichen Versicherung auch auf diese in Wegfall käme.

Die Belastung für die an sich notwendige und unerläßliche Familienversicherung in der Angestelltenversicherung ist eine außerordentlich hohe (25—51% der Beitragseinnahmen!), weshalb diese Frage von besonderer Wichtigkeit ist. Wie viele einst Selbständige fallen heute als Familienversicherte der Angestelltenversicherung zur Last, denen es bei Versicherungszwang ein leichtes gewesen wäre, in der Zeit ihrer Arbeits- bzw. Verdienstfähigkeit sich durch verhältnismäßig kleine, kaum empfindliche Beiträge, die Leistungen zu sichern, für die jetzt die Angestelltenversicherung aufkommen muß.

An dieser Stelle darf vielleicht noch einer anderen Erwägung Raum gegeben werden. Sowohl die Arbeiter- wie die Angestellten-

Versicherungskassen leisten heute auf dem Gebiete der Volksseuchenbekämpfung (Tuberkulose, Geschlechtskrankheiten etc.) Hervorragendes. Diese Leistungen, deren Kosten zur Gänze von den Arbeitern und Angestellten getragen werden, wirken sich natürlich für die Gesamtheit der Bevölkerung günstig aus und entlasten damit ganz bedeutend das Budget von Bund, Ländern und Gemeinden auf diesem Gebiete. Während also die Einrichtungen dieser Körperschaften, die aus den allgemeinen Steuergeldern erhalten werden, zu denen ja die Arbeiter und Angestellten auch beitragen, durch die eigenen Einrichtungen der Arbeiter- und Angestellten-Versicherungskassen eine wesentliche Entlastung erfahren, bieten hiefür die nicht versicherungspflichtigen Bevölkerungskreise — wenn man von der dünnen Schichte jener absieht, die sich auch den Aufenthalt in Privatsanatorien selbst bezahlen, kein Äquivalent. Da aber noch ein beträchtlicher Kreis der nicht Versicherungspflichtigen einer entsprechenden Fürsorge und Behandlung auf diese Weise entbehrt — d. s. jene, die öffentliche Einrichtungen nicht in Anspruch nehmen wollen und sich auf eigene Kosten Privatbehandlung und Anstalten nicht leisten können —, ist von dieser Seite her der endgültige Erfolg der mit großen Kosten erhaltenen Einrichtungen der öffentlichen Körperschaften und der Arbeiter und Angestellten-Versicherungskassen auf dem Gebiete der Volksseuchenbekämpfung ernstlich in Frage gestellt, weil gewisse Seuchenherde nie richtig erfaßt werden können.

III. System und Leistungsniveau.

Gerade die Schlußausführungen des vorangehenden Abschnittes zeigen deutlich, daß nur eine obligatorische Versicherung auf gesetzlicher Grundlage eine sichere Gewähr dafür bietet, daß nicht durch mißverstandene Verfolgung egoistischer Interessen eine Schädigung der einzelnen Personen, wie der Gesamtheit entsteht.

1. Gewährung von Naturalleistungen

Im allgemeinen hat sich die Gewährung von Naturalleistungen — und hier kommen ja in erster Linie die Leistungen der Krankenversicherung in Frage — in allen nur einigermaßen möglichen Fällen gegenüber der reinen Schadensvergütung als zweckmäßiger erwiesen.

Durch die Naturalleistung ist vor allem die Sicherheit geboten, daß die von der Allgemeinheit für einen bestimmten Zweck aufgewendeten Mittel auch wirklich diesem Zweck zugeführt werden.

Die Gewährung von Naturalleistungen mag wohl in manchen Fällen zu einer vielleicht übermäßigen und ungerechtfertigten Inanspruchnahme von Leistungen führen (Überarztung, übermäßiger Bezug nicht notwendiger Heilmittel etc.) und daher Kontrollmaßnahmen von Seite der Versicherungsträger erforderlich machen, die von der Gesamtheit der Versicherten, die ja in ihrer überwiegenden Mehrheit das für eine gedeihliche Entwicklung der Sozialversicherung unerläßliche Maß von Ethik aufbringen, als Belastung und oft als Schikane empfunden werden und dadurch die Verwaltung administrativ und finanziell belastet; trotzdem ist auf Grund der jahrelangen Erfahrungen doch die Naturalleistung der Schadensvergütung vorzuziehen.

Auch die Mehrheit der Versicherten neigt daher dieser Ansicht zu. Bei einigen Vereinskrankenkassen, die Rechtsvorgänger der heutigen Angestellten-Versicherungskassen waren, bestand die Einrichtung, daß sich die Versicherten selbst für freie Ärztewahl entscheiden konnten. In diesem Falle wurde dann für Arztinanspruchnahme tarifmäßiger Ersatz und für Heilmittelbezug ein Zuschlag von 75% zum Krankengeld geleistet. Die Erfahrung zeigte nun, daß sich immer weniger Versicherte für diese Art der Schadensvergütung entschieden haben. Und auch heute, wo nach dem Angestelltenversicherungsgesetz den Versicherten die Inanspruchnahme eines Wahlarztes jederzeit freisteht, standen im Jahre 1929 bei der Versicherungskasse für Industrieangestellte 211.376 Ordinationen bei Kassenärzten nur 32.375 bei Wahlärzten gegenüber. Bei den Fachärzten war das Verhältnis sogar nur 71.624 zu 3514 Ordinationen. Bei den Angestellten-Versicherungskassen in der Provinz spielt diese Frage eine mehr untergeordnete Rolle, da ja für die überwiegend große Zahl ihrer Versicherten nur ein Arzt in Betracht kommt, der auch dann fast immer Kassenarzt ist.

Die Naturalarzthilfe bei den Provinzkassen ist daher gegenüber der Wahlarztinanspruchnahme bzw. Schadensvergütung von überragender Bedeutung, und zwar auch für die Familienversicherten.

Gerade der Umstand, daß in Wien bei den Angestellten-Versicherungskassen für Familienangehörige keine Naturalarzthilfe geboten werden kann, ist nicht nur für den Versicherten, sondern auch für die Versicherungsträger sehr unangenehm.

Die Zahl der Mitglieder, die sich durch diesen Umstand mit Recht benachteiligt fühlt, ist sehr bedeutend. Darauf ist daher auch eine große Zahl von Beschwerden und Reklamationen zurückzuführen, die, ebenso wie die Art der Verrechnung und Kontrolle der Wahlarztinanspruchnahme, die Kassen administrativ außerordentlich belasten.

Die Regelung der Naturalarzthilfe für die Familienversicherten in Wien in einer für die Versicherungskassen finanziell erträglichen Form ist daher eine äußerst dringende.

2. Zahlung von Krankengeld in den ersten vier Wochen

Eine weitere Forderung der Angestelltenversicherungsträger in bezug auf die Art und Höhe der Leistungen ist die Wiedereinführung der Zahlung von Krankengeld in den ersten vier Wochen. Im Hinblick auf die schlechte finanzielle Lage des Großteiles der Versicherten hat sich die im Angestelltenversicherungsgesetz vorgesehene Nichtzahlung des Krankengeldes in den ersten vier Wochen durchaus nicht als eine finanziell günstig auswirkende Maßnahme erwiesen.

Das Ansteigen der Anstaltsverpflegskosten infolge Steigerung der Anstaltsverpflegstage ist in erheblichem Maße darauf zurückzuführen, daß die Versicherten den Spitalsaufenthalt als Äquivalent für die Nichtzahlung des Krankengeldes in den ersten Wochen anstreben, wobei noch der Umstand mitwirkt, daß der Versicherte im Hinblick auf die schlechten wirtschaftlichen Verhältnisse das begreifliche Bestreben hat, durch den Spitalsaufenthalt dem Dienstgeber die Berechtigung der Krankmeldung zu dokumentieren.

Auch vom rein medizinischen Standpunkt wirkt sich die Nichtzahlung des Krankengeldes in den ersten vier Wochen nicht günstig aus. Das Einkommen der Mehrzahl der Versicherten läßt es schwer zu, gerade die im Beginne einer Krankheit für deren Abkürzung oft ausschlaggebende Vorsorgen, die mit Geldaufwand verbunden sind, durchzuführen.

Administrativ wirkt sich die Nichtzahlung des Krankengeldes in den ersten vier Wochen deshalb sehr ungünstig aus, weil verspätete Krankmeldungen an der Tagesordnung sind. Daß auch durch diese Bestimmung des Gesetzes die statistische Erfassung der Krankheitstage von unter vier Wochen währenden Krankheitsfällen ganz unmöglich wird, soll nur nebenbei erwähnt werden.

Die Wiedereinführung der Zahlung des Krankengeldes in den ersten vier Wochen einer Krankheit wäre also nicht nur vom medizinischen und administrativen Standpunkt gerechtfertigt, sondern würde auch einem im Hinblick gerade auf die ungünstigen wirtschaftlichen Verhältnisse vollauf berechtigten Verlangen der Versicherten Rechnung tragen.

3. Höhe der Stellenlosenunterstützung

Die Höhe der Stellenlosenunterstützung für die Angestellten ist im Hinblick auf die von diesem Versichertenkreis geleisteten Beiträge nicht entsprechend. Es wurde auch schon bei der Beratung der II. Novelle zum Angestelltenversicherungsgesetz ein Minderheitsantrag eingebracht, der dahin abzielte, die Lohnklasseneinteilung und die Unterstützungssätze der Arbeitslosenversicherung dem Deutschen Reichsgesetz vom 16. Juli 1927 anzugleichen, zumindest das Lohnklassensystem des Arbeiterversicherungsgesetzes in das österreichische Arbeitslosenversicherungsgesetz einzubauen.

Die bei Untersuchung des Leistungsaufwandes der einzelnen Angestellten-Versicherungskassen auf dem Gebiete der Krankenversicherung auffallenden oft gewaltigen Unterschiede auf einzelnen Gebieten, wie z. B. Familienversicherung in Vorarlberg 52% der Beitragseinnahmen, gewaltige Ausgaben für die Administrativrentner bei der Versicherungskasse für Bank- und Sparkassenangestellte, bedeuten wohl für die betreffenden Kassen fast unlösbare Probleme, werden aber im Zuge der Lösung der Organisationsfrage der Angestelltenversicherung (siehe Kapitel V) infolge eines weitestgehenden Riskenausgleiches an Bedeutung verlieren.

So wünschenswert im Interesse der Versicherten eine Erhöhung der Leistungen der Krankenversicherung ist, ohne Erhöhung der Beiträge kann an eine solche nach dem heutigen Stande der Dinge nicht gedacht werden. Erst wenn es den Trägern der Angestelltenversicherung möglich sein wird, Arzthilfe, Heilmittelverordnung, Anstaltsaufenthalt, Durchführung der physikalisch-therapeutischen — und vor allem der Zahnbehandlung bei voller Aufrechterhaltung der berechtigten Interessen der Mitglieder in bezug auf eine qualitativ und quantitativ vollkommen entsprechende Leistung, lediglich von ökonomischen und rationellen Gesichtspunkten einzurichten, wird sich auf diesem Gebiete bei gleichbleibenden Beiträgen eine Besserung der Verhältnisse erzielen lassen.

4. Zentralisation des ärztlichen Dienstes

Mit der fortschreitenden Dienstbarmachung der Technik für die medizinische Wissenschaft sowohl auf dem Gebiete der Diagnostik, wie der Behandlungsmethoden und der teilweise dadurch bedingten weitestgehenden Spezialisierung, wird die Inanspruchnahme der ärztlichen Hilfe für den Patienten nicht nur eine immer kostspieligere, sondern auch zeitraubendere. Die Versäumnis der Arbeitszeit bedeutet aber in vielen Fällen für den Versicherten eine Gefährdung seiner Stellung. Mit vollem Recht werden daher aus den Reihen der Versicherten immer wieder Klagen darüber laut, wie zeitraubend und beschwerlich der Weg vom behandelnden praktischen Arzt zum Facharzt, von diesem z. B. in ein Röntgeninstitut, dann wieder zum Facharzt und behandelnden Arzt zurück ist, wozu noch eventuell aus Gründen der Kontrolle ein Weg zum Chefarzt der Versicherungskasse hinzukommt. Diese Dezentralisation des ärztlichen Dienstes ist für die Versicherten nicht nur äußerst zeitraubend, sondern — da es sich in den meisten Fällen doch um Kranke handelt — geradezu martervoll. Eine zweckentsprechende Zentralisation des ärztlichen Dienstes ist daher nicht nur vom Standpunkte der Versicherten, sondern auch im Interesse einer ökonomischen und rationellen Verwendung der zur Verfügung stehenden Mittel notwendig. Daß auch vom medizinischen Standpunkte ein engerer persönlicher Kontakt zwischen den Ärzten und die leichte Möglichkeit einer gemeinsamen Aussprache über einen Krankheitsfall nur zweckdienlich wäre, steht wohl auch außer jedem Zweifel.

Nicht nur für die Krankenversicherung im Rahmen der Sozialversicherung, sondern auch bei jeder anderen Art der Krankenversorgung stellt diese Frage den Kernpunkt des Problems dar und ist daher wert, gerade im Österreichischen Kuratorium für Wirtschaftlichkeit einem eingehenden Studium unterzogen zu werden, da sie vom allgemein volkswirtschaftlichen Standpunkte von außerordentlicher Bedeutung ist.

IV. Aufbringung der Mittel.

1. Finanzsystem und Verteilung der Beitragslast

Vom Standpunkte der Versicherungsträger ist zur Frage des Finanzsystems und zur Frage der Verteilung der Beitragslast nicht viel zu sagen. Im allgemeinen bedeuten wohl die Beiträge für die Sozialversicherung, ob sie nun ganz oder teilweise vom Dienstnehmer getragen werden, einen Teil des Entgeltes. Soweit sie vom Unternehmer getragen werden, bedeuten sie immer einen Teil des Gehaltbudgets, in dessen Rahmen sich der Unternehmer bewegen will oder muß. In der ganzen Literatur, die der Abschaffung der Sozialversicherung das Wort spricht, wird immer in erster Linie darauf hingewiesen, daß sich bei Wegfall der Sozialversicherung das Niveau der Löhne und Gehälter um jenen Prozentsatz erhöhen würde, den die den Unternehmern zufallenden Teile der Sozialversicherungsbeiträge ausmachen.

Zum Kapitel Verteilung der Beitragslast gehört auch noch die Besprechung der Frage der Begrenzung der Beitragsgrundlage in der Krankenversicherung der Angestellten mit S 400,—. Diese Frage ist von zwei Seiten zu beurteilen:

Einerseits ist es nicht recht einzusehen, warum in der Sozialversicherung gerade die höheren Einkommen geringer belastet sein sollen. Die Erhöhung der Beitragsgrundlage in der Krankenversicherung würde nicht nur im allgemeinen einen günstigeren Riskenausgleich bedeuten, sondern auch im Hinblick auf den Verlauf eines einzelnen Versicherungsfalles. Das Minus, das sich naturgemäß in den ersten Jahren der Versicherung bei geringem Gehaltsbezug in der Beitragsleistung gegenüber der Leistungsinanspruchnahme ja ergeben muß, wird in späteren Jahren bei höherem Gehaltsbezug wieder ausgeglichen.

Andererseits werden gerade von den in höherem Gehaltsbezug stehenden Versicherten auch höhere Leistungsansprüche gestellt, die nicht befriedigt werden können, weil ja auch die besser entlohnten Angestellten ihre Beiträge nur von S 400,— ihres oft wesentlich höheren Gehaltsbezuges leisten.

Aus dem Mißverhältnis zwischen den auf Grund der Beitragshöhe vom Gesetz vorgeschriebenen und möglichen Leistungen der Krankenversicherung und dem, was der Versicherte auf Grund seines Gesamteinkommens beansprucht, ergeben sich in diesen Kreisen der Versicherten immer wieder ganz unberechtigte Forderungen. Diesen Konflikt durch Einführung einer Einkommensgrenze in der Sozialversicherung lösen zu wollen, wäre ein untauglicher Versuch. Diese Personen aus der Versicherung ganz herausfallen zu lassen, wäre unsozial, sowohl gegen die Betroffenen wie gegen die Gesamtheit. Allen Versicherten soll jenes Maß von Leistungen gewährt werden, das auf Grund des heutigen Standes der Wissenschaft von jedem Kranken beansprucht werden kann und zu den Kosten, die hiefür erforderlich sind, hätten alle im Verhältnis der Höhe ihrer tatsächlichen Bezüge beizutragen.

Was die Pensionsversicherung betrifft, so wird ja die Frage nach Erhöhung der Beitragsgrundlage — eine immer wieder vorgebrachte Forderung der Versicherten, die auch in einem Minderheitsantrag zur zweiten Novelle des Angestelltenversicherungsgesetzes zum Ausdruck kam — in der Kritik der Versichertenvertreter zur Diskussion gestellt werden.

2. Beiträge aus öffentlichen Mitteln

Was die Beiträge aus öffentlichen Mitteln für die Angestelltenversicherung betrifft, so bestehen solche — wenn man von den geringen Zuschüssen zur Arbeitslosenunterstützung absieht — praktisch nicht. Wenn im § 10/3 des Ang.-V.-G. den Trägern der Angestelltenversicherung bei Verrechnung mit den öffentlichen Heil- und Pflegeanstalten unter Umständen ein Verpflegskostenersatz zugebilligt wird, der unter dem normalen Verpflegskostensatz liegt, so ist dabei zu berücksichtigen, daß diese öffentlichen Spitäler ja aus — auch von den Angestellten bezahlten — Steuerbeträgen subventioniert werden.

Es wurde bereits im Kapitel II (S. 37 ff.) darauf hingewiesen, welche bedeutende Entlastung auf dem Gebiet der Volksseuchenbekämpfung den öffentlichen Körperschaften durch die Sozialversicherung erwächst und es wäre daher nur recht und billig, wenn für diese Zwecke den Sozialversicherungsinstituten aus öffentlichen Mitteln entsprechende Subventionen gewährt würden. Mit dieser

Frage hat sich auch die im Oktober 1930 in Dresden tagende IV. Generalversammlung der Internationalen Zentralstelle von Verbänden der Krankenkassen und Hilfsvereine befaßt und in einer Entschließung zu dem betreffenden Punkt der Tagesordnung „Die Krankenversicherung im Kampfe gegen die sozialen Krankheiten u. a." zum Ausdruck gebracht, daß auf diesem Gebiet eine Zusammenarbeit der Träger der sozialen Versicherung und der öffentlichen Gesundheitsbehörden erforderlich ist, daß aber diese Gemeinschaftsarbeit nicht dazu führen darf, daß die Sozialversicherung mit Ausgaben belastet wird, die an sich aus öffentlichen Mitteln zu tragen sind.

Aber auch auf dem Gebiete der Pensionsversicherung der Angestellten wären gerade im Hinblick auf die derzeitigen wirtschaftlichen Verhältnisse Beiträge aus öffentlichen Mitteln in Erwägung zu ziehen.

Hunderte von Absolventen der kaufmännischen und technischen Mittelschulen sowie der Hochschulen sind heute absolut nicht in der Lage, Stellungen zu finden, ein Zustand, der gerade im Hinblick auf den Umstand, daß die Arbeitslosigkeit für die Jugend von ganz besonders nachteiligen Folgen, nicht nur in moralischer, sondern auch in wirtschaftlicher Beziehung ist, im Interesse der Allgemeinheit nichts weniger als wünschenswert erscheint.

Diese langwährende Arbeitslosigkeit des jungen Nachwuchses ist nicht zuletzt auch in weitgehendem Maße darauf zurückzuführen, daß die bereits pensionsreifen älteren Angestellten nicht in Pension gehen, weil die für sie nach den heutigen Bestimmungen anfallenden Pensionen so gering sind, daß sie mit denselben tatsächlich nicht das Auskommen finden können.

Es soll zunächst darauf hingewiesen werden, daß die meisten dieser Angestellten vom Jahre 1909 bis zur Zeit der Inflation bedeutende Summen an Beiträgen für die Pensionsversicherung aufgebracht haben, die entwertet wurden, da die Gelder der ehemaligen Pensionsanstalt zum Großteil in Staatspapieren und Kriegsanleihe angelegt waren. Eine wenigstens teilweise Valorisierung dieser Beträge in Form einer Subvention aus öffentlichen Mitteln wäre nur recht und billig und gäbe die Möglichkeit einer Erhöhung der Pensionen zumindest für 55- bis 60jährige männliche und 50- bis 55jährige weibliche Angestellte.

Es könnten aber auch für diesen Zweck Mittel der Arbeitslosenversicherung zur Verfügung gestellt werden, ohne daß eine wesentliche Belastung dieses Zweiges der Versicherung eintreten müßte. Durch die infolge des höheren Pensionsbezuges aus den Betrieben ausscheidenden Angestellten würden ja viele derzeit im Bezug der

Arbeitslosenunterstützung stehende jüngere Angestellte Aufnahme in den Betrieben finden können. Es unterliegt doch keinem Zweifel, daß die Zahlung höherer Pensionen an ältere Angestellte in mehr als einer Beziehung der Zahlung der Arbeitslosenunterstützung an jüngere Personen vorzuziehen wäre. Aber auch für die Betriebe würde im Zusammenhang damit ein Vorteil durch den Austausch älterer gegen jüngere Angestellte in Erscheinung treten.

Von diesem Gesichtspunkte ist auch die bereits oben erwähnte Forderung nach Erhöhung der Beitragsgrundlage in der Pensionsversicherung zu beachten.

V. Organisation und Verwaltung.

Sowohl vom sozialen wie vom versicherungstechnischen und organisatorischen Standpunkte wäre die Sozialversicherung auf breitester Grundlage ohne jegliche berufständische Unterscheidung gewiß die zweckmäßigste Lösung. Leider stellen sich derselben derzeit praktisch große Hindernisse in den Weg. Vor allem — abgesehen von der Mentalität eines großen Teiles der in Frage kommenden Bevölkerungskreise — die Tatsache der verschiedenen arbeitsrechtlichen Grundlagen der einzelnen Arbeitnehmergruppen.

1. Schaffung einer Arbeitsgemeinschaft für Krankenversicherungsleistungen

Zumindest gewisse Leistungen der Krankenversicherung, z. B. Arzthilfe, Medikamentenversorgung, Anstaltspflege, insbesondere aber die Bekämpfung der Volkskrankheiten sollen wohl aus wirtschaftlichen Erwägungen für alle Sozialversicherungsträger am zweckmäßigsten in gemeinsamen Einrichtungen durchgeführt werden. Es wäre daher vorläufig wenigstens die Schaffung einer Arbeitsgemeinschaft für diesen Zweck wünschenswert. Ansätze hiezu sind ja bereits vorhanden, z. B. in einem von allen Krankenversicherungsträgern beschickten Komitee, das sich mit der Frage der Medikamentenversorgung befaßt und in dieser Beziehung eine möglichste Vereinheitlichung anstrebt. Natürlich wäre für gewisse Zwecke, z. B. die einheitliche Regelung des ärztlichen Dienstes, eine gesetzliche Fundierung dieser Arbeitsgemeinschaft sehr förderlich. Die Wichtigkeit solcher einheitlicher Regelungen darf nicht unterschätzt werden.

In dem von der Taxabteilung der pharmazeutischen Gehaltskasse für Österreich herausgegebenen „Spezialitätenlistenführer“ vom 1. Juli 1930 sind z. B. 53 Krankenversicherungsträger angeführt, die 27 verschiedene Spezialitätenlisten aufweisen. In Wien allein sind für 27 Krankenkassen 14 verschiedene Listen vorhanden. Bis vor kurzem waren die Verhältnisse auf diesem Gebiete noch ungünstiger, weil sich erst in letzter Zeit 8 Träger der Angestelltenversicherung auf eine einheitliche Liste geeinigt haben.

Welche Erschwerung diese vielen verschiedenen Spezialitätenlisten für Ärzte und Apotheker und nicht zuletzt für die Versicherten bedeutet, braucht wohl nicht im Detail erörtert zu werden.

Die Lösung dieser Frage wäre ja sehr leicht in sachlicher und ökonomischer Weise mit einem Schlage zu lösen, wenn endlich die schon so lange in Aussicht gestellte „Therapia oeconomica" erscheinen würde.

2. Träger der Angestelltenversicherung

Was die Träger der Angestelltenversicherung betrifft, so bestehen auf Grund der durch das neue Angestelltenversicherungsgesetz 1928 geschaffenen Verhältnisse derzeit in Österreich neben drei Sonderversicherungsanstalten (Land- und Forstwirtschaft, Presse und Pharmazeuten) die Hauptanstalt für Angestelltenversicherung mit 12 Angestellten-Versicherungskassen.

Zur Orientierung seien nachstehend die einzelnen Angestellten-Versicherungskassen mit der Zahl der bei ihnen Versicherten nach dem Stande per Ende Dezember 1930 angeführt:

Versicherungskasse:	Zahl der Pflicht-Versicherten:
für kaufmännische Angestellte	71.655
für Industrieangestellte	44.644
„Collegialität"	27.153
für Bank- und Sparkassenangestellte	8.282
in Wien zusammen	151.734
Niederösterreich	22.620
Oberösterreich	14.415
Steiermark	21.835
Burgenland	1.701
Kärnten	6.454
Salzburg	4.994
Tirol	7.821
Vorarlberg	3.856
außerhalb Wiens zusammen	79.029
Insgesamt im Wege der Vers.-Kassen pflichtversichert	235.430
Bei der Hauptanstalt pflichtversichert	401
hiezu bei der Hauptanstalt freiwillig Versicherte und Administrativrentner	5.009
Summe aller erfaßten Versicherten	240.840

Aus dieser Aufstellung ist ersichtlich, daß nach der derzeitigen Organisation ganz kleine Versicherungskassen mit eigenem Verwaltungs- und Leistungsapparat bestehen. Nur für die niederösterreichische und burgenländische Versicherungskasse besteht allerdings bei getrennten Verwaltungskörpern eine Gemeinschaft in der Weise, daß die Durchführung der Verwaltung von einem Beamtenkörper erfolgt.

Sachlich absolut ungerechtfertigt ist das Bestehen der Wahlkasse „Collegialität" in Wien. Der so oft vorgeschobene Grund einer sich günstig auswirkenden Konkurrenz zwischen Wahl- und Pflichtkasse ist heute, wo auf der einen Seite die Beiträge, andererseits die Leistungen im Gesetze festgelegt sind, absolut nicht mehr stichhältig. Wie die Entwicklung zeigt, waren die sich in der Praxis ergebenden Verhältnisse auch stärker, als alle theoretischen Erwägungen. Tatsache ist, daß heute für alle Wiener Angestellten-Versicherungskassen, einschließlich der Wahlkasse „Collegialität", im Vereinbarungswege eine gemeinsame gleichlautende Krankenordnung und Spezialitätenliste besteht und auch sonst das Bestreben vorhanden ist, wenigstens in großen Fragen eine einheitliche Regelung vorzunehmen. Diese Tatsache ist gewiß begrüßenswert und zeigt, daß in den Verwaltungen aller Versicherungskassen die Tendenz besteht, sich bei der Regelung verschiedener wichtiger Fragen von rein sachlichen Erwägungen leiten zu lassen, sie zeigt aber auch, daß nicht nur das Bestehen der „Wahlkasse", sondern überhaupt das Bestehen von vier Angestellten-Versicherungskassen in Wien mit zusammen insgesamt ca. 150.000 Versicherten eigentlich keine sachliche Berechtigung hat. Auch die besonderen dienstrechtlichen Verhältnisse der Bank- und Sparkassenangestellten und die bei den Versicherten der zuständigen Kasse in Erscheinung tretende höhere Durchschnitts-Beitragsgrundlinie beinhalten keinen zwingenden Grund für den gesonderten Fortbestand dieser Versicherungskasse. Sind die Versicherten in einer gemeinsamen Kasse bessere Risken in bezug auf die höhere Durchschnittsbeitragsgrundlage, so wirkt sich auf der anderen Seite die unverhältnismäßig große Zahl von Administrativrentnern wieder ungünstig aus.

Das Bestehen der „Wahlkasse" wirkt sich derzeit insoferne ungünstig aus, als die Tatsache ihres Bestehens allein genügt, daß sowohl von Seite der Dienstgeber, als auch von Seite der Versicherten bei Forderungen, die von den Versicherungskassen nicht erfüllt werden können, immer wieder in mehr oder minder verhüllter Form mit dem Übertritt zur Wahlkasse und wahrscheinlich auch umgekehrt gedroht wird, was zu recht weitläufigen und unerquicklichen Auseinandersetzungen und Korrespondenzen führt und die Kassen administrativ außerordentlich belastet.

3. Vorteile einer Angestellteneinheitskasse

Der Wechsel der Versicherten in Wien zwischen den einzelnen Versicherungskassen ist ein ganz bedeutender. Die Versicherungskasse für kaufmännische Angestellte weist im Tätigkeitsbericht für das Jahr 1929 nicht weniger als 33.570 An- und 33.893 Abmeldungen aus. Hiebei sind die Übertritte innerhalb der Versicherungskasse von einer Firma zu einer anderen (36.280 An- und Abmeldungen) nicht berücksichtigt. Ein Großteil dieser An- und Abmeldungen bezieht sich auf bereits Versicherte. Die dadurch bedingte ganz gewaltige Arbeit, die sich im Zentralkataster der Hauptanstalt durch die für jeden Fall einlangenden zwei An- und Abmeldungen verdoppelt, könnte durch die Führung eines Katasters bei der Angestellten-Einheitskasse ganz vermieden werden.

Schließen sich dieser Einheitskasse auch die Provinzkassen an — was praktisch bei Errichtung von Zweigstellen in den größeren Provinzstädten ohne weiteres möglich wäre — (siehe Krankenkasse der Bundesangestellten!) —, so könnte bei entsprechender Organisierung des An- und Abmeldewesens der Zentralkataster bei der Hauptanstalt überhaupt entfallen.

Die weiteren Vorteile der Angestellten-Einheitskasse für zirka 240.000 Versicherte sind wohl ohne weiteres klar ersichtlich und würden sich administrativ in der Vereinheitlichung, Vereinfachung und Verbilligung der Verwaltung auf folgenden Gebieten auswirken:

An- und Abmeldewesen (Wegfall der gegenseitigen Überweisung der Versicherungskarten),

Wegfall vieler jetzt im langwierigen Instanzenzug zur Erledigung gelangenden Entscheidungen über die versicherungszuständige Kasse,

Wegfall der für Dienstnehmer, Dienstgeber und Versicherungsträger derzeit gleich unbefriedigenden Lösung im Falle von Anstellungen bei mehreren Dienstgebern,

Durchführung des Erhebungsdienstes (Möglichkeit kleinerer Rayons für die Erhebungsorgane, dadurch Wegfall langer Weg- und damit Erhöhung der tatsächlichen Arbeitszeit).

Auch auf dem Gebiete der Krankenversicherung würden sich durch die Einheitskasse viele Vorteile ergeben, und zwar auf folgenden Gebieten:

Durchführung der Krankenkontrolle (wie beim Erhebungsdienst),

Möglichkeit der Anlage kontinuierlicher Krankengeschichten,

Durchführung der Lungenfürsorge, Mutterberatung etc. (insbesondere im ersteren Falle macht sich der Kassenwechsel sehr unangenehm bemerkbar),

Einheitliche Organisierung des ärztlichen Dienstes (Fortfall des Wechsels des Arztes beim Wechsel der Versicherungskasse, einheitliche Verträge und Dienstordnungen etc.),

Einheitliche Organisierung auf dem Gebiete der Zahnbehandlung, der physikalisch-therapeutischen Behandlung in ökonomischer Weise (Ambulatorien),

Einheitliche Versorgung mit Heilmitteln (Kassenapotheken),

Einheitliche Versorgung mit Heilbehelfen,

Einheitliche Vorsorge auf dem Gebiete der Anstaltsbehandlung,

Auf dem Gebiete der erweiterten Heilbehandlung (einheitliche ökonomische Verwendung und Verwaltung der eigenen Heime).

Diese Beispiele ließen sich noch weiter vermehren und im Detail begründen, was aber über den Rahmen dieses Referates hinausgehen würde.

Zusammenfassend kann nur gesagt werden, daß die Einheits-Angestellten-Versicherungskasse die einzige Möglichkeit zu einer wirklich ausschlaggebenden Vereinfachung und Verbilligung und damit zu einem Ausbau der Leistungen in der Angestelltenversicherung bei gleichbleibenden Beiträgen führen könnte.

4. Prinzip der Selbstverwaltung

Was die Verwaltungsorgane in der Angestelltenversicherung betrifft, so sind diese nach den gesetzlichen Bestimmungen auf dem Prinzip der Selbstverwaltung aufgebaut; dieses Prinzip hat sich im großen und ganzen bewährt. Eine Änderung dieses Prinzipes, das einen innigen Kontakt der Versicherten mit der Kassenverwaltung gewährleistet, ist daher nicht wünschenswert. Gerade die Selbstverwaltung bietet die sicherste Gewähr dafür, daß im Falle der Notwendigkeit ein Ausgleich zwischen den finanziellen Möglichkeiten und Leistungen in einer Weise getroffen wird, der die berechtigten Interessen der Versicherten in weitestgehender Weise wahrt. Gerade die Ereignisse der letzten Jahre haben gezeigt, daß die autonomen Verwaltungen der Angestelltenversicherung es in den meisten Fällen zustande gebracht haben, unter tunlichster Wahrung der Ansprüche der Versicherten Maßnahmen zu treffen, die das durch verschiedene mißliche Umstände ins Wanken geratene finanzielle Gleichgewicht in den Gebarungen der Angestellten-Versicherungskassen wieder herstellen. Hiebei ist das Ausschlaggebende, daß die Mehrheit der Versicherten diesen Maßnahmen und ihren Beweggründen durchaus das entsprechende Verständnis entgegengebracht hat.

Der Gefahr, daß in solchen Situationen gewaltsame bürokratische Maßnahmen die Interessen der Versicherten außer acht lassen, wird durch die autonomen Verwaltungen, in welchen ja meist geschulte und ihrer Verantwortung vollbewußte Vertreter der Interessen der Versicherten Sitz und Stimme haben, wirksam begegnet.

5. Organisation des inneren Dienstes

Was die Organisation des inneren Dienstes der Träger der Angestelltenversicherung anlangt, so sind wohl alle Kassenleistungen bestrebt, dieselbe möglichst reibungslos und ökonomisch zu gestalten. Der Erfolg dieser Bemühungen ist nicht — wie es leider häufig geschieht — nach dem Verhältnis der Verwaltungskosten zu dem Leistungsaufwand oder den Beitragseinnahmen zu beurteilen. Ohne genaue Kenntnis der im Einzelfall vorliegenden Verhältnisse kann eine solche Beurteilung zu einem absolut falschen Ergebnis führen. Es wäre ohne weiteres möglich, daß bei einem Versicherungsträger die Leistungen infolge mangelnder Kontrolle auf den Gebieten der Arzthilfe, der Medikamentenversorgung etc. eine absolut übermäßige Höhe erreichen, die Verwaltungskosten dagegen relativ niedrig sind. Umgekehrt dürfen Kontrollmaßnahmen nicht Kosten verursachen, die mit dem durch die Kontrolle erzielten Erfolg nicht in Einklang zu bringen sind. In dieser Beziehung bei den namentlich in der Krankenversicherung durchaus nicht einfach und klar liegenden Verhältnissen das richtige Maß zu halten, ist gewiß eine der schwierigsten Aufgaben, vor welche die Träger der Sozialversicherung gestellt sind.

Die Frage der Ökonomie in der Verwaltung der Sozialversicherungsträger hängt zum allergrößten Teil nicht von den Versicherungsträgern, sondern von Umständen ab, die außerhalb ihres Einflusses liegen. Was nützt dem Versicherungsträger das ehrliche Bestreben nach ökonomischer und rationeller Verwaltung, wenn durch das Gesetz Verwaltungsarbeiten notwendig werden, die sich oft schwer mit einer wirtschaftlichen Verwaltung vereinbaren lassen. Es wäre daher sehr zu begrüßen, wenn in Hinkunft bei der Gesetzgebung auch auf die Durchführung vom Standpunkte einer wirtschaftlichen Verwaltung Rücksicht genommen würde. Dazu kommt, daß in der Sozialversicherungsgesetzgebung in vielen Fällen — auf einige wurde ja bereits an anderer Stelle dieses Referates hingewiesen — die nötige Klarheit mangelt, was zu einer Rechtsunsicherheit und damit naturgemäß auch zu einer bedeutenden Erschwernis und Verteuerung der Verwaltung führen muß.

6. Unterstützung der Kasse von Seiten der Versicherten und Dienstgeber

Die Unterstützung der Kasse in ihrem Bestreben nach billiger und einfacher Verwaltung von Seite der Versicherten und Dienstgeber ist ein Kapitel für sich. Eine ganz bedeutende Erleichterung der Verwaltung wäre es, wenn die Dienstgeber und Versicherten die Meldungen rechtzeitig und richtig erstatten, wenn die Beiträge ohne Mahnung eingezahlt würden usw. Gerade auf diesem Gebiete leisten ja gewiß die in der Selbstverwaltung der Versicherungsträger tätigen Vertreter der Dienstnehmer und Dienstgeber durch Aufklärung in ihren Kreisen oft sehr wertvolle Arbeit, doch sind weite Kreise von Dienstgebern und Versicherten diesem Einfluß nicht zugänglich. Hier spielt auch die Frage der „Versicherungsmoral" eine Rolle. Es ist leider eine Tatsache, daß manche Versicherte die Sozialversicherung als eine Sparkasse betrachten und der Meinung sind, sie müssen unter allen Umständen soviel aus derselben herausbekommen, als sie eingezahlt haben. Die Folge davon ist, daß die Versicherungsträger gezwungen sind, Kontrollmaßnahmen zu treffen, die unter Umständen zu einer unnötigen Verteuerung der Verwaltung führen können.

Die Organisation des inneren Dienstes der Angestelltenversicherungsträger ist in großen Zügen durch eine „Instruktion" einheitlich geregelt und gehen die Bestrebungen dahin, auch im Detail durch Auflegen möglichst einheitlicher Drucksorten im Interesse der Versicherten (Kassenwechsel!) eine gewisse Übereinstimmung bei den einzelnen Kassen herbeizuführen. Durch die in Aussicht stehende VIII. Durchführungsverordnung zum Angestelltenversicherungsgesetz soll auch die Einrichtung der Buchführung bei den Trägern der Angestelltenversicherung nach einheitlichen Gesichtspunkten geregelt werden.

Vor kurzem erst haben die Wiener Angestelltenversicherungsträger die Initiative ergriffen, im gegenseitigen Einvernehmen Richtlinien für die Verbuchung der Leistungen und Verwaltungskosten festzulegen, um auch in dieser Beziehung endlich die wünschenswerte Klarheit zu schaffen.

7. Verwaltungskosten der Versicherungsinstitute

Die Verwaltungskosten der Versicherungsinstitute bilden den Kernpunkt der öffentlichen Diskussion über die Sozialversicherung. Wohl auf keinem Gebiete wird die unverantwortliche Irreführung der Öffentlichkeit so weit getrieben, wie in dieser Beziehung. In der Angestelltenversicherung ist die Höhe der Verwaltungskosten gesetzlich mit 7,7% der Beitragseinnahmen limitiert und aus dem von Herrn Sektionschef Schromm dem ÖKW nach amtlichen Quellen zur Verfügung gestellten Material geht hervor, daß sich die Nettoverwaltungskosten in den Angestellten-Versicherungskassen durchschnittlich auf 6% der Beitragseinnahmen für die Krankenversicherung belaufen.

Die in den gedruckt vorliegenden Berichten der einzelnen Institute enthaltenen Zahlen zeigen, daß in der Angestelltenversicherung *) im Jahre 1930 ohne Berücksichtigung der Stellenlosenversicherung S 94,697.979,76 an Beiträgen eingehoben und dafür insgesamt brutto **) S 6,069.408,60 an Verwaltungskosten, also rund 6,3% der Beitragseinnahmen, aufgewendet wurden.

Es ist wohl kaum anzunehmen, daß irgend eine Privatversicherungsgesellschaft auch ohne Berücksichtigung der Akquisitions- und Provisionsspesen mit einem ähnlich niedrigen Satz an Verwaltungskosten das Auslangen finden dürfte. Damit soll nicht gesagt werden, daß die Versicherungsträger sich nicht weiter bemühen brauchen, die Verwaltungskosten womöglich herabzudrücken. Die Verhältnisse liegen aber keineswegs so, daß durch weitere Ersparnisse an Verwaltungskosten so nennenswerte Beträge erübrigt werden können, daß sich diese Ersparnisse in einer Ermäßigung der Beiträge oder in einer Erhöhung der Leistungen in beträchtlicher Weise auswirken könnten.

Im Zusammenhang mit der Besprechung der Verwaltungskosten der Sozialversicherung in der Öffentlichkeit wird immer wieder auf die „Paläste" hingewiesen, in denen sich die Amtsräume der Kassen befinden. Aber nicht auf diese demagogische Einstellung soll hier hingewiesen werden, sondern auf die Notwendigkeit und Zweckmäßigkeit der Unterbringung der Sozialversicherungsinstitute in eigenen Häusern. Diese Frage steht ja mit jener der Verwaltungskosten einigermaßen im Zusammenhang. Wohl kein Miethaus wird in seiner ursprünglichen Einteilung den Zwecken dieser Institute entsprechen und die Raumeinteilung ist für eine ökonomische, rationelle und reibungslose Abwicklung des Geschäftsganges in den Sozialversicherungsinstituten von bedeutendem Einfluß. Dies ist in Miethäusern — wenn überhaupt möglich — nur mit großen Unkosten verbunden, ohne in den meisten Fällen zu einer endgültig befriedigenden Lösung zu führen. Bei einer Wiener Angestellten-

*) Die Sonderversicherungsanstalten sind hier nicht einbezogen.

**) In den Verwaltungskosten sind die Rückersätze für Einhebung der Beiträge für die Stellenlosenversicherung inbegriffen, obwohl in der Summe der Beiträge jene für die Stellenlosenversicherung nicht enthalten sind.

Versicherungskasse, die aus wirklich zwingenden Gründen die Aufstellung einiger Gipsdielenwände zur Vergrößerung der chefärztlichen Ordinationsräume vornehmen wollte, wurde vom Hausinhaber eine freie Vereinbarung verlangt, die sich in einem höheren Mietzins von monatlich S 2000,— ausgewirkt hätte. Das sind gewiß unhaltbare Zustände.

Einer wirklich befriedigenden Lösung wird auch diese Frage erst durch eine Einheitskasse in der Angestelltenversicherung zugeführt werden können.

Die Krankenversicherung der öffentlichen Angestellten in Österreich unter besonderer Berücksichtigung der Krankenversicherungsanstalt der Bundesangestellten.

Referat für den ÖKW-Krankenkassenausschuß

erstattet von

Ministerialrat Dr. Alfred Korschinek,
Generaldirektor der Krankenversicherungsanstalt der Bundesangestellten.

Inhaltsverzeichnis.

Seite

Einleitung 60

I. Abschnitt:

Besteht ein Bedürfnis nach einer Krankenversicherung der öffentlichen Angestellten? 61

A. Versicherungsbedürfnis der Dienstnehmer 61

Entstehung des Versicherungsinteresses 61

Entwertung der Bezüge und Kapitalsverlust 61

B. Versicherungsbedürfnis der Dienstgeber 62

Erhaltung der Arbeitskraft 62

Entlastung hinsichtlich der Armenfürsorge 62

C. Gegenwärtiger Stand 62

D. Art des Versicherungsbedürfnisses 63

II. Abschnitt:

Ist die Krankenversicherung der öffentlichen Angestellten in ihrer Form zweckmäßig? 64

A. Persönlicher Umfang der Versicherung 64

1. Kreis der Versicherten 64

2. Kreis der anspruchsberechtigten Familienangehörigen 65

B. Art der Versicherungsleistungen 66

Die Versicherungsleistungen 66

Das Leistungssystem 67

C. Niveau der Versicherungsleistungen 68

1. Arzthilfe 68

2. Heilmittel und Heilbehelfe 68

3. Anstaltspflege 69

4. Wochenhilfe 69

5. Sterbegeld 70

6. Erweiterte Heilbehandlung 70

D. Aufbringung der Mittel 71

1. Die Versicherungsbeiträge 71

2. Beteiligung der Versicherten an den Kosten der Leistungen 72

3. Sonstige Einnahmen 72

Seite

E. Verwaltung 72
  a) Autonome Verwaltung 72
  b) Technische Verwaltung 73
F. Organisation der Krankenversicherung der öffentlichen Angestellten 74
  Ungleiche Grundlagen der Versicherung 75
  Ungleiche Familienversicherung. Ungleiche Leistungen 75
  Mehrere Versicherungsträger für den gleichen Zweck . . 75

III. Abschnitt:
Sind die gegenwärtigen Einrichtungen zur Durchführung der Krankenversicherung der öffentlichen Angestellten wirtschaftlich? 76

A. Aufwand für die Versicherungsleistungen 76
  1. Arzthilfe 76
    a) Ursachen des Überkonsums 77
    b) Gegenwärtige Maßnahmen zur Erzielung der Wirtschaftlichkeit 78
    c) Mängel der Maßnahmen zur Erzielung der Wirtschaftlichkeit 79
  2. Heilmittel und Heilbehelfe 80
    a) Gründe des Überkonsums 80
    b) Gegenwärtige Maßnahmen zur Erzielung der Wirtschaftlichkeit 82
    c) Mängel der Maßnahmen zur Erzielung der Wirtschaftlichkeit 83
  3. Anstaltspflege 83
    a) Ursachen der Unwirtschaftlichkeit 83
    b) Gegenwärtige Maßnahmen zur Erzielung der Wirtschaftlichkeit 84
    c) Mängel der gegenwärtigen Maßnahmen zur Erzielung der Wirtschaftlichkeit 85
  4. Barleistungen 85
  5. Erweiterte Heilbehandlung 85
B. Organisation und Verwaltung 86
  Höhe der Verwaltungskosten 86
Schlußwort 87

Einleitung.

Wenn vom Standpunkte des Versicherungsträgers aus zu der Frage Stellung genommen werden soll, ob die Krankenversicherung der öffentlichen Angestellten in ihrer gegenwärtigen Form einer Kritik unter dem Gesichtspunkte der Zweckmäßigkeit und Wirtschaftlichkeit voll zu bestehen vermag, so ist zunächst festzustellen, ob und inwieweit hinsichtlich jener Gruppen von unselbständig Erwerbstätigen, die nach dem gegenwärtigen Stande in die Krankenversicherung der öffentlichen Angestellten einbezogen sind, ein berechtigtes Bedürfnis nach Krankenversicherung im Rahmen der Sozialversicherung besteht und welcher Art im einzelnen dieses Versicherungsbedürfnis ist. Wird das Versicherungsbedürfnis bejaht, so ist weiters zu prüfen, ob die gegenwärtigen Einrichtungen der Krankenversicherung der öffentlichen Angestellten zweckmäßig und wirtschaftlich sind. Hiebei ist der Begriff der Zweckmäßigkeit dahin zu umschreiben, ob die bestehenden Einrichtungen dem durch das Versicherungsbedürfnis bestimmten und abgegrenzten Zweck der Krankenversicherung der öffentlichen Angestellten voll entsprechen, ob sie demnach dem Versicherungsbedürfnis sowohl qualitativ als auch quantitativ genügen oder über dieses hinausgehen bzw. hinter ihm zurückbleiben. Hinsichtlich der Einnahmenwirtschaft ist die Zweckmäßigkeit der gegenwärtigen Verteilung der Beitragslast unter dem Gesichtspunkte der Heranziehung der Beitragspflichtigen nach ihrem Interesse am Bestehen der Versicherung und dem wirtschaftlichen Vorteile, der für sie aus der Versicherung erwächst, zu beurteilen. Schließlich ist zu untersuchen, ob für die Beteiligung der Arbeitnehmer und Arbeitgeber in der Verwaltung die richtige Form gefunden wurde und ob ferner die technischen Einrichtungen der Verwaltung den objektiven Erfordernissen der Durchführung der Versicherung voll entsprechen.

Die Frage der Wirtschaftlichkeit der gegenwärtigen Krankenversicherung der öffentlichen Angestellten ist in der Weise zu prüfen, daß festgestellt wird, ob die derzeitigen Einrichtungen dem angestrebten Zweck mit den geringsten Mitteln am nächsten kommen.

Auf Grund der Feststellungen, welche bei dieser Überprüfung der gegenwärtigen Verhältnisse und Einrichtungen in der Krankenversicherung der öffentlichen Angestellten gemacht werden, sollen schließlich vom Standpunkte der Versicherungsträger Anregungen vorgebracht werden, wie in der Krankenversicherung der öffentlichen Angestellten Wege zur Rationalisierung im Sinne einer strengen Abstellung der Einrichtungen auf Zweck und wirtschaftliche Verwendung der Mittel gefunden werden können, wobei insbesondere auch dem Standpunkte der besonders in letzter Zeit außerordentlich häufig gewordenen Kritik Rechnung getragen werden soll.

I. ABSCHNITT.

Besteht ein Bedürfnis nach einer Krankenversicherung der öffentlichen Angestellten?

A. Versicherungsbedürfnis der Dienstnehmer.

Wird nun zunächst die Frage geprüft, ob ein Bedürfnis nach einer Krankenversicherung der öffentlichen Angestellten im Rahmen der Sozialversicherung besteht, so muß mit einigen Worten auf die Entstehungsgeschichte der Krankenversicherung der öffentlichen Angestellten zurückgegangen werden.

Entstehung des Versicherungsinteresses

Der Übergang der Krankenversicherung der Arbeiter zu ihrem großartigen System von Sachleistungen und prophylaktischen Einrichtungen erweckte das Interesse der öffentlichen Angestellten für die Versicherung.

Es zeigten sich daher schon vor dem Krieg, demnach zu einer Zeit, da die wirtschaftlichen Verhältnisse der Staatsbeamten noch nicht annähernd so schlecht waren, wie jene der heutigen Bundesangestellten, Bestrebungen zur Schaffung einer Krankenversicherung der Staatsbeamten. Sie hatten ihre Ursache in dem Umstand, daß für die Staatsbeamten eine Organisation zur Unterstützung im Erkrankungsfalle — etwa auf privatwirtschaftlicher Grundlage — nicht bestand, sondern nur in bedürftigen Fällen vom Dienstgeber Aushilfen gegeben wurden, auf die aber kein Rechtsanspruch bestand und deren Verleihung reine Ermessungssache des Dienstgebers war.

Entwertung der Bezüge und Kapitalsverlust

Dazu kam noch das jähe Hinabstürzen des Lohnniveaus der öffentlichen Angestellten in der Nachkriegszeit. Daß dabei und bei dem vollständigen Kapitalsverluste dieser Kreise dem einzelnen Haushalte bald die Mittel fehlten, Arzt und Apotheker zu bezahlen, geschweige denn eine Krankenanstalt oder eine Kur in Anspruch zu nehmen, war die selbstverständliche Folge. Die ursprünglichen

Bedürfnisse — Essen und Kleidung — erlaubten ihm keinerlei Rücklagen für den Fall der Krankheit. Diese katastrophale materielle Verelendung machte es notwendig, die öffentlichen Angestellten für den Fall der Krankheit besonders zu schützen.

Wenn demnach schon in der Vorkriegszeit ihr Interesse an der Krankenversicherung erwacht war, so war nunmehr das Versicherungsbedürfnis unabweisbar hinzugetreten.

B. Versicherungsbedürfnis der Dienstgeber.

Erhaltung der Arbeitskraft

Aber auch seitens der Dienstgeber ergab sich insbesondere in der Nachkriegszeit das Bedürfnis nach einer Krankenversicherung der öffentlichen Angestellten. In der Hauptsache waren dabei die gleichen Erwägungen maßgebend, wie für die Dienstnehmer selbst, nämlich die Sicherstellung einer ausreichenden Hilfe im Krankheitsfalle im Interesse der Erhaltung der Arbeitskraft der Angestellten und der Sicherung ihrer wirtschaftlichen Existenz gegenüber der Belastung im Falle von Krankheiten in der Familie, um derart die auf diesem Gebiete zu befürchtenden Folgeerscheinungen, soweit sie sich auf die Arbeitsleistung, Gesundheit und letzten Endes auch auf die Lohnforderungen der Angestellten auswirken, nach Möglichkeit auszuschalten.

Entlastung hinsichtlich der Armenfürsorge

Daneben ergab sich für die Dienstgeber auch noch ein anderer Grund des Bedürfnisses nach einer Krankenversicherung der öffentlichen Angestellten, da durch die Verelendung der Bundesangestellten die Belastung aus dem Titel der Aushilfen im Krankheitsfalle, von welchen früher gesprochen wurde, ganz wesentlich zunahm und auch dort, wo die Gebietskörperschaften bei Unbemittelten die Kosten der Krankenhilfe in Form von Armenbehandlung und die Kosten allfälliger Anstaltspflege zu übernehmen haben, sich der Mangel einer Krankenversicherung der öffentlichen Angestellten stark fühlbar machte.

C. Gegenwärtiger Stand.

Wohl haben sich in Österreich in der Zeit seit der Schaffung der Krankenversicherung der öffentlichen Angestellten die Besoldungsverhältnisse geändert. Während zur Zeit der Gründung der Krankenversicherungsanstalt der Bundesangestellten eine wirtschaftlich ziemlich homogene Riskengemeinschaft bestand, da die Herrschaft des Alimentationsprinzips in der Lohnpolitik auf der einen Seite die gehobenen Einkommen geköpft, auf der anderen Seite hingegen die kleinen Einkommen immerhin aufgefüllt hatte, brachte der Abbau eine wesentliche Vermehrung der Zahl der Pensionisten mit geringen Ruhegenüssen und erfuhren die Bezüge der höheren Beamten, da das Alimentationsprinzip vom Staate nur in der Zeit des größten Notstandes aufrecht erhalten werden konnte, eine ansehnliche Erhöhung.

Die seit dem Jahre 1920 eingetretenen Veränderungen in der Besoldung der öffentlichen Angestellten haben aber nur einem Teile von ihnen — etwa 10.000 höheren Beamten — eine nennenswerte Besserstellung gebracht, für einen weitaus größeren Teil ist eine weitere Verschlechterung der Lebensbedingungen durch den Abbau eingetreten.

Es ist demnach festzustellen, daß bei den an der Krankenversicherung der öffentlichen Angestellten unmittelbar Beteiligten das Versicherungsbedürfnis, welches zur Zeit der Schaffung der Versicherung vorhanden war, infolge der notwendigen Zurückhaltung des Staates in der Valorisierung der Bezüge auch heute noch gegeben ist und die in der Zwischenzeit eingetretenen Änderungen nicht von solcher Bedeutung sind, daß sich dadurch die Grundlagen dieses Versicherungsbedürfnisses wesentlich geändert hätten.

D. Art des Versicherungsbedürfnisses.

Es erübrigt sich nun noch festzustellen, welcher Art der Inhalt des Versicherungsbedürfnisses der öffentlichen Angestellten ist.

Zufolge der Eigenart des Dienstverhältnisses der öffentlichen Angestellten, die für den Verdienstentgang im Krankheitsfalle sichergestellt sind, richtet es sich in erster Linie auf die Leistungen der Krankenhilfe, weiters aber auch auf die Barleistungen bei Entbindungen und in Sterbefällen, die zwar einen anderen Zweig der Versicherung darstellen, jedoch seit jeher mit der sozialen Krankenversicherung verbunden sind. Das im Vergleich zu den Arbeitern gehobene wirtschaftliche Niveau der öffentlichen Angestellten erfordert ein höheres Niveau der Leistungen, insbesondere hinsichtlich der Arzthilfe, der Heilmittel und der Anstaltspflege wird auf die Qualität der Leistungen besonderer Wert gelegt.

Schließlich wird unter dem Gesichtspunkte des ausreichenden Schutzes der wirtschaftlichen Existenz ein weitgezogener Kreis der Familienversicherung gefordert, da ja auch die Krankheitsfälle der Angehörigen den Versicherten belasten.

Die Krankenversicherung der öffentlichen Angestellten muß daher, wenn sie dem bestehenden und berechtigten Versicherungsbedürfnis gerecht werden soll, in ihren Einrichtungen auf *weitgehende Familienversicherung*, weiters auf *ausreichende Krankenhilfe* und ein entsprechendes *Niveau* der Versicherungsleistungen das Hauptgewicht legen.

II. ABSCHNITT.

Ist die Krankenversicherung der öffentlichen Angestellten in ihrer Form zweckmäßig?

Es fragt sich nun, ob die in Österreich vom Gesetzgeber gewählte Form zweckmäßig war.

Der Aufgabenkreis der Krankenversicherung der öffentlichen Angestellten ist durch den früher ausgeführten Inhalt des Versicherungsbedürfnisses abgegrenzt. Aufgabe dieses Abschnittes wird es sein, die gegenwärtig bestehenden Einrichtungen der Krankenversicherung der öffentlichen Angestellten im Sinne der Ausführungen der Einleitung auf ihre Zweckmäßigkeit zu überprüfen, wobei, da im allgemeinen die Einrichtungen der drei großen Versicherungsträger der Krankenversicherung der öffentlichen Angestellten fast gleich sind, nur die Verhältnisse bei der im Vordergrunde des Interesses stehenden Krankenversicherungsanstalt der Bundesangestellten besprochen werden sollen.

A. Persönlicher Umfang der Versicherung.

1. Kreis der Versicherten.

Der Kreis der Versicherten ist in der Krankenversicherungsanstalt der Bundesangestellten derart abgegrenzt, daß in die Versicherung jene Bundesangestellten und sonstigen, bei der Krankenversicherungsanstalt versicherten öffentlichen Angestellten einbezogen sind, welche die Unwiderruflichkeit und den Anspruch auf Ruhe- und Versorgungsgenüsse bzw. die Anwartschaft auf diese beiden Rechte besitzen. Außerdem sind die im Bezuge von Ruhe- oder Versorgungsgenüssen stehenden Personen in die Mitgliedschaft einbezogen (Pensionistenversicherung).

Versicherte mit ganz geringen Bezügen

Der Kreis der Versicherten ist im allgemeinen zweckmäßig abgegrenzt, da bei allen Personen, welche die Mitgliedschaft besitzen, das gleiche Versicherungsbedürfnis festgestellt werden kann. Vom Standpunkte des Versicherungsträgers und der Riskengemeinschaft ist jedoch der Umstand, daß sich unter den Versicherten eine Reihe von Personen mit ganz geringen Bezügen befindet, als unzweckmäßig zu bezeichnen, da diesen Versicherten mit Rücksicht auf ihr Einkommen die Versicherungsfähigkeit fehlt und sie eigentlich im

Rahmen der Armenfürsorge betreut werden sollten, so daß in dieser Richtung die Krankenversicherungsanstalt der Bundesangestellten gegenwärtig Pflichten der öffentlichen Faktoren erfüllt. Welche Bedeutung die Mitgliedschaft dieser Personen für die Riskengemeinschaft hat, geht aus der Tatsache hervor, daß nach dem Stande vom 1. Jänner 1930 nicht weniger als 28.175 Versicherte einen Monatsbezug unter 180 S aufweisen, hievon 23.588 weniger als 150 S, 13.528 weniger als 120 S, 2620 weniger als 90 S, 660 weniger als 60 S, und es gibt auch Versicherte, deren versicherungspflichtiger Bezug weniger als 50 S, ja sogar weniger als 30 S und 20 S beträgt.

Ein weiterer Mangel im Kreise der Versicherten ergibt sich aus der Versicherung solcher Personen, welche auf Grund eines Ruhegenusses aus Bundesmitteln oder aus Mitteln eines der bei der Krankenversicherungsanstalt der Bundesangestellten versicherten Dienstgeber die Mitgliedschaft zu dieser besitzen und einer selbständigen Erwerbstätigkeit obliegen. Diese Personen, welchen das soziale Recht der unselbständig Erwerbstätigen nicht zukommt, gehören nicht in den Kreis der Krankenversicherung der öffentlichen Angestellten, ihre Mitgliedschaft zu dieser ergibt insbesondere im Verhältnis zu den Ärzten, die auf die Unzweckmäßigkeit der Mitgliedschaft solcher Personen hinweisen, mannigfache, für die Riskengemeinschaft abträgliche Weiterungen. **Selbständige Erwerbstätige**

Von Seite der Ärzte wird auch behauptet, daß die Versicherung aller öffentlichen Angestellten ohne Rücksicht auf die Höhe des Diensteinkommens unzweckmäßig sei und daß, ähnlich wie in Deutschland, ein Höchstbezug festzusetzen wäre, bei dessen Erreichung der Betreffende aus der Krankenversicherung ausscheidet (Einkommensgrenze). Gestützt wird diese Ansicht durch die Behauptung, daß diese Versicherten zufolge der Höhe ihres Einkommens des Schutzes der sozialen Krankenversicherung nicht mehr bedürfen.

2. Kreis der anspruchsberechtigten Familienangehörigen.

Bei der Abgrenzung des Umfanges der Familienversicherung wurde der Umstand, daß sich das Versicherungsbedürfnis der öffentlichen Angestellten insbesondere auch auf eine ausreichende Familienversicherung richtet, weitgehend berücksichtigt. Der Kreis der Familienangehörigen wurde in Erfüllung dieses Versicherungsbedürfnisses so gezogen, daß jenen Personen die Anspruchsberechtigung gesichert ist, welche in der Versorgung des Versicherten stehen und deren Krankheitsfälle ihn belasten.

Die Familienversicherung umfaßt in der Hauptsache die Gattin, die Kinder, Stief- und Wahlkinder und Enkel der Versicherten; bis zum Jahre 1925 waren auch die Lebensgefährtinnen und Eltern sowie Großeltern der Versicherten unter gewissen Voraussetzungen in die Familienversicherung einbezogen. Die Altersgrenze für die Anspruchsberechtigung der Kinder ist im allgemeinen mit dem 18. Lebensjahre festgesetzt, darüber hinaus bleibt sie unter bestimmten Voraussetzungen bei Studium bis zum 24. Lebensjahre, bei Gebrechen auf die Dauer der Mitgliedschaft des Versicherten weiterhin aufrecht.

Dieser Umfang der Familienversicherung entspricht im allgemeinen dem bestehenden Bedürfnis, da insbesondere die Familienangehörigen den gleichen Leistungsanspruch haben wie die Mitglieder selbst.

Anstaltsangehörigkeit der geschiedenen Gattin

Vom Standpunkte des Versicherungsträgers sowie der Versicherten erscheint es jedoch unzweckmäßig, daß die Anstaltsangehörigkeit bei Scheidung der Ehe mit Ausnahme des Falles der Scheidung aus dem alleinigen Verschulden der Gattin dieser zukommt und nicht jener Person, welche bei dem Versicherten deren Stellung vertritt (Dispensgattin, Lebensgefährtin), da zum Schutze der wirtschaftlichen Existenz des Versicherten die Anstaltsangehörigkeit dieser Person, nicht aber die Fürsorge für die geschiedene Gattin notwendig erscheint.

Ausdehnung des Moments der vorwiegenden Versorgung durch den Versicherten

Weiters ist es unzweckmäßig, daß bei der Anstaltsangehörigkeit die Voraussetzung der vorwiegenden Versorgung durch den Versicherten, die gegenwärtig nur für einige Kategorien von Anstaltsangehörigen gilt, nicht für alle Anstaltsangehörigen in Geltung steht und auf diese Weise die Familienversicherung nicht auf jene Personen beschränkt ist, denen tatsächlich das soziale Recht der unselbständig Erwerbstätigen in der Ableitung aus der Stellung des Erhalters zukommt (Kinder einer Versicherten, die mit einem Kaufmann verheiratet ist, Gattin eines Versicherten mit einträglichem Erwerb aus einer selbständigen Erwerbstätigkeit u. dgl.).

B. Art der Versicherungsleistungen.

Die Versicherungsleistungen

Auch hinsichtlich der Versicherungsleistungen wurde die Eigenart des Versicherungsbedürfnisses der öffentlichen Angestellten entsprechend berücksichtigt. Der sachliche Umfang der Versicherung betont daher insbesondere die Leistungen der Krankenhilfe und umfaßt

1. als Pflichtleistungen:
   a) die Arzthilfe einschließlich der fachärztlichen Behandlung, zahnärztlichen Behandlung und Operationen,
   b) die Versorgung mit den notwendigen Heilmitteln und Heilbehelfen,
   c) die Gewährung von Anstaltspflege einschließlich der notwendigen Transportkosten,
   d) die Wochenhilfe,
   e) das Sterbegeld.

Weiters

2. als erweiterte Heilbehandlung in der Hauptsache:
   a) Heilstättenaufenthalt,
   b) Kuraufenthalt,
   c) Landaufenthalt,
   d) Hauspflege.

Der gegenwärtige sachliche Umfang der Versicherung ist zweckmäßig. Ein Bedürfnis nach Erweiterung in dieser Richtung hat sich weder aus den Erfahrungen der Betriebsführung noch seitens der Versicherten ergeben, da er dem Versicherungsbedürfnisse, welches in seinen Grundlagen schon früher dargelegt wurde, vollkommen entspricht.

Das Leistungssystem

Im Zusammenhang mit der Prüfung der Zweckmäßigkeit der Art der Versicherungsleistungen in der Richtung des sachlichen Umfanges der Versicherung ist auch noch die Frage des Systems der Versicherung im allgemeinen zu erörtern, demnach die Zweckmäßigkeit des gegenwärtigen Systems der Naturalleistungen zu prüfen. Hiebei sind die Leistungen der Wochenhilfe und des Sterbegeldes auszuscheiden, da diese einen besonderen, mit dem Bedürfnisse nach Krankenversicherung und mit der Krankenversicherung selbst organisch nicht zusammenhängenden Versicherungszweig darstellen. Auch in diesem Belange ist festzustellen, daß das gegenwärtige System dem Versicherungsbedürfnis entspricht, da die Schadensversicherung für den Großteil der Versicherten einen zu großen Selbstbehalt *) ergeben und überdies die Riskengemeinschaft um die Verbilligungsmöglichkeiten der sozialen Krankenversicherung kommen würde. Auch die Modifizierung des gegenwärtigen Systems durch Ausschaltung der Bagatellschäden wäre bei der heutigen wirtschaftlichen Lage der öffentlichen Angestellten nur für einen beschränkten Kreis derselben gangbar. Ebenso

*) Bei der Schadensversicherung ist ein Teil des Schadens, meist 25%, vom Versicherten selbst zu tragen.

kommt die Ergänzung des gegenwärtigen Systems durch die Einführung von Sparprämien für geringe Inanspruchnahme der Versicherungsleistungen nicht in Frage, weil hiezu, um nennenswerte und tatsächlichen Anreiz bietende Prämien sicherzustellen, die gegenwärtigen Versicherungsbeiträge über das Erfordernis des Versicherungsaufwandes hinaus beträchtlich erhöht werden müßten.

C. Niveau der Versicherungsleistungen.

Wie bereits früher ausgeführt wurde, richtet sich das Versicherungsbedürfnis der öffentlichen Angestellten hinsichtlich der Leistungen insbesondere auf entsprechende Qualität der Leistungen. Diesem Bedürfnis wurde im Rahmen der finanziellen Möglichkeiten Rechnung getragen.

1. Arzthilfe.

Zur Sicherung einer entsprechenden Qualität der Arzthilfe wurde die organisierte freie Arztwahl eingeführt und, soweit es möglich war, die Arzthilfe im Wege von Verträgen in natura sichergestellt. Das System der freien Arztwahl bietet Gewähr für ein entsprechendes Niveau der Arzthilfe, die Erfahrungen haben jedoch gezeigt, daß es in mancher Beziehung, insbesondere hinsichtlich der Facharzthilfe und der besonderen Behandlungs- und Untersuchungsmethoden, über den Rahmen der Mittelstandsprivatpraxis hinausgeht, was bei verschiedenen Gelegenheiten, so gelegentlich des vorübergehenden vertragslosen Zustandes in Wien, selbst von seiten der Ärzte zugegeben wurde. Es ist also auf dem Gebiete der Arzthilfe notwendig, das Einfließen von Luxusbehandlungen in die Arzthilfe im Rahmen der Krankenversicherung zu verhindern bzw., soweit dies schon geschehen ist, für eine entsprechende Abgrenzung der Arzthilfe, die als notwendige ärztliche Behandlung im Sinne der Sozialversicherung angesehen werden kann, Vorsorge zu treffen.

2. Heilmittel und Heilbehelfe.

Heilmittel In der Heilmittelversorgung besteht der Grundsatz, alle notwendigen Heilmittel in voll wirksamer, jedoch einfacher Aufmachung und Zusammensetzung zu bieten. Es werden daher alle Spezialheilmittel, welche nicht durch andere Mittel mit gleicher Wirksamkeit ersetzt werden können, dem Versicherten zur Verfügung gestellt. Darüber hinaus werden für Heilmittel, die nicht auf Rechnung der Krankenversicherungsanstalt der Bundesangestellten übernommen werden, Teilvergütungen in der Höhe des Aufwandes für das als Ersatz in Frage kommende Heilmittel geleistet.

Dieses Leistungsniveau genügt dem berechtigten Bedürfnis nach Versorgung mit Heilmitteln. Es bestehen zwar insbesondere seitens der Versicherten Wünsche nach Erweiterung der Praxis in der Beistellung von Spezialheilmitteln, die jedoch nur in bescheidenem Umfange gerechtfertigt sind, da der vom Gesetz ausgesprochenen Verpflichtung zur Beistellung aller notwendigen Heilmittel durch die gegenwärtige Praxis entsprochen wird.

Heilbehelfe

Die Heilbehelfe werden zu 75% von der Krankenversicherungsanstalt der Bundesangestellten vergütet und zum Großteil im Wege von Vertragsfirmen beigestellt. In diesem Belange haben sich wegen des Niveaus der Leistungen, abgesehen von vereinzelten Beschwerden, insbesondere wegen der einfachen Aufmachung der von der Krankenversicherungsanstalt der Bundesangestellten beigestellten Brillen, keine berechtigten Wünsche nach Verbesserung des Leistungsniveaus ergeben.

3. Anstaltspflege.

Die gesetzlichen Bestimmungen verpflichten die Krankenversicherungsanstalt nur zur Beistellung der Anstaltspflege in der allgemeinen Gebührenklasse. Dieses Niveau wird jedoch dem Versicherungsbedürfnisse nicht ganz gerecht. Es wurde daher durch die Satzungen eine Verbesserung herbeigeführt.

Bei Inanspruchnahme von Anstaltspflege in öffentlichen Krankenanstalten werden die Verpflegskosten der allgemeinen Gebührenklasse voll übernommen, bei Aufsuchung höherer Klassen und Privatanstalten werden 90% der Verpflegskosten bis zum Höchstbetrage von 10,30 S täglich vergütet und außerdem — mit Ausnahme der Unterbringung in höheren Klassen öffentlicher Krankenanstalten in Wien — die Auslagen für Operationen nach dem Vertragstarife, die Ausgaben für Heilmittel und Verbandmaterial in operativen Fällen nach festen Sätzen vergütet. Die Inanspruchnahme qualitativer Anstaltspflege bei geringer oder zumindestens erträglicher Aufzahlung für die Versicherten ist durch Verträge mit Privatkrankenanstalten sichergestellt.

4. Wochenhilfe.

Die Leistungen der Wochenhilfe sind nach der Höhe des Bezuges abgestuft. Sie betragen bei Inanspruchnahme aller Leistungen (auch des Stillgeldes) 87,5% des Bezuges. Für den Hebammenbeistand und den einmaligen Betrag, der die Entschädigung für die allfälligen Mehrauslagen in der letzten Zeit vor der Entbindung darstellt, besteht ein Mindestsatz von je 30 S.

Auch dieses Niveau der Leistungen entspricht im allgemeinen dem Bedürfnis, wenn sie auch gegenüber den gleichen Leistungen in der Versicherung der Privatangestellten der Höhe nach zurückstehen.

5. Sterbegeld.

Das Sterbegeld ist nach dem Alter des Verstorbenen und nach dem Bezuge abgestuft. Es beträgt bei Kindern in der ersten Lebenswoche 20%, bei Kindern unter 6 Jahren 40%, darüber hinaus 80% des Bezuges. Auch hier besteht ein Mindestsatz von 60 S bei Personen unter 6 Jahren und 90 S bei Personen über diesem Alter.

Es reicht nicht in allen Fällen zur Deckung des tatsächlichen Aufwandes hin, genügt jedoch unter dem Gesichtspunkte der Bestreitung der objektiv notwendigen Auslagen und entspricht daher, ausgenommen Fälle bei besonders geringem Bezuge, dem berechtigten Versicherungsbedürfnis.

6. Erweiterte Heilbehandlung.

Die Leistungen der erweiterten Heilbehandlung werden teilweise in eigenen Anstalten der Krankenversicherungsanstalt der Bundesangestellten beigestellt, in welchem Falle der Versicherte bei Heilstättenaufenthalt 1,50 S, bei Kuraufenthalt 2,50 S bis 4 S täglich aufzuzahlen hat. Bei selbstgesichertem Kuraufenthalt beträgt die Leistung der Krankenversicherungsanstalt der Bundesangestellten einschließlich der Kurmittel 5,50 S bis 5,80 S täglich, bei selbstgesichertem Landaufenthalt 4 S für Erwachsene und Kinder über 10 Jahre, für Kinder unter diesem Alter 2,50 S täglich.

Die Leistungen der erweiterten Heilbehandlung genügen nicht vollkommen dem bestehenden und berechtigten Versicherungsbedürfnis. Nur für die Tuberkulosenpflege ist ausreichend vorgesorgt; bei der übrigen erweiterten Heilbehandlung ist die Auswahl der Fälle zufolge der geringen Mittel, welche für diesen Zweck zur Verfügung stehen, zu eng, insbesondere hinsichtlich der Kuraufenthalte ergibt sich ein dringendes Bedürfnis nach Ausbau der Leistungen.

Hinsichtlich der Qualität der Leistungen bestehen in den der Anstalt selbst gehörigen Einrichtungen und in den Vertragseinrichtungen befriedigende Verhältnisse. Die Beiträge, welche den Versicherten bei selbstgewähltem Kuraufenthalt gewährt werden, haben sich im Verhältnis zu den Kosten, die den Versicherten tatsächlich erwachsen, als zu gering erwiesen, so daß eine Erhöhung, welche allerdings nur bei Erhöhung der satzungsgemäß mit 8% der Beitragseinnahmen festgesetzten Mittel des Fonds für erweiterte Heilbehandlung möglich ist, berechtigt wäre.

D. Aufbringung der Mittel.

Bei Beurteilung der Zweckmäßigkeit der Bereitstellung der Mittel zur Deckung des Aufwandes für die Versicherung ist, wie bereits einleitend ausgeführt wurde, zu prüfen, ob die Verteilung der Beitragslast dem Anteil der an der Versicherung beteiligten Faktoren entspricht.

1. Die Versicherungsbeiträge.

Die Mittel zur Bestreitung des Versicherungsaufwandes werden in der Hauptsache von den Dienstgebern und Dienstnehmern in der Form der Versicherungsbeiträge aufgebracht. Die Versicherungsbeiträge werden in gleicher Höhe entrichtet und betragen gegenwärtig je $1^1/_2$% der Bezüge, wobei die Beitragsbemessungsgrundlage mit höchstens 600 S monatlich festgesetzt ist.

3% der Bezüge. — Beitragshöchstgrenze zu eng

Die Verteilung der Versicherungslast zu gleichen Teilen auf die Versicherten und deren Dienstgeber ist als zweckmäßig zu bezeichnen, weil sie dem früher ausgeführten Interesse beider Teile an der Versicherung entspricht. Die Begrenzung der Höhe der Beiträge mit je $1^1/_2$% der Bezüge, wie dies gesetzlich vorgesehen ist, erscheint mit Rücksicht darauf, daß die Preise der Leistungen eine höhere Valorisierung erfahren haben, als die Bezüge der Versicherten und die Preise der Leistungen nicht in der gleichen Relation zu den Versicherungsbeiträgen gehalten werden können, als zu eng, so daß das Gleichgewicht im Budget durch anderweitige, die tatsächlichen Ursachen der Entwicklung nicht beseitigende Maßnahmen hergestellt werden muß.

Höchstgrenze für die Beitragsgrundlage zu niedrig. Mindestbeitrag für Versicherte mit geringen Bezügen

Auch die Begrenzung der Beitragsgrundlage mit 600 S monatlich erweist sich, insbesondere im Hinblick auf die starke Inanspruchnahme der Versicherung durch die Versicherten mit höherem Diensteinkommen, welche durch den größeren Familienstand und das höhere Alter bedingt ist, als zu niedrig. Ebenso wäre es zweckmäßig, die, wie früher erwähnt wurde, den Versicherten mit geringen Bezügen fehlende Versicherungsfähigkeit im Interesse der gesamten Riskengemeinschaft durch die Festsetzung eines Mindestbeitrages, allenfalls ausschließlich zu Lasten der Dienstgeber, zu ersetzen, da eine Ausscheidung aus der Versicherung wohl nicht vertreten werden kann. Im Interesse einer gerechten Lastenverteilung auf Seiten der Versicherten wird von mancher Seite auch die Einführung eines Sonderbeitrages für die Familienversicherung vorgeschlagen, um dadurch die Beitragslast innerhalb der Versicherten gerechter aufzuteilen.

2. Beteiligung der Versicherten an den Kosten der Leistungen.

Mittel zur Deckung des Aufwandes der Versicherung außer den Versicherungsbeiträgen werden auch durch die Beteiligung der Versicherten am Schaden, die zum Zwecke der Verhinderung eines Überkonsums eingeführt ist, aufgebracht. Dieses aus der Privatversicherung übernommene Prinzip des Selbstbehaltes ist gegenwärtig bei der Arzthilfe einschließlich der Zahnarzthilfe und besonderen Behandlungsmethoden, weiters bei den Heilmitteln und Heilbehelfen und bei der erweiterten Heilbehandlung vorgesehen und erscheint, wie später noch ausgeführt werden wird, bei dem gegenwärtigen System der Versicherung notwendig. Hingegen ist sein fiskalischer Zweck, die Ergänzung der durch die Versicherungsbeiträge aufgebrachten Mittel, gegenwärtig zu sehr betont, da ein ganz wesentlicher Teil der ordentlichen Ausgaben durch die Eingänge aus dieser Kostenbeteiligung der Versicherten gedeckt werden muß, während es sachlich richtig wäre, daß diese Mittel ausschließlich zur Bestreitung außerordentlicher Ausgaben Verwendung finden sollten.

3. Sonstige Einnahmen.

Die sonstigen Einnahmen, die in der Hauptsache aus den Erträgnissen der Kapitalsanlagen bestehen, richten sich nach dem Stande der Rücklagen und haben daher gegenwärtig, da Rücklagen nur in ganz bescheidenem Umfange vorhanden sind, als Einnahmspost keine nennenswerte Bedeutung.

E. Verwaltung.

a) Autonome Verwaltung

Die Beteiligung der Dienstgeber und Dienstnehmer an der Verwaltung der Krankenversicherungsanstalt der Bundesangestellten ist durchwegs auf dem Grundsatze der Parität aufgebaut. Die Verwaltungskörper sind daher je zur Hälfte von Vertretern der Dienstgeber und Vertretern der Dienstnehmer beschickt.

Verwaltungskörper

An Verwaltungskörpern besteht gegenwärtig der Hauptvorstand mit 52 Mitgliedern, welchem die gesamte Verwaltung der Anstalt und Beschlüsse über grundsätzliche Gegenstände vorbehalten sind. Er wählt einen Verwaltungsrat von 18 Mitgliedern zur Besorgung der laufenden Geschäfte und einen Aufsichtsrat von 6 Mitgliedern zur Prüfung der ordnungsmäßigen Gebarung der Anstalt. Der Verwaltungsrat wählt einen Ausschuß zur Durchführung kleinerer Agenden von nicht grundsätzlicher Bedeutung.

Neben diesen Verwaltungskörpern, welche sämtliche in Wien tagen, bestehen in allen Bundesländern Landesvorstände mit 18 bis 22 Mitgliedern, welchen die Entscheidung über die Pflichtleistungen der Anstalt zusteht. Sie wählen zur Erledigung kleinerer, nicht grundsätzlicher Angelegenheiten einen Ausschuß von je 8 Mitgliedern und 2 Revisoren zur Prüfung der ordnungsmäßigen Gebarung der Landesgeschäftsstellen.

Zur Entscheidung von Streitigkeiten über Versicherungsleistungen ist am Sitze jeder Geschäftsstelle ein Schiedsgericht errichtet, welches aus einem richterlichen Vorsitzenden und je einem Beisitzer aus dem Kreise der Dienstgeber bzw. Dienstnehmer besteht.

Unter dem Gesichtspunkte der Beteiligung an der Verwaltung nach Maßgabe des Anteiles an der Aufbringung der Mittel erscheint dieser Aufbau der autonomen Verwaltung zweckmäßig.

Von der Kritik wird dieser Apparat der autonomen Verwaltung als zu groß bezeichnet und sowohl die Verminderung der Zahl der Verwaltungskörper als auch der Mitglieder gefordert. Die Vertretungskörper der Krankenversicherungsanstalt der Bundesangestellten selbst haben sich mit dieser Frage befaßt und eine Reform der Verwaltung erwogen.

Die Tatsache, daß für jeden Bereich eines Landesvorstandes bzw. einer Landesgeschäftsstelle ein Schiedsgericht besteht und eine Berufungsinstanz mit Verbindlichkeit der Entscheidungen für alle Schiedsgerichte fehlt, hat eine ungleiche Judikatur mit sich gebracht, da über die gleiche Streitfrage von den einzelnen Schiedsgerichten mehrfach gegenteilig entschieden wurde. In dieser Richtung wäre die Schaffung eines Oberschiedsgerichtes mit Verbindlichkeit der Entscheidungen für alle Schiedsgerichte dringend geboten.

b) Technische Verwaltung. Geschäftsstellen

Die technische Verwaltung der Krankenversicherungsanstalt der Bundesangestellten ist gegenwärtig in der Weise eingerichtet, daß die Agenden der Finanzverwaltung, Beitragseinhebung, Statistik und Leistungspolitik, ferner die Rechtsangelegenheiten, die erweiterte Heilbehandlung und die Verwaltung der eigenen Einrichtungen (Kurhäuser und Heime) zentral bei der Hauptgeschäftsstelle in Wien geführt werden, während die Einrichtungen, welche für die Versicherten und Kontrahenten zur Verfügung stehen, wie Standesführung, Liquidierung, ärztlicher Dienst u. dgl., von den Landesgeschäftsstellen besorgt werden, die mit Ausnahme von Niederösterreich und Burgenland, für welche die Geschäfte in Wien geführt werden, in jeder Landeshauptstadt eingerichtet sind.

Ambulatorien und Institute

Außer diesen Geschäftsstellen bestehen in Wien Ambulatorien und Institute, und zwar ein Zahnambulatorium, ein Physikotherapeutisches Institut, ein Röntgeninstitut zu diagnostischen Zwecken und eine Lungenfürsorgestelle mit Laboratorium.

Eigene Einrichtungen für die erweiterte Heilbehandlung

Ferner besitzt die Krankenversicherungsanstalt der Bundesangestellten zur Durchführung der erweiterten Heilbehandlung mehrere eigene Einrichtungen, und zwar zwei Lungenheilstätten in Hochzirl und in Waidhofen a. d. Ybbs, zwei Kurhäuser in Gleichenberg, ein Kurhaus in Hofgastein und ein Kurheim in Baden und schließlich ein Erholungsheim in Gutenstein.

Was zunächst die Organisation der Geschäftsstellen (Hauptgeschäftsstelle und Landesgeschäftsstellen) betrifft, so ergibt die Gliederung nach Bundesländern zum Teil Geschäftsstellen mit etwas zu kleinem Geschäftsbereiche.

Hinsichtlich der von der Krankenversicherungsanstalt der Bundesangestellten betriebenen Institute und Ambulatorien ergibt sich die Zweckmäßigkeit außer in der verbilligenden Funktion, die hier nur in der Auswirkung auf die Versicherten in Frage kommt, in der Möglichkeit der Gewährleistung für die Qualität der Leistung.

Das gleiche gilt von den eigenen Einrichtungen für die erweiterte Heilbehandlung, bei welchen noch die besonders in den ersten Jahren der Geschäftsführung brennende Frage der Sicherstellung der notwendigen Plätze unter dem Gesichtspunkte der Zweckmäßigkeit besondere Bedeutung besitzt.

F. Organisation der Krankenversicherung der öffentlichen Angestellten.

Als Anhang zu diesem die Zweckmäßigkeit der Einrichtungen der Krankenversicherung der öffentlichen Angestellten behandelnden Abschnitte wäre noch die Frage zu erörtern, ob die Organisation der Krankenversicherung der öffentlichen Angestellten in ihrer gegenwärtigen Form zweckmäßig erscheint.

Was zunächst die territoriale Verbreitung der Krankenversicherung der öffentlichen Angestellten betrifft, besteht der Mangel, daß nicht alle öffentlichen Angestellten, deren wirtschaftliche Verhältnisse gleich sind und für die demnach das gleiche Versicherungsbedürfnis vorliegt, in die Krankenversicherung einbezogen sind. Gegenwärtig sind nur die Bundesangestellten und die Bundesbahnangestellten im ganzen Bundesgebiete der Krankenversicherung teilhaftig, für die Lehrer, Landesangestellten und Gemeindeangestellten sind nur in einigen Bundesländern Einrichtungen geschaffen, indem sie entweder der Krankenversicherungsanstalt der Bundesangestellten angeschlossen oder für sie eigene Institute errichtet wurden.

Ungleiche Grundlagen der Versicherung

Ein weiterer Mangel besteht in dem Umstande, daß sowohl bei den verschiedenen Trägern der Krankenversicherung der öffentlichen Angestellten als auch gegenüber den nach dem Angestelltenversicherungsgesetze eingerichteten Kassen, obwohl ja auch für die Privatangestellten mit Ausnahme der Vorsorge für den Verdienstentgang das gleiche Versicherungsbedürfnis besteht wie bei den öffentlichen Angestellten, die Grundlagen der Versicherung wesentliche Unterschiede aufweisen.

Ungleiche Familienversicherung. Ungleiche Leistungen

Die Anführung aller Einzelheiten in dieser Richtung würde in diesem Rahmen wohl zu weit führen, es soll jedoch erwähnt werden, daß sowohl hinsichtlich des Umfanges der Familienversicherung, als auch hinsichtlich des Leistungsanspruches der Familienangehörigen insbesondere zwischen den Trägern der Krankenversicherung der öffentlichen Angestellten und den Versicherungskassen für die Privatangestellten ganz wesentliche und sachlich nicht gerechtfertigte Unterschiede bestehen, daß ferner auch im Niveau der Versicherungsleistungen Differenzen festzustellen sind, die sachlich nicht begründet erscheinen, andererseits aber ebenfalls die Quelle vieler Klagen in sich schließen, wobei keiner der Versicherungsträger von diesen Klagen verschont bleibt, weil je nach der stärkeren Betonung des einen oder anderen Versicherungszweiges immer ein Teil der Versicherungsleistungen in die Hinterhand gerät, so daß sich auf diesem Gebiete geringere Leistungen ergeben, als bei anderen Versicherungsträgern.

Mehrere Versicherungsträger für den gleichen Zweck

Schließlich ist auch die Tatsache, daß für den gleichen Zweck mehrere Versicherungsträger mit dem gleichen Aufgabenkreis bestehen, nicht zweckmäßig, da bei Zusammenlegung dieser Versicherungsträger insbesondere die technische Verwaltung ausgestaltet und verbessert, die Verteilung der Geschäftsstellen dem Bedürfnisse besser angepaßt und die eigenen Einrichtungen, insbesondere die Ambulatorien und Institute, unter Ausnützung der Gesamtfrequenz ausgebaut werden können.

III. ABSCHNITT.

Sind die gegenwärtigen Einrichtungen zur Durchführung der Krankenversicherung der öffentlichen Angestellten wirtschaftlich?

In diesem Abschnitte sind nun schließlich, den in der Einleitung festgelegten Grundgedanken des Referates folgend, die bestehenden Einrichtungen der Krankenversicherung der öffentlichen Angestellten unter dem Gesichtspunkte der Wirtschaftlichkeit zu prüfen. Es ist demnach festzustellen, ob ihre Einrichtungen so aufgebaut sind, daß sie dem durch das Versicherungsbedürfnis umschriebenen Zweck mit den geringsten Mitteln am nächsten kommen.

Auch in diesem Abschnitte werden ausschließlich die Verhältnisse bei der Krankenversicherungsanstalt der Bundesangestellten, welche in den Grundzügen die gleichen sind wie bei den übrigen Versicherungsträgern der Krankenversicherung der öffentlichen Angestellten, behandelt werden.

A. Aufwand für die Versicherungsleistungen.

1. Arzthilfe.

Wie schon im Abschnitte II erwähnt wurde, ist das Niveau der Arzthilfe in der Krankenversicherung der öffentlichen Angestellten in einigen Belangen gegenüber den Verhältnissen in der Mittelstandsprivatpraxis zu hoch. Diese Tatsache zeigt sich auch in den verhältnismäßig hohen Aufwendungen für die Arzthilfe, welche sowohl absolut als auch in der Relation zu den Beitragseinnahmen einen zu großen Teil der Mittel der Versicherung in Anspruch nehmen. Dies geht aus den folgenden Ziffern über die Aufwendungen für die Arzthilfe in den letzten drei Jahren deutlich hervor (A.-H. = Arzthilfe):

Jahr	Pro Kopf der Anspruchsberechtigten				In Prozent der Beitragseinnahmen			
	Allg. A.-H.	Fach- A.-H.	Zahn- A.-H.	Zusammen	Allg. A.-H.	Fach- A.-H.	Zahn- A.-H.	Zusammen
	Schilling							
1927	11,88	6,10	8,96	26,95	23,59	12,44	18,28	54,96
1928	14,07	6,96	9,83	30,86	24,49	12,49	15,41	55,19
1929	15,08	7,70	10,52	33,30	25,34	13,30	18,16	57,52

Die Gründe für diese über das objektiv gerechtfertigte Ausmaß hinausgehenden Aufwendungen für Arzthilfe sind einerseits auf seiten der Kontrahenten, andererseits auf seiten der Versicherten und schließlich in dem bei der Krankenversicherungsanstalt der Bundesangestellten geltenden Systeme der Arzthilfe und seinen Auswirkungen zu suchen.

a) Ursachen des Überkonsums

Seitens der Ärzte liegt diese Komponente in der über den Bedarf hinausgehenden Zahl an Ärzten.

Zu große Zahl von Ärzten

Die übermäßige Zahl der Ärzte hat auch noch eine weitere Auswirkung auf die Höhe der Kosten der Arzthilfe, weil unter dem Gesichtspunkte der Aufteilung der Praxis auf die Gesamtheit der Ärzte zwangsläufig das in der Intensität zwar wechselnde, in der Tendenz aber gleichbleibende Bestreben entsteht, den sachlichen Umfang der im Rahmen der sozialen Krankenversicherung von den Ärzten zu leistenden Krankenhilfe zu erweitern.

Dieses Streben der Ärzteschaft nach Erweiterung der Arbeits- und Verdienstmöglichkeiten trifft sich mit den im Rahmen der sozialen Krankenversicherung nicht berechtigten Wünschen mancher Versicherter nach einem Niveau der Arzthilfe, welches über die Behandlung in der Privatpraxis hinausgeht.

Überinanspruchnahme durch die Versicherten

Alle diese Umstände führen zu der unwirtschaftlichen Tendenz, das Niveau der Bearztung auf ein Luxusniveau zu heben, das unserer Volkswirtschaft und insbesondere den wirtschaftlichen Verhältnissen der Versicherten keineswegs entspricht.

Diese in der Eigenart des Systems der freien Arztwahl, bei welcher der Versicherungsträger nur mittelbar auf das Ausmaß der Behandlung Einfluß nehmen kann, begründeten Umstände finden Unterstützung in dem gesetzlich festgelegten Zwange zum System der freien Arztwahl, welcher die Möglichkeit benimmt, nötigenfalls die Naturalarzthilfe durch ein anderes System zu bieten bzw. die notwendige Rücksichtnahme auf die objektiven Bedürfnisse zur Sicherstellung der Wirtschaftlichkeit in der Arzthilfe durch die Möglichkeit der Beistellung in anderer Form zu erzwingen.

Systemzwang

Aus diesem Grunde ergeben sich auch hinsichtlich der Grundlagen der Verträge mit den Ärzten, eben durch die infolge des Systemzwanges bestehende günstige Position der Ärzte, Mängel dieser Verträge, welche wieder auf die wirtschaftliche Verwendung der Mittel des Versicherungsträgers ungünstig wirken. So fehlt der Krankenversicherung der Bundesangestellten die Möglichkeit, *die Zahl der Ärzte entsprechend dem Bedarfe zu beschränken*, da eine bezügliche Bestimmung in den Verträgen von allen ärztlichen Organisationen entschiedenste Ablehnung findet, so steht ihr nur ein geringes Recht der Einflußnahme auf die Auswahl der Vertragsärzte zu, indem sie nur bei bestimmten Gründen gegen die Bestellung des Vertragsarztes Einspruch erheben kann. Weiters ist keine vertragliche Bindung der Vertragsärzte an die Wahrnehmung der Interessen des Versicherungsträgers hinsichtlich der Heilmittelverschreibung, der Verordnung von besonderen Behandlungen und Untersuchungen sowie von Anstaltspflege in dem Sinne vorgesehen, daß die Außerachtlassung dieser Interessen mit fühlbaren Sanktionen für die Vertragsärzte verbunden wäre, schließlich konnte auch nur ein beschränktes Kündigungsrecht durchgesetzt werden und fanden die Bestrebungen zur Einführung wirksamer Maßnahmen gegen die Überarztung seitens der Ärzte äußerst zurückhaltende Aufnahme. Noch weniger günstig liegen die Verhältnisse in den vertragslosen Ländern, weil dort der Mangel eines Vertrages und das dadurch bedingte Fehlen der Möglichkeit jeder Einflußnahme auf die Ärzte die früher angeführten Komponenten der Unwirtschaftlichkeit außerordentlich unterstützt.

b) Gegenwärtige Maßnahmen zur Erzielung der Wirtschaftlichkeit

Dieser Darstellung der Hauptmomente, welche hinsichtlich der Arzthilfe als Komponenten der unwirtschaftlichen Tendenz in Frage kommen, soll nun die Darstellung des gegenwärtigen Standes der Maßnahmen zur Bekämpfung der Unwirtschaftlichkeit folgen.

Maßnahmen gegen die Überinanspruchnahme

Der Verhinderung des Überkonsums seitens der Versicherten dient in erster Linie der Behandlungsbeitrag, der die Versicherten durch Beteiligung an den Kosten der in Anspruch genommenen ärztlichen Leistungen an der Wirtschaftlichkeit auf dem Gebiete der Arzthilfe interessieren soll.

Außer dieser Beteiligung der Versicherten an den Kosten der Arzthilfe ist zur Sicherung der Wirtschaftlichkeit in der Arzthilfe weiters die Notwendigkeit der vorherigen Einholung der Zustimmung des Versicherungsträgers zur fachärztlichen Dauerbehandlung sowie zu allen besonderen Behandlungen und Untersuchungen vorgesehen.

Beide Maßnahmen haben sich als zur Sicherung der Wirtschaftlichkeit in der Arzthilfe unerläßlich erwiesen, insbesondere der Behandlungsbeitrag hat seine Zweckmäßigkeit durch die konsumvermindernde Funktion nach den Erfahrungen der Praxis erfüllt.

Maßnahmen gegen die Überarztung

Der Verhinderung der Überarztung dienen außer dem schon früher erwähnten Erfordernisse der vorherigen Zustimmung bei besonderen ärztlichen Leistungen zunächst die individuelle, vertrauensärztliche Überprüfung der Rechnungen der Vertragsärzte zur Feststellung jener Überarztung, welche sich in einer übermäßigen Betreuung des einzelnen Falles äußert.

Außerdem ist hinsichtlich der allgemeinen Arzthilfe eine generelle Prüfung der vertragsärztlichen Rechnungen zur Feststellung der Überarztung im allgemeinen, die bei allen Behandlungsfällen in Erscheinung tritt, vorgesehen. Sie erfolgt in der Weise, daß alle Rechnungen jener Vertragsärzte, bei welchen die monatliche Patientenzahl 15 übersteigt, das Behandlungsausmaß auf Grund einer dem durchschnittlichen Behandlungsausmaße entsprechenden, aus dem statistischen Material einer achtmonatigen Gebarungsperiode entnommenen Schlüsselzahl überprüft wird (Kontingentierung). Hiebei wird das Behandlungsausmaß derart festgestellt, daß die gesamte Bearztung eines Versicherten in einem Monate als ein Krankheitsfall behandelt wird. Honorarrechnungen, bei welchen das Behandlungsausmaß höher ist, werden dem nach dem Gesetze eingerichteten Schiedsausschusse zur Entscheidung über die Verkürzung des Honorars vorgelegt, welcher von diesen Honorarabstrichen nur bei Vorliegen ganz besonderer Umstände, wie Seuchen, Epidemien u. dgl., Abstand nehmen darf. Die Höhe der Honorarabstriche ist je nach dem Grade der Überschreitung des durchschnittlichen Behandlungsausmaßes abgestuft.

c) Mängel der Maßnahmen zur Erzielung der Wirtschaftlichkeit

Diese gegenwärtigen Maßnahmen zur Gewährleistung der Wirtschaftlichkeit in der Arzthilfe haben sich, wie die Erfahrungen zeigten, als nicht ausreichend erwiesen, so daß deren Intensivierung durchgeführt werden muß. Hiezu besteht hinsichtlich der Bekämpfung der Überinanspruchnahme durch die Versicherten die Möglichkeit des Ausbaues der Kostenbeteiligung, der erst in letzter Zeit wieder bei der Facharzthilfe und bei den besonderen Behandlungs- und Untersuchungsmethoden erfolgte.

Weniger leicht ist die Verstärkung der Vorkehrungen zur Einschränkung der auf seiten der Ärzte zu suchenden Komponente des Überkonsums, da hier der Widerstand der ärztlichen Organisationen, wenigstens bisher, zu groß war, als daß ihn die Krankenversicherungsanstalt der Bundesangestellten ohne Hilfe von dritter Seite hätte überwinden können. Sachlich wäre die Beseitigung der schon früher aufgezeigten Mängel, demnach die Beschränkung der Zahl der Vertragsärzte, die Abgrenzung des Umfanges der Arzthilfe im Rahmen der sozialen Krankenversicherung, die Aufhebung des Zwanges zum System der organisierten freien Ärztewahl und die Reform der Grundlagen der Verträge auf der Basis der Gleichberechtigung und der Berücksichtigung der in dieser Richtung bestehenden Mängel sowie weiters ein Ausbau der Kontrolle der ärztlichen Leistungen, vor allem durch Verbesserungen des Kontingents und Einführung einer ähnlichen Einrichtung für die Facharzthilfe notwendig.

Von verschiedenen Seiten wird behauptet, daß das System der organisierten freien Arztwahl überhaupt nicht mit entsprechenden Sicherungen der Wirtschaftlichkeit ausgestattet werden kann und daß diese nur im Wege einer Änderung des Systems zu erreichen ist. Es kann nicht bestritten werden, daß das System der organisierten freien Arztwahl gegenüber anderen Arztsystemen ungleich mehr Gefahren hinsichtlich der Sicherstellung der Wirtschaftlichkeit in der Verwendung der Mittel für die Arzthilfe in sich schließt, es hat sich jedoch noch nicht als lebensunfähig erwiesen. Immerhin wäre, insbesondere in der fachärztlichen Behandlung, eine Systemänderung in der Richtung der beschränkten freien Arztwahl erwägenswert.

Nicht Recht gegeben werden kann jedoch den Stimmen, welche die Wirtschaftlichkeit in der Arzthilfe durch das Aufgeben der Verträge und der Naturalarzthilfe zu erreichen hoffen. Es ist richtig, daß die Erfahrungen der Krankenversicherungsanstalt der Bundesangestellten in der ersten Zeit in bezug auf Sparsamkeit in der Inanspruchnahme von Arzthilfe in den vertragslosen Ländern bessere waren, als in den Ländern mit vertraglich sichergestellter Arzthilfe. Bald aber haben sich diese Verhältnisse in das Gegenteil verkehrt. Gegenwärtig ist festzustellen, daß die Frequenzen der Arzthilfe in den Ländern ohne Naturalarzthilfe im allgemeinen eher höher sind wie in jenen mit Vertragsarzthilfe.

2. Heilmittel und Heilbehelfe.

Auch hinsichtlich der Aufwendungen für die Heilmittel und Heilbehelfe ist die Wirtschaftlichkeit des Verbrauches nicht in befriedigender Weise gegeben. Der Aufwand für die Medikamente und Heilbehelfe ist an sich hoch und hat insbesondere in den letzten Jahren eine ganz wesentliche Erhöhung erfahren, wie die folgenden Ziffern ergeben:

Jahr	Pro Kopf des Anspruchsberechtigten Heilmittel S	Pro Kopf des Anspruchsberechtigten Heilbehelfe S
1927	5,39	1,28
1928	6,48	2,13
1929	8,06	2,33

a) Gründe des Überkonsums

Die Zunahme der Auslagen für die Heilbehelfe ergibt sich, da sie zum Großteil durch solche Leistungen bedingt ist, welche von den Ärzten durchgeführt werden (Physikotherapie), aus den gleichen Gründen wie bei der Arzthilfe.

Hinsichtlich der Heilmittel sind für die hohen Aufwendungen zunächst die Verhältnisse der Produktion, der Vermittlung und des Kleinverschleißes, für welche die Organisation der Heilmittelindustrie von ausschlaggebender Bedeutung ist, zu beachten. Was die Produktion der Heilmittel anbelangt, so ist gegen die fabriksmäßige Herstellung der Medikamente an sich nichts einzuwenden, da sie billiger ist als die Herstellung in der Apotheke. Es sind daher Einrichtungen zur fabriksmäßigen Herstellung abgepackter Arzneien und Spezialheilmittel wirtschaftlich, wenn sie im übrigen den Grundsätzen der Wirtschaftlichkeit entsprechen. Der Vorteil der fabriksmäßigen Produktion kommt jedoch, insbesondere bei den Spezialheilmitteln, auf die Preise der Heilmittel für die Versicherungsträger nicht zur Auswirkung, weil der hohe Gewinn der mit der Produktion befaßten Unternehmer, ferner die Kosten der Aufmachung und des Musterschutzes die Preise der Heilmittel, die überdies durch Kartelle hochgehalten werden, außerordentlich erhöhen. **Heilmittelindustrie**

Eine weitere Verteuerung der Preise der Heilmittel ergibt sich bei deren Vermittlung von Produzenten zum Konsumenten. Die Kosten der mit dem Vertriebe der Medikamente verbundenen Reklame (ärztliche Gutachten, Inserate, Plakate, Vertreter, Ärztemuster u. dgl.) belasten neuerlich die Heilmittelpreise; dazu kommt der hohe Gewinn der Depositeure und Großdrogisten (15 bis 20%) und schließlich der ebenfalls hohe Zuschlag bei der Abgabe in den Apotheken (rund 50%), welche an sich durch die Verwendung ausschließlich qualifizierter, wissenschaftlich gebildeter Kräfte kostspielig ist.

Zu dieser in der Erstellung der Preise der Heilmittel liegenden Komponente der hohen Auslagen für die Heilmittel kommt weiters das aufwandsteigernde Moment des Überangebotes von Spezialpräparaten hinzu, welche mit allen Mitteln der Reklame angepriesen werden und dadurch eine übermäßige Nachfrage nach Heilmitteln zeitigen. **Überangebot, Überinanspruchnahme**

Auch die unwirtschaftliche Verschreibweise vieler Ärzte, die zum Teile ebenfalls durch die übermäßige Reklame der Heilmittelindustrie, zum Teile aber auch durch nicht genügende Ausbildung in der Heilmittelverschreibung bedingt ist, wirkt in der Richtung eines unwirtschaftlichen Verbrauches der Heilmittel. **Verschreibweise**

Schließlich liegt eine in der Auswirkung ganz wesentliche Komponente der Unwirtschaftlichkeit in der zu geringen Hilfe der Behörden bei der Regelung der Beziehungen zwischen den Apotheken und den Versicherungsträgern, wie beispielsweise in der freigebigen Taxerhöhung zu Beginn des Jahres 1929, die gleichzeitig mit einer für die Versicherungsträger nachteiligen Änderung des **Geringe Hilfe der Behörden**

Verrechnungsvorganges (Auflassung der alphabetischen Ordnung der Rezepte) verbunden war, weiters in dem Mangel der Regelung der Verschreibweise durch Herausgabe der bereits verheißenen, mit Verbindlichkeit für die Ärzte versehenen Therapia oeconomica, die im Einvernehmen mit allen beteiligten Faktoren, demnach auch unter Mitwirkung der ärztlichen Organisationen herausgegeben werden soll; schließlich in der Freigebigkeit bei der Zuerkennung von Zuschlägen, die manchmal auch solchen Apotheken zugestanden werden, deren Umsatz diese Begünstigung nicht rechtfertigt.

b) Gegenwärtige Maßnahmen zur Erzielung der Wirtschaftlichkeit

Die gegenwärtigen Maßnahmen zur Sicherung der Wirtschaftlichkeit im Heilmittelverbrauche können mit Rücksicht darauf, daß der Krankenversicherungsanstalt der Bundesangestellten ein entsprechender Einfluß auf die Erstellung der Heilmittelpreise, die Vermittlung und Abgabe der Heilmittel fehlt, nur darauf gerichtet sein, den *Konsum seitens der Versicherten zu beschränken*, die *Verschreibweise der Vertragsärzte zu regeln* und *Sicherungen* gegen *mißbräuchliche Heilmittelverschreibung* zu schaffen.

Rezeptgebühr

Hinsichtlich des Überkonsums seitens der Versicherten ist durch die Rezeptgebühr ein wirksames Mittel gegeben, die Wirtschaftlichkeit der Versicherten in der Inanspruchnahme von Heilmitteln zu bewirken. Ihre Einführung bei der Krankenversicherungsanstalt bedeutete ein Novum, da sie früher in der Sozialversicherung überhaupt nicht bestand.

Retaxierung der Rezepte

Unzulänglich ist jedoch der Einfluß auf die Verschreibweise der Ärzte, da für die in den Vertrag aufgenommene Bestimmung, daß bei Verschreibung von Heilmitteln die bestehenden Vorschriften, demnach die Ordinations- und Dispensationsnorm für begünstigte Parteien und das Spezialitätenverzeichnis der Krankenversicherungsanstalt der Bundesangestellten zu beachten sind, keine Sanktion erwirkt werden konnte und daher die Einhaltung dieser Vorschriften nicht mit dem nötigen Nachdrucke erzwungen werden kann. Damit fällt aber auch die Möglichkeit zu einem wirksamen Ausbau der internen Kontrolle der Heilmittel weg, so daß gegenwärtig nur die Retaxierung der Rezepte in der notwendigen Vollkommenheit durchgeführt werden kann, während in der sachlichen Überprüfung des Heilmittelverbrauches, nämlich an Hand der zugehörigen ärztlichen Leistungen, mit Rücksicht auf die mangelnde Fundierung in den Verträgen nur dort zu Abwehrmaßnahmen gegriffen werden kann, wo ganz außerordentliche Umstände bestehen. Ebenso ist auch die Bekämpfung mißbräuchlicher Heilmittelverschreibungen auf die Erhebungen und Feststellungen im Einzelfalle angewiesen.

Diese Maßnahmen zur Sicherung der Wirtschaftlichkeit im Medikamentenverbrauche sind nicht zulänglich und es wäre zunächst hinsichtlich der Kontrolle des Heilmittelverbrauches und der Verschreibweise wünschenswert, daß eine durchgängige Überprüfung des Heilmittelkonsums an Hand der ärztlichen Leistungen erfolgt, die sich aber erst dann als wirtschaftlich erweisen kann, wenn die Grundlagen für die Beurteilung durch die Herausgabe der Therapia oeconomica gegeben ist und hinsichtlich der Folgen der Nichteinhaltung der in ihr enthaltenen Vorschriften Sanktionen durch gesetzliche Vorschrift oder wenigstens durch entsprechende Änderung der Verträge geschaffen sind.

c) Mängel der Maßnahmen zur Erzielung der Wirtschaftlichkeit

Im übrigen hätten sich die weiteren Maßnahmen in der Richtung einer Ermäßigung der Heilmittelpreise, der Verbilligung der Vermittlung und Abgabe, der Regelung von Angebot und Nachfrage und der Verbesserung des Einflusses der Behörden hinsichtlich der Regelung der Beziehungen zwischen den Versicherungsträgern und den Apothekern bzw. den Heilmittelproduzenten und Lieferanten zu bewegen, wozu sich bereits ein aus Vertretern der einzelnen Träger der Krankenversicherung bestehendes Aktionskomitee gebildet hat.

3. Anstaltspflege.

a) Ursachen der Unwirtschaftlichkeit

Auch die Höhe sowie die Entwicklung der Ausgaben für die Anstaltspflege bilden einen Grund ständiger Sorgen für die Sicherheit des Budgets, da die Ausgaben besonders in letzter Zeit eine ganz wesentliche Vermehrung erfahren haben.

Jahr	Aufwand pro Kopf des Anspruchsberechtigten S
1927	10,11
1928	11,61
1929	13,09

Ständige Erhöhung der Verpflegskosten

Die Ursachen hiefür sind zunächst in der fortgesetzten Erhöhung der Verpflegskosten in den Wiener öffentlichen Krankenanstalten zu suchen, welche für die Erstellung der Verpflegskosten bei den übrigen Heilanstalten richtunggebend sind und deren Höhe im Vergleich zu den Verpflegskosten anderer Spitäler nicht die Gewißheit der Wahrnehmung aller Erfordernisse der Wirtschaftlichkeit gibt.

Mangel der Begünstigung hinsichtlich der Verpflegs-kosten-zahlung

Ein weiterer Grund für die Höhe der Ausgaben ist die Tatsache, daß die Krankenversicherungsanstalt der Bundesangestellten hinsichtlich der Verpflichtung zur Zahlung der Verpflegskosten an die öffentlichen Krankenanstalten nicht die gleichen Begünstigungen genießt, wie die Träger der Versicherung nach dem Angestelltenversicherungsgesetz, welche nur bis zu 4% der Beitragsgrundlage des Verpflegten für die Verpflegskosten aufzukommen haben. Der Mangel dieser Begünstigung ist insbesondere mit Rücksicht auf die große Zahl von Versicherten mit geringen Bezügen für die Krankenversicherungsanstalt der Bundesangestellten fühlbar und nachteilig.

Leistungspflicht gegenüber Irrenanstalten

Auch die Verpflichtung, die Verpflegskosten für die ersten vier Wochen bei Unterbringung in einer öffentlichen Heil- und Pflegeanstalt für Geisteskranke übernehmen zu müssen, bringt eine Aufwandvermehrung, da auf Grund dieser Bestimmung vielfach die Anstaltspflege in unheilbaren Fällen übernommen werden muß, obwohl sich die gesetzliche Leistungspflicht auf diese Fälle nicht erstreckt.

Mangel der Kontrolle in den öffentlichen Krankenanstalten

Ganz besondere Bedeutung kommt dem Mangel der Möglichkeit zu, bei Unterbringung der Versicherten in öffentlichen Krankenanstalten durch entsprechende Kontrolle die Dauer des Aufenthaltes auf die durch den Krankheitsverlauf gebotene Zeit zu beschränken, da die Leitungen der öffentlichen Krankenanstalten ihre Zustimmung zur Durchführung der Kontrolle nicht geben. Die Auswirkung auf die Krankenversicherungsanstalt der Bundesangestellten zeigt sich in der Tatsache, daß die durchschnittliche Dauer der Anstaltspflege im Einzelfalle bei Unterbringung in öffentlichen Krankenanstalten höher ist, als bei privater Anstaltspflege.

b) Gegenwärtige Maßnahmen zur Erzielung der Wirtschaftlichkeit

Die derzeitigen Maßnahmen zur Gewährleistung der Wirtschaftlichkeit in den Ausgaben für die Anstaltspflege bestehen zunächst in der Festlegung des Erfordernisses der vorherigen Zustimmung der Krankenversicherungsanstalt bei Aufsuchung höherer Klassen öffentlicher Krankenanstalten und bei Inanspruchnahme von Privatkrankenanstalten, wobei durch Begrenzung der Bewilligungsdauer auch auf die Länge des Aufenthaltes Einfluß genommen werden kann. Weiters besteht — ausgenommen bei den öffentlichen Krankenanstalten — die vertrauensärztliche Überprüfung der Notwendigkeit weiterer Anstaltspflege nach Ablauf der erstbewilligten Dauer, und zwar entweder auf Grund der Krankengeschichte oder durch persönliche Untersuchung des Patienten.

Schließlich wirkt sich auch die bei der Unterbringung in höheren Klassen öffentlicher Krankenanstalten sowie bei Inanspruchnahme von Privatheilanstalten vom Versicherten zu leistende Aufzahlung in der Richtung einer ökonomischen Inanspruchnahme von Anstaltspflege aus.

Die gegenwärtigen Maßnahmen zur Sicherstellung der Wirtschaftlichkeit in den Aufwendungen für die Anstaltspflege sind hauptsächlich in der Richtung der Kontrolle in den öffentlichen Krankenanstalten unzulänglich. Auch hinsichtlich der früher aufgezeigten Mängel in der Leistungspflicht und der Verpflichtung zur Bezahlung der Verpflegskosten wäre eine Berücksichtigung der Interessen der Krankenversicherungsanstalt zu fordern. c) Mängel der gegenwärtigen Maßnahmen zur Erzielung der Wirtschaftlichkeit

4. Barleistungen.

Bei den Leistungen der Wochenhilfe und des Sterbegeldes kommt die Frage der Wirtschaftlichkeit in der Inanspruchnahme bzw. in der Befriedigung der Ansprüche zufolge der objektiv gegebenen Begrenzung der Versicherungsfälle nicht in Betracht.

5. Erweiterte Heilbehandlung.

Die Wirtschaftlichkeit in der Verwendung der Anstaltsmittel für die Zwecke der erweiterten Heilbehandlung im allgemeinen ist bei der Krankenversicherungsanstalt durch die Begrenzung der Ausgaben für diese Leistungen mit 8% der Beitragseinnahmen gewährleistet. Die Prüfung der Wirtschaftlichkeit auf diesem Gebiete hat sich daher nur darauf zu richten, ob diese Mittel in solcher Weise aufgewendet werden, daß die Leistungen im Einzelfalle keine unnötige Belastung des Versicherungsträgers mit sich bringen.

Auch in dieser Richtung ist die Wirtschaftlichkeit bei der Krankenversicherungsanstalt gegeben. Daß bei der Bewilligung von Leistungen der erweiterten Heilbehandlung keine zu weitgehende Praxis besteht, ergibt sich schon daraus, daß die Auswahl der Fälle nur die notwendigsten Bedürfnisse deckt und begründete Wünsche nach Erweiterung der gegenwärtigen Bewilligungspraxis geäußert werden. Bewilligungspraxis

Die Wirtschaftlichkeit bei den Aufwendungen im Einzelfalle ist bei der Krankenversicherungsanstalt vor allem in den eigenen Einrichtungen und Anstalten festzustellen, die eine wesentliche Verbilligung der Kosten mit sich bringen und durch die Heranziehung der Versicherten zur teilweisen Bestreitung der Kosten die Möglichkeit bieten, qualitative Leistungen mit dem geringsten Aufwande zu erbringen. Höhe der Leistungen im Einzelfalle

Die Billigkeit der Eigenregie geht aus den nachstehend angeführten Betriebskosten in den eigenen Anstalten hervor:

Anstalt:	Betriebskosten im Jahre 1929 ohne Kurmittel pro Verpflegstag S
Heim Julienhof in Baden	6,62
Kurhäuser Plankenstein und Rosenhof in Gleichenberg . .	5,19
Kurhaus Hofgastein	5,95
Genesungsheim Gutenstein	6,91
Heilanstalt Hochzirl	4,87
Heilanstalt Buchenbergheim in Waidhofen a. d. Ybbs . .	6,50

B. Organisation und Verwaltung.

Höhe der Verwaltungskosten

Der Überprüfung der Wirtschaftlichkeit von Organisation und Verwaltung ist vorauszuschicken, daß die Kosten der Verwaltung bei der Krankenversicherungsanstalt keineswegs hoch sind. Sie belaufen sich schon seit Jahren auf rund 7% der Einnahmen und betrugen im Jahre 1927 7,1%, im Jahre 1928 7,2%, im Jahre 1929 wieder 7,1% der Einnahmen. Pro Kopf des Anspruchsberechtigten ergibt sich im Jahre 1929 bei einem Aufwande für Versicherungsleistungen von S 64,98 ein Verwaltungsaufwand von S 4,41.

Im übrigen gelten die im Abschnitte II, E und F, gemachten Feststellungen hinsichtlich der Zweckmäßigkeit von Organisation und Verwaltung auch unter dem Gesichtspunkte der Wirtschaftlichkeit, da allfällige Vereinfachungen in der autonomen Verwaltung, die Verbesserung der Verteilung der Geschäftsstellen, weiters der Ausbau der von der Krankenversicherungsanstalt selbst betriebenen Institute, Ambulatorien und Anstalten für erweiterte Heilbehandlung, insbesondere bei einer allfälligen Zusammenlegung der Versicherungsträger, eine Verminderung der Kosten mit sich bringen würde.

Hinsichtlich der eigenen Einrichtungen für die erweiterte Heilbehandlung wurde die verbilligende Funktion bereits nachgewiesen. Im zahntechnischen Ambulatorium werden die Zahnersatzstücke zum Preise der hiefür festgesetzten Höchstsätze hergestellt, während sie bei Inanspruchnahme von Zahnärzten oder Zahntechnikern nur gegen mitunter hohe Aufzahlungen erhältlich sind. Im Institute für Physikotherapie stellten sich im Jahre 1929 die Kosten einer Behandlung (Einzelapplikation) auf S 1,— gegenüber S 2,36 bei Durchführung durch einen Vertragsarzt oder eine Vertragskuranstalt, die durchschnittlichen Kosten einer im Röntgeninstitute vorgenommenen Untersuchung betrugen im Jahre 1929 S 6,15 gegenüber S 15,35 nach dem Vertragstarife.

Im Zusammenhange mit der Zusammenlegung der Versicherungsträger könnten auch Ersparungen im Personale erzielt werden, da sowohl hinsichtlich der Leitungsagenden, als auch bei den für den laufenden Betrieb bestimmten Einrichtungen sich Vereinfachungen ergeben würden, die auch eine Verminderung der notwendigen Arbeitskräfte zulassen würden.

Schlußwort.

Das Optimum an Wirtschaftlichkeit kann immer nur ein Ziel sein, es kann nie und nirgends vollständig und endgültig erreicht werden. Das gilt natürlich auch für die Krankenversicherung der Bundesangestellten. Immerhin dürfte die Krankenversicherungsanstalt der Bundesangestellten von diesem Ziel nicht viel weiter entfernt sein, als es die gegebenen Verhältnisse, vor allem die politischen und sozialen Verhältnisse bedingen. Damit ist wohl auch die in diesem Zusammenhange vielleicht zu erörternde Frage beantwortet, ob die Versicherung privatwirtschaftlich als rationell bezeichnet werden kann. Da nur ein erträglicher Teil der Beiträge auf die Verwaltung verwendet werden braucht und da auch bei den Leistungen auf größtmöglichste Wirtschaftlichkeit gesehen wird, entspricht die bezahlte Prämie dem versicherten Risiko und der versicherten Leistung.

Auf die Frage, ob die für die Versicherung aufgewendeten Mittel staatspolitisch, staatsfinanziell und volkswirtschaftlich gerechtfertigt werden können, will ich hier nicht eingehen und nur bemerken, daß ich diese Frage zu bejahen in der Lage bin.

Allgemeine ärztliche Gesichtspunkte zur Frage der Rationalisierung der österreichischen Krankenversicherung.

Referat für den ÖKW-Krankenkassenausschuß

erstattet von

Medizinalrat Dr. med. Camillo Lill,
Chefarzt der städtischen Gaswerke Wien.

Inhaltsverzeichnis.

Seite

1. Einleitung 91
2. Versichertenkreis, Einkommensgrenze 92
3. Unterversicherung 93
4. Spekulative Momente in der Versicherung 93
5. Alters- und Invaliditätsversicherung 94
6. Organisation und Verwaltung 94
   a) Schaffung leistungsfähiger Kassen 95
   b) Nutzeffekt der Versicherung 95
7. Organisation des Sanitätswesens 95
8. Krankenkasse und Ärzte 96
   a) Einheitliche sanitäre Organisation 97
   b) Kooperation zwischen ärztlichen Organisationen und Krankenkassen 98
   c) Studienkommission und Sozialversicherungsbeirat . . . 98
   d) Schiedsgerichtsbarkeit 98

1. Einleitung.

Die ärztlichen Standesvertretungen und Berufsorganisationen haben die Notwendigkeit einer gesetzlichen Krankenversicherung grundsätzlich immer anerkannt. Wirtschaftlich hat sich der ärztliche Stand in den letzten vier Jahrzehnten schrittweise an die Entwicklung der Krankenversicherung organisch angepaßt, so daß sowohl was die Zahl der Ärzte und die Höhe und Verteilung ihres Einkommens, als auch was die Art der Berufsausübung (z. B. Fachärzte in den Städten, Gutachten etc.) betrifft, innige Wechselbeziehungen zwischen dem Ärztebedarf der Krankenversicherung bzw. den Modalitäten, unter denen er seitens derselben befriedigt wird, und den Verhältnissen des ärztlichen Arbeitsmarktes bestehen. Daher kommt es, daß die Ärzte alle gesetzgeberischen und organisatorischen Veränderungen auf dem Gebiete der Krankenversicherung aufmerksam verfolgen und besonders dann ihren Einfluß geltend machen, wenn bei solchen die Möglichkeit ungünstiger Einwirkungen auf das ärztliche Berufsleben besteht. Dies schließt natürlich keineswegs aus, daß die Ärzte begründeten Notwendigkeiten von vernünftigen Reformen durchaus sachlich gegenüber stehen. Soweit solche in den Bereich der ärztlichen Berufstätigkeit fallen oder Fragen der Volksgesundheit betreffen, sind die Ärzte immer bereit, mitzuarbeiten, da sie sich bei ihrer Verantwortung als eines der wichtigsten und unentbehrlichsten Faktoren der Krankenversicherung bewußt und überzeugt sind, daß wirklich rationelle Reformarbeit dieser Art nur durch Zusammenarbeit zwischen ihnen und der Krankenversicherung geleistet werden kann. Alle derartigen Bestrebungen müssen natürlich von streng sachlichen Erwägungen ausgehen, sorgsam erwogen werden und eine schrittweise organische Verbesserung des Bestehenden zum Ziele haben, wenn Störungen der sehr empfindlichen Wechselbeziehungen zwischen Ärztestand und Krankenversicherungen mit ihren schädlichen Folgen für beide Teile vermieden werden sollen.

Daher sind alle Experimente mit neuen und unerprobten Versicherungssystemen, wie z. B. der in letzter Zeit propagierten Sparzwangsversicherung abzulehnen, aber auch einschneidende Änderungen der bestehenden Krankenversicherung bezüglich Umfang und Leistung verbieten sich wegen ihren Rückwirkungen auf den ärztlichen Arbeitsmarkt. Die gebotene Rücksicht auf diesen erfordert ebenso wie die Bedachtnahme auf den ungestörten Betrieb der

Sozialversicherung, daß Reformen nur im Einvernehmen mit den ärztlichen Berufsorganisationen vorgenommen werden.

Objektiv aber läßt sich in manchen Punkten an der österreichischen Krankenversicherung auch vom ärztlichen Standpunkte aus Kritik üben, deren Überprüfung vielleicht Anlaß zu ihrer Verbesserung geben kann. Dieser Aufgabe dienen in großen Zügen und ohne Anspruch auf Vollständigkeit die folgenden Ausführungen.

2. Versichertenkreis, Einkommensgrenze.

Die Krankenversicherung macht es sich zur Aufgabe, für einen Kreis von Menschen, deren wirtschaftliche Lage es erheischt, auf Kosten der Riskengemeinschaft im Erkrankungsfalle ärztliche Hilfe, Medikamente, Spitalspflege etc. und dort, wo der Ersatz entfallenden Verdienstes nötig ist, auch Krankengeld zu gewähren. Dieser Grundsatz wird derzeit nicht konsequent und nicht gleichmäßig in der Krankenversicherung durchgeführt.

Mangelnde Konsequenz liegt in dem Fehlen einer Einkommensgrenze, weil dadurch Personen einem Versicherungsschutz unterworfen sind, dessen sie infolge ihrer wirtschaftlichen Lage gar nicht oder höchstens für Katastrophenfälle bedürfen. Diese Feststellung gilt für die Versicherung der privaten und öffentlichen Angestellten, nicht aber für die Arbeiterversicherung, da in dieser die Höchstlohnsätze bei weitem niedriger sind als die für eine eventuelle Einkommensgrenze anrechenbaren Verdienste. Der derzeitige Mangel einer Einkommensgrenze wird von den Ärzten als eine ungerechte Einschränkung ihrer privatwirtschaftlichen Tätigkeit empfunden, zu der eine zwingende Notwendigkeit nicht vorliegt. Die daraus entstandene, seit Jahren immer wieder von den Ärzten gestellte Forderung nach Schaffung einer Einkommensgrenze bedeutet einen ins Gewicht fallenden Konfliktstoff, der den reibungslosen Ablauf der Beziehungen zwischen Ärzten einerseits, der Regierung und den Krankenkassen andererseits erschwert.

Für die Angestelltenkassen würde die Beseitigung des heutigen Zustandes keinen Nachteil bedeuten, da der Entfall an Versicherungsbeiträgen nicht in Betracht kommt. Die Spitzenverdiener selbst unterwerfen sich nur ungern dem Versicherungszwange, nehmen die Versicherung entweder gar nicht in Anspruch, zahlen also ihre Beiträge umsonst, oder sie nehmen andernfalls dieselben unverhältnismäßig stark in Anspruch. Da, wie später noch ausgeführt werden wird, eine geregelte Zusammenarbeit mit den ärztlichen Berufskörperschaften für die rationelle Führung der Krankenversicherung kaum zu entbehren ist, wäre die Beseitigung dieses Störungsmomentes von größter Bedeutung.

3. Unterversicherung.

Der Versicherungsschutz in der Angestelltenversicherung ist im allgemeinen ausreichend. Die Arbeiterversicherung dagegen leidet unter einer beträchtlichen Unterversicherung. Diese wird bei einigen Instituten, wie z. B. bei der Arbeiter-Krankenversicherungskasse Wien durch sorgfältige Organisation wenigstens bei Sachleistungen bis zu einem gewissen Grade wettgemacht, indem diese zwar sparsam bemessen sind, aber doch billigen Anforderungen entsprechen. Zum Teil geschieht dies allerdings auf Kosten der Ärzte, welche relativ schlechter entlohnt bzw. mit Arbeit mehr belastet sind als bei den Angestelltenkassen. Wo jedoch aus besonderen Gründen (Kassenzersplitterung, Konkurrenz von Pflicht- und Wahlkassen etc.) die Präzision der Verwaltung zu wünschen übrig läßt, ergeben sich Schwierigkeiten. Der niedrige Ansatz des Krankengeldes führt jedoch zu bedenklichen Erscheinungen, die durch keinerlei Mittel zu beseitigen sind. Infolge der zu großen Spannung zwischen Lohn und Krankengeld schieben besonders Arbeiter mit hohen Löhnen und Familienerhalter die Krankmeldung oft ungebührlich lange hinaus, was große gesundheitliche Gefahren mit sich bringt und den Kampf gegen die Volkskrankheiten erschwert.

Die finanzielle Lage der Kassen wird durch diese Auswirkung der Unterversicherung ungünstig beeinflußt, denn der Eintritt der Arbeitsunfähigkeit läßt sich trotz der gegenseitigen Bemühungen des Versicherten doch nicht verhindern, die Erkrankungen treten — allerdings verspätet — in Erscheinung, dauern dafür aber meistens länger an und erfordern einen größeren Aufwand.

4. Spekulative Momente in der Versicherung.

Es bedarf keiner näheren Begründung, daß die Leistungen der Krankenversicherung sich auf das Notwendige, also Krankheitsbehandlung und Krankheitsverhütung, zu beschränken haben. Luxusleistungen sind nicht nur wirtschaftlich nicht zu rechtfertigen, sondern sie schaffen auch einen unerwünschten spekulativen Anreiz. Die oft kritisierte Neigung der Versicherten zu mißbräuchlicher Inanspruchnahme der Krankenversicherung hat ihre Ursache weniger in Simulation und einer durch die Versicherung hervorgerufenen psychologischen Krankheitsbereitschaft, deren Bedeutung von Laien überaus überschätzt wird, sondern sie tritt hauptsächlich dann auf, wenn durch Eintritt des Versicherungsfalles ökonomische Vorteile gegenüber dem Normalzustande entstehen. Daher sind alle Bestimmungen schädlich und zu beseitigen, welche einen spekulativen Anreiz schaffen. Besonders nachteilig ist in dieser Hinsicht der gleichzeitige Bezug von Lohn oder Lohnanteilen und Krankengeld (§ 1144 b der Gewerbeordnung). Ähnliche Erwägungen gelten für den Ersatz der Arbeitslosenunterstützung durch das höhere Krankengeld bei Eintritt von mit Erwerbsunfähigkeit verbundenen Erkrankungen, wenngleich andererseits betont werden muß, daß bei ernsteren Krankheiten die geringe Höhe der Arbeitslosenunterstützung eine nicht zu unterschätzende gesundheitliche Gefahr bedeutet.

5. Alters- und Invaliditätsversicherung.

Das Fehlen der Alters- und Invaliditätsversicherung der Arbeiter (in den Streit um dieselbe einzugreifen ist nicht Sache der Ärzte) ist, rein sachlich betrachtet, die Ursache namhafter Schwierigkeiten und Verluste in der Krankenversicherung. Die Ärzte werden mit überflüssiger Scheinarbeit, die Kassen mit unwirtschaftlichen Ärzteausgaben belastet, wenn die Menschen ihrer Fürsorge zufallen, deren Arbeitsfähigkeit nicht durch Krankheit, sondern durch Alter oder nicht behandlungsbedürftige Gebrechen und Krankheitsfolgen aufgehoben ist. Aus Gründen der Billigkeit (z. B. bei langer Dauer der Mitgliedschaft) ist es oft nicht zu umgehen, die Ansprüche anzuerkennen, was die begutachtenden Ärzte vor Schwierigkeiten stellt und ihrer Begutachtung einen gewissen Schein von Unkonsequenz verleiht. Der Bezug des Krankengeldes belastet die Kassen finanziell ziemlich stark.

6. Organisation und Verwaltung.

Die Organisation der Krankenversicherung nach berufsständischen Gesichtspunkten (Arbeiter, Angestellte, Eisenbahner) erscheint zweckmäßig. Unzweckmäßig ist die Zersplitterung der Krankenversicherung in zahlreiche kleine Kassen, weil deren Verwaltung nicht nur teuer, sondern oft auch laienhaft und unökonomisch ist.

Betont muß werden, daß die gewöhnlich geübte Methode, die Nachteile der kleinen Kassen dadurch zu mildern, daß gewisse Aufgaben (ärztlicher Dienst, Heilmittelbezug, Kontrolle etc.) an Kassenverbände übertragen werden, ganz besonders unzweckmäßig ist, weil sie an Stelle einer einheitlichen Organisation zwei nebeneinander und in losem Zusammenhang arbeitende Verwaltungskörper schafft, eine Doppelgeleisigkeit, welche erfahrungsgemäß die Voraussetzungen für Verluste geradezu züchtet. Unrationell ist ferner, auf demselben Gebiete zwei Kassen desselben Berufsstandes miteinander in Konkurrenz treten zu lassen. Das gegenseitige Hinauflizitieren in der Leistungspolitik führt nicht nur zu finanziellen Schwierigkeiten und Unsachlichkeiten, es werden auch die Versicherten durch die von Konkurrenzrücksichten diktierte Willfährigkeit der Kassenverwaltungen demoralisiert.

a) Schaffung leistungsfähiger Kassen

Wenn man diese Momente bei der Organisation der Versicherungsträger berücksichtigt, ergibt sich die Notwendigkeit, unter Ausschluß branchegleicher Konkurrenzinstitute Kassen zu schaffen, die bezüglich Organisation und Größe in der Lage sind, alle Aufgaben im eigenen Wirkungskreise zu leisten und für die einzelnen Verwaltungszweige entsprechend hoch qualifizierte Fachleute zu bestellen. Es ist selbstverständlich, daß solche Veränderungen der Organisation ohne Schädigung der bei den Kassen tätigen Ärzte getroffen werden müssen.

b) Nutzeffekt der Versicherung

Wie schon oben erwähnt, spielt die Höhe der Verwaltungskosten (deren Bedeutung damit nicht bestritten werden soll) eine geringere Rolle als die Frage, ob die Verwaltung so gut durchorganisiert und spezialisiert ist, daß die Mittel der Kasse wirklich in der ökonomischesten Weise verwendet werden. Aus dieser Erwägung wurde ja schon früher die Notwendigkeit der Zusammenfassung der Krankenversicherung in große leistungsfähige Einheitskassen abgeleitet.

7. Organisation des Sanitätswesens.

Von besonderer Bedeutung für die Wirtschaftlichkeit der Krankenkassen ist die Organisation ihres Sanitätsdienstes. Die Kassenärzte besorgen nicht nur, wie es landläufige Ansicht ist, die ärztlich-medizinische Behandlung der Mitglieder, sondern es sind ihnen zahlreiche administrative Aufgaben von großer finanzieller Tragweite übertragen.

Die Ausgaben für Krankengeld, Medikamente und Heilbehelfe, Bäder, Spitäler, Heilstätten und Erholungsheime, die ausschließlich durch die Kassenärzte bestimmt werden, machen den weitaus größten Teil des Kassenbudgets aus. Wegen dieses finanziellen Übergewichtes, aber auch infolge unzureichender Organisation liegen *hier im Sanitätswesen die größten Verlustquellen*, aber auch die dankbarsten Rationalisierungsmöglichkeiten. Für den wirtschaftlichen Nutzeffekt der Krankenversicherung ist es von ausschlaggebender Bedeutung, daß nicht nur die einzelnen Teilgebiete (kassenärztlicher Dienst, Begutachtung, Krankenevidenz, erweiterte Heilbehandlung) sachverständig geführt, sondern daß vor allem die inneren Zusammenhänge, in denen die einzelnen Zweige des Sanitätsdienstes zueinander zu stehen haben, durch richtige organisatorische Erfassung automatisch funktionieren. Hier liegen die Verhältnisse, obwohl große Institute heute dieser Frage viel mehr als früher ihr Augenmerk zuwenden, noch sehr im argen. Von kleinen Kassen gar nicht zu reden, ist auch bei großen Instituten Zusammengehöriges in den verschiedensten Abteilungen zerstreut, was naturgemäß dazu führt, daß trotz besten Willens der betreffenden Organe die fachlichen Notwendigkeiten oft zu kurz kommen und die für höchste Wirtschaftlichkeit notwendigen einheitlichen Gesichtspunkte nicht entsprechend berücksichtigt werden können.

Es wäre also nötig, bei allen Kassen die Angelegenheiten des Sanitätswesens in ein besonderes Ressort zusammenzufassen, dessen Führung unbedingt ärztlichen Verwaltungsorganen übertragen werden müßte. Den Anforderungen an sachgemäßer Führung und Wirtschaftlichkeit genügt es nicht, wenn, wie heute meistens gebräuchlich, den leitenden Ärzten nur die Stellung von Konsulenten zukommt. Es ist zweifellos, daß durch eine derartige Zentralisierung und Zusammenfassung sich die inneren Verluste auf ein Minimum reduzieren und die Versicherten infolge der größeren Promptheit und Zielsicherheit, mit der sich die Maßnahmen der Kassen abwickeln würden, sich besser versorgen und zufriedenstellen lassen würden.

8. Krankenkassen und Ärzte.

Für den wirtschaftlichen und gesundheitlichen Erfolg des wichtigsten Zweiges des Sanitätswesens, des kassenärztlichen Dienstes im engeren Sinne, von der größten Bedeutung sind die Beziehungen zwischen Krankenkassen und Ärztestand. Charakteristisch für sie ist ein gewisses Abhängigkeitsverhältnis beider Teile zueinander, weil einerseits die Ärzte, besonders in den Städten und Industriegebieten, deren Einkommen zum größten Teile von der Krankenversicherung herstammt, auf diese wirtschaftlich angewiesen sind, während andererseits die Krankenkassen ihrer gesetzlichen Verpflichtung zur kostenlosen Beistellung ärztlicher Hilfe nur durch Abschluß von Ärzteverträgen gerecht werden können, sich also in einer Zwangslage den ärztlichen Organisationen gegenüber befinden. Man hat in Deutschland versucht, diese taktisch ungünstige

Lage der Krankenversicherung durch besondere gesetzliche Bestimmungen, welche die kassenärztliche Hilfe sicherstellen sollen, zu mildern, ein Bestreben, welches sich in letzter Zeit auch in Österreich geltend macht. Die Erfahrungen damit waren nicht günstig. Trotz mancher berechtigter Klagen sind die Ausgaben für Ärzte enorm gestiegen, die Ausgaben für Krankengeld, Medikamente, Bäder etc. haben eine Höhe erreicht, die den finanziellen Rahmen der Krankenversicherung zu sprengen droht und Mißstände aller Art haben sich herausgebildet.

Unter so krisenhaften Verhältnissen kann natürlich von Wirtschaftlichkeit und sorgsam durchdachter Verwendung der Mittel überhaupt nicht mehr die Rede sein; auch die Tendenz der neuesten Entwicklung im Deutschen Reiche sucht die Ordnung nicht durch planmäßige Reorganisation, sondern durch mechanische Beschränkungen, die gerade vom Standpunkte wirtschaftlicher Gebarung sehr bedenklich sind, wieder herzustellen.

Die Kenntnis der Lage in Deutschland ist deshalb wichtig, weil sich aus ihr gewisse Nutzanwendungen für die Entwicklung unserer Krankenversicherung, die sich im übrigen in weitaus geordneteren Verhältnissen befindet, ziehen lassen.

a) Einheitliche sanitäre Organisation

Die geschilderten Verhältnisse erweisen besonders die Unentbehrlichkeit einer schon oben betonten einheitlichen und planmäßigen sanitären Organisation, deren Fehlen sich besonders dort, wo das System der freien Ärztewahl die Übersicht über Ärzte und Versicherte erschwert, unter Umständen katastrophal auswirken kann. Wenn, wie in Deutschland, die kassenärztliche Behandlung durchgehend nach dem System der freien Arztwahl organisiert ist, dann muß, um die Krankenversicherung erfolgreich führen zu können, der sanitäre Apparat ganz besonders sorgfältig ausgebaut sein, mit einem genauen Kontrollapparat arbeiten und der Grundsatz verfolgt werden, dem Vertragsarzt möglichst nur die Behandlung, alles andere (Begutachtung, Entscheidung der Ansprüche und fürsorgerische Verfügungen) den hiefür angestellten ärztlichen Kassenorganen zu übertragen.

Was das Verhältnis zu den Ärzten betrifft, so wird bei dem Abschluß der Kollektivverträge seitens der Krankenkassen den direkten Ärztekosten eine allzu ausschließliche Bedeutung beigemessen. Daß die Kosten für Ärzte im Budget einer Kasse eine große Rolle spielen, daß sie in den Kollektivverträgen festgelegt werden müssen und eine gewisse Grenze nicht überschreiten können, ist selbstverständlich. Aber wir wissen auch, daß damit durchaus noch nicht bestimmt ist, was für Kosten die Ärzte der Krankenversicherung verursachen, sondern daß es von der Art der kassenärztlichen Arbeit und deren Einfügung in das Kassengetriebe abhängt, ob große Werte geschaffen werden oder große Verluste entstehen. Dieses Problem, einen möglichst großen wirtschaftlichen und sozialhygienischen Erfolg der ärztlichen Arbeit zu erzielen, läßt sich natürlich durch Bestimmungen eines Vertrages allein nicht lösen. Er erfordert eine über die Bestimmungen eines Vertrages hinausgehende ständige Kooperation zwischen den ärztlichen Organisationen und den Krankenkassen, die den Zweck haben müßte, die Ärzte für das Problem der Krankenversicherung, diese für die Eigenart der ärztlichen Berufsverhältnisse zu interessieren, die sanitäre Durchorganisation der Krankenkassen zu fördern und auf diesem Wege eine möglichst verlustfreie und erfolgreiche Arbeit der Kassenärzte zu erreichen.

b) Kooperation zwischen ärztlichen Organisationen und Krankenkassen

c) Studienkommission und Sozialversicherungsbeirat

Einer solchen ständigen Verbindung zwischen Krankenkassen und Ärzten könnten am besten ständige Studien- oder Arbeitskommissionen dienen, die in den Kollektivverträgen zu vereinbaren und bei jeder einzelnen Kasse zu errichten wären. Für Fragen allgemeiner Natur wäre eventuell ein Sozialversicherungsbeirat am Sitze der Regierung zweckmäßig. Ob in dieser oder einer anderen Form, wirksam ist das Wesentliche einer solchen Kooperation, ein gegenseitiges Interessement zwischen Krankenkassen und Ärzten in Form gemeinsamen Bearbeitens von Fragen der sanitären Organisation und des kassenärztlichen Dienstes und Übertragung der Resultate auf die Kassenärzte herbeizuführen, nicht aber eine Konstruktion nach Art eines Schiedsgerichtes über Streitigkeiten aus dem Vertragsverhältnis zu schaffen.

d) Schiedsgerichtsbarkeit

Dieser Aufgabe und der Sicherstellung der vertragsärztlichen Hilfe in der Krankenversicherung dient in Deutschland eine komplizierte und, wie die Entwicklung zeigt, keinen ermutigenden Erfolg zeitigende Schiedsgerichtsbarkeit, die gesetzlich festgelegt ist und die Bewegungsfreiheit sowohl der Ärzte, als auch der Krankenkassen stark beeinträchtigt und beschränkt. Auch in Österreich wird an die Schaffung ähnlicher Einrichtungen gedacht. Für den Zweck dieser Ausführungen ist es belanglos, welche Aufnahme ein solcher Vorschlag bei Kassen und Ärzten vom Standpunkte der Vertragsfreiheit finden wird. Wenn man sich aber die Rationalisierung der Krankenversicherung zum Ziele setzt, muß man doch sorgsam abwägen, ob durch derartige mechanische Regelungen des Vertragswesens nicht mehr Schaden als Nutzen gestiftet wird. Denn die Eigenart des ärztlichen und besonders des kassenärztlichen Dienstes ist anders wie bei gewerblicher oder kaufmännischer Tätigkeit, die nach der Zeit oder nach anderen Methoden gemessen wird; sie ist darin gelegen, daß sich ihr wirtschaftlicher Erfolg nicht durch den materiellen Inhalt eines Vertrages, also durch den Tarif bestimmen läßt, sondern besonders bei Kassenärzten vorwiegend von der Qualität einstellt. Diese aber läßt sich durch die Gesetzgebung nicht sicherstellen.

Vorstehende kritische Ausführungen gehen von der Voraussetzung aus, daß die gesetzlichen und organisatorischen Grundlagen der Österreichischen Krankenversicherung als zweckmäßig anerkannt werden und die Aufgabe gestellt wird, zu untersuchen, welche Umstände Ursachen von Verlusten sind und wie durch Beseitigung dieser der Nutzeffekt der Krankenversicherung für die gesamte Wirtschaft gesteigert werden könnte. Es muß betont werden, daß das vorstehende Referat schon wegen der gebotenen Kürze sich nur mit ganz prinzipiellen Fragen befaßt, daß aber auch in zahlreichen Einzelfragen die Ärzte in der Lage sein werden, Beiträge zur Förderung der Wirtschaftlichkeit der Krankenversicherung zu liefern.

Kritik an der sozialen Krankenversicherung und ihren derzeitigen Systemen.

Referat für den ÖKW-Krankenkassenausschuß

erstattet von

Dr. med. Josef Alexander Lipiner,
Facharzt.

Inhaltsverzeichnis.

Seite

I. Einleitung: Ist eine Rationalisierung der Krankenversicherung möglich? 103

II. Umfang der Versicherung 106
1. Voraussetzungen für die Zugehörigkeit zur Versicherung 106
2. Abgrenzung des Versichertenkreises 108

III. Umfang und Art der Versicherungsleistungen 110
1. Pflichtleistungen, Leistungen der erweiterten Heilbehandlung, Leistungen aus außerordentlichen Fonds 110
2. Versorgung mit Heilmitteln und Heilbehelfen 113
3. Ambulatorien und Anstalten der Krankenkassen 113
4. Die Autonomie der Krankenkassen 115
5. Verwaltung der Krankenkassen 117
6. Die Frage des Überkonsums 118
7. Der Einfluß der allgemeinen staatlichen und privaten Gesundheitsfürsorge 121
8. Schutzmaßnahmen gegen Mißbräuche und das Anwachsen der Morbidität 123
9. Kritik der Arztsysteme (Pauschalzwangsarztsystem, System der beschränkt freien Arztwahl mit Einzelleistungsvergütung, System der organisierten freien Arztwahl, Schadenversicherung) 126

IV. Die Kardinalfehler der Sozialversicherung (Fehler der Sozialversicherung im allgemeinen und der Krankenversicherung im besonderen) 129
1. Fehler wirtschaftspolitischer Art 129
2. Vernachlässigung des Prinzips der Riskenmischung . . 130
3. Unmöglichkeit der objektiven Feststellung des Schadens . 130
4. Fehlen von Maßnahmen gegen das Überschreiten des Versicherungszieles 132

I. Einleitung.

Motto: Alle falsche Kunst, alle eitle Weisheit dauert ihre Zeit; dann endlich zerstört sie sich selbst und die höchste Kultur derselben ist zugleich der Zeitpunkt ihres Unterganges. (Kant.)

Man könnte wohl keine treffenderen Worte finden, die den heutigen Zustand, in welchem sich die Sozialversicherung und die soziale Krankenversicherung im besonderen befindet, besser charakterisieren: Ist es doch merkwürdig, daß ein System, welches durch fast 50 Jahre, insbesondere aber innerhalb der letzten zehn Jahre, zu einem solchen Höhepunkt ausgebildet wurde, dennoch niemand befriedigt — weder den Staat als Repräsentanten der Gesamtheit, noch die Krankenkassen als unmittelbare Träger des Systems, noch die Ärzte als wichtigste Mitarbeiter und vor allem nicht diejenigen, für die das ganze kunstvolle Gebäude errichtet wurde, die Versicherten selbst. Es ist auch auf den ersten Blick verwunderlich, daß gerade zur Zeit der anscheinend höchsten Blüte eines Systems die schärfsten Kritiken von allen Seiten einsetzen und daß es überhaupt notwendig ist, Ausschüsse und Körperschaften einzusetzen, die gewissermaßen mit einer offiziellen Kritik betraut werden. Diese Überlegungen führen von vornherein zur Erkenntnis, daß nicht einzelne Details des ganzen Systems falsch sein dürften, sondern wahrscheinlich die Grundlagen. Es wäre freilich weiters noch möglich, daß vielleicht die ursprüngliche Grundlage richtig war, daß aber geänderte Verhältnisse im Staate oder eine geänderte Mentalität der von der sozialen Fürsorge Bedachten selbst die Entwicklung in eine falsche Bahn gelenkt haben.

Bevor wir nun an die allerdings nur kursorische Bearbeitung des gestellten Themas „Kritik an der sozialen Krankenversicherung und ihren derzeitigen Systemen zu üben und eventuell Vorschläge zu einer Rationalisierung der Krankenversicherung zu machen", herangehen, müssen wir uns die Frage vorlegen, ob man die soziale Krankenversicherung überhaupt und bis zu welchem Grade rationalisieren kann. Im allgemeinen versteht man unter Rationalisierung das Bestreben, mit dem kleinsten Aufwand und gegeringstem gesamtwirtschaftlichen Verlust einen größtmöglichen Nutzeffekt erzielen. Oberflächlich betrachtet, erscheint dies natürlich auch auf die Krankenversicherung anwendbar. Bei der praktischen Durchführung aber sieht man, daß die Lösung dieses Problems nicht so einfach ist. Man kann durch Anwendung verbesserter Maschinen ohneweiters in gleicher Zeit mit einem geringeren Aufwand von menschlicher Arbeitskraft und Material Güter erzeugen. Man kann durch Verbesserung der Verteilungsmethoden diese Güter verbilligen. Wenn es sich aber nicht um Erzeugung und Verteilung materieller Güter handelt, wie in der Krankenversicherung, ist dies nicht mehr so einfach, denn es ist weder der Bedarf — wenigstens in einer gewissen Periode — erfaßbar und errechenbar (Epidemien) noch bedeuten technische Errungenschaften medizinisch immer eine Verbilligung des zu erzeugenden Gutes, nämlich der Gesundheit, sondern eher oft eine Verteuerung. Außerdem kommt es hier nicht auf die Erzeugung größerer Quantitäten von Gütern mit dem gleichen materiellen Aufwand, sondern in erster Linie auf Qualitätsverbesserungen an. Es ist z. B. ganz zweifellos, daß die Diagnose einer bestehenden Erkrankung heute viel teurer zu stehen kommt als früher, wobei sich aber die eventuelle Qualitätsverbesserung der Diagnostik durch größere Sicherheit der Diagnose in der Folge oft materiell gar nicht verbilligend auswirkt, z. B. dann, wenn sich ein unheilbares Leiden aus der Diagnose ergibt. Beispiele dafür aus dem Gebiete der Medizin ließen sich zahllos anführen; denn wenn sich auch mit der ärztlicherseits geforderten, möglichst sicheren Frühdiagnose bisweilen durch die leichtere Heilbarkeit Ersparnisse für die Krankenkasse ergeben, müssen wir doch offen zugestehen, daß der Stand der heutigen therapeutischen Möglichkeiten noch soweit hinter den diagnostischen Möglichkeiten zurückbleibt, daß eher öfter noch eine Verteuerung für die Krankenversicherungsträger die Folge ist, ohne daß für die Kranken selbst und indirekt damit für die Gesamtheit viel Positives geleistet wurde.

Es würde zu weit führen, diese Gedankengänge weiter auszuführen, obwohl gerade sie vielleicht die unrichtige Einstellung der nichtärztlichen Funktionäre der Krankenkassen, der Vertreter der Versicherungsnehmer und der Vertreter der Wirtschaft viel begreiflicher erscheinen ließen. „Äußerliche Kunst ist die richtige Deutung des Unsichtbaren, ärztliche Wissenschaft ist die richtige Deutung des Nachweisbaren“ (Stappert: „Krankenscheine gefällig“). Kunst läßt sich aber niemals rationalisieren. Nur bei der ärztlichen Kunst versucht man dies immer wieder, vielleicht weil in weiten Kreisen noch immer die Anschauung vorherrscht, sie sei eine exakte Wissenschaft wie die Mathematik. Da aber die medizinische Behandlung ein integrierender Bestandteil der sozialen Krankenversicherung ist, auf die sich 90% ihrer Leistungen stützen müssen, ergibt sich der zwingende Schluß, daß man zwar manche Details in der Verwaltung der Krankenversicherung (ökonomische Hereinbringung der Beiträge, Verbesserung von Verwaltungsmethoden, des kaufmännischen Betriebes etc.) und in gewisser Beziehung auch der Verteilung der Versicherungsleistungen rationalisieren kann, niemals aber die Krankenbehandlung selbst. Man kann nur, wenn sich ihr heutiger Aufbau oder ihre Grundlagen als unrichtig herausgestellt haben, diesen Aufbau durch einen anderen oder diese Grundlagen durch gänzlich andere ersetzen. *Es ist also eigentlich keine Rationalisierung, sondern nur ein Umbau der Krankenversicherung möglich.*

Wir müssen uns aber auch über die Methoden der Kritik klar sein, die wir zur Anwendung bringen wollen. Es gibt zwei Möglichkeiten: man kann die Grundlagen des heute bestehenden Systems der Krankenversicherung als richtig annehmen und sich dann nur mit der konstruktiven Durchführung und mit den Einzelheiten dieser befassen und untersuchen, ob die Verwaltung, die Aufbringung der Beiträge, die Verteilung der Lasten, die Verteilung der einzelnen Versicherungsleistungen, der Medikamente, der Heilstätten und Spitalsversorgung, des Krankengeldes und die Systeme der ärztlichen Versorgung richtig sind oder nicht und in welcher Hinsicht sie verbesserungsbedürftig und verbesserungsfähig sind. Man kann aber auch die Prinzipien, auf denen die heutige soziale Krankenversicherung basiert, kritisieren.

Schon die Beantwortung der ersten grundsätzlichen Frage, *ob* eine soziale Krankenversicherung *überhaupt zweckmäßig* ist oder *ob sie in der heutigen Form zweckmäßig ist*, hängt vom subjektiven Standpunkt des Kritikers ab, denn ganz selbstverständlich ist die Bejahung dieser Frage von vornherein nicht. Trotzdem wird wohl von uns als Ärzten die Frage, ob eine soziale Krankenversicherung berechtigt ist, schon aus Gründen der Humanität bis zu einem gewissen Ausmaße bejaht werden müssen. Diese bejahende Einstellung zur Frage, ob in gewissen Grenzen eine soziale Fürsorge der Gesamtheit für den einzelnen notwendig ist, muß vom Anfang an von uns um so mehr betont werden, als es durch die späteren Ausführungen unserer Kritik der heutigen Sozialversicherung bei oberflächlicher Beurteilung den Anschein erwecken könnte, als würden wir die Berechtigung der Sozialversicherung überhaupt leugnen.

Es muß weiters betont werden, daß eine isolierte Kritik der sozialen Krankenversicherung, wie sie unser Thema vorschreibt, eigentlich nicht richtig und zweckentsprechend ist. Es ist unserer Meinung nach ausgeschlossen, die soziale Krankenversicherung allein zu kritisieren resp. Verbesserungen oder grundlegende Änderungsvorschläge zu machen, ohne die Beziehung der Krankenversicherung sowohl zu den übrigen Sozialversicherungszweigen als auch zu sonstigen direkt oder indirekt mit der Gesundheitsfürsorge zusammenhängenden Gebieten zu berücksichtigen. Wenn wir uns bei unserer Kritik nur sehr wenig auf die Statistik beziehen werden, so hat dies darin seinen Grund, daß alle Statistiken, die ja der Hauptsache nach auf die Aufzeichnungen der Sozialversicherungsträger zurückgehen, entweder überhaupt ohne jedes bestimmte System, oder zu ganz bestimmten Zwecken (meistens für die Jahresberichte) gemacht wurden. Das gilt in gewissem Sinne auch für die amtlichen Statistiken der Regierung. Daß die bisherigen Statistiken im großen und ganzen zumindest nicht als hauptsächliche Grundlage zu einer sachlichen Kritik, vor allem aber nicht zu Reformvorschlägen verwendet werden können, geht schon daraus hervor, daß sie nichts anderes als Registrierungen von Zuständen in einem heute bereits als irgendwie fehlerhaft erkannten System sind. Daraufhin hat besonders Werner Linke in seiner ausgezeichneten und völlig leidenschaftslosen Arbeit „Krankenstand und Arbeitswille" hingewiesen.

Da wir der Ansicht sind, daß, wie überall in der Wissenschaft, die Fragestellung die Hauptsache bei der Lösung eines Problems bildet, wollen wir versuchen, richtig zu fragen, welches die eigentlichen Ursachen des Versagens eines ursprünglich sicher großzügigen Gedankens sein dürften. Es werden sich dann daraus von selbst die positiven Vorschläge ergeben.

Wir deuteten zwar schon an, daß unserer Meinung nach nicht Einzelheiten der verschiedenen Systeme der Krankenversicherung und ihrer Konstruktion schuld, oder hauptsächlich schuld an dem Versagen der sozialen Krankenversicherung sind. Dennoch wollen wir einmal zunächst diese untersuchen, um zu erkennen, ob in dieser Hinsicht überhaupt noch etwas zu verbessern ist, oder ob eine solche Verbesserung imstande ist, dauernd Abhilfe zu schaffen.

II. Umfang der Versicherung.

1. Voraussetzungen für die Zugehörigkeit zur Versicherung.

Ganz ohne Zweifel ist es, daß die Arbeiter, deren Arbeitsverhältnisse hinsichtlich der Beständigkeit der Arbeit, wie auch der

Beständigkeit eines bestimmten Lohnniveaus, größeren Schwankungen unterworfen sind, eine soziale Krankenversicherung benötigen, obzwar es auch hier schon einzelne Kategorien gibt — wie die vorwiegend im Rekordlohn stehenden Transportarbeiter der Schiffahrtsunternehmungen und ähnliche —, die infolge ihres, oft das Einkommen eines höheren Privatangestellten bedeutend übersteigenden Einkommens ganz gut in der Lage wären, aus eigenen Mitteln und ohne Zuhilfenahme einer Riskengemeinschaft für den Krankheitsfall selbst vorzusorgen. Mehr noch trifft dies für die in einem Betriebe mitarbeitenden Familienangehörigen des Unternehmers sowohl im Gewerbe, als auch in der Industrie zu. Gerade dieser Umstand hat zu vielen Mißbräuchen geführt.

Mehr noch und öfter finden wir diesen Übelstand aber in der Versicherung der Privatangestellten im Handel und in der Industrie. Es kann doch nicht richtig sein, daß bei solchen Beamten, ganz abgesehen von den zuweilen ganz namhaften Bezügen, deren wirkliche Höhe durch Tantiemenbezüge, Prämien oder gar perzentuelle Gewinnbeteiligung oft verschleiert werden, ein wirkliches Versicherungsinteresse im Rahmen einer sozialen Riskengemeinschaft vorhanden ist; noch weniger ist aber unserer Meinung nach die zwangsmäßige Hineinnahme und der heutige Rahmen der damit zwangsmäßig verbundenen Ansprüche auf alle Versicherungsleistungen bei allen, auch den höheren und höchsten Kategorien der öffentlichen Beamten gerechtfertigt. Es soll hier z. B. nur darauf hingewiesen werden, daß auch Stargagenbezieher das gesetzliche Recht auf soziale Krankenversicherung haben resp. zwangsweise in diese mit aufgenommen sind. Wenn auch solche und ähnliche, nicht gar so seltene Einzelfälle praktisch keine besondere Rolle spielen, so beweisen sie dennoch, daß etwas an dem heutigen System falsch sein muß, wenn es solche Unsinnigkeiten in sich aufweist. *Alle diese Fälle beweisen, daß das nackte Kriterium des unselbständigen oder scheinbar unselbständigen Berufes für die zwangsmäßige Eingliederung in die Sozialversicherung auf die Dauer nicht beibehalten werden kann.* Denn wenn auch die vorwiegend von den Ärzten aus Gründen der Moral und der Gerechtigkeit geforderte *Einkommensgrenze* die krassesten dieser Mißstände auszuschalten in der Lage sein dürfte, wird damit der in den heutigen Sozialversicherungsgesetzen vorhandene, oben charakterisierte Irrtum nicht beseitigt. Denn viel mehr als die Höhe des augenblicklichen Einkommens, wird bei einer Reform dieser Gesetze beachtet werden müssen, ob die, durch entsprechende Dienstverträge gegebene *Stabilität und garantierte Er-*

h ö h u n g d e s E i n k o m m e n s vorhanden ist oder nicht, da diese einen viel richtigeren Maßstab für eine besondere Schutzbedürftigkeit im Erkrankungsfalle abgeben kann, als ein augenblicklich höheres Einkommen. Es kann z. B. ein auf kurze Zeit aufgenommener Saisonvertreter ein relativ oder absolut sehr hohes Einkommen beziehen, dem dann eine lange Zeit eines sehr geringen oder gar keines Verdienstes folgt (wobei wir von besonderen krisenhaften Zeiten der Arbeitslosigkeit ganz absehen wollen). Dieser Mann ist zweifellos schutzbedürftiger als einer mit einem geringeren, aber stabilen und zwangsweise im höheren Alter sich erhöhenden Einkommen, der durch eine entsprechend sparsame Wirtschaft ohneweiters in der Lage wäre, sich für den Krankheitsfall entsprechende Rücklagen zu machen.

2. Abgrenzung des Versichertenkreises.

Weiters ist in diesem Abschnitt zu untersuchen, ob innerhalb der oben erwähnten Kategorien der Kreis der Versicherten nicht zu weit gezogen ist. Da finden wir Personen in die zwangsweise Versicherung einbezogen, die vermöge ihrer derzeitigen, vorwiegenden oder ausschließlichen Berufsbetätigung nicht einmal nach dem Sinne der heute bestehenden Gesetze, wenn auch nach dem Wortlaute in eine solche Versicherung hineingehören, noch auch nach der Höhe ihres aus dieser Betätigung gewonnenen Einkommens. Weder der frühere Rittmeister, der heute als Großgrundbesitzer oder als Direktor eines großen Privatunternehmens ein oft namhaftes Einkommen hat, noch auch der aus irgend einem Grunde in jüngeren Jahren pensionierte Briefträger, der ein Viktualiengeschäft betreibt, gehören in die derzeitige soziale Krankenversicherung hinein. Aber auch die Frau eines Geschäftsmannes, die aus ihrer früheren Berufsbetätigung eine Pension bezieht, heute aber vorwiegend von ihrem Gatten erhalten wird, oder sich gar selbst in dem Geschäft ihres Mannes mitbetätigt, gehört in eine solche Versicherung nicht hinein, und weist auch kein besonderes Schutzbedürfnis durch eine soziale Riskengemeinschaft auf.

Diese Personen müssen aber auch vom Standpunkt der Riskengemeinschaft fast ausnahmslos als schlechte Risken betrachtet werden.

Auch bei jenen Personen, die nach dem Wortlaute der heute bestehenden Gesetze zweifellos der Sozialversicherung unterliegen und auf diese Anspruch haben, liegt durchaus nicht immer ein wirkliches Schutzbedürfnis vor. Hieher gehören die Fälle, in denen man durchaus nicht von einer v o r w i e g e n d e n Versorgung durch den direkt Versicherten sprechen kann, z. B. wenn eine Frau aus den Zinsen ihres mitgebrachten Heiratsgutes oder aus der zugesicherten rentenmäßigen Unterstützung seitens wohlhabender Eltern oder aus dem Betrieb eines eigenen selbständigen Unternehmens oder einer selbständigen Kunst (Virtuosinnen, Malerinnen, Schauspielerinnen, Schriftstellerinnen etc.) ein Einkommen beziehen, das oft das des Gatten erreicht oder weit übertrifft. Dasselbe trifft natürlich auch für Kinder oder sonstige im gemeinsamen Haushalt lebende Familienangehörige zu. Der Grundsatz der vollständigen oder weitaus überwiegenden Versorgung durch den Versicherten, müßte aufs schärfste herausgearbeitet und in künftigen Novellierungen der Sozialversicherung verankert werden. Aber selbst dort, wo anscheinend durch die geringe Höhe des Einkommens ein wirkliches Schutz- und Versicherungsbedürfnis vorliegt, wie bei Personen, die aus der derzeitigen oder ehemaligen (was die Regel ist) Betätigung in einem bestimmten Berufsstand ein Einkommen beziehen, ist es mehr als fraglich, ob diese sinngemäß in eine berufsständisch gegliederte Sozialkrankenversicherung hinein gehören oder nicht vielmehr der allgemeinen, das heißt aus allgemeinen Steuermitteln getragenen Armenfürsorge zufallen sollen. Wenn wir von Fällen hören, die vermöge eines Bezuges einer Pension von 30, 50 oder 60 S Mitglieder der Bundesversicherung sind, oder diejenigen Fälle in der Arbeiterversicherung ins Auge fassen, die mit Bezügen von 40 S monatlich bereits zwangsmäßig Mitglieder der Arbeiterversicherung sind, müssen wir wohl zugeben, daß es sich hier, da sich ja auch die Sozialversicherung in Hinsicht auf die versicherungstechnischen Grundlagen nicht von der Privatversicherung unterscheidet, um vollkommen versicherungsunfähige Personen handelt. Die Zahl dieser Personen ist aber durchaus nicht zu unterschätzen und stellt heute eine schwere Belastung der sozialen Riskengemeinschaften und ihrer Träger, der Krankenkassen dar. Eine gesetzliche Ausschaltung dieser Personen aus der sozialen Versicherung würde zweifellos die Krankenkassen entlasten. Einen eventuellen Vorschlag der Festsetzung einer Mindestbeitragsleistung für diese Personen, würden wir für unzweckmäßig halten, weil sich das Einkommen dieser Personen entweder überhaupt nicht wie bei den Pensionisten oder nicht wesentlich, wie bei vielen anderen Kategorien, steigert, so daß die Aussicht auf einen Riskenausgleich in sich selbst, wenigstens während eines längeren Zeitraumes, bei diesen Personen nicht gegeben ist.

III. Umfang und Art der Versicherungsleistungen.

Auch hier wieder ist zunächst zu untersuchen, ob der Umfang aller Leistungen der Krankenkassen erstens überhaupt und an sich gerechtfertigt ist, weiters ob dieser mit der finanziellen Fundierung auf Grund der heutigen Beitragsleistung in Einklang gebracht werden kann. Ferner, ob die Krankenkassen hier nicht Aufgaben übernommen haben, die ihnen nach ihrem ursprünglichen Zweck gar nicht zukommen, weiters, ob der für die einzelnen angeführten Leistungskategorien gemachte Aufwand einen entsprechenden Effekt hinsichtlich seiner endgültigen materiellen Auswirkung auf die Krankenkassen selbst (im Sinne der Ersparung von Auslagen für Krankenbehandlung, für die Gesundheit der Mitglieder oder auf die allgemeine Volksgesundheit) erzielt oder überhaupt theoretisch in der Lage sind zu erzielen.

1. Pflichtleistungen, Leistungen der erweiterten Heilbehandlung, Leistungen aus außerordentlichen Fonds.

Die heutige Kategorisierung in Pflichtleistungen und Leistungen der erweiterten Heilbehandlung halten wir für verfehlt, nicht nur, weil dadurch die Verpflichtung der Kassen und damit deren finanzielle Grundlagen verschoben werden können, indem unter Umständen unter dem Titel der erweiterten Heilbehandlung manche Leistung neu aufgenommen wird, für die bei der ursprünglichen Festsetzung der Beiträge gar nichts vorgesehen war, sondern auch, weil es den Anschein erweckt, daß es sich hier gewissermaßen um Luxusleistungen handelt, auf die ein eigentlicher Anspruch versicherungstechnisch gar nicht zustünde. Tatsächlich sind auch, zumindestens unter Berücksichtigung der heutigen Beitragshöhe und der Einschränkungen, die vielfach in den Pflichtleistungen vorgenommen werden müssen, in dieser Kategorie Leistungen vorhanden, welche de facto als nicht absolut notwendige, also als Luxusleistungen bezeichnet werden müssen. So ist es mehr als fraglich, ob nicht der größte Teil der Kuraufenthalte in Gastein oder die Bewilligung von Landaufenthalten an solche Personen, die durch die Schwere und Unheilbarkeit ihres Leidens sich nicht einmal mehr für Spitals- oder Heilstättenaufenthalt eignen und im ärztlichen Jargon als Versorgungsfälle bezeichnet werden, im gewissen Sinne nicht auch eine Luxusleistung darstellen und dem Sinne und Wortlaut der Krankenversicherungsgesetze widersprechen. Solche Beispiele ließen sich noch beliebig mehr anführen. Andererseits sind in der sogenannten erweiterten Heilbehandlung auch Leistungen inbegriffen, wie z. B. ein Heilstättenaufenthalt für einen heilbaren oder besserungsfähigen Tuberkulosen, oder der Aufenthalt in einem Schwefelbad für einen Rheumatiker, die man als absolute Pflichtleistung einer Versicherung bezeichnen muß und die zumindestens denselben Effekt aufweisen, wie irgend eine medikamentöse Behandlung. Daher hätte unserer Meinung nach die Scheidung zwischen Pflichtleistung und erweiterter Heilbehandlung zu fallen. Alles was unter letzterem Titel als absolut notwendig erkannt wird, hat in die Pflichtleistung hinübergenommen, alles andere aus der Versicherungsleistung überhaupt ausgeschieden zu werden. Dies stellt aber keine bloß formale Forderung dar, sondern hätte auch praktisch einen außerordentlichen Nutzen bei der Überprüfung der finanziellen Grundlagen einer Krankenversicherung und würde auch zur Ausschließung verschiedener Mißbräuche führen, z. B. daß sich verschiedene Kassen gegenseitig zu konkurrenzieren suchen.

Ebenso kann die Berechtigung von Leistungen aus außerordentlichen Fonds nicht anerkannt werden, denn man muß wohl fragen, aus welchen Mitteln solche außerordentliche Fonds dotiert werden. Geschieht dies aus Ersparungen, die aus den ordentlichen Beiträgen herstammen, dann ist dies ungerecht, weil solche Ersparungen entweder auf Kosten von Pflichtleistungen gehen können, oder wenn solche Ersparungen aus einer geringeren Inanspruchnahme der Pflichtleistungen herrühren, müßten diese in erster Linie allen zur Krankenversicherung eventuell beitragenden Faktoren gleichmäßig durch eine Herabsetzung der Beitragslasten zugewendet werden. Außerdem wäre aber durch die Beseitigung solcher Fonds wieder eine Quelle möglicher Mißbräuche verschüttet. Ein solcher außerordentlicher Fond hätte nur dann eine Daseinsberechtigung, wenn er aus außerordentlichen Beiträgen dotiert würde, dann aber auch nur denen, die dazu beitragen, ein rechtmäßiger Anspruch zustünde, da es sich gewissermaßen dann um eine Zusatzversicherung für besondere materielle Katastrophen handeln würde. Ebenso fraglich ist die Berechtigung der Verwendung von Kassenmitteln für Leistungen zur Gesundheitsfürsorge (Prophylaxe). Die Krankenkassenleitungen betonen zwar gerade in dieser Hinsicht ihre besonderen Leistungen auf dem Gebiete der allgemeinen Volksgesundheit und versuchen dies auch durch Statistiken darzulegen und behaupten, daß die Verbesserung der Volksgesundheit vorwiegend der Sozialversicherung zu verdanken sei. Nun sind wir zwar auch der Meinung, daß die soziale Versicherung zu einer Hebung der Volksgesundheit beigetragen hat, obwohl man den erwähnten allgemeinen Statistiken nicht die Statistiken der

Krankenkassen gegenüberstellen darf. Denn aus den Statistiken der Krankenkassen könnte man im Gegenteil, wenn man die fortwährend steigenden Morbiditätsziffern — in Deutschland bei einzelnen Kassen bis 300%, durchschnittlich 200%, in Österreich 50% — betrachtet, eher das Bild einer kolossalen Verschlechterung der Volksgesundheit bekommen. Da aber im allgemeinen das Verhältnis zwischen Morbidität und Mortalität ein gerades und nicht umgekehrt proportionales ist, wären wieder die allgemeinen amtlichen Statistiken und die Statistiken der privaten Lebensversicherungsanstalten, die von einer Herabsetzung der Mortalität zu berichten wissen, kaum verständlich. Auch wäre es wissenschaftlich ganz ungerechtfertigt, einen Faktor neben vielen anderen, die irgend ein Ergebnis bedingen, gerade als einzig wirksamen zu bezeichnen. Wir glauben, daß die besseren hygienischen Bedingungen, die bessere Wohnungshygiene, vor allem aber die Fortschritte auf allen Gebieten der Medizin, die bessere Aufklärung der breiten Massen neben vielen anderen, hauptsächlich an der Verbesserung der allgemeinen Lebensstatistik beteiligt sind. Abgesehen aber davon sind wir der Meinung, daß gerade die Gesundheitsprophylaxe in den Aufgabenkreis der Allgemeinheit und ihrer Repräsentanten, der Gemeinden, Länder und des Staates gehört, wobei die Kosten aus allgemeinen Steuermitteln zu decken sind und nicht in den Aufgabenkreis der Krankenkassen fallen, bei denen die Beiträge zu einem ganz bestimmten Zweck geleistet werden, nämlich zur Sicherung der Möglichkeit der Wiederherstellung im Krankheitsfalle und eventuell noch des Ersatzes des mit der Krankheit verbundenen Lohn- und Gehaltsausfalles (Krankengeld). Durch die Regellosigkeit der von den Krankenkassen betriebenen Prophylaxe ist sie fast völlig wirkungslos und daher die Mittel hiefür umsonst aufgebracht. Nur nebenbei sei bemerkt, daß alle anderen sich mit diesen Dingen befassenden Faktoren im Durchschnitt vielmehr von der eventuellen Wirksamkeit der Prophylaxe in der Praxis überzeugt sind als die Ärzte.

Schließlich wäre noch zu den Pflichtleistungen selbst kritisch Stellung zu nehmen. Daß die unter diesen Titeln gewährten Leistungen die eigentlichen Versicherungsleistungen darstellen, ist außer Frage. Fraglich ist nur, ob nicht auch hier eine Begrenzung gefunden werden soll oder eigentlich gegeben ist durch die versicherungstechnischen Grundlagen der Beiträge und fraglich ist dabei, ob dort, wo eine solche Begrenzung der Anspruchsberechtigung bereits gegeben ist, wie in der Arbeiter- und Privatangestelltenversicherung, diese Grenze nicht teilweise zu hoch und in mancher Beziehung vielleicht zu niedrig gehalten ist. So glauben wir, daß z. B. die Grenze für die Verpflichtung der Krankenkassen zur Zahlung der Kosten eines Spitalsaufenthaltes dann zu niedrig ist, wenn es sich um ein, wenn auch erst in längerer Zeit heilbares Leiden handelt, daß diese Grenze aber viel zu hoch ist, wenn es sich um ein schon bei manifest werdenden Krankheitserscheinungen bereits als völlig unheilbares Leiden erweist, wo also eine Wiederherstellung nach dem heutigen Stand der Medizin wissenschaftlich als ausgeschlossen bezeichnet werden kann (z. B. inoperables Karzinom). Daß auch im Rahmen der Pflichtleistungen die Inanspruchnahme einer allzu großen Zahl von Leistungen der Arzthilfe, Medikamente, Krankengeld etc. über jenes Maß hinausgehen kann, das selbst im Rahmen einer großen Riskengemeinschaft, in welcher aber doch jedes einzelne Mitglied wieder selbst versicherungstechnisch nur einen begrenzten Anspruch hat, steht außer Frage.

2. Versorgung mit Heilmitteln und Heilbehelfen.

Die fortwährend steigende Ausgabenpost aus dem Titel Versorgung mit Heilmitteln und Heilbehelfen läßt auch hier Reformen für außerordentlich wünschenswert erscheinen, doch glauben wir nicht, daß, so wertvoll das Erscheinen der schon jahrelang angekündigten Therapia oeconomica vorwiegend aus erzieherischen Gründen für die Ärzte und aus Gründen der Vereinfachung und Gleichmäßigkeit der bei den verschiedenen Kassen zugelassenen Medikamente wäre, dies sich auch finanziell in einer Verminderung der erwähnten Ausgabenpost auswirken würde. Wir glauben im Gegenteil, daß gerade auf dem Gebiete der Heilmittelversorgung nur durch ganz radikale Maßnahmen sowohl dem starken psychologisch wirksamen und verständlichen Streben des einzelnen Patienten, der in der Verschreibung fast immer die hauptsächlichste Tätigkeit des Arztes sieht, wie auch den starken Kräften der mit großzügigsten Mitteln der Reklame auf eine Konsumsteigerung hinwirkenden und dadurch auf den Patienten suggestiv einwirkenden pharmazeutischen Industrie begegnet werden könnte. Nicht durch die Nichtzulassung von so und so vielen Heilmitteln oder Spezialitäten kann eine Ersparnis erzielt werden, sondern nur durch ausgiebigste Mitbeteiligung an den Kosten. Gerade in diesem Belange könnten wesentliche Ersparnisse gemacht und auch alle Mißbräuche beseitigt werden.

3. Ambulatorien und Anstalten der Krankenkassen.

In diesem Zusammenhange wollen wir auch einige kritische Worte zur Frage der eigenen Institute, Ambulatorien und Anstalten der Krankenkassen sagen. Daß die Ärzte Gegner aller dieser anstaltseigenen Einrichtungen sind, ist zunächst aus materiellen egoistischen Gründen vollkommen verständlich, weil sie immer mehr sehen, daß gewissermaßen ihre Produktionsmittel ihnen von berufsfremden Faktoren weggenommen und enteignet werden. Nun könnte man natürlich auf dem Standpunkt stehen, daß eine solche egozentrische Einstellung für die Beurteilung eines wichtigen Allgemeinproblems keine Rolle spielen dürfte. Aber abgesehen von dem allgemeinen Grundsatz, daß die Gesetzgebung nicht einfach einen Berufsstand zu 40% der Vernichtung preisgeben darf, ist der schon bisher angerichtete Schaden, wo es sich um einen Berufsstand handelt, der bei der Durchführung eben dieser Gesetze von ausschlaggebender Bedeutung ist, ganz besonders groß. Nicht vergessen darf dabei werden, daß der Ausbau der Ambulatorien und physikotherapeutischen Institute zweifellos zu einer Mechanisierung und Industrialisierung der Heilkunde und zu deren „Entseelung" geführt hat, was einen viel größeren Schaden für den einzelnen Patienten und für die Volksgesundheit mit sich gebracht hat, als es bei oberflächlicher Beurteilung den Anschein hat; denn es ging damit einer der wichtigsten Heilfaktoren, das Vertrauen in die Persönlichkeit des Arztes, verloren. Dies wirkt sich auch materiell für die Krankenversicherungsträger dahin aus, daß heute der eigene, von der Persönlichkeit des Arztes im persönlichen Kontakt mit dem Kranken wachgerufene und geforderte Wille zur Gesundung verloren gegangen ist und der Kranke heute nur mehr sein Heil in der Verschreibung von Medikamenten und in der Anwendung von imponierenden, wenn auch oft fast wertlosen Apparaturen und mechanischen Prozeduren sieht, was wieder ein Hauptgrund zu der kolossalen Steigerung der Ausgaben der Krankenkassen gerade auf diesem Gebiete darstellt. Dabei ist es gar nicht erwiesen — ja von anderer als Kassenseite angestellte Berechnungen haben das Gegenteil bewiesen —, daß die Ambulatoriumsbehandlung nicht in der einzelnen Leistung, aber in ihrem Endeffekt auf die Kürzung der Krankheitsdauer und damit der Arzthilfe und Krankengeldkosten billiger ist, als die Einzelbehandlung durch den Arzt. Wenn man weiß, in welcher Art die Rentabilität eines Ambulatoriums oder einer Heilanstalt zu beweisen versucht wird, wird man all diesen anscheinend ziffernmäßigen Beweisen solange skeptisch gegenüberstehen müssen, als nicht diese Berechnungen von einer vollkommen unabhängigen und sachverständigen Kommission, die aber nach viel weitgehenderen Grundsätzen urteilen müßte, die auch den erwähnten Endeffekt ins Kalkül ziehen müßte, nachgeprüft worden sind. Von den gesundheitlichen Folgen einer solchen Massenbehandlung wollen wir ebenfalls in diesem Zusammenhange, um den Schein der Einseitigkeit zu vermeiden, nicht sprechen. Nur ein radikales Abstoppen, ja sogar ein Abbau dieser Einrichtungen beziehungsweise die Auflassung aller unrentablen, eigenen Anstalten und Heime der einzelnen Krankenkassen und der Ersatz dieser, entweder durch einen Ausbau der Barleistungen oder die Übernahme dieser Anstalten durch öffentliche Körperschaften könnten hier Abhilfe schaffen und zu wesentlichen Ersparnissen in der Krankenversicherung führen.

4. Die Autonomie der Krankenkassen.

All diesen und anderen Bestrebungen steht aber wie ein Fels die Autonomie der Krankenkassen und ihrer Leitungen gegenüber. Obwohl dies vielleicht der heikelste Punkt bei jeder kritischen Diskussion über die Krankenversicherung ist, müssen wir doch einiges dazu sagen und unserer *Meinung dahingehend Ausdruck geben, daß die Verleihung der Autonomie an die Krankenkassen wohl der schwerwiegendste und folgenschwerste Irrtum war, den die Initiatoren der sozialen Krankenversicherung schon zu Beginn gemacht haben.* Viele Fehler, die wir in der heutigen Sozialversicherung bereits kritisierten und noch weiter kritisch zu besprechen haben, haben ihren letzten Grund in dieser Autonomie der Kassen. Vor allem müssen autonome und nur von der Gunst ihrer Mitgliederwähler eingesetzte Kassenleitungen, um sich deren Gunst zu erhalten, Dinge tun, die sich nicht einmal vor ihrem eigenen fachmännischen Gewissen voll verantworten können. Wir sind der Meinung, daß es keine grundlegenden Reformen der Sozialversicherung und insbesondere der sozialen Krankenversicherung geben kann, bevor nicht die Vorherrschaft des Autonomiebegriffes gebrochen, diese Autonomie auf ein erträgliches Maß zurückgeführt und durch die Autonomie des Staates als Repräsentanten des Gesamtvolkes ersetzt wird. Durch den teilweisen Abbau der Autonomie zugunsten des Staates würden nicht nur negative Vorteile durch Unterbleiben vieler Fehler entstehen, sondern auch positive, im Sinne von Ersparnissen, im Sinne einer Rationalisierung. Wir sagen dies, weil wir der Meinung sind, daß es sich bei der Sozialversicherung nicht um Privatunternehmungen handelt, sondern um einen Teil der Staatsverwaltung, dessen Kosten zwar direkt die Versicherten und die zur Versicherung verpflichteten Arbeitgeber, aber indirekt doch die gesamte Bevölkerung trägt, da die sozialen Abgaben eigentlich nichts anderes darstellen, als eine bestimmte Form von Zwecksteuern.

Der erste positive Vorteil des Abbaues der Autonomie würde sicherlich der sein, daß die Beiträge der abgabepflichtigen Unternehmungen leichter hereingebracht würden. Denn wir sehen, daß auch die Steuereingänge in der Regel das Präliminare erreichen, ja sogar übersteigen, während dies den Krankenkassen trotz aller ihnen durch das Gesetz gebotenen Machtmittel nicht gelingt. Auch würden zweifellos die Kosten der Beitragseinbringung durch den bereits vorhandenen Verwaltungsapparat des Staates viel niedriger sein. Wenn wir auch nicht der Meinung sind, daß, von einzelnen Fällen abgesehen, die Nichtzahlung der Versicherungsbeiträge durch eine Reihe von Unternehmungen auf bösem Willen, sondern Zahlungsunfähigkeit beruht, halten wir es dennoch für eine Ungerechtigkeit, daß diesen Ausfall dann alle anderen zahlungsfähigeren Unternehmungen durch eine notgedrungen schärfere Erfassung und Eintreibung büßen müssen. Die allgemeine gesetzliche Einführung einer Einkommensgrenze für den Versicherungszwang halten wir, wie dies ja auch schon in anderen Ländern, Deutschland, Frankreich, England geschehen ist, für ein zwingendes Gebot der Stunde. Der vielfach dagegen gemachte Einwurf, daß dann infolge der Verminderung von Einnahmen auch die sozialen Leistungen geringer werden müssen, ist kein stichhaltiges Argument. Es geht nicht an, als Feind der Sozialversicherung angesehen zu werden, wenn man behauptet, daß es in einem so verarmten Staat wie Österreich, der nicht einmal allen seinen Bürgern das trockene Brot zu bieten imstande ist, unmöglich ist, auf dem Gebiet der Sozialversicherung den größten Luxus zu bieten. Man darf nicht auf der einen Seite darüber aufgebracht sein, daß von 1925 bis 1929 das Gesamtaufkommen an Bundes-, Landes-, Bezirks- und Gemeindeabgaben von 1490 Millionen auf 1865 Millionen Schilling, also um 31,4% insgesamt, oder um nahezu 8% im Jahre und die direkten Steuern des Bundes in ihrem Erträgnis in diesem Zeitraum von 285 Millionen Schilling auf 385 Millionen Schilling, mithin um 35%, gestiegen sind, daß man aber eine Steigerung des Aufwandes der Sozialversicherung der in Österreich im Jahre 1925 zirka 250 Millionen Schilling ausgemacht hat, auf 443 Millionen im Jahre 1929, also eine Steigerung von 77,2% nicht nur ruhig hinnimmt, sondern womöglich als kulturelle und soziale Tat lobpreist. Nur eine Anpassung der Einnahmen und Ausgaben der sozialen Versicherungsinstitute an die Leistungsfähigkeit einer verarmten Volkswirtschaft kann auf die Dauer die Erhaltung wenigstens aller jener und insbesondere der Krankenversicherungsleistungen in jenem Ausmaß gewährleisten, welche auch wir in absolut positiver Einstellung zur Sozialversicherung im allgemeinen und zur sozialen Krankenversicherung im besonderen für notwendig halten. Ersparungen und Sparsamkeit ist aber das einzige Mittel hiezu und dieses Mittel muß unter Umständen auch durch eine weitgehende Beschränkung der Autonomie erzwungen werden.

5. Verwaltung der Krankenkassen.

Es scheint nun aber, daß dieses Prinzip der Sparsamkeit trotz des großen Bemühens zweifellos nicht unfähiger Kassenleitungen in der Praxis undurchführbar ist. Die eine Gruppe der Kritiker, dazu gehören vor allem Kritiker aus den Kreisen der Versicherten selbst und auch der Ärzte, wollen die ganze Schuld einer schlechten, insbesonders zu teueren Verwaltung zuschreiben. Befassen wir uns zunächst mit dieser Art von Kritik. Wir sind zwar der Meinung, daß die Berechnungsgrundlagen für die Verwaltungsausgaben, wie wir sie nur aus den Jahresberichten der Krankenkassen kennen, einer ernsten Kritik nicht standhalten dürften, weil sie durch Einsetzung von Ausgabenposten, die eigentlich zu den Verwaltungsausgaben gehören, in andere Ausgabentitel ein falsches Bild der Verwaltungskosten ergeben. Auch sind wir der Ansicht, daß man noch nicht berechtigt ist, von niedrigen Verwaltungskosten zu sprechen, wenn das Prozentverhältnis zu den Gesamtausgaben ein niedriges ist, sondern daß man dabei auch zweifellos den Gesamtumsatz und die absolute Höhe der Verwaltungskosten, natürlich auch unter Berücksichtigung der Mitgliederzahl, beachten muß. So wie in jedem Privatunternehmen kann ein Verwaltungsprozentsatz von z. B. 7% hoch oder niedrig sein, je nachdem ob es sich um eine kleinere Krankenkasse mit einem geringen Mitgliederstand und einem geringen Jahresgesamtumsatz handelt, oder um eine große Krankenkasse mit hunderttausend Mitgliedern und einem Millionenumsatz, denn die Verwaltungskosten steigen nicht vollkommen proportional mit der Zahl der Mitglieder. Deshalb halten wir auch die Forderung von Eldersch, die in einem Vortrag aufgestellt wurde, die Verwaltungsauslagen in eine Beziehung zur Ausgabenkopfquote pro Mitglied zu bringen, für unrichtig. Wir glauben also, daß auch bei künftigen Reformen zunächst unter Berücksichtigung aller sachlichen Momente, jedoch ohne Rücksicht auf die zu erwartenden Gesamtausgaben, der absolut notwendige, auf das sparsamste berechnete Aufwand für Verwaltung fachmännisch zu überprüfen und festzulegen ist und dann erst alle diejenigen verwaltungstechnischen Reformen durchzuführen sind, die absolut gebunden an den Rahmen der vorgesehenen Ausgabenpost, dennoch ein klagloses Funktionieren der

Verwaltung garantieren. Wenn wir weiters auch der Meinung sind, daß selbst im Rahmen der derzeitigen Verhältnisse durch bessere Organisation manches unterbleiben könnte, was zumindest psychologisch auf die Versicherten und die übrigen Beitragspflichtigen ebenso wie auf die übrige Bevölkerung aufreizend wirken muß, glauben wir doch nicht, daß so wesentliche Ersparungen rein verwaltungstechnisch gemacht werden können, daß eine weitgehende finanzielle Entlastung eintreten könnte.

6. Die Frage des Überkonsums.

Eine zweite Gruppe von Kritikern, dazu gehören vor allem diejenigen aus dem Kreis der Kassenleitungen selbst und aus dem Kreis der Versichertenvertreter, behaupten, daß die Ursache an dem Zusammenbruch der sozialen Krankenversicherung die Ärzte und der Zwang zum System der freien Arztwahl seien. Wir wollen zugeben, daß etwas Wahres an dieser Behauptung ist. Doch können nur sehr oberflächliche Beurteiler daraus den Schuldschluß ziehen. Es ist ganz zweifellos, daß die durch keinen staatlichen Schutz wie bei Notaren, verschiedenen Gewerben usw. gehemmte Zunahme der Zahl der Ärzte einerseits, die Verarmung der Bevölkerung andererseits, den Ärztestand verelendet hat, so daß das Bestreben, im reinen Selbsterhaltungstriebe möglichst viel aus dem noch vorhandenen einzigen Reservoir der Krankenversicherung zu schöpfen, menschlich begreiflich ist und an dem Überkonsum in der Krankenversicherung in geringem Ausmaße mitschuld ist. Wäre dieser Umstand aber ausschlaggebend, dann wäre die Krankenversicherung schon längst völlig vernichtet. Darum hat, von wenigen Ausnahmen abgesehen, dennoch Stappert recht, wenn er sagt: „Wenn wir uns die Schwierigkeiten vergegenwärtigen, unter denen heute die deutsche Ärzteschaft in der sozialen Versicherung tätig ist, dann muß man staunen darüber, eine wie gute Arbeit auch unter diesen widrigen Umständen geleistet wird. Man muß staunen, mit welcher Sicherheit die Ärzteschaft es fertig bringt, hier noch genügend Gerechtigkeit walten zu lassen und so das ganze System lebensfähig zu erhalten. Ein Beweis für den guten ärztlichen Blick der gesamten Ärzteschaft. Das Pflichtbewußtsein der deutschen Ärzteschaft ist unerschütterlich. Sie erfüllt unbeirrt ihre Aufgabe:

1. Leistet sie die notwendige Behandlung, trotzdem ihr Geld geboten wird, falls sie sich nicht um die Leute kümmert (festes Gehalt, Pauschale);

2. weist sie die Unberechtigten zurück, trotzdem an ihnen was zu verdienen wäre (Einzelleistungen).

„Wir zeigen jeden Tag, daß wir nicht käuflich sind.“

Auf eines aber wird immer vergessen, daß ein Teil des anscheinend durch die Schuld der Ärzte verursachten Überkonsums an Kassenleistungen, nicht nur der ärztliche und medizinische, sondern vor allem der durch übermäßigen Krankengeldbezug, gar nicht Schuld der Ärzte, sondern Schuld der Unvollkommenheit der medizinischen Wissenschaft und des verfehlten Prinzips der Sozialversicherung ist. Die von Laien geführten Krankenkassen verlangen von ihren Ärzten im Falle der Inanspruchnahme einer Versicherungsleistung durch ein Mitglied

1. eine eindeutige Diagnose,

2. ein eindeutiges Gutachten, ob der Patient arbeitsunfähig ist oder nicht. *Ignoramus et ignorabimus* müßte in vielen Fällen der Arzt sagen, *denn die ärztliche Wissenschaft ist eben nicht in jedem Fall, selbst bei Vorhandensein einer Krankheit, mit Sicherheit zur Stellung einer Diagnose imstande, noch weniger aber bei einem Menschen, der behauptet, krank zu sein, mit Sicherheit die Diagnose der vollkommenen Gesundheit zu machen.*

Denken wir nur an die vielen Erkrankungen, die keinen nachweisbaren objektiven Befund ergeben oder noch nicht ergeben, wie bei dem Heer der rheumatischen und neuralgischen Erkrankungen oder selbst im Beginne schwerer Leiden, wie des Krebses, der Tuberkulose oder einer Geisteskrankheit.

Noch schwieriger, ja genau genommen unmöglich ist es für einen gewissenhaften Arzt, die Arbeitsfähigkeit oder -unfähigkeit eines Patienten wissenschaftlich objektiv und einwandfrei nachzuweisen, oder die Arbeitsunfähigkeit zu leugnen, wenn der Kranke das Gegenteil behauptet. Dies wird aber vom Kassenarzt verlangt. Wenn er nun entweder in übertriebener Gewissenhaftigkeit oder in voller Erkenntnis der Unzulänglichkeit der diagnostischen Methoden sich im Zweifelsfalle für den Patienten entscheidet, entsteht sicher dadurch in einem bestimmten, nicht zu kleinen Prozentsatz von Fällen ein Überkonsum, an dem der Arzt persönlich aber keinesfalls schuldhaft mitbeteiligt ist. *Dazu kommt noch eine weitere Steigerung des Überkonsums durch die objektiv nicht gerechtfertigte Überinanspruchnahme seitens der Mitglieder, die sicher einen* viel höheren Prozentsatz ausmacht. Wir wollen aber auch hier von jenen in ihrer Bedeutung übertriebenen Fällen bewußter Irreführung oder Simulation absehen. Vielmehr Beachtung verdient jedoch schon die Aggravation, die Übertreibung von tatsächlich bestehenden Erkrankungen. Diese Übertreibung wird gewissermaßen gezüchtet durch verschiedene Umstände, vor allem durch das Bewußtsein der Möglichkeit, aus seinem Zustand irgend einen Nutzen zu ziehen, sei es durch Bezug von Krankengeld, sei es durch die Aussicht auf einen Erholungsurlaub, sei es auch nur durch die Aussicht, endlich einmal von den Strapazen der Arbeit ausruhen zu können und schließlich durch den Wunsch, für sein Geld von der Kasse auch etwas zu bekommen. Wenn wir auch an dieser Stelle nicht vergessen dürfen, daß selbst außerhalb der Zeiten einer allgemein gesteigerten Morbidität noch viele andere Faktoren, wie Arbeitszeit, Arbeitstempo, Arbeitslohn, Ernährung, Wohnungsverhältnisse usw. den Gesundheitszustand der Versicherten beeinflussen, so spielen vor allem viele sekundäre Faktoren, wie Zunahme der Krankmeldungen bei Witterungsumschlägen, besonders bei großer Entfernung des Wohnortes vom Arbeitsorte, Zunahme der Krankmeldungen durch den Einfluß der durch die Jahreszeit bedingten Interessen persönlicher Natur (gleichzeitige Betätigung in Garten- oder Landwirtschaft), Zunahme der Krankmeldungen bei Ansteigen der Unterstützungsbeträge und gleichbleibendem Grundlohn, eine nicht zu unterschätzende Rolle. Bezeichnend hiefür ist die Meldung von Krankenkassen Deutschlands, daß spontanes Gesundmelden der Versicherten zu den Ausnahmen gehört.

Wirtschaftliche Ereignisse, wie in Aussicht stehender Abbau, Streik- oder Aussperrungsgefahr etc., ferner unter Umständen sogar die Einstellung resp. Qualifikation einer Arbeiter- und Angestelltenschaft in einem bestimmten Betriebe nach Geschlecht, Alter, körperlicher Befähigung, sittlicher und politischer Einstellung, wirtschaftlicher oder persönlicher Bindung an das Unternehmen usw. spielen eine ausschlaggebende Rolle für die Höhe des Konsums oder Überkonsums an Kassenleistungen, was Werner Linke in seiner Arbeit „Krankenstand und Arbeitswille“ überzeugend nachgewiesen hat.

Daß natürlich die kolossale Ausbreitung populärmedizinischer Kenntnisse, ferner die übertriebene, meist gar nicht von Ärzten gepflogene Gesundheitspropaganda, vor allem aber das jedem Versicherungsgedanken Hohn sprechende Bestreben, zumindest soviel, womöglich aber noch mehr aus der Krankenversicherung herauszubekommen, als man eingezahlt hat, haben soviel zur Krankheitszüchtung beigetragen, daß diese Momente allein schon die gesamte Steigerung der Morbidität und damit des Überkonsums an Kassenleistungen erklären, die weder mit der Morbidität der nichtversicherten Bevölkerung, noch mit der allgemeinen Sterblichkeitsstatistik in Einklang zu bringen ist. An dieser Stelle sei aus zahlreichen Beispielen der Literatur nur eines angeführt, das Horneffer in seinem Buch „Frevel am Volk" bringt, der sagt: „In einer reichsdeutschen Industriestadt waren in der kalten Zeit dieses Winters, als das Baugewerbe zu vollständiger Ruhe gezwungen war, 30% der bei der Baugewerbekasse Versicherten krank, in den anderen Berufen aber, die weiter arbeiten konnten, durchschnittlich nur 6 oder 7%. Man ermesse diesen Unterschied. Und dies zu einer Zeit, da die Grippe herrschte, durch welche auch die anderen Berufsstände in Mitleidenschaft gezogen waren."

7. Der Einfluß der allgemeinen staatlichen und privaten Gesundheitsfürsorge.

Daß die Höhe der Morbidität und damit die Inanspruchnahme von Kassenleistungen aber noch durch zahlreiche andere Faktoren beeinflußt wird, was aus den engen Beziehungen der Krankenversicherung nicht nur zu den anderen Versicherungszweigen, sondern auch zu anderen Zweigen der allgemeinen staatlichen und privaten Gesundheitsfürsorge erklärlich ist, haben wir schon eingangs dieses Referates betont. Es wäre auch unserer Meinung nach eine wirkliche Reform, eine Rationalisierung oder Umstellung der Krankenversicherung allein völlig wertlos, wenn nicht gleichzeitig solche Reformen auch auf den übrigen erwähnten Gebieten und nach den gleichen Grundsätzen durchgeführt würden. Wir verweisen da insbesondere auf die wechselseitigen Beziehungen der Krankenversicherung zur Unfallversicherung, zur Pensionsversicherung der Angestellten und zur künftigen Alters- und Invaliditätsversicherung der Arbeiter. Es ist ganz zweifellos, daß die inneren Beziehungen zwischen allen diesen Versicherungszweigen und der Krankenversicherung zum Teil in gerade proportionalen, zum Teil in umgekehrt proportionalen Wechselbeziehungen stehen, in dem Sinne, daß bisweilen ein Anstieg der Versicherungsinanspruchnahme und der Versicherungsleistungen in den letztgenannten Zweigen eine Entlastung der Krankenversicherung, bisweilen aber auch eine Belastung in Form einer Steigerung der Morbidität bedeuten kann.

Schon aus diesen Gründen ist die Anwendung derselben Grundsätze und die Gleichzeitigkeit eventueller Reformen unbedingt notwendig. Es ist weiters klar, daß auch die nicht direkt mit der Sozialversicherung zusammenhängende Gesetzgebung imstande ist, den Leistungsbedarf der Sozialversicherung zu beeinflussen. So können z. B. strengere hygienische Vorschriften und Gesetze zweifellos einen Rückgang der Morbidität und damit eine Entlastung der Krankenversicherung oder der Unfallversicherung zur Folge haben, andererseits aber auch wieder das Gegenteil, insbesondere, da in neuerer Zeit eine Reihe von Gewerbekrankheiten in die Unfallversicherung — unserer Meinung nach nicht immer mit voller Berechtigung und dem Wesensbegriff des Unfalls fremd — hineingenommen worden sind. Aber auch allgemeine hygienische Gesetze, wie z. B. ein Gesetz über die Bekämpfung der Geschlechtskrankheiten oder des Alkoholmißbrauches könnten bei günstiger Auswirkung auf die Volksgesundheit auch eine große Entlastung der Krankenversicherung bewirken. Auch die Art und der Umfang der sonstigen öffentlichen und privaten Fürsorge hat sicher einen direkten Einfluß auf die Höhe der Morbidität.

Wenn auch bei dieser Gelegenheit zugegeben werden muß, daß durch die Tätigkeit der öffentlichen Fürsorge und Beratungsstellen zweifellos nicht nur im Interesse der Volksgesundheit manches Gute geleistet wird, sondern auch durch die frühzeitige Erfassung eines beginnenden Leidens und durch die dadurch ermöglichte Abkürzung der Heilungsdauer indirekt eine Entlastung der Krankenversicherung geschaffen wird, müssen wir doch in diesem Zusammenhange den Mut aufbringen, zu erklären, daß die heute bereits bestehenden Übertreibungen der Fürsorge durch Erziehung zur Hypochondrie und Begünstigung und Verstärkung psychischer Krankheitsbereitschaft zweifellos ein — allerdings statistisch nicht erhebbarer — Schaden gestiftet wird, der sich mittelbar wieder ungünstig für die Krankenversicherung bemerkbar macht. Diese Erfahrung wird wohl jeder Arzt aus seiner eigenen Praxis bestätigen können. Wir halten uns verpflichtet, im Rahmen einer durchaus nicht einseitigen, nicht vom Nützlichkeitsstandpunkt der Ärzte ausgehenden Kritik einen Fehler oder Mißbrauch auch dann kennzeichnen zu müssen, wenn aus dem Bestehen dieses Mißstandes die Ärzte materiell Nutzen ziehen. Daß auch überall dort, wo durch private Fürsorge oder durch Bestehen von Unterstützungsvereinen oder Krankenunterstützungsfonds von Gewerkschaften eine Erhöhung des Krankengeldes zuweilen sogar über das normale Arbeitsverdienst hinaus einen Anreiz zur willkürlichen Steigerung der Morbidität abgibt, ist ohneweiters klar. Aber auch anscheinend ganz fern liegende Gesetzesbestimmungen, ja sogar bevölkerungspolitische Maßnahmen, wie Stillprämien, Kinderprämien etc. können indirekt die Leistungshöhe und Leistungsfähigkeit einer Krankenversicherung beeinflussen.

8. Schutzmaßnahmen gegen Mißbräuche und das Anwachsen der Morbidität.

Wenn wir uns nun fragen, welche Schutzmaßnahmen bisher von den Krankenversicherungsträgern zur Beseitigung der angeführten bewußten oder unbewußten Mißbräuche sowie gegen das unbegründete Anwachsen der Morbidität getroffen wurden, oder vorgeschlagen werden und die hauptsächlichsten im folgenden anführen und kritisch besprechen, wird uns wohl in Anbetracht der eben angeführten vielfältigen Faktoren der Morbiditätssteigerung die ganze Unzulänglichkeit dieser Vorschläge deutlich werden. Angesichts der von uns angeführten Zusammenhänge müssen wir auch erkennen, daß die immer wieder angeführten Ursachen, „die bösen Versicherten und die noch böseren Ärzte“ gar nicht die wirklichen Ursachen sind und müssen wieder mit Stappert sagen: „Nicht die Ärzte sind es, nicht die Versicherten und nicht die Krankenkassen, sondern das System, die Gesetzgebung betreibt die Krankheitszüchtung.“ Aus der Unkenntnis der Ursachen ist auch das Versagen aller auf eben dieser Unkenntnis basierenden Schutzmaßnahmen zu erklären.

Wenn wir von den nicht weiter zu besprechenden bisherigen Verbesserungen auf verwaltungstechnischem Gebiete absehen, können wir bei den bisherigen Schutzbestimmungen zwei große Gruppen unterscheiden:

1. solche, die sich gegen die Versicherten;
2. solche, die sich gegen die Ärzte richten.

Zur ersten Gruppe gehören: a) vor allem der Ausbau des Kontroll- und vertrauensärztlichen Überprüfungsdienstes, b) die Mitbeteiligung am Schaden. Zur zweiten Gruppe gehören die Kontrolle der ärztlichen Tätigkeit und Mittragung des von den Ärzten angeblich angerichteten oder ihnen zugeschriebenen Schadens. Die Gruppe 1 a) spielt vor allem in der Arbeiterversicherung, aber auch in der Angestelltenversicherung, soweit es sich um Krankengeldzahlungen handelt, eine besondere Rolle, die Gruppe 2 hauptsächlich bei den nicht Krankengeld zahlenden Krankenkassen, die ja in der Regel die freie Ärztewahl eingeführt haben. Dazu nur einige Worte der Kritik:

Wenn ein gut ausgebauter Kontroll- und Überprüfungsdienst auch zweifellos vor manchem Schaden bewahren kann, so kann man darin doch nicht das Allheilmittel erblicken, schon deshalb nicht, weil, wie wir bereits an anderer Stelle ausführten, der heutige Stand der medizinischen Diagnostik und der objektiven Begutachtungsmöglichkeit eine wirkliche und gerechte Überprüfung einfach in vielen Fällen unmöglich macht. Die Statistiken, die auf den großen Prozentsatz der sich nach Einberufung zur vertrauensärztlichen Untersuchung sofort gesundmeldenden, oder bei dieser Untersuchung als nicht mehr berufsunfähig Befundenen hinweisen, sind absolut nicht beweiskräftig für die Folgerungen, die die Kassen derzeit daraus ziehen, weil sie, wie besonders Werner Linke betont, so viele Fehlerquellen aufweisen, daß ihnen durchaus nicht die von den Kassenleitungen zugeschriebene Bedeutung zukommt. Außerdem würde natürlich ein zu weiter Ausbau dieser Kontrolleinrichtungen derartige Kosten bewirken, daß dadurch der eventuelle Nutzeffekt wieder aufgehoben würde. Die Gruppe 1 b), die hauptsächlich bei den Versicherungskassen der öffentlichen Angestellten, zum Teil aber auch der Privatangestellten, besonders dann zur Anwendung kommt, wenn das ärztliche Versorgungssystem in der organisierten oder beschränkten freien Ärztewahl bei Einzelleistungsvergütung besteht, fußt auf der Entrichtung eines Behandlungsbeitrages, einer Rezeptgebühr und von Beiträgen bei Kur- und Heilstättenaufenthalten. Der Grundgedanke dieser Maßnahmen ist richtig, hat aber, da er gewissermaßen in seiner Auswirkung nur die negative Seite des Problems erfaßt hat, im wesentlichen auch versagt, außerdem bedeutet die Durchführung dieser Maßnahmen in der Praxis im Einzelfall, besonders wenn der Behandlungsbeitrag eine solche Höhe erreicht hat wie in der Bundesversicherung oft eine Ungerechtigkeit, die manchmal den Versicherungsgedanken ad absurdum führt. Auch der Mangel der Abstufung solcher Beiträge in Beziehung auf das Einkommen des Versicherten birgt nicht nur wieder eine Ungerechtigkeit in sich, sondern hat auch zur Folge, daß gerade die Fälle von Mißbräuchen nicht erfaßt werden, auf die es eigentlich ankommt. Tatsache ist, daß auch diese Maßnahmen in der Praxis immer nur vorübergehenden Erfolg haben und zumindest allein und in der heutigen Form nicht geeignet sind, wirksame und dauernde Abhilfe zu schaffen. Dasselbe gilt für den Rezeptbeitrag und für die Kur- und Heilstättenbeiträge, obwohl gerade auf diesen beiden Gebieten radikale Maßnahmen noch viel eher am Platze wären, wie bei der Arzthilfe. Zum Beispiel wäre es ohne Schädigung des Versicherungsgedankens — die Autoversicherung und ähnliche beweisen es — ohneweiters möglich, gerade beim Medikamentenbezug die sogenannten Bagatelleistungen, das wären in diesem Falle Medikamente, deren Kaufpreis etwa unter einem Schilling liegt, vollkommen aus der Versicherungsleistung auszuschalten und den zahlbaren Anteil in den Erholungsheimen und den Kuraufenthalten wesentlich zu erhöhen.

Die zweite Gruppe umfaßt die Maßnahmen der Kontingentierungen der ärztlichen Leistungen, der nachträglichen Verkürzungen der ärztlichen Rechnungen, sei es durch einen absoluten oder prozentuellen Abstrich bei den allgemeinen praktizierenden Ärzten und bei den Fachärzten und der Vorbewilligungspraxis bei letzteren.

Die Zahlung von Prämien an die Ärzte bei niedrig gehaltenem Krankenstand, wie sie bei manchen Krankenkassen üblich ist und Entfall dieser bei höherem Krankenstand unterscheidet sich nur nach der Form, nicht aber im Wesen von der erwähnten Kontingentierungs- und Abstrichspraxis. Daß bei dem heutigen System in der sozialen Krankenversicherung und ihrem konstruktiven Aufbau ohne solche Maßnahmen vielleicht nicht ausgekommen werden kann, sei ohneweiters zugegeben. Daß diese Maßnahmen an sich berechtigt sind, wird aber damit noch nicht bewiesen. Absolut, das heißt in Beziehung zum heutigen System der Krankenversicherung resp. der Verteilungspolitik der Versicherungsleistungen, stellen sie aber eine schreiende Ungerechtigkeit dar, weil sie dem Grundsatz von Treu und Glauben und dem Grundsatz, daß eine geleistete Arbeit auch die Berechtigung ihres Lohnes schon in sich trägt, widersprechen. Sie sind aber auch deshalb ungerecht, weil sie ein Verschulden des Arztes voraussetzen, das, wenn wir von einzelnen bewußten Mißbräuchen absehen, sicher nicht vorliegt, wie aus unseren bisherigen Ausführungen wohl klar hervorgeht. Tatsächlich haben in der Praxis auch alle diese Maßnahmen vollkommen versagt und versagen müssen, weil sie eben nur die negative Seite eines vielleicht richtigen Gedankens erfassen. Wenn man aber bereits auf dem Gipfel der Ratlosigkeit angelangt ist und gesehen hat, daß eine Maßnahme nach der anderen versagt hat, erhebt sich immer wieder von neuem der Ruf nach dem Allheilmittel, der Ruf nach der Abschaffung der freien Ärztewahl, das heißt nichts anderes als der Ruf nach dem Pauschalzwangsarztsystem und dem Ambulatorium.

9. Kritik der Arztsysteme.

Dies führt uns zu einer kurzen kritischen Betrachtung der verschiedenen, heute in der Krankenversicherung bestehenden Arztsysteme. Es sind heute folgende Systeme in Geltung:

1. Das Pauschalarztsystem, richtiger Pauschalzwangsarztsystem genannt. Die Ärzte sind bei diesem System gewissermaßen Angestellte der Kassen, beziehen ohne Rücksicht auf die Zahl der von ihnen getätigten Leistungen ein fixes Gehalt, haben in der Regel Anrecht auf Pension und sind praktisch unkündbar. Die Bezahlung eines fixen Gehaltes schließt schon, um keine grobe Ungerechtigkeit zu begehen, die Notwendigkeit in sich, jedem Arzt einen bestimmten Rayon mit einer annähernd gleich großen Zahl von Versicherten zuzuteilen. Das bedeutet: Rayonszwang für die Versicherten. Die Kassen, die mit diesem System arbeiten, versuchen nun, dem immer stärker — auch seitens der Arbeiter — werdenden Wunsch nach freier Arztwahl einigermaßen entgegenzukommen, indem sie zumindest für ambulatorische Behandlung die Wahl unter den angestellten Ärzten frei stellen. Dieser Versuch ist aber nicht nur infolge äußerer Bedingungen und infolge der selbstverständlichen Abneigung eines angestellten Arztes bei gleichen Bezügen unter Umständen mehr leisten zu müssen, als ein in der Praxis untauglicher zu bezeichnen, sondern auch theoretisch verfehlt, da er mit dem System selbst in Widerspruch steht. Es ist — abgesehen von den erwähnten schwerwiegenden Einwänden hinsichtlich der Qualität einer Massenbehandlung usw. — ganz zweifellos, daß der Versicherte den zwangsmäßig vorgeschriebenen Arzt gewissermaßen als Wahrer der Kasseninteressen und fast ausschließlichen Funktionär der Kassen ansieht, und damit schon von vornherein das persönliche Verhältnis wirklichen Vertrauens zwischen Patient und Arzt, das sicher den wichtigsten Heilfaktor bildet, ausschaltet oder vermindert. Wir verweisen in diesem Zusammenhang auf die zahlreiche einschlägige Literatur, insbesonders auf das fundamentale Werk „Die freie Arztwahl in der deutschen Sozialversicherung“. Es ist sophistisch, durch den Hinweis, daß die Patienten kein richtiges Urteil über die Qualitäten des Arztes haben können und daß sie ja auch zum Kurpfuscher gehen, den erwähnten Einwand entkräften zu wollen; denn gerade die letztere Tatsache und der zweifellose Erfolg mancher Kurpfuscher beweisen die Wichtigkeit des suggestiven Einflusses und des Vertrauens als Heilfaktor. Im übrigen hat aber gerade die neuere medizinische Forschung über den Einfluß physischer Vorgänge auf dem Weg innersekretorischer Drüsen, sowie die Forschung über die Einwirkung des sympathi-

schen Nervensystems auf Organfunktionen auch heute die Grundlage zum besseren Verständnis der Einwirkung psychischer Faktoren nicht nur auf normale, sondern auch auf pathologische Organfunktionen gegeben. Die Ausschaltung dieses wichtigen Heilfaktors läßt aber in letzter Linie den eigentlichen Zweck der Krankenversicherung, ihren Mitgliedern auf raschestem und vollkommenstem Weg zur Heilung zu verhelfen, in vielen Fällen nicht erreichen. Schließlich darf bei allen Rationalisierungsbestrebungen nicht vergessen werden, daß nicht die Versicherten für die Krankenversicherung, sondern die Krankenversicherung für die Versicherten da ist und daß es sich gerade in der Krankenversicherung nicht darum handelt, möglichst billige Massenware, sondern Q u a l i t ä t s w a r e z u l i e f e r n. Damit soll selbstverständlich nicht die Arbeit der pauschalierten Ärzte herabgesetzt werden, die sich vielfach unter den schwierigsten Verhältnissen um ein mehr als bescheidenes Entgelt redlich mühen, ihr Bestes zu geben. Es kommt hier eben gar nicht allein auf die Qualität der sachlich geleisteten Arbeit des Arztes, d. h. auf die richtige Diagnose und auf die richtig vorgeschriebene Therapie an, viel ausschlaggebender ist vielmehr für den endgültigen Heileffekt das Vertrauen des Kranken in die Richtigkeit der Diagnose und in die Heilwirkung der vorgeschriebenen Therapie. Aus diesem Grund könnte auch durch eine hauptamtliche Anstellung der Kassenärzte und eine damit verbundene höhere Bezahlung keine Abhilfe geschaffen werden. Es hieße die Entwicklung zurückdrehen wollen, wenn man glauben würde, daß man, um scheinbar am einfachsten aus dem Chaos, das heute in der Krankenversicherung herrscht, herauszukommen, das bereits rückständige, dem Geist der Zeit und der Mentalität des modernen Menschen durchaus nicht angepaßte Zwangsarztsystem erweitern oder dort, wo es noch nicht oder nicht mehr besteht, wieder einführen könnte. Nicht aus eigensüchtigen Gründen, sondern in der richtigen Erfassung des Wesens des ärztlichen Berufes und seiner Mission hat sich auch die internationale Ärztevereinigung, der die Ärzte von zirka 30 Nationen angehören, entschieden auf den Standpunkt der freien Wahl des Arztes gestellt. Tatsächlich besteht das System der freien Ärztewahl, von einigen Sukzessionsstaaten abgesehen, in allen Kulturstaaten, in denen eine Sozialversicherung besteht, im Prinzip, wenn auch mit gewissen Differenzierungen. Das eben hier Gesagte spricht neben anderen, von uns schon in einem früheren Abschnitt angeführten Argumenten, auch gegen die Institution der Ambulatorien. Das einzige anscheinend sachliche Argument der Kassenleitungen, das für die Beibehaltung beziehungsweise den Ausbau des Pauschalsystems zu sprechen scheint, ist die angeblich größere Billigkeit desselben und die Möglichkeit einer exakten Budgetierung. Abgesehen von dem statistisch nicht erbringbaren Nachweis der größeren Billigkeit im endgültigen Nutzeffekt, abgesehen von der ebenfalls statistisch nicht erfaßbaren Höhe der Summen, die von den mit Zwangsarztsystem Versicherten noch für Privatbehandlung ausgegeben werden (diese Summen sind gar nicht so gering, wie jeder Arzt aus seiner Praxis bestätigen kann), abgesehen aber auch von der vielfachen Unrichtigkeit der Berechnungsgrundlagen über die Kostenhöhe, beweisen zahlreiche in der Literatur niedergelegte Statistiken, besonders aus Deutschland, das immerhin schon über eine 30jährige Erfahrung verfügt, das Gegenteil. Wie wäre es sonst zu erklären, daß auch Kassen, die mit diesem System arbeiten, sich in Schwierigkeiten befinden, daß zum Beispiel gerade die deutschen Knappschaftskrankenkassen, die als einzige in Deutschland noch mit dem System fix angestellter Ärzte arbeiten, vor dem Zusammenbruch stehen.

2. Auch das System der beschränkt freien Arztwahl mit Einzelleistungsvergütung, das zwar geeignet ist, durch Einbau des letzteren Momentes die Bemühungen des Arztes um die Verbesserung der sachlichen Qualitäten seiner Leistung zu erhöhen, trägt ebensowenig der erwähnten Hauptforderung nach der freien Wahl des Arztes Rechnung.

3. Das System der organisierten freien Arztwahl: Dieses System weist wohl in seinem heutigen konstruktiven Aufbau, in der Mangelhaftigkeit seiner finanziellen Grundlagen, der Unrichtigkeit der Verteilung der Leistungen viele Fehler auf, die sich aber, wie wir in einem nächsten Referat durch positive Vorschläge nachweisen werden, eliminieren lassen. Es trägt aber wenigstens dem wichtigen Grundgedanken der Freiheit der Wahl des Arztes und dem Wesen des ärztlichen Berufes Rechnung und wäre, wenn man die Kardinalfehler, die der gesamten Krankenversicherung anhaften, eliminiert, unter den heutigen Umständen zweifellos das praktisch einzig Richtige, schon deshalb, weil es Entwicklungsmöglichkeiten in sich schließt, die mit der Besserung der allgemeinen Wirtschaftslage zu dem Idealsystem der Leistungsversorgung durch eine Krankenversicherung hinführen, zur

4. Schadensversicherung. Im bescheidenen Umfange und allerdings gänzlich unzulänglich besteht das System der Schadensversicherung auch heute schon sowohl in der Arbeiterversicherung, bei der sogenannten Familienversicherung, als insbesonders in der Versicherung der Privat- und öffentlichen Angestellten. Der Hinweis auf den Rückgang der Inanspruchnahme der Schadensversicherung

(Rückvergütung für wahlärztliche Hilfe) beweist nichts gegen das System als solches, sondern hängt zum Teil mit der Zunahme der Zahl der zur Verfügung stehenden Vertragsärzte, besonders aber mit der Verschlechterung der Wirtschaftslage zusammen. Eine Reduktion der sozialen Versicherungsleistungen, sowohl hinsichtlich des viel zu weit gezogenen Kreises der Versicherten, als auch auf die nur absolut notwendigen Leistungen, würde jedoch die Möglichkeit zu einer weit höheren Schadensvergütung für die Leistungen ergeben. Es würde dadurch ein System ermöglicht werden, welches zweifellos nicht nur die Versicherten und die Ärzte befriedigen würde, sondern die Kassen wenigstens für eine im voraus zu bestimmende Zeitperiode in die Lage setzen würden, von einer von ihnen nicht beeinflußbaren Verteuerung durch Steigerung der Sachauslagen und der ärztlichen Tarife unabhängiger zu werden, weil die Geldleistungen durch die Kassenleistungen sich stets an die vorhandenen Mittel der Kassen und an die Inanspruchnahme dieser Mittel anpassen ließen. Wenn wir uns auch bewußt sind, daß wir heute von dem System der reinen Schadensversicherung noch weit entfernt sind, müssen wir uns dennoch klar sein, daß bei allen Reformen der Krankenversicherung die Möglichkeit schon vorgesehen werden muß, im Laufe der Entwicklung zu dem System der reinen Schadensversicherung zu gelangen.

IV. Die Kardinalfehler der Sozialversicherung.

Alle in dem bisher Besprochenen aufgezeigten Fehler beruhen aber im letzten Grunde auf den Kardinalfehlern, die der sozialen Versicherung im allgemeinen und der Krankenversicherung im besonderen anhaften. Daher halten wir auch Reformvorschläge, die bloß eine Eliminierung dieser Fehler oder eine Verbesserung von Details beinhalten, für mehr minder wertlos und höchstens geeignet, den Zusammenbruch für einige Zeit hinauszuschieben.

1. Fehler wirtschaftspolitischer Art.

Die Kardinalfehler, die bereits im Beginn der Versicherung gemacht wurden, sind zunächst wirtschaftspolitischer Art. Der bedeutungsvollste davon war die Verleihung der Autonomie. Diese Autonomie hat, was man ursprünglich gar nicht erkannt hat, die Möglichkeit ergeben, daß sich die Krankenversicherung zu einem Machtinstrument der politischen Parteien entwickeln konnte. Diese Tatsache wird wohl von keinem ehrlichen Beurteiler geleugnet werden können und ist auch von den Politikern selbst nie geleugnet worden. Diese Autonomie hat aber auch die

Möglichkeit geschaffen, daß sich die Sozialversicherung und insbesondere die soziale Krankenversicherung zu einem selbständigen, von dem übrigen Staats- und Wirtschaftsleben fast unabhängigen Gebilde entwickeln konnte, das heute schon wie ein krebsartiges Gebilde auch in die gesunde Umgebung hineingewuchert ist. Von vornherein begünstigt wurde aber die Entwicklung auch noch durch die mangelnde Parität der beitragspflichtigen Arbeitgeber und Arbeitnehmer in der Verwaltung. Denn die scheinbare Parität, wonach die Kassenvorstände überwiegend aus Arbeitnehmervertretern, die Überwachungsausschüsse dagegen vorwiegend aus Arbeitgebervertretern bestehen, bedeuten in der Praxis infolge des viel geringeren Wirkungskreises des Überwachungsausschusses gar keine Parität. Auch daß man schon in der ursprünglichen Gesetzgebung die wichtigsten Mitarbeiter der Krankenversicherung und berufensten Sachkundigen, die Ärzte, ausgeschaltet hat, mußte sich bitter rächen.

2. Vernachlässigung des Prinzips der Riskenmischung.

Ein weiterer Kardinalfehler war, daß man die Krankenversicherung auf dem Grundsatz „Einer für alle, alle für Einen", aber nicht im versicherungstechnischen Sinn der Riskenmischung, sondern im Sinne des Altruismus aufgebaut hat. Die Meinung, daß die Mehrzahl der Menschen altruistisch denkt, ist zwar sehr ideal, stimmt aber mit den Tatsachen nicht überein. Aus dieser irrigen Voraussetzung allein schon muß die soziale Krankenversicherung Schiffbruch erleiden. Den eben dieser Mangel an Altruismus läßt die zweifellose Tatsache des Mißverstehens des sozialen Versicherungsgedankens vollkommen begreiflich erscheinen. Sie erklärt die Sucht des Versicherten, möglichst viel und noch mehr von den seiner Kasse eingezahlten Beiträgen zurückzubekommen. Endresultat: Vergeudung von Mitteln, in letzter Linie Vergeudung von Volksvermögen für gänzlich unproduktive Zwecke.

3. Unmöglichkeit der objektiven Feststellung des Schadens.

Ein weiterer Hauptfehler ist, daß das Versicherungsprinzip ohne Einbau des Einzelinteresses des Versicherten am Gedeihen der Versicherung auf ein Gebiet angewendet wurde, bei dem letzten Endes, zumindest in einem überwiegenden Prozentsatz, weder das Vorliegen des Versicherungsfalles, noch das Ausmaß des Schadens, noch das Ausmaß der für die Wiedergutmachung dieses Schadens aufzuwendenden Mittel objektiv genau festgestellt werden kann. Es läßt sich weder der Umfang noch die Qualität des Schadens objektiv feststellen. Es ist nicht so wie bei einer Brandschadens-, Diebstahls-, Lebensversicherung, wo der Eintritt des Versicherungsfalles mit objektiver Sicherheit nachgewiesen werden kann und schon im voraus die Höhe des eventuell entstandenen Schadens berechnet und erfaßt oder von vornherein begrenzt werden kann. Denn es ist vollkommen falsch, zu glauben, daß man für die Mehrzahl von Erkrankungen den Eintritt des Versicherungsfalles objektiv feststellen kann, noch weniger aber auch die Behandlungsbedürftigkeit und am allerwenigsten die Arbeitsfähigkeit. Man ist in der überwiegenden Zahl der Fälle unbedingt auf die subjektiven Angaben des angeblich Erkrankten angewiesen. Wenn diese Angaben durch das gegenteilige Interesse des Versicherten, für den die Krankheit irgend welche Vorteile bringen kann, falsch oder übertrieben sein müssen oder können, so muß eine solche Versicherung zugrunde gehen. Diese angeblich objektive und seitens der Kassenleitungen von den Ärzten geforderte Feststellung oder Ableugnung einer von Patienten behaupteten Erkrankung bleibt fast immer Willkür. Sie kann einmal größtes Recht, einmal größtes Unrecht sein. Fast noch willkürlicher ist die Feststellung der Notwendigkeit und des Ausmaßes der zur Wiederherstellung notwendigen Mittel. Die Behandlung eines Lungenspitzenkatarrhes von sechsmonatiger Dauer kann z. B. das x- bis 100 xfache kosten, je nach den Vermögensverhältnissen des Erkrankten, ohne daß irgend einem der Beteiligten, dem Erkrankten oder dem behandelnden Arzt, irgend ein Mißbrauch nachgewiesen, ja überhaupt irgendwie unterstellt werden kann und ohne — was von ausschlaggebender Bedeutung ist — daß die vielfachen Kosten in irgend einem sicheren Verhältnis zum endlich erreichten Resultat stünden. Die Sorge vermögender Eltern veranlaßt sie, ihre Kinder in einem solchen Falle nach Davos oder Heluan zu senden und die Behandlung vom teuersten Spezialisten vornehmen zu lassen, obgleich man mit viel geringerem Aufwand vielleicht zu einem gleich guten Resultat gekommen wäre.

Daraus geht hervor, daß mit zunehmender Erkenntnis der Möglichkeiten der Behandlungsarten und der Möglichkeit, sich diese Behandlungen von einem Dritten, der Kasse, zahlen zu lassen, zwangsläufig die Kosten der Behandlung mit der Zeit steigen müssen. Das gleiche ist der Fall bei der Abgrenzung des Begriffs Erkrankung und Bedarf ärztlicher Behandlung. In einem Falle wird wegen jeder Kleinigkeit der Arzt aufgesucht (wenn es nichts kostet), im anderen Falle (z. B. unversicherte bäuerliche Bevölkerung) kommt der Arzt beim ersten ärztlichen Besuch zum letzten Seufzer des Kranken zurecht. In diesen Tatsachen liegt ein großer Teil des Kernpunktes des vorliegenden Problems und auch die Erklärung dafür, warum letzten Endes die Krankenversicherung mit jedem Jahr des Bestehens immer teurer werden muß. Es ist daher grundsätzlich unrichtig — und die Erfahrung hat es gelehrt — eine Riskenmischung in dem Sinne vornehmen zu wollen, daß man Versicherte verschiedenen Standes und verschiedenen Einkommens zusammengibt, um auf solche Art besser Verdienende mit höheren Beitragsleistungen, für schlechter Verdienende mit geringeren Beitragsleistungen zahlen zu lassen. Das Ergebnis ist vielfach gerade umgekehrt: Der auf einem niedrigeren Lebensniveau Stehende zahlt mit seinen geringen Ansprüchen vielfach die weitaus höhergehenden Ansprüche der besser Verdienenden und kulturell höher stehenden Stände.

4. Fehlen von Maßnahmen gegen das Überschreiten des Versicherungszieles.

Ein weiterer Kardinalfehler der sozialen Krankenversicherung ist es, den Grundsatz vernachlässigt zu haben, daß Krankheit unter keinen Umständen einen Vorteil für den Erkrankten bedeuten darf.

Der Hauptfehler der Ärzte aber war es, niemals auf das Unvermögen der medizinischen Wissenschaft, mit objektiven Methoden den Versicherungsfall, seinen Umfang und die Höhe der Wiederherstellungskosten des Versicherungsschadens festzustellen, hingewiesen zu haben.

Diese Kardinalfehler mit kleinen und nicht zum Ziel führenden Reformen beseitigen zu wollen, beweist eine Nichterkennung der wirklichen Ursachen der krisenhaften Situation und der prinzipiellen und Konstruktionsfehler der heutigen Krankenversicherung. Nur wenn auf Grund richtiger Erkenntnis ganz neue Wege in der Krankenversicherung beschritten werden, ist auf eine dauernde und befriedigende Lösung des hier behandelten Problems zu hoffen.

Gedanken zur Reform der Sozialversicherung.

Referat für den ÖKW-Krankenkassenausschuß

erstattet von

Dr. Bruno Mathis,
Rechtsreferent der österr. Land- und Forstwirtschaftsgesellschaft in Wien.

Inhaltsverzeichnis.

Seite

I. Einleitung: Wirtschaftskrise und Reform der Sozialversicherung 135
II. Der Umfang der Versicherungspflicht . . 137
III. Der Aufbau der Sozialversicherung . . . 138
1. Ausschaltung der Bagatellschäden in der Krankenversicherung 138
2. Reform der Angestelltenversicherung durch: 140
a) Einführung von Höchsteinkommensgrenzen . . . 140
b) Einschränkung des Versichertenkreises 140
3. Riskentrennung zwischen Stellenlosen- und Arbeitslosenversicherung 140
4. Einstellung des Rentenbezuges 141
a) im Falle einer Abfertigung 141
b) bei Aufnahme einer versicherungspflichtigen Tätigkeit 141
IV. Die Versicherungsleistungen 142
1. Zurückführung der Leistungen auf ein rationelles Maß durch: 142
a) Einführung einer Behandlungsgebühr 142
b) Einführung einer Karenzfrist 142
c) Änderung der Bestimmungen der §§ 1154 b und 1156 a. b. G.-B. 143
2. Bestimmungen des LAVG. zur Verhinderung von Mehrbezügen 143
3. Mißstände auf dem Gebiet der Altersfürsorge 144
V. Aufbringung der Mittel 145
Vereinfachung der Beitragseinhebung 145
a) Auflassung der Gefahrenklassifikation 146
b) Einführung eines Gesamtversicherungsbeitrages; Vereinfachung des Meldesystems 147
c) Pauschalierung des Gesamtversicherungsbeitrages . 148
d) Aufteilung des Versicherungsbeitrages auf Arbeitgeber und Arbeitnehmer 149
VI. Die Verwaltung der Versicherungsträger 149
1. Vertretung von Arbeitgebern und Arbeitnehmern in den Verwaltungskörpern 149
2. Umfang der Verwaltungskörper 149
3. Übernahme von Aufgaben der Versicherungsträger durch die Arbeitgeber 150
VII. Bedeutung des ständischen Aufbaues der Sozialversicherung 150

I. Einleitung.

Unter dem Drucke der in allen Produktionszweigen sich stets verschärfenden Wirtschaftskrise wurde in den letzten Jahren immer mehr und mehr der Ruf nach Entlastung der Wirtschaft durch Abbau der öffentlichen und sozialen Lasten laut.

Wenn diese Forderung als berechtigt anerkannt wird, so soll damit nicht gesagt werden, daß die Übersteuerung oder die Höhe der sozialen Lasten die alleinige oder auch nur die Hauptursache der allgemeinen Wirtschaftsdepression darstellen. Zahlreiche Fehlrationalisierungen, übermäßige Erweiterung der Produktion ohne Rücksicht auf die Absatzmöglichkeiten, ferner das als Folgeerscheinung auftretende Sinken der Preise vielfach unter das Niveau der Gestehungskosten sind einige der Hauptfaktoren, welche die Not der heutigen Zeit verursacht haben. Es ist klar, daß bei solchen Verhältnissen die Höhe der Gestehungskosten eine bedeutende Rolle spielt und daß Länder, welche billiger zu produzieren in der Lage sind, ihre Produkte noch eher gewinnbringend verwerten können. Insoferne kann also dem Ruf nach Senkung der Produktionskosten als Mittel zur Milderung der Krise Berechtigung nicht aberkannt werden, um so weniger, als dieses innerhalb eines staatlichen Gebildes im allgemeinen unabhängig vom Ausland vollzogen werden kann, während sich die Behebung der anderen Ursachen der Wirtschaftskrise der innerstaatlichen Regelung entzieht und sich auch im Wege zwischenstaatlicher Vereinbarungen wegen des Widerstreits der Interessen der einzelnen Länder selbst bei allseitigem guten Willen nur schwer erzielen läßt.

Österreich, das nach einem verlorenen Weltkrieg durch den Zerfall der Donaumonarchie aus einem einheitlichen Wirtschaftsgebilde herausgerissen wurde, hat unter den Folgen der Wirtschaftskrise besonders schwer zu leiden, die sich naturgemäß auch auf die arbeitenden Stände in ihrer ganzen Schwere auswirkt. Die Stillegung zahlreicher Betriebe und als Folge davon das Anwachsen der Arbeitslosigkeit zeigt die Verbundenheit der Interessen von Unternehmer und Arbeiter. Eine Entlastung der Wirtschaft, welche die Rentabilität steigern und neue Arbeitsmöglichkeiten schaffen würde, wäre daher auch im Interesse der arbeitenden Stände gelegen.

Wenn in diesem Zusammenhang von einer Reform der Sozialversicherung gesprochen wird, so wird es sich zunächst darum handeln müssen, das bestehende System durch rationelle Gestaltung, Behebung von Mängeln, Ausschaltung von Mißbräuchen oder auch nur von vermeidbaren Ausgaben den wirtschaftlichen Möglichkeiten nach Tunlichkeit anzupassen. Die Mittel, welche für Zwecke der Sozialversicherung der Wirtschaft entnommen werden, müssen unter Ausschaltung aller vermeidbaren Nebenauslagen ausschließlich ihrem eigentlichen Zweck zugeführt werden. Es darf aber in diesem Zusammenhang wohl auch noch darüber hinaus das gegenwärtige System der Sozialversicherung als solches einer Betrachtung unterzogen werden, ob es nicht da oder dort bereits die sachlich vertretbaren und wirtschaftlich zweckmäßigen Grenzen überschreitet. Bei all dem muß man sich aber vor Augen halten, daß Verkürzungen des bestehenden Schutzes, wo er notwendig und gerecht ist, die Not nur steigern und daher nicht zur Lösung der Krise führen würden, wenn auch auf der anderen Seite die Notwendigkeit, Opfer zu bringen, nicht verkannt werden darf. Selbstverständlich kann in einer Zeit schwerster Wirtschaftskrisen nicht an eine weitere Erhöhung der sozialen Lasten gedacht werden, so wünschenswert auch ein Ausbau unter Umständen von rein menschlichem Standpunkt aus sein mag.

Es scheint daher im gegenwärtigen Zeitpunkt eine Aktivierung der Alters- bzw. Invaliditätsversicherung der Arbeiter ebenso ausgeschlossen wie irgend eine Erweiterung des Umfanges der Arbeitslosenversicherung. Insbesonders muß jenen, die immer wieder die Ausdehnung der Arbeitslosenversicherung auf die Forstarbeiter betreiben, mit allem Nachdruck die ungeheuere Not der Waldwirtschaft vor Augen geführt werden, die neben wesentlich höheren Lasten auf dem Gebiete der Steuern und Sozialversicherung unter einer nie dagewesenen Produktions- und Absatzkrise zusammenzubrechen droht. Die Rundholzpreise sind seit Mitte 1929 unter die Hälfte ihres damaligen Standes gesunken. Dabei ist das Holz infolge eines durch die zahlreichen ausgedehnten Windwurfkatastrophen sowie vor allem durch das russische Dumping hervorgerufenen Massenangebotes selbst zu diesen Preisen, die tief unter den Gestehungskosten liegen, unabsetzbar. Unter diesen Umständen daran zu denken, diesem notleidenden Wirtschaftszweig neue Lasten aufzubürden, ist Vermessenheit und, wenn die Forderung in ihren Folgen bedacht ist, bewußte Vernichtung. Allerdings trifft der Ruin der Forstwirtschaft auch jene Tausende von Existenzen, denen gegenüber man mit einer neuen sozialen Errungenschaft prahlen möchte.

II. Der Umfang der Versicherungspflicht.

Die Versicherungspflicht wird in der Sozialversicherung durch die Beschäftigung in bestimmten Betrieben begründet. Dabei wäre das Hauptgewicht auf die Art der Beschäftigung, nicht aber auf die Qualifikation des Betriebes zu legen, weil nicht einzusehen ist, warum ein und dieselbe Arbeit, je nachdem sie in diesem oder jenem Betriebe durchgeführt wird, eine verschiedene Versicherungszuständigkeit begründen soll. Die Gesetzgebung läßt sich nicht durchwegs von dieser Erwägung leiten. Die Holzschlägerung und -bringung ist nach dem Landarbeiterversicherungsgesetz, nachfolgend kurz LAVG. genannt, versicherungspflichtig. Wenn sie aber nicht vom Waldbesitzer, sondern von einem Unternehmer durchgeführt wird, der das Holz am Stock kauft und die Schlägerung selbst besorgt, begründet diese Beschäftigung die Versicherungspflicht nach dem Kranken- bzw. Unfallversicherungsgesetz. Das Dreschen ist eine landwirtschaftliche Tätigkeit. Wird sie von einem Unternehmer durchgeführt, der, wenn er auch selbst Landwirt ist, mit seiner Dreschmaschine bei anderen gegen Entgelt drischt, so sind die hiebei beschäftigten Arbeiter bei der gewerblichen Versicherung anzumelden. Ebenso ist die Lohnackerung, obwohl landwirtschaftliche Arbeit, nach der derzeitigen Gesetzeslage bei der gewerblichen Versicherung zuständig. Die Versicherungszuständigkeit der in landwirtschaftlichen Schulen beschäftigten Arbeiter ist vielfach strittig. Auch sie gehören zweifellos zur Landarbeiterversicherung. Diese Verschiedenheit der Behandlung ein und derselben Beschäftigung ist nicht zweckmäßig. Es wird dadurch eine Versicherung gegen die andere ausgespielt, Unzufriedenheit unter die Versicherten gebracht, die Landflucht gefördert. In Kärnten haben die Forstbetriebe vielfach unter empfindlichem Arbeitermangel zu leiden, weil die Holzarbeiter den gewerblichen Schlägerungsunternehmungen zustreben. Es sollten daher alle land- und forstwirtschaftlichen Betätigungen einheitlich die Versicherungspflicht nach dem LAVG. begründen.

Hieher gehört auch die Versicherungszuständigkeit der im Gartenbau beschäftigten Arbeiter. Der Gartenbau ist als ein Zweig der landwirtschaftlichen Produktion von der Gewerbeordnung ausgenommen. Die Worte „einschließlich der nicht gewerbsmäßigen Gärtnereien“ im § 1 LAVG. sind also nur so zu verstehen: „einschließlich der nicht der Gewerbeordnung unterliegenden Gärtnereien“. Die Intensität der Bewirtschaftung kann den landwirtschaftlichen Betrieb nie zu einem gewerblichen machen. Maßgebend ist — auch nach den letzten Entscheidungen des Verwaltungsgerichtshofes — einzig und allein die vorwiegende Bebauung des Bodens zum Zwecke der Hervorbringung pflanzlicher Produkte. Diese ist beim Gärtner ebenso gegeben, wie beim Bauer. Daher sind alle Gärtnereibetriebe mit Ausnahme der Handelsgärtner und gewisser Betriebsformen, bei denen von einer Bodenbebauung nicht gesprochen werden kann, als nach dem LAVG. versicherungspflichtig anzusehen. Die Worte „einschließlich der nicht gewerbsmäßigen Gärtnereien" im § 1 LAVG. wären vielleicht zweckmäßiger zu ersetzen durch die Worte: „. . . . einschließlich der Betriebe des Gartenbaues", weil durch das Wort „Gartenbau" das Erfordernis der Bodenbearbeitung zum Zwecke pflanzlicher Produktion am besten zum Ausdruck kommt, während das Wort „gewerbsmäßig" zu Mißdeutungen Anlaß gibt.

III. Der Aufbau der Sozialversicherung.

Zweck der Sozialversicherung ist, die erwerbstätigen Stände gegen die Schäden vorübergehender oder dauernder Berufsunfähigkeit zu schützen.

1. Ausschaltung der Bagatellschäden in der Krankenversicherung

Diese Zweckbestimmung mag zwar das Wesen der Sozialversicherung treffen, entspricht aber heute nicht mehr den tatsächlichen Verhältnissen. Denn die Krankenversicherung gewährt Leistungen auch unabhängig davon, ob eine Beeinträchtigung der Erwerbsfähigkeit vorliegt oder nicht. Es handelt sich hier vorwiegend um ambulatorische ärztliche Behandlung und Beistellung von Heilmitteln in Krankheitsfällen, welche eine Einstellung der Berufsarbeit nicht erforderlich machen. Es ist klar, daß in solchen Fällen, die zudem meist vorübergehender Natur sind, das Schutzbedürfnis kein derart großes ist, wie dort, wo die Krankheit den Versicherten hindert, seinem Erwerb weiter nachzugehen und er also nicht nur nichts verdient, sondern auch noch die Kosten für die Wiederherstellung seiner Gesundheit tragen muß. Eine Einschränkung der Leistungen der Krankenversicherung auf die mit Erwerbsunfähigkeit verbundenen Erkrankungen, also auf jene Fälle, in denen nach den bestehenden gesetzlichen Vorschriften grundsätzlich das Krankengeld gebührt, und von den übrigen Krankheiten auf jene Fälle, deren Bestreitung aus eigenen Mitteln vermöge der Art oder Dauer der notwendigen Behandlung für den Versicherten besonders belastend wäre, würde der Einführung der Katastrophenversicherung auf dem Gebiete der Krankenversicherung entsprechen, ein Gedanke, der in der letzten Zeit immer mehr in Fachkreisen und in der Öffentlichkeit

Erörterung findet. Man will durch Ausschaltung der Bagatellschäden die Versicherung auf jene Fälle beschränken, wo eine länger dauernde Erkrankung, mag sie nun mit Erwerbsunfähigkeit verbunden sein oder nicht, den Versicherten oder seine Familie der Not aussetzt, will aber in diesen Fällen gründliche Hilfe schaffen, also die oft unzulänglichen Leistungen der gegenwärtigen Krankenversicherung ausbauen, um dem Versicherten die Gesundheit möglichst rasch wiederzugeben und ihm für die Zeit seiner Erkrankung auch über die materielle Not klaglos hinwegzuhelfen.

Die Schwierigkeiten, welche sich bei einer praktischen Durchführung dieser Gedanken ergeben, liegen in der Ziehung der Grenzen zwischen Bagatell- und Katastrophenfällen, weil diese im Einzelfall von den Einkommens- und Familienverhältnissen der Versicherten abhängt. Die Abgrenzung der Bagatellschäden dürfte, um Härten zu vermeiden, nicht zu weit erfolgen. Sie müßte naturgemäß bei mit Erwerbsunfähigkeit verbundenen Krankheiten weitaus enger sein als in den übrigen Fällen, wobei vielleicht für das Gebiet der Arbeiterversicherung die mit einer Erwerbsunfähigkeit von mehr als drei Tagen verbundenen Erkrankungen, also jene Krankheitsfälle, in denen ein Anspruch auf Krankengeld besteht, bereits allgemein als Katastrophenfälle bezeichnet werden könnten, weil der Arbeiter, bei dem mit der Erwerbsfähigkeit auch der Verdienst schwindet, schon durch eine Erkrankung von wenigen Tagen der Not ausgesetzt sein wird. Dort, wo auf Grund arbeitsrechtlicher Vorschriften ein Anspruch auf Fortbezug des vollen Entgeltes für eine gewisse Zeit besteht, könnten erst Krankheitsfälle, welche diesen Zeitraum überdauern, als Katastrophenfälle angesehen werden. Von den nicht mit Erwerbsunfähigkeit verbundenen Erkrankungen wären chronische Leiden, Dauerbehandlungen sowie jede fachärztliche, mit Ausnahme der zahnärztlichen Behandlung zu entschädigen.

Mit dieser Ausscheidung der Bagatellschäden würde das von sämtlichen Krankenkassen beklagte Übermaß der Inanspruchnahme zum großen Teile beseitigt werden, weil erfahrungsgemäß die Möglichkeit einer jederzeitigen unentgeltlichen Inanspruchnahme des Arztes den Versicherten verleitet, diesen öfter als nötig und in Angelegenheiten aufzusuchen, in denen er sonst nie den Arzt befragt hätte. Solche Fälle zu entschädigen ist aber nicht Zweck der Krankenversicherung. Die Ausschaltung dieser Bagatellschäden zu verlangen, wäre nicht gerechtfertigt, wenn es sich hier um verhältnismäßig geringfügige Auslagen handelt. Erfahrungsgemäß belasten aber gerade diese vermeidbaren Inanspruchnahmen die Kassen in ganz bedeutendem Maße. Für den Versicherten würde aber eine Beschränkung auf die Krankheitsfälle in dem bezeichneten Ausmaß keinen empfindlichen Entgang bedeuten, weil er dort, wo es nicht notwendig ist, die Inanspruchnahme des Arztes unterlassen wird, und die anderen Fälle, welche außerhalb der Grenzen der Entschädigungspflicht fallen, ihn nicht der Not aussetzen werden.

2. Reform der Angestelltenversicherung durch:
a) Einführung von Höchsteinkommensgrenzen

Auf dem Gebiete der Angestelltenversicherung begegnet die Abgrenzung der Bagatell- von den Katastrophenschäden größeren Schwierigkeiten, weil sie vielmehr von den Einkommens- und Familienverhältnissen im Einzelfall abhängt, als bei den geringer entlohnten Arbeitern, bei denen man allgemein schon viel früher einen Katastrophenfall als gegeben ansehen kann. In der Angestelltenversicherung könnte dem Gedanken der Katastrophenversicherung durch Festsetzung von Höchsteinkommensgrenzen Rechnung getragen werden, nach deren Überschreitung an die Stelle der Versicherungspflicht die Versicherungsberechtigung tritt. Dies bedeutet für die Angestelltenversicherung keinen Entgang, weil schon jetzt höchstens ein Gehalt von S 400,— bzw. in der Pensionsversicherung bei den Sonderversicherungsanstalten von S 800,— von der Beitragsleistung erfaßt wird. Der Einwand, daß hiedurch die Versicherung, so weit sie Angestellte mit einem höheren Einkommen betrifft, nur durch schlechte Risken in Anspruch genommen werden wird, wird durch den Hinweis auf die Möglichkeit einer Trennung der Gebarung der Pflichtversicherung von der freiwilligen Versicherung und einer dem Aufwand der letzteren entsprechenden Beitragsfestsetzung hinfällig. Die Begrenzung der Versicherungspflicht durch ein Höchsteinkommen müßte, wie in Deutschland, auch auf die Pensionsversicherung Anwendung finden, weil bei größeren Einkommen kein derartiges Schutzbedürfnis und für den betreffenden die Möglichkeit besteht, anderweitig für sein Alter Vorsorge zu treffen.

b) Einschränkung des Versichertenkreises

In der Angestelltenversicherung ist die Familienversicherung obligatorisch eingeführt. Das Gesetz zieht nun den Kreis der anspruchsberechtigten Angehörigen außerordentlich weit, indem es nicht nur Gatten, Kinder und Eltern des Versicherten, sondern auch dessen Enkel und Großeltern als anspruchsberechtigt erklärt. Hier sollten wesentliche Einschränkungen, und zwar neben dem Gatten auf die nächsten Verwandten (Kinder und Eltern) Platz greifen, weil die Familienversicherung die Angestelltenversicherung ganz unverhältnismäßig mehr belastet, als die Krankenversicherung der unmittelbar Versicherten.

3. Riskentrennung zwischen Stellenlosen- und Arbeitslosenversicherung

Mit den Angestelltenversicherungsbeiträgen werden auch die Beiträge zur Stellenlosenversicherung eingehoben, die jedoch von den Versicherungskassen an die zuständigen staatlichen Stellen weiterzuleiten sind. Auf diese Weise werden außerordentlich hohe Beträge der Arbeitslosenversicherung zugeführt, die in keinem Verhältnis zu dem an die Stellenlosen ausbezahlten Unterstützungen stehen. Ganz besonders trifft dies für das Gebiet der Land- und Forstwirtschaft zu. Die Versicherungsanstalt für Angestellte in der Land- und Forstwirtschaft hat vom 1. Juli 1927 bis 31. Dezember 1929 an Beiträgen zur Stellenlosenversicherung und Notstandsaushilfe nahezu $2^1/_2$ Millionen Schilling abgeführt, während der Durchschnittsstand an unterstützten Stellenlosen in der Land- und Forstwirtschaft während dieser Zeit 700 betrug. Trotz dieser unverhältnismäßig hohen Beitragsleistung sind die Unterstützungssätze bei den Stellenlosen nicht höher als bei den Arbeitslosen. Es ist daher die Forderung nach Riskentrennung zwischen Stellenlosen- und Arbeitslosenversicherung wohl begründet. Mit allem Nachdruck muß verlangt werden, daß diese bei einer kommenden Novellierung des Arbeitslosenversicherungsgesetzes durchgeführt wird.

4. Einstellung des Rentenbezuges: a) Im Falle einer Abfertigung

Ein Mißstand ist auch der, daß nach § 43, Abs. 2, Ang.-V.-G. die Rente während jener Zeit ruht, für die auf Grund gesetzlicher oder sonstiger Bestimmung volles Entgelt (Abfertigung) gebührt und gesichert ist. Diese Bestimmung widerstreitet dem Sinn der Abfertigung, die doch nicht gegeben wird, um den Träger der Pensionsversicherung zu entlasten. Sie widerstreitet aber auch versicherungstechnischen Grundsätzen, wenn der Rentenbezug nach Eintritt des Versicherungsfalles hinausgeschoben wird, weil noch ein Bezug dienstrechtlicher Natur weiterläuft. Die Altersrente ist doch keine Zuwendung aus einer Fürsorgeaktion, die nur im Falle der Bedürftigkeit gewährt wird, sondern ein Anspruch aus dem Versicherungsverhältnis. Andererseits wird die Abfertigung nicht zur Bereicherung einer Pensionsanstalt, sondern zur Sicherung eines gekündigten Angestellten für eine gewisse Zeit drohender Stellenlosigkeit gegeben. Sie hat daher im Falle der Pensionierung, wo mit dem Erlöschen der Verpflichtungen des Dienstgebers sofort die der Versicherungsanstalt beginnen, keine Berechtigung.

b) Bei Aufnahme einer versicherungspflichtigen Tätigkeit

Eine Härte stellt auch das Erlöschen des Rentenanspruches als Folge der Wiederaufnahme einer versicherungspflichtigen Tätigkeit dar, weil solche Nebenbeschäftigungen, welche Pensionisten zur Ergänzung ihrer Pension annehmen, in der Regel äußerst gering entlohnt sind und sich daher auf die Bemessungsgrundlage außerordentlich drückend auswirken. Wenn auch dem Grund für diese Maßnahme, in einer Zeit der Arbeitslosigkeit das Doppelverdienertum einzuschränken, Berechtigung nicht aberkannt werden kann, so sollte doch der Versicherte vor Schaden wenigstens insofern bewahrt bleiben, als nach Austritt aus dieser Beschäftigung, wenn dies für ihn günstiger ist, die alte Rente wieder auflebt.

IV. Die Versicherungsleistungen.

1. Zurückführung der Leistungen auf ein rationelles Maß durch:

Auf dem Gebiete der Leistungen macht sich, soweit die Krankenversicherung in Frage kommt, allgemein eine übermäßige Inanspruchnahme geltend, die einzuschränken das ernste Bestreben aller Krankenkassen sein muß. Von der Umbildung der Krankenversicherung in eine Katastrophenversicherung wurde bereits gesprochen. Sie würde auch dem Versicherungscharakter mehr Rechnung tragen, weil es nicht Zweck der Versicherung sein kann, gewisse erfahrungsgemäß alljährlich wiederkehrende Auslagen für unbedeutende Erkrankungen (Erkältungen, Zahnbehandlung etc.) zu ersetzen. Die Versicherung soll Schutz für ungewisse und außergewöhnliche Ereignisse bieten, in diesen Fällen aber ganze Hilfe leisten. In Wirklichkeit wird aber die Leistungsfähigkeit der Versicherung eben durch jene Unzahl von kleinen Fällen, wo Hilfe entbehrlich wäre, derart geschwächt, daß sie bei schweren und lang andauernden Erkrankungen vielfach nicht all das bieten kann, was zur völligen Behebung des Schadens erforderlich wäre. Schwere Krankheitsfälle belasten immer auch den Versicherten, weil die Hilfe der Krankenkasse nicht ausreicht.

a) Einführung einer Behandlungsgebühr

In Deutschland hat man für jede Inanspruchnahme des Arztes und für jede Verschreibung eines Medikamentes die Entrichtung einer geringen Gebühr durch die Versicherten eingeführt, welche sich schon in der kurzen Zeit außerordentlich günstig in einem Rückgang des Versicherungsaufwandes ausgewirkt hat. Ohne den Versicherten nennenswert zu belasten, hält die Behandlungsgebühr ihn trotz ihrer Geringfügigkeit doch von einer unbegründeten Inanspruchnahme der Versicherungsleistungen ab. Sie würde aber überdies den Versicherten veranlassen, allzu geschäftstüchtigen Ärzten entgegenzutreten.

b) Einführung einer Karenzfrist

Die Tatsache, daß die Leistungen der Krankenversicherung erbracht werden, auch wenn der Versicherte sofort nach Eintritt in eine versicherungspflichtige Beschäftigung erkrankt, führt vielfach zu Mißbräuchen dergestalt, daß Personen, die sich krank fühlen, rasch in irgend einem Betriebe Arbeit suchen, sich kurz nach Eintritt krank melden und so der Versicherung, für die sie noch nichts geleistet haben, zur Last fallen. Diesen Mißständen, deren Ausdehnung nicht zu unterschätzen ist, könnte durch Einführung einer Karenzfrist, welche allerdings nicht zu lang bemessen sein dürfte, begegnet werden. Eine Frist von ein bis zwei Wochen, nach welcher erst Leistungen der Krankenversicherung in Anspruch genommen werden können, dürfte genügen, um solche Mißbräuche auszuschalten, würde aber auch für den Versicherten nicht unerträglich sein.

c) Änderung der Bestimmungen der §§ 1154 b und 1156 a. b. G.-B.

Ein Anreiz, die Leistungen der Krankenversicherung ungebührlich in Anspruch zu nehmen, liegt auch darin, daß vielfach im Krankheitsfalle der Bezug des Entgeltes, sei es auf Grund gesetzlicher oder vertraglicher Bestimmung oder auch nur tatsächlich, zur Gänze oder zum Teile weiterläuft, und der Versicherte, der gleichzeitig das Krankengeld erhält, im Falle einer auch nur vorgetäuschten Krankheit mehr bezieht, als wenn er arbeitet. Dieser Zustand ist zunächst gegeben durch die gesetzlichen Bestimmungen über den *Fortbezug des Entgeltes im Krankheitsfalle*. Die §§ 1154 b und 1156 des a. b. G.-B. haben in einer Zeit, wo die Sozialversicherung derart ausgebaut ist, für die der Versicherungspflicht unterliegenden Personen ihre Berechtigung verloren. Diese Bestimmungen des bürgerlichen Rechtes müßten für jene Arbeiter, für die durch die Sozialversicherung vorgesorgt erscheint, aufgehoben werden.

2. Bestimmungen des LAVG. zur Verhinderung von Mehrbezügen

Abgesehen von diesen gesetzlichen Vorschriften tritt gerade in der Landwirtschaft ein Mehrbezug im Krankheitsfalle infolge der Eigentümlichkeit der Entlohnung der Landarbeiter in Erscheinung. Die landwirtschaftlichen Arbeiter erhalten einen großen Teil ihrer Bezüge in Form von *Deputaten*, welche monatlich im vorhinein verabfolgt, im Falle der Erkrankung nicht zurückgenommen werden können. Eine gelegentlich vertraglich festgesetzte Verpflichtung zur Rückvergütung eines Teiles des Deputatwertes ist unwirksam, weil der Arbeitgeber vom Arbeiter diese Vergütungsbeträge nicht hereinbringen kann.

Das Landarbeiterversicherungsgesetz sieht daher eine Maßnahme vor, die vom Standpunkte der Verhinderung derartiger Mißstände außerordentlich zweckmäßig ist. Nach § 180, Abs. 2, LAVG. kann der Arbeitgeber mit Zustimmung der Mehrheit der Arbeitnehmer, welche von ihm die Verpflegung erhalten (auch Deputatisten) sich verpflichten, diesen im Falle der Erkrankung durch sechs Wochen mindestens 80% ihrer Gesamtbezüge zu gewähren. Hiedurch wird die Krankenkasse ihrer Verpflichtung zur Zahlung des Krankengeldes enthoben und gewährt als Entgelt hiefür eine Ermäßigung des Krankenversicherungsbeitrages. Der Vorteil dieser Versicherungsform ist nach dem vorhin Gesagten klar. Durch die Ausschaltung des Krankengeldes wird ein Mehrbezug des Versicherten im Krankheitsfalle unmöglich gemacht, durch die Übernahme der Verpflichtung seitens des Arbeitgebers wird dieser daran interessiert, bei einem Verdacht des Marodierens der Krankenkasse hievon Mitteilung zu machen. Es ist diese Versicherungsform daher für die Verhältnisse in der Land- und Forstwirtschaft allgemein zu empfehlen.

3. Mißstände auf dem Gebiet der Altersfürsorge

Auf dem Gebiete der Altersfürsorge besteht ein gewaltiger Mißstand insoferne, als die für die Zuerkennung der Rente erforderliche Erwerbslosigkeit und besondere Notlage nur im Zeitpunkte der Inanspruchnahme der Rente gegeben sein muß. Eine nach Zuerkennung der Rente wieder aufgenommene Erwerbstätigkeit bleibt daher mit einer geringfügigen Ausnahme — der Anspruchsberechtigten zwischen 60 und 65 Jahren — auf den Rentenbezug ohne Einfluß.

Hier drängt sich unwillkürlich der Vergleich mit der schon gerügten Bestimmung des Angestelltenversicherungsgesetzes auf, nach welcher die Rente bei Wiedereintritt in eine versicherungspflichtige Beschäftigung erlischt. In der Versicherung wird der Rentenbezug im Widerspruch zum Versicherungsgedanken bei Wiederaufnahme einer Beschäftigung eingestellt, dergestalt, daß sich sogar eine geringere Entlohnung der letzteren infolge der bei der endgültigen Pensionierung erfolgenden Neubemessung der Rente für den Versicherten nachteilig auswirkt, in der Altersfürsorge der Arbeiter bewirkt jedoch eine nach Zuerkennung der Rente (richtiger Unterstützung) ausgeübte Erwerbstätigkeit im vollen Gegensatz zum Fürsorgegedanken, der doch Bedürftigkeit als Voraussetzung für jede Unterstützung verlangt, nicht einmal ein Ruhen der Rente. Es ist daher dort, wo nicht durch Arbeitsunfähigkeit jede weitere Erwerbstätigkeit ausgeschlossen ist, beinahe zur Regel geworden, daß die Arbeiter, welche die übrigen gesetzlichen Voraussetzungen erfüllen, ihre Beschäftigung zum Zwecke der Inanspruchnahme der Altersfürsorgerente lediglich bis zur Zuerkennung derselben unterbrechen, um sie dann wieder aufzunehmen. Da es aber nicht Zweck der Altersfürsorge ist, dem alten Arbeiter eine Lohnaufbesserung zu geben, muß hier unbedingt Wandel geschaffen werden, zumal diese Praxis, die allerdings in der gegenwärtigen Fassung des Gesetzes begründet ist, auf dem Gebiete der Landarbeiterversicherung schon dazu geführt hat, daß die Gebarung der Altersfürsorge in vielen Ländern passiv ist, obwohl man seinerzeit bei Festsetzung der Beiträge mit einer bedeutenden Rücklagenbildung gerechnet hat.

Dieser liberalen Auffassung steht eine außerordentlich rigorose bei Beurteilung der besonderen Notlage gegenüber, welche bei den betroffenen Personen begreifliche Erbitterung hervorruft. Die gesetzlichen Unterstützungssätze sind außerordentlich gering. Die Praxis nimmt nun an, daß bei einem Einkommen, welches die Höhe der Rente übersteigt, die besondere Notlage nicht mehr angenommen werden könne, nachdem ja doch die gesetzliche Rente die besondere Notlage beheben müsse. Demgegenüber muß aber festgestellt werden, daß bei einem monatlichen Bezug von 20 S bis 40 S wohl eine besondere Notlage angenommen werden muß, besonders dann, wenn davon nicht nur der Anspruchswerber, sondern vielleicht auch noch seine Frau leben soll. Ebenso erscheint es, abgesehen von krassen Fällen, zu weitgehend, die besondere Notlage dann nicht mehr anzunehmen, wenn der Anspruchswerber erwerbstätige Kinder hat, von denen er keine Unterstützung erhält, weil sie ihren Verdienst selbst für ihren und ihrer Kinder Unterhalt brauchen. Man kann doch nicht dem Anspruchswerber zumuten, im hohen Alter noch mit seinen Kindern wegen des gesetzlichen Unterhaltes Prozeß zu führen, dessen Ausgang noch dazu für ihn sehr zweifelhaft ist. Hier ist Strenge am unrichtigen Platze, um so mehr, wenn auf der anderen Seite Leute, die bisher von ihrem Arbeitseinkommen auskömmlich gelebt haben, trotz dessen Fortbezug die Rente erhalten.

V. Aufbringung der Mittel.

Schon die Widmung der für die Sozialversicherung von Dienstgeber und Dienstnehmer aufgebrachten Gelder läßt es mit allem Nachdruck als geboten erscheinen, daß diese möglichst zur Gänze ihrer eigentlichen Bestimmung zugeführt und jede Verwendung derselben für Zwecke, welche der Sozialversicherung als solcher gar nicht oder nur mittelbar dienen, ausgeschaltet bzw. auf das unbedingt notwendige Maß eingeschränkt werden soll. Diese Gewissenspflicht ist von der Gesetzgebung und den mit der Durchführung der Versicherung betrauten Behörden und Organen mit um so größerem Verantwortungsbewußtsein zu erfüllen, als diese Gelder von Dienstgebern und Dienstnehmern nur unter großen Opfern aufgebracht werden können. Es ergibt sich also das dringende Gebot, jeden unnötigen Aufwand, der mit der Durchführung der Versicherung verbunden sein könnte, unbedingt zu vermeiden und diese nach Möglichkeit zu vereinfachen, somit die Kosten der Verwaltung auf ein Mindestmaß herabzusetzen. Jedes hiezu brauchbare Mittel muß Anwendung finden, jeder Vorschlag gewissenhaft auf seine Brauchbarkeit geprüft werden.

Vereinfachung der Beitragseinhebung

Das gegenwärtige System der Aufbringung der Mittel im Wege der Beitragsvorschreibung ist für die Versicherungsträger mit einem übermäßigen Aufwand an Arbeit, Zeit und Kosten verbunden, deren Ausmaß, je nachdem die Vorschreibung monatlich, viertel- oder halbjährig erfolgt und je nach der Zahl der zur Einhebung gelangenden Beiträge schwankt. Mit den Krankenversicherungsbeiträgen werden bekanntlich auch die sogenannten fremden Gebühren, das sind die Beiträge für die Arbeitslosenversicherung, die Notstandsaushilfe, die Arbeitsvermittlung, etwaige Kammer- und Gehilfenumlagen u. a. m. eingehoben. Diese Vielheit der einzuhebenden Beiträge und die Verrechnung mit den in Betracht kommenden Stellen vervielfacht natürlich den mit der Vorschreibung der Versicherungsbeiträge verbundenen Aufwand. Die hiefür den Krankenkassen geleisteten Vergütungen können diesen Aufwand nicht rechtfertigen, weil sie ja doch wieder die Gebarung der verpflichteten Stellen belasten, die wieder nur durch Beiträge der Arbeitgeber und Arbeitnehmer gedeckt wird.

Eine weitgehende Vereinfachung der Beitragseinhebung wird dadurch erschwert, daß der Umfang der Versicherungspflicht in den einzelnen Versicherungszweigen nicht der gleiche ist (Unfallversicherung der Arbeiter in Gewerbe und Landwirtschaft), daß die Beitragshöhe für einzelne Versicherungszweige schwankt und auch innerhalb derselben verschieden ist. Die erste Schwierigkeit ist durch das Inkrafttreten des Landarbeiterversicherungsgesetzes gemindert worden und wird mit dem Inkrafttreten des Arbeiterversicherungsgesetzes gänzlich behoben sein. Die zweite besteht einerseits in der verschiedenen Höhe der Krankenversicherungsbeiträge nach dem Landarbeiterversicherungsgesetz und der Beiträge zur Notstandsaushilfe, andererseits in der Gefahrenklassifikation innerhalb der gewerblichen Unfallversicherung, die auch in der Landarbeiterversicherung, wo man sich sonst von dieser dem Gedanken der Riskengemeinschaft in der Sozialversicherung widersprechenden Spezialisierung freigemacht hat, im Gefahrenklassenzuschlag für Forstarbeiter ihre Spuren zurückließ. Die Verschiedenheit der Krankenversicherungsbeiträge nach dem Landarbeiterversicherungsgesetz ist für eine Vereinfachung der Beitragseinhebung weniger hinderlich als die der Beiträge zur Notstandsaushilfe, weil erstere für ein Bundesland gleich, letztere aber für den Sprengel jeder Industriellen Bezirkskommission verschieden sind.

a) Auflassung der Gefahrenklassifikation

Die Gefahrenklassifikation ist, abgesehen davon, daß sie dem Grundsatz des Riskenausgleiches widerspricht und eine bedeutende Erschwernis für die Durchführung der Versicherung darstellt — man denke nur an die Gefahrenklasseneinreihung, die Bestimmung des Gefahrenprozentes, die dagegen erhobenen Rechtsmittel, die Komplikation der Beitragsvorschreibung —, auch vom wirtschaftlichen Standpunkt ungerecht, weil sie gerade jene Betriebe, welche infolge ihrer Gefährlichkeit ohnedies erhöhte Produktionskosten aufweisen, noch im Rahmen eines auf Riskenausgleich abgestellten Systems zu einer erhöhten Beitragsleistung heranzieht. In der Privatversicherung ist die Gefahrenklassifikation gerechtfertigt, in der Sozialversicherung hat sie keinen Raum. Die Auflassung der Gefahrenklassifikation wäre demnach in ernste Erwägung zu ziehen, insbesondere auf dem Gebiete der Landarbeiterversicherung, wo nur für die Forstarbeiter ein Gefahrenklassenzuschlag in der vierfachen Höhe des normalen Unfallversicherungsbeitrages neben diesem eingehoben wird, eine Beitragsleistung, welche in keinem Verhältnis zur Gefährlichkeit des Betriebes steht und schon mit Rücksicht darauf, daß für alle anderen Arbeiten in der Land- und Forstwirtschaft, also auch bei Maschinen welcher Art immer, ein Gefahrenklassenzuschlag nicht eingehoben wird, zur Gänze ungerechtfertigt ist. Eine Aufhebung würde die Unfallversicherung nicht wesentlich belasten, da der Gefahrenklassenzuschlag derzeit nur für einen ganz geringen Bruchteil der versicherten Arbeiter — in Niederösterreich beträgt die Zahl der Forstarbeiter zirka 5% der Gesamtzahl der Versicherten — eingehoben wird. Sie würde aber für die im Rahmen unserer Volkswirtschaft so bedeutende Forstwirtschaft, welche gegenwärtig unter einer noch nie dagewesenen Preis- und Absatzkrise zu leiden hat, eine fühlbare Erleichterung der sozialen Lasten bringen.

b) Einführung eines Gesamtversicherungsbeitrages; Vereinfachung des Meldesystems

Unabhängig von dem Bestand oder der Aufhebung der Gefahrenklassifikation könnte jedoch jetzt schon eine wesentliche Vereinfachung der Beitragsvorschreibung und -einhebung erfolgen. Die Beiträge stehen durchwegs in einem Verhältnis zum Lohn des Versicherten, wobei durch die Lohnklasseneinteilung ein Teil des Lohnes von der Beitragsleistung nicht erfaßt wird. Es ist daher naheliegend, den Gesamtbeitrag zur Sozialversicherung in einem einheitlichen Prozentsatz der Beitragsgrundlage auszudrücken, wobei unter Beitragsgrundlage wie bisher in der Angestelltenversicherung der Gehalt bis zur Höchstgrenze, in der Arbeiterversicherung die Untergrenze der Lohnklasse zu verstehen ist. Die Lohnklasseneinteilung wäre beizubehalten, weil sie wieder eine Vereinfachung der Beitragsermittlung darstellt, welche hier nur einmal für jede Lohnklasse zu erfolgen hat, während andernfalls der Beitrag in jedem einzelnen Falle errechnet werden muß. Dieser Gesamtversicherungsbeitrag könnte ähnlich wie die Lohnabzugsteuer an die Steuerbehörden abgeführt werden, welche die Beiträge nach einem bestimmten Aufteilungsschlüssel an die einzelnen Versicherungsträger zu überweisen hätten. Hiedurch würde der Verwaltungsapparat der Versicherungsträger ganz wesentlich entlastet, indem an Stelle der odiosen Vorschreibung, Einhebung und Einbringung der Beiträge die bloße Verrechnung mit den Steuerbehörden treten würde, die allerdings für ihre Mühewaltung eine Vergütung bekommen müßten, welche aber im Verhältnis zum derzeitigen Aufwand der Versicherungsträger für die Beitragseinhebung geringfügig sein wird.

Die Beitragsabstattung an die Steuerbehörde setzt allerdings die Verpflichtung zur Führung von Aufzeichnungen für den Arbeitgeber voraus. Diese könnten nach dem schon bestehenden System der Lohn- bzw. Gehaltslisten oder nach Art der Stammblätter erfolgen, wobei für jeden versicherungspflichtigen Arbeitnehmer, auch wenn er nicht steuerpflichtig ist, ein Stammblatt zu führen wäre. Bei der letzteren Art können die notwendigen Aufzeichnungen bei entsprechender Ausgestaltung der für Zwecke der Lohnabzugsteuer zu führenden Stammblätter in diesen vorgenommen werden. Damit in Zusammenhang könnte vielleicht auch eine wesentliche Vereinfachung des Meldesystems erfolgen. Eine Durchschrift der Gehaltsliste oder des Stammblattes wäre am Ende jedes Halbjahres oder bei Austritt des Versicherten vom Arbeitgeber an die Krankenkasse einzusenden, die ihn erst damit bzw. bei früherer Inanspruchnahme von Leistungen in Evidenz nimmt. Der Arbeitgeber wird dadurch allerdings mit einem Mehr an Schreibarbeit belastet — bedeutend ist es wohl nicht, wenn die Meldungen damit wegfallen —, er wird aber diese Mehrarbeit gerne in Kauf nehmen, wenn dadurch die Beitragslast vermindert werden kann. Wegen der notwendigen Führung von Aufzeichnungen durch den Arbeitgeber wäre ein solches System in der Landarbeiterversicherung nur für die sogenannten Lohnlistenbetriebe anwendbar.

c) Pauschalierung des Gesamtversicherungsbeitrages

Wenn aber diese Vereinfachung der Meldungen nicht gangbar sein sollte, dann könnte die individuelle Beitragsabstattung entfallen und durch eine pauschalmäßige Entrichtung ersetzt werden. Als Grundlage für eine solche Abfindung käme für gewerbliche und industrielle Betriebe wohl nur die Lohn- bzw. Gehaltsumme in Frage, da eine Pauschalierung nach der Zahl der beschäftigten Personen die notwendige Bedachtnahme auf die Verschiedenheit der Entlohnung vermissen läßt. Auf dem Gebiete der Landarbeiterversicherung kommen auch andere Grundlagen (Katastralreinertrag, Grundsteuer) in Betracht, denen allerdings der Mangel anhaftet, daß sie nicht im richtigen Verhältnis zur Zahl der versicherten Personen stehen.

Ein Beispiel dafür, wie weitgehend man die Beitragseinhebung durch Pauschalierung vereinfachen kann, bietet die Landarbeiterversicherungsanstalt für Wien, Niederösterreich und das Burgenland, welche durch die pauschalmäßige Einhebung der Unfallversicherungsbeiträge im Wege eines 10%igen Zuschlages zur Grundsteuer die Unfallversicherung von 500.000 Versicherten mit einem Personalstand von 25 Angestellten durchzuführen in der Lage ist. Eine Pauschalierung auf Grund der Lohnsumme wird auch von der Arbeiterunfallversicherungsanstalt in verschiedenen Abfindungsübereinkommen angewendet. Diese Vereinfachungen sollten aber allgemeine Anwendung auch auf dem Gebiete der Krankenversicherung finden.

d) Aufteilung des Versicherungsbeitrages auf Arbeitgeber und Arbeitnehmer

Mit der Einhebung eines Gesamtversicherungsbeitrages müßte auch die Aufteilung der Versicherungsbeiträge auf Arbeitgeber und Arbeitnehmer einheitlich gestaltet werden. Hiebei wäre die hälftige Aufteilung als die gerechteste Verteilung der Versicherungslast anzusehen. Im Falle der Pauschalierung müßte die Aufteilung besonders geregelt werden.

VI. Die Verwaltung der Versicherungsträger.

1. Vertretung von Arbeitgebern und Arbeitnehmern in den Verwaltungskörpern

In dem vorerwähnten Zusammenhange muß grundsätzlich die Forderung erhoben werden, daß Arbeitgeber und Arbeitnehmer in den Verwaltungskörpern der Versicherungsträger im Verhältnis ihrer Beitragsleistung zur Versicherung vertreten sind. Die österreichische Sozialversicherungsgesetzgebung ist von diesem selbstverständlichen Grundsatz, der in Deutschland allgemein gilt, abgewichen. Es ist unrichtig, die Sozialversicherung lediglich als eine Angelegenheit der Arbeitnehmer hinzustellen. Die Arbeitgeber sind an der Gebarung und Durchführung der Sozialversicherung nicht nur aus materiellen Gründen interessiert. Auch sie müssen sich die Wohlfahrt ihrer Angestellten und Arbeiter angelegen sein lassen, sie werden aber auch gegenüber zu weitgehenden Forderungen die eigene Leistungsfähigkeit im Auge haben, von der ja doch der Bestand der Sozialversicherung letzten Endes abhängt. Sie haben also nicht nur ein Interesse, sondern auch rein sachlich ein Recht, bei der Durchführung der Sozialversicherung ein entscheidendes Wort mitzureden. Es wird also gewiß nicht zum Schaden der Versicherung und der Versicherten sein, wenn die Arbeiter den Arbeitgebern den ihnen gebührenden Einfluß einräumen.

2. Umfang der Verwaltungskörper

Auf der anderen Seite wäre bei der Zusammensetzung der Verwaltungskörper gleichfalls auf die größtmögliche Wirtschaftlichkeit Bedacht zu nehmen, daher die Zahl der ihnen angehörenden Personen auf das zulässige Mindestmaß zu beschränken. Auch hier ist eine Verwaltungsreform innerhalb der

Sozialversicherung sehr am Platze und auf dem Gebiete der Landarbeiterversicherung bereits ein halbes Jahr nach deren Inkrafttreten durch Herabsetzung der Zahl der Versicherungsvertreter auf die Hälfte durchgeführt worden. Erfahrungsgemäß wächst mit dem Umfange eines Verwaltungskörpers auch seine Schwerfälligkeit, so daß die angedeutete Maßnahme nicht nur aus Ersparungsgründen, sondern auch zur Gewährleistung der Arbeitsfähigkeit der Verwaltungskörper geboten erscheint. Das Arbeiterversicherungsgesetz bedarf vor seinem Inkrafttreten auch in diesem Punkte einer gründlichen Revision.

3. Übernahme von Aufgaben der Versicherungsträger durch die Arbeitgeber

Die Verwaltung der Versicherungsträger wäre auch dadurch zu entlasten, daß der Arbeitgeber gewisse Agenden und Verpflichtungen der Versicherungsträger freiwillig übernimmt. Von der Übernahme der Verpflichtung durch den Arbeitgeber zur Erbringung bestimmter Leistungen im Falle der Erkrankung des Arbeiters durch eine bestimmte Zeit an Stelle des von der Krankenkasse sonst zu zahlenden Krankengeldes wurde bereits gesprochen. Auf dem Gebiete der Kontrolle kann der Arbeitgeber die Krankenkasse wirksam unterstützen, indem er Mißbräuche der Ärzte und Versicherten zur Anzeige bringt. In der Landarbeiterversicherung würde sich die Auszahlung des Krankengeldes durch den Arbeitgeber als außerordentlich zweckmäßig erweisen. Hiedurch würden der Krankenkasse die wöchentlichen Überweisungen des Krankengeldes in jedem Einzelfalle erspart, weil der Arbeitgeber die den in seinem Betriebe erkrankten Arbeitern ausbezahlten Krankengeldbeträge monatlich mit der Krankenkasse verrechnen könnte, die ihm die vorgestreckten Beträge auf die nächste Beitragsvorschreibung gutbringt. Der Versicherte hätte von einer solchen Regelung den Vorteil, daß er weitaus rascher und einfacher zu seinem Krankengeld kommt. Diese Maßnahme muß allerdings der fallweisen Vereinbarung zwischen der Krankenkasse und dem Arbeitgeber vorbehalten bleiben.

VII. Bedeutung des ständischen Aufbaues der Sozialversicherung.

Wenn die Sozialversicherung auch zunächst die unselbständig Erwerbstätigen umfaßt, so kommt doch der Zwangsversicherung der selbständig Erwerbstätigen immer größere Bedeutung zu. Das Landarbeiterversicherungsgesetz hat auch die Einbeziehung der selbständigen Landwirte in die Unfall- und Invalidenversicherung und deren freiwillige Krankenversicherung vorgesehen. Hiedurch wurde zum ersten Male im Rahmen eines Gesetzes die Sozialversicherung sämtlicher in einem Berufsstande lebender Personen geregelt, gleichgültig, ob sie in diesem selbständig oder unselbständig erwerbstätig sind. Diesem *ständischen Aufbau der Sozialversicherung* kommt, abgesehen von seiner grundsätzlichen, auch außerordentlich hohe praktische Bedeutung zu, weil er die weitgehende Anpassung der Sozialversicherung an die berufsständische Eigenart ermöglicht. Dies war auf dem Gebiete der Land- und Forstwirtschaft im besonderen Maße notwendig, weil hier im Verhältnis zwischen Arbeitgeber und Arbeitnehmer insbesondere bei den bäuerlichen Betrieben viel engere Beziehungen bestehen und ganz allgemein eigentümliche Verhältnisse in der Entlohnung des Arbeiters vorliegen, welche gerade für das Gebiet der Sozialversicherung von Belang sind. Ähnliche Besonderheiten werden jedoch auch auf anderen Wirtschaftsgebieten eine Ausdehnung der ständischen Gliederung der Sozialversicherung rechtfertigen. Der tiefere Wert eines solchen Systems liegt aber in der Erkenntnis und dem Bewußtsein der Verbundenheit der Angehörigen desselben Berufsstandes in materieller, wirtschaftlicher und ideeller Beziehung.

Der Landarbeiterversicherung gebührt der Vorzug, den hohen Wert der berufsständischen Zusammengehörigkeit erfaßt, der landwirtschaftlichen Sozialversicherung zunutze gemacht und so diesen großen Gedanken zum ersten Male in unserer Zeit im Rahmen eines öffentlich-rechtlichen Systems von hervorragender wirtschaftlicher und politischer Bedeutung zum Durchbruch verholfen zu haben. Möge die Entwicklung, die hier ihren Anfang genommen hat, fortschreiten und zur Gesundung unseres öffentlichen Lebens führen.

Konzentration in der Angestelltenversicherung.

Referat für den ÖKW-Krankenkassenausschuß

erstattet von

Leopold Mühlberger,
Zentralinspektor der Hauptanstalt für Angestellten-
versicherung, Wien.

Inhaltsverzeichnis.

Seite

Welche Ersparnisse in Verwaltung, Buch- und Kassenführung können durch die Zusammenlegung der Wiener Kassen in eine Einheitskasse, allenfalls durch die räumliche Vereinigung mit der Hauptanstalt erzielt werden?

I. Teil.

Theoretische Erörterung des Problems . . . 155

1. Einleitung 155
2. Anmeldung und Beitragseinhebung 156
3. Standesführung und Evidenzhaltung 157
4. Die Frage der Bearztung und Heilmittelbeschaffung . . . 159
5. Die Krankenkontrolle 161
6. Die erweiterte Heilfürsorge 162
7. Der engere Verwaltungsdienst 163
8. Die Reichsanstalt für Angestelltenversicherung 165

II. Teil.

Vorschläge zur praktischen Durchführung der Konzentration 174

1. Einleitung 174
2. Vorbereitungsarbeiten 176
3. Die Personalfrage 178
4. Die finanzielle und die Organisationsfrage 179
5. Zusammenfassung 182

Welche Ersparnisse in Verwaltung (Evidenzhaltung etc.), Buch- und Kassenführung können durch die Zusammenlegung der Wiener Kassen in eine Einheitskasse, allenfalls auch durch die räumliche Vereinigung mit der Hauptanstalt erzielt werden? *)

I. TEIL.

Theoretische Erörterung des Problems.

1. Einleitung.

Die Beantwortung dieser Frage muß, wenn sie einen zweckdienlichen Wert haben soll, von zwei Gesichtspunkten aus geschehen, und zwar vom rein theoretischen und vom praktischen und sich auch auf eigenes Wissen und eigene Erfahrungen gründen. Eine Anlehnung an die Literatur, welche vor der Konzentration der Arbeiterkrankenkassen entstanden ist, wäre nicht ratsam, weil so manche der damaligen Gründe, besonders jene, welche die verwaltungstechnische Seite betreffen, in der Angestelltenversicherung entweder nicht bestehen oder schon überholt sind. Dagegen ist es ziemlich schwer, aus dem Wortlaut der obigen Frage die gewünschte Grenze in bezug auf das Geltungsgebiet und die Zusammenziehung der verschiedenen Zweige der Angestelltenversicherung zu ziehen und einzuhalten. Jedenfalls darf ein rein persönliches oder ein parteipolitisches Interesse an der Fragebeantwortung nicht von Einfluß sein, sondern darf nur von sachlichen Gesichtspunkten aus geschehen.

Theoretisch würden sich aus einer Vereinigung der Angestelltenversicherungskassen zweifellos ganz wesentliche Vorteile für diese Gruppe der Sozialversicherung erzielen lassen. Aber auch einem Teil der Verwaltungsbehörden würden dadurch indirekte Erleichterungen zukommen und nicht zuletzt auch den Dienstgebern und Dienstnehmern selbst.

*) Diese Schrift wurde anläßlich einer Preisausschreibung des Verwalters der Hauptanstalt für Angestelltenversicherung, Präsident Dr. Stefan Licht, Staatssekretär a. D., verfaßt und mit dem ersten Preis ausgezeichnet.

2. Anmeldung und Beitragseinhebung.

Schon bei der Anmeldung von versicherungspflichtigen Betrieben ergeben sich Schwierigkeiten in bezug auf die Zuständigkeit des Versicherungsträgers. Über zweifelhafte Fälle haben die beteiligten Versicherungskassen durch den zuständigen Landeshauptmann eine Entscheidung zu verlangen (§ 63 [1] Ang.-V.-G.). Derzeit bestehen in Wien einige hundert Fälle, wo die Zuständigkeit noch nicht entschieden ist, aber von Kassen trotz Verzicht auf einen Einspruch beim Landeshauptmann, ziemlich zeitraubende und mühevolle Versuche gemacht werden, die bezüglichen Dienstgeber zum Übertritt zu veranlassen. Vereinfachungen und Ersparnisse würden sicherlich durch Benützung des § 52 Ang.-V.-G., wonach der Bundesminister für soziale Verwaltung unter bestimmten Voraussetzungen die Vereinigung mehrerer Versicherungskassen beschließen kann, erzielt werden. Der § 53 Ang.-V.-G., welcher besagt, daß eine Vereinskasse in eine Versicherungskasse gemäß dem Angestelltenversicherungsgesetz umgewandelt werden kann, könnte überflüssig werden. Es ist sicher zutreffend, daß sich die Wiener Kassen nicht nur untereinander, sondern besonders auch die im § 59 Ang.-V.-G. genannten Kassen mit jener nach § 53 (2) schwere Konkurrenz machen, welche nicht nur viel Geld für Werbeschriften gekostet, sondern sich schon beim Inkrafttreten des Angestelltenversicherungsgesetzes im Juli 1927 für die Durchführung der wichtigsten Arbeiten hemmend gezeigt hat. Bei einer Anstalt konnten nicht einmal die eingelaufenen Gehaltslisten rechtzeitig überprüft werden, geschweige denn, daß die Beiträge errechnet, vorgeschrieben und eingetrieben werden konnten. Die Gewinnung neuer Betriebe und die Verhütung von Austritten solcher war einzelnen Kassenfunktionären damals das Wichtigste. Ein großer Teil des Schadens, welcher dadurch entstanden ist, ist überhaupt nicht mehr gutzumachen. Auch derzeit ist die Zersplitterung der Wiener Kassen kein Vorteil bei der prompten Einhebung der Beiträge. Es gibt Dienstgeber, welche nicht gerne die Beiträge zahlen oder auch schwer zahlen können und welche daher gerne längere Zahlungsfristen und den Nachlaß der Verzugsgebühren und Spesen erwirken wollen. Dies glauben sie dadurch erreichen zu können, daß sie ganz einfach von den Bestimmungen der §§ 53 (2) und 60 Ang.-V.-G. Gebrauch machen. Findet sich solch ein Dienstgeber in einiger Zeit in seinen Hoffnungen getäuscht, dann kündigt er eben den abgeschlossenen Vertrag, um denselben vielleicht in ein oder zwei Jahren wieder zu erneuern. Zweifellos sind diese Zustände auch nicht von Vorteil bei der restlosen Einbringung der Verzugsgebühren und Mahnspesen.

3. Standesführung und Evidenzhaltung.

Ist es schon öfter schwierig, die Zuständigkeit des Versicherungsträgers festzustellen, so trifft dies im erhöhten Grade bei Dienstnehmern zu, welche mehrere versicherungspflichtige Dienstposten bekleiden. Der § 63 (2) Ang.-V.-G., welcher hier Erleichterungen bringen soll, würde durch eine Kassenkonzentration überflüssig werden. Dieser Paragraph wird jetzt schon von einigen Kassen als unpraktisch bezeichnet. Es soll oft für einen Dienstgeber wirklich schwer zu konstatieren sein, bei welcher Kasse er seine Angestellten, die ihre Beschäftigung bei ihm im Nebenberufe ausüben, anmelden soll; er muß dort melden, wo sie im Hauptberuf versichert sind. In zahlreichen Fällen kommt es nun vor, daß ein Unternehmer die bei ihm nebenberuflich beschäftigten Angestellten (Theater- und Kinomusiker etc.) bei drei, oft auch bei vier verschiedenen Versicherungskassen melden und die Korrespondenz mit vier Kassen führen muß. Er muß auch vier Gehaltslisten führen, die Verrechnung und Abfuhr der Beiträge ebenfalls bei vier Kassen vornehmen. Auch für die Versicherungskassen ist die Durchführung dieser Gesetzesbestimmungen mit Mehrarbeit verbunden und in einigen Fällen ist es vorgekommen, daß von drei oder vier Versicherungskassen Inspektionsorgane zu ein und demselben Dienstgeber entsendet wurden, um Erhebungen zu pflegen. Ich habe schon anläßlich einer Inspektion der Versicherungskasse für Industrieangestellte den Vorschlag gemacht, daß ein Dienstgeber alle seine Angestellten nur bei einer Versicherungskasse zu melden und auch nur mit einer Kasse zu verrechnen hat. (Vide Seite 33 des Berichtes vom 30. Jänner 1929.) Eine geradezu entsetzliche Mehrarbeit entsteht den Kassen dadurch, daß sie die Beiträge und Kopfquoten solcher im Nebenberuf Versicherter nach den verschiedenen Sätzen der einzelnen Industriellen Bezirkskommissionen verrechnen müssen. Es müssen also Wiener Kassen für solche Versicherte, welche außerhalb Wiens eine Nebenbeschäftigung haben, die Beiträge nach den jeweiligen Sätzen einer Niederösterreichischen Industriellen Bezirkskommission verrechnen, einheben und abführen, oder umgekehrt muß die Niederösterreichische Versicherungskasse für die Wiener Nebenbeschäftigung den Wiener Satz rechnen. Dieser Zustand könnte natürlich nicht durch eine bloße Vereinigung der Wiener Kassen allein behoben werden.

Aber auch ganz allgemein genommen würde die Kassenkonzentration bedeutende Ersparnisse in der Standesführung bringen. Die Schwierigkeiten, welche sich in der Evidenzhaltung durch die vielen Doppelnummern ergeben, dürften auf ein Minimum herabsinken. Der Übertritt eines Angestellten von einer Handels- zu einer Industriefirma oder umgekehrt würde nicht mehr die Übersendung der Versicherungskarte zur Folge haben. Viele Anfragen und Erhebungen, die heute bei unvollständigen An- oder Abmeldungen bei solchen Übertritten gemacht werden müssen, würden überflüssig werden. Es ist kein Zweifel, daß sich auch die Portoausgaben und andere Unkosten für die bezüglichen An- und Abmeldebestätigungen vermindern würden, weil eben die aktenmäßigen Durchführungen in den meisten Fällen auf einmal vorgenommen werden könnten. Sicherlich würden sich innerhalb der Standesführung noch viele weitere Erleichterungen und Ersparnisse erzielen lassen. Eine einheitliche Drucksortenan- und -auflage, eine rationelle Materialverwaltung, eine zentralisierte Registratur der Versicherungsakten, Ersparnisse beim Telephondienst, bei der Ein- und Auslaufstelle sowie auch bei allen sonstigen Kanzlei- und Schreibarbeiten könnten günstigere Resultate erzielt werden. Aber besonders in jener Stelle, wo die Versicherungspflicht festgestellt werden würde, also im Vorreferat oder im Rechtsbüro — eine einheitliche Bezeichnung für diese Stelle besteht noch nicht —, könnten nach einheitlichen Richtlinien und unter der Voraussetzung einer guten fachmännischen Führung viele Differenzen mit den Dienstgebern und daher auch viele Rekurse erspart bleiben. Aber auch bei den unscheinbaren Arbeiten könnte eine vernünftige Konzentration viele Vorteile bringen, so bei der Führung der verschiedenen Kataster; selbst die Führung der Nummernbücher läßt derzeit noch zu wünschen übrig. Die Mitgliederlegitimationen weisen noch große Abweichungen auf und die Führung der Versicherungskarten ist bei manchen Kassen überhaupt noch sehr unvollständig, besonders was die Bedürfnisse für die Familienversicherung anbelangt. Daß dadurch schon großer Schaden entstanden ist, welcher geradezu das finanzielle Gleichgewicht eines Versicherungsträgers ins Schwanken bringen kann, ist natürlich, könnte aber ebenfalls verhindert werden.

Bei jeder Kasse besteht auch eine Stelle für Unfall- und Pensionsangelegenheiten, welche hauptsächlich Auskünfte an die anfragenden Parteien zu geben hat. Daß hiebei schon viele Fehler gemacht wurden, ist ja bekannt; auch hier wäre eine einheitliche, unter fachmännischer Führung stehende Zusammenfassung vorteilhaft. Der Träger der Pensionsversicherung wird Fehler und Unterlassungen, welche durch unsachgemäße Erledigungen bereits entstanden sind, schwer büßen müssen.

Selbst die Registratur, wo sowohl die Dienstgeber- als auch die Dienstnehmerakten abgelegt werden, würde viel Zweckdienliches leisten können. Beim Wechsel eines Versicherungsträgers im Sinne der einschlägigen gesetzlichen Bestimmungen werden nur die Versicherungskarten, nicht aber die Akten mit überwiesen. So mancher Dienstgeber hat schon beim Wechsel des Versicherungsträgers daraus Nutzen gezogen, daß der neue Versicherungsträger nicht wissen konnte, wie sich der übernommene Betrieb bereits um die Versicherungspflicht gedrückt hat. Dies trifft besonders bei Firmen zu, welche, um die Beiträge zu ersparen, nur Vertreter mit Gewerbeschein aufnehmen. Aber auch für die Beurteilung mancher Dienstnehmer bei Zuerkennung von Leistungen in der Krankenversicherung, der erweiterten Heilbehandlung, der Familienversicherung, wäre die Führung eines Dienstnehmeraktes von unschätzbarem Vorteil. Auch bei der Vornahme von Inspektionen und Erhebungen von einer Stelle aus würden sich ganz namhafte Beträge ersparen lassen. Viele Erhebungen, besonders jene in äußeren Bezirken, wo viel Zeit für die Erreichung und die Rückkehr vom Erhebungsorte notwendig ist, könnte ein Inspektor alles das besorgen, was derzeit oft drei oder vier Inspektoren von verschiedenen Kassen besorgen. Es ist notwendig, festzustellen, daß ganz besonders bei den Arbeiten der Standesführung — diese ist ja der Unterbau jeder Kasse — noch große Unterschiede wahrzunehmen sind. Diese Feststellung ist zum Verständnis des später Gesagten notwendig.

4. Die Frage der Bearztung und Heilmittelbeschaffung.

Auch in der Krankenevidenz (Leistungsabteilung) lassen sich durch Zusammenlegung der Kassen bedeutende Vereinfachungen erzielen. Ja gerade auf diesem Gebiete wäre eine einheitliche Durchführung und Führung von ausschlaggebendster Bedeutung. Schon im Verkehr mit den Ärzten würden sich einschneidende Erfolge erzielen lassen, welche sich besonders beim Vertragsabschluß fühlbar machen müßten. Gerade die Ausgaben für die Ärzte verspüren die Kassen am meisten und schließlich soll ja eine gute ärztliche Behandlung für die Versicherten das Zweckdienlichste und Wichtigste sein. Die Einstellung eines großen Teiles der Ärzteschaft zu den Krankenkassen ist auf die Dauer nicht haltbar, derzeit bemühen sich fast alle Ärzte, im Gegensatz zu früheren Jahrzehnten, um die Tätigkeit bei den Krankenkassen. Die Behandlung, welche aber den Kassenmitgliedern von den Ärzten öfter zuteil wird, erinnert noch sehr an eine Armenbehandlung. Über die Vor- und Nachteile der freien Ärztewahl zu sprechen, ist hier nicht der richtige Anlaß, aber jedenfalls wird eine große Anstalt auf dem Gebiete der ärztlichen Behandlung mehr leisten können, als wie kleine und mittlere Kassen. Für die Einheitskasse gute und gewissenhafte Ärzte zu gewinnen, diese in ein fixes Anstellungsverhältnis zu bringen, dürfte besser sein, als den kranken Mitgliedern die Wahl unter vielen Ärzten freizugeben, weil letzteres nicht erfolgreich und auch unerschwinglich ist. Auch die Vertretung der Ärzte während des Urlaubes oder Erkrankung würde eine bessere und billigere sein können. Die Frage der Errichtung neuer, oder des Ausbaues bereits bestehender ärztlicher — auch zahnärztlicher — Ambulatorien würde sich leichter und zweckmäßiger lösen lassen. Die spezialärztliche Behandlung würde sich natürlich ebenfalls viel zweckdienlicher und billiger durchführen lassen. Bei den ärztlichen Besuchen tritt oft der Fall ein, daß in einer Gasse oder auch in einem Haus, wo Kranke von vier verschiedenen Wiener Kassen sich befinden, vier oder noch mehr Ärzte die Behandlung an einem Tag vornehmen müssen. Vier Ärzte müssen den Weg zurücklegen oder viermal die Wagen- oder Autospesen verrechnen. Eine günstige Erledigung der Ärztefrage ist ausschlaggebend für die Existenz der Krankenversicherung. Derzeit ist das Verhältnis zwischen Kassen und Ärzten noch viel zu lose und unklar, einige spekulativ veranlagte Ärzte sind in der Lage, eine Kasse finanziell zu verderben. Eine einheitlich verwaltete Krankenversicherung wird hier natürlich leichter Schädigungen hintanhalten können, als diverse kleine Kassen mit unzulänglichen Hilfsmitteln und oft ungeschultem und unerfahrenem Personal. Übrigens geht diese Schädigung nicht immer vom Arzt allein aus, sondern sehr oft sind die Urheber wohl die Versicherten selbst. Ist ihnen bei einer Kasse schon das Handwerk gelegt worden, dann trachten sie eben bei Übertritt zu einer anderen Kasse dasselbe fortsetzen zu können. Sehr groß sind auch die Benachteiligungen, welche den Kassen von einigen Ärzten auf dem flachen Lande, welche auch gleichzeitig Apotheker sind, zugefügt werden. Selbst in Wien sind immer wieder Fälle vorgekommen, wo Parteien, Ärzte und Apotheker gemeinsam den Kassen Schaden zugefügt haben, um sich zu bereichern. Eine einheitliche Kassenverwaltung könnte vielleicht auch mit Erfolg der Frage von Errichtung eigener Apotheken, welche bei den Ambulatorien untergebracht werden könnten, nähertreten.

Überhaupt ist die ganze Verrechnung mit den Apothekern noch zu umfangreich und kompliziert und wird auch bei den verschiedenen Kassen verschieden durchgeführt. Heute müssen die vier Wiener Kassen und teilweise auch die Sonderversicherungsinstitute einzeln mit den Apothekern verrechnen. Übervorteilungen durch einzelne Apotheker treten hier nicht so gut zutage, als dies bei einer einheitlichen Verrechnung der Fall wäre. Es sind Fälle bekannt, wo sich Apotheker in krasser Weise zum Schaden der Kassen gegen das Strafgesetz vergangen haben. Derzeit besteht eigentlich nicht einmal die Möglichkeit, daß die geschädigte Kasse die anderen Kassen entsprechend warnen kann. Es würde auch nicht in den Bereich des Unmöglichen gehören, wenn die Erzeugung von Heilmitteln und Heilbehelfen durch eine Einheitskasse selbst in die Hand genommen werden würde.

5. Die Krankenkontrolle.

Auch bei der Kontrolle der Kranken gilt das beim Inspektionsdienste Gesagte. Es soll hier nicht unerwähnt bleiben, daß die Inspektionstätigkeit bei den Kassen nicht mehr jene Bedeutung hat, die sie vor zehn Jahren und mehr bei den Landesstellen der Pensionsanstalt hatte. Die Pensionsversicherung bietet bei dem derzeitigen Umlageverfahren so gute Leistungen gegen verhältnismäßig kleine Beiträge, daß die Versicherungspflichtigen nicht mehr, so wie es bei dem Kapitaldeckungsverfahren sein mußte, oft erst ausfindig gemacht werden mußten. Derzeit ist die Krankenkontrolle infolge der großen Inanspruchnahme der Kassen und der vielen vorkommenden Simulationsfälle ungleich wichtiger und es wäre sicher rationeller, wenn der Inspektions- und Kontrolldienst von ein und denselben Organen durchgeführt werden würde. Durch eine Vereinigung der Wiener Kassen könnte also ein Organ alle notwendigen Erhebungen und Kontrollgänge vornehmen, während sich derzeit in einem Bezirk oder Gasse die Inspektoren und Kontrollore von vier Kassen zu gleicher Zeit betätigen müssen. Durch ein einheitliches Kontrollsystem könnte auch in der Familienversicherung, bei welcher die meisten Kassen nicht einmal eine Krankmeldung verlangen, sondern oft erst nach Monaten die vorgelegte Arzt- und Apothekerrechnung einfach bezahlen müssen, durch entsprechende Anmeldung der Erkrankungsfälle und durch zwangsläufige Krankenkontrolle, welche keine nennenswerten Mehrausgaben bringen würde, Bedeutendes an Ersparungen erzielt werden.

Durch eine Vereinigung der Kassen ließen sich besonders durch ein besseres Zusammenarbeiten der Abteilung „Standesführung“ und der „Leistungsabteilung“, die leider noch in einigen Fällen zu wünschen übrig läßt, bessere Erfolge zeitigen. Voraussetzung hiefür ist allerdings, daß die räumlichen Verhältnisse keine Schwierigkeiten bereiten. Diese zwei Abteilungen sollen womöglich in räumlicher Beziehung aneinander grenzen, so daß die Versicherungskarten von beiden Abteilungen benützt werden können, ohne daß hiedurch bei der Gewährung von Leistungen Mißbrauch getrieben oder überhaupt die Führung der Versicherungskarten in der Standesführung irgendwie beinträchtigt werden könnte. Auch so manche gute Einrichtung, welche einzelne Kassen getroffen haben, um einer übermäßigen Ausnützung von spekulativ veranlagten Mitgliedern, Ärzten oder Apothekern zu entgehen, würde bei einer Konzentration an Wert gewinnen. Es hat z. B. derzeit keinen vollen Erfolg, wenn eine Kasse für ihre Mitglieder Gebißbilder anlegt und auf diesen Zahnextraktionen, Plombierungen etc. vormerkt, wenn für den Versicherten bei Übertritt zu einer anderen Kasse dieses Bild nicht derselben übergeben wird. Es sind Fälle bekannt, daß ein Zahn zwei- oder mehrmals gezogen wurde resp. die Kosten dafür von der Kasse getragen werden mußten.

Die Simulationsmöglichkeit ist nicht in allen Branchen die gleiche und hängt sehr von dem Geschäftsgang in der Branche, aber auch von der Art des Dienstverhältnisses ab. Durch eine Vereinigung der Kassen würde sich schon in bezug auf die Leistungen auch eine Art Riskenausgleich ergeben. Dieser Ausgleich wäre aber auch deswegen erwünscht, weil schon bei Inanspruchnahme der normalen Leistungen aus der Krankenversicherung große Abweichungen nach den Eigentümlichkeiten der Branchen bestehen.

6. Die erweiterte Heilfürsorge.

Besonders in der erweiterten Heilfürsorge wäre eine Vereinigung der Kassen von großem Wert. Der systematischen Ausbeutung einiger Mitglieder der Kassen bei Kurgebrauch, bei Landaufenthalt, in der Benützung von Bädern würde leichter entgegengetreten werden können, weil der ganze Verlauf der Krankheit und alle gewährten Leistungen, die über das gesetzliche Ausmaß hinausgehen, aus dem Akte zu ersehen wären. Derzeit liegen die Verhältnisse so, daß eine Kasse die Vorkommnisse in der erweiterten Heilbehandlung auf der Versicherungskarte vormerkt, während dies von anderen Kassen nicht gemacht wird. Das einheitliche Bild geht also hier verloren, was sich natürlich bei einem Wechsel des Versicherungsträgers, einerlei, ob derselbe zufällig oder absichtlich herbeigeführt wurde, eben nachteilig auswirkt. Aber auch eine rationellere Ausnützung der zur Verfügung stehenden Erholungsheime, Kurhäuser, Entbindungsheime etc. würde bedeutende Ersparnisse bringen können.

7. Der engere Verwaltungsdienst.

In der Vorschreibung und Einhebung der Beiträge würden sich auch Erfolge erzielen lassen, wie bereits bei Besprechung der Standesführung erwähnt wurde. Ein Dienstgeber hätte nur mehr eine Gehaltsliste zu führen und nur mit einer Angestelltenversicherungskasse zu verrechnen. Auch die Arbeit in der Beitragsverrechnung ist eine Massenarbeit, deren Bewältigung größtenteils nur mehr mit maschinellen Hilfsmitteln möglich ist; diese Hilfsmittel ließen sich unter den erwähnten Voraussetzungen besser verwenden und ausnützen. Es ist ja hinlänglich bekannt, daß die Resultate der Eintreibung der Beiträge bei den verschiedenen Kassen ungleich sind. Das hängt teilweise von der Gewissenhaftigkeit und der Geschicklichkeit der betreffenden Beamten oder des Leiters der Saldakontostelle ab, aber auch die Art der versicherten Betriebe spielt hiebei eine große Rolle. Durch eine Vereinigung der Kassen wäre also auch hier ein gewisser Riskenausgleich gegeben.

Besonders in der Führung von Exekutionen, welche nicht immer schablonenhaft vorgenommen werden darf, wenn sie gute Erfolge zeitigen sollen, wäre eine Zentralisation, wo eben die besten Erfahrungen ausgewertet werden könnten, von größtem Nutzen.

Die Kassaführung bei den Versicherungskassen spielt derzeit nicht mehr jene Rolle, welche sie bei einigen Kassen noch vor kurzer Zeit eingenommen hat. Die Auszahlungen von Krankengeldern, Heilmittelersätzen, Ersätze in der Familienversicherung etc. werden größtenteils durch die Postsparkasse vorgenommen. Dieser Vorgang bringt nicht nur der Kasse Erleichterungen, sondern ist auch für die Versicherten und deren Dienstgeber von großem Vorteil, weil sich der Dienstnehmer nicht nur die Fahrtspesen, sondern auch oft einige Stunden an Zeit, die gewöhnlich der Dienstgeber freigeben muß, erspart. Aber immerhin könnten durch eine Vereinigung der Kassen auch beim Kassendienst noch Ersparnisse erzielt werden, in erster Linie an Räumlichkeiten und in zweiter Linie in einer besseren Ausnützung der meist höher bezahlten Kräfte selbst, welche frei werden würden. Sogar die Anschaffung von teuren Buchungsmaschinen, wie sie bei den Kassenabteilungen der meisten großen Banken in Verwendung stehen, würde sich auch hier rentieren. Eine Wiener Kasse besitzt übrigens schon eine solche Maschine, kann sie aber durch Einführung des bargeldlosen Verkehres in der Kasse nicht ausnützen, aus welchem Grunde sie auch zur Buchung der Postsparkasse-Einzahlungen herangezogen wird.

Die Buchhaltung, jene Abteilung, welche immer die finanzielle Lage der Kasse und auch die Gebarungsergebnisse ziffernmäßig nachweisen soll, ist das Schmerzenskind bei den meisten Anstalten, weil meist die geschulten und erprobten Kräfte fehlen und weil sich hier eben alles Gute und alles Schlechte, was vorgefallen ist, zeigt. Eine auf falsche Voraussetzungen aufgebaute oder überhaupt unrichtige Bilanz kann mehr schaden, als eine tüchtige Leistung Nutzen bringen kann. Eine Kassenkonzentration könnte daher auf diesem Gebiete, natürlich unter bestimmten Voraussetzungen, unschätzbare Vorteile bringen. Bei einigen Arbeiten, z. B. der Führung des Hauptbuches, Abschlußarbeiten, könnten Ersparungen gemacht werden, weil derzeit jede Kasse einen Hauptbuchführer haben und einen Abschluß machen muß. Aber besonders jene komplizierten Arbeiten, welche sich aus der Verrechnung und Abfuhr der fremden Beiträge ergeben und die näher auszuführen ich für überflüssig halte, würden dann nur von einer Stelle aus gemacht werden müssen. Auf diese Sache komme ich später ohnehin noch zurück, weil sich ja weitgehende Vereinfachungen auf fast allen Gebieten der Angestelltenversicherung in administrativer Hinsicht erzielen lassen. Dasselbe trifft natürlich auch bei einer Reihe von anderen Arbeiten zu. Auch die Vermögensanlage, welche meist durch den Buchhalter geführt wird, würde sich einheitlicher gestalten, es könnten in der Wohnbautätigkeit Erfolge erzielt werden und nicht zuletzt würden die Personalsachen mit bedeutend weniger Personalaufwand als derzeit erledigt werden können.

Aber nicht nur bei den technischen und kommerziellen Arbeiten ließen sich Vereinfachungen und Ersparungen durchführen, sondern auch bei den juridischen, u. a. bei der Frage der Versicherungspflicht, den Rekurserledigungen, Schiedsgerichtsangelegenheiten, einer möglichst zweckmäßigen Auslegung von schwierigen Paragraphen und deren nutzbaren Verwendung für den Versicherungsträger, wie dies z. B. beim § 116 Ang.-V.-G. wünschenswert wäre. Betrachtet man das bisher Gesagte, so kann man auch zu dem Schluß kommen, daß nicht zuletzt die allergrößten Vereinfachungen und Ersparnisse bei einer einheitlichen Führung zu erzielen wären. Nicht nur, daß durch eine einheitliche Leitung auch eine einheitliche Durchführung aller Agenden die natürliche Folge wäre, so würde sich natürlich auch, weil eben alle Leitungen bis auf eine überflüssig werden würden, Bedeutendes ersparen lassen. Es werden sich aber gerade bei dieser Frage bedeutende Schwierigkeiten ergeben, auf die ich noch zurückkomme.

8. Die Reichsanstalt für Angestelltenversicherung.

Es drängt sich aber auch unwillkürlich der Gedanke auf, ob eine Zusammenziehung der Wiener Angestellten-Versicherungskassen, welche jede einzelne ja über einen ganz respektablen Versicherungsstock verfügt, auf die Dauer befriedigen wird, oder ob nicht gleich an eine Konzentration aller Kassen, also auch der Provinzkassen, welche fast durchwegs über einen kleinen Versicherungsstock verfügen, gedacht werden sollte. Die weitere logische Möglichkeit wäre aber auch, ob nicht auch eine Vereinigung aller Zweige der Angestelltenversicherung Platz greifen könnte. Es ist natürlich, daß alle bisher aufgezählten Vorteile im erhöhten Ausmaße sich dabei auswirken würden. Die Standesführung müßte nicht mehr für die Krankenversicherung und für die Pensionsversicherung doppelt gemacht werden, sondern eine Anlage würde genau so genügen, wie dies auch bei einer Zentralisierung des Dienstgeber- und Dienstnehmerkatasters der Fall wäre. Der hauptsächlichste Zweck aber, der durch eine Zusammenlegung aller Zweige der Angestelltenversicherung in eine einzige Anstalt erreicht würde, würde natürlich noch ganz andere Erfolge zeitigen, welche die rein administrativen Erleichterungen weit übersteigen würden. Zu begrüßen wäre diese Konzentration insbesonders im Hinblick auf den notwendigen und erstrebenswerten allgemeinen Riskenausgleich der einzelnen Branchen in den einzelnen Bundesgebieten. Ein Blick auf die auf S. 14 der Mitteilungen der Hauptanstalt (Nr. 2 vom Juni 1929) gebrachte Tabelle der durchschnittlichen Beitragsgrundlagen nach den Wiener und den Provinzkassen genügt, um zu sehen, wie diese Beitragsgrundlagen differieren, obwohl die meisten Leistungen der Krankenkassen von der Höhe der Bezüge ganz unabhängig sind. Die Betätigung der Angestellten ist bei den derzeitigen schlechten Verhältnissen auf dem Arbeitsmarkte nicht mehr so wie früher an eine Branche oder an ein bestimmtes Gebiet gebunden, weshalb der Angestellte derzeit meistens beim Dienstwechsel auch einen Wechsel des Versicherungsträgers vornehmen muß. Eine Ausnahme trifft bis zu einem gewissen Grad nur bei jenen Angestelltengruppen zu, welche ohnehin bei Sonderinstituten versichert sind, auf welch letztere noch zurückgekommen wird. Durch die gedachte Vereinigung aller Zweige der Angestelltenversicherung, also auch der Stellenlosenversicherung, könnte gleichzeitig auch die von den Angestellten schon jahrelang gewünschte Riskentrennung in der Arbeitslosenversicherung herbeigeführt werden. Wenn auch die Stellenlosigkeit bei den geistigen Arbeitern fast ebenso groß ist als bei den manuellen, so darf nicht übersehen werden, daß bei ersteren die Beitragsgrundlagen wesentlich höher sind als bei den letzteren. Eine Schädigung der Arbeitslosenversicherung der Arbeiter würde durch diese Trennung gewiß in keinem fühlbaren Ausmaße eintreten, dagegen könnte sich diese Riskentrennung in der Stellenlosenversicherung der Angestellten durch administrative Vereinfachungen und Ersparnisse recht gut fühlbar machen. Wenn man die vielen und leidvollen Wege betrachtet, die ein Angestellter im Falle der Stellenlosigkeit oder Krankheit, oder gar beim Zusammentreffen beider Unglücke, gehen muß, um bei etwas unklaren Meldedaten oder Untersuchungsbefunden zu den gesetzlichen Leistungen zu kommen, so bekommt man eine Ahnung von dem, was sich noch alles verbessern und vereinfachen ließe, um den Zweck der Angestelltenversicherung so gut wie möglich zu erreichen. Wie viele Mittel würden frei werden und könnten ihrem eigentlichen Zwecke zugeführt werden, wenn der ganze Verwaltungsapparat vereinfacht und rationalisiert werden würde. Wenn ein Postenloser, der noch im Genusse der Stellenlosenunterstützung steht, krank wird, so muß er zum Arbeitslosenamt gehen, um sich die für die Krankmeldung notwendigen Drucksorten zu beschaffen und sich zur Krankenkasse begeben, welche ihm eine Anweisung zum Arzt gibt, welcher ihn entweder in ambulatorische Behandlung oder aber in den Krankenstand nimmt. Im ersteren Falle sollte er die Arbeitslosenunterstützung weiter, im zweiten Falle das Krankengeld bekommen. Im ersteren Falle konstatiert aber nun der Amtsarzt des Arbeitslosenamtes die Arbeitsunfähigkeit, was mit dem Verlust der Unterstützung verbunden ist. Wenn nun der Krankenkassenarzt auf seinem Gutachten beharrt, daß der Stellenlose arbeitsfähig ist, dann bekommt das Mitglied von keiner Seite etwas. Dieser Zustand ist unhaltbar; eine Kasse mit sozialer Einsicht wird deshalb Maßregeln treffen, welche zur Not über diese Mängel hinweghelfen. Es hat sich auch bei einer Wiener Kasse eine Art Kommission gebildet, die aus dem Kassenarzt, dem Arzt des Arbeitslosenamtes besteht und in zweifelhaften Fällen entscheidet dann der Chefarzt der Kasse. Diese Zusammenarbeit des Amtsarztes der Arbeitslosenversicherung mit dem Arzte der Krankenkasse ist für eine Konzentration der Angestelltenversicherung von symbolischer Bedeutung, dies um so mehr, wenn die Ärzte dann sagen, der Versicherte sei zu berenten und ihn zum Arzte der Hauptanstalt senden. Wenn man sich also den Leidensweg eines kranken und stellenlosen Angestellten vor Augen hält, ferner betrachtet, welche Unsummen an Zeit, Arbeit, Kosten oft unnütz verausgabt werden, dann muß man wohl ohne weiteres zugeben, daß eine gründliche Zentralisierung und Vereinfachung in der Angestelltenversicherung Platz greifen muß.

Es ist nur noch fraglich, ob die Zentralisierung auf einmal oder nach und nach Platz greifen soll. Meine Meinung, welche ich später noch begründen werde, geht dahin, daß ersteres vorteilhafter wäre, daß aber zuerst ein richtiges Bild über den zukünftigen Aufbau der Angestelltenversicherung entworfen werden sollte und daß natürlich auch zuerst die notwendigen juridischen und administrativen Vorbereitungen und Vorarbeiten für eine entsprechende gesetzliche Änderung gemacht werden müßten, wenn wirklich Nutzen und nicht vielleicht Schaden gestiftet werden soll.

Sicherlich wäre es für alle Zweige der Angestelltenversicherung zweckmäßiger, wenn für das ganze Bundesgebiet eine Zentralstelle geschaffen werden würde, welche in jedem Lande eine Landesstelle zu errichten hätte. Letzten Endes müßten natürlich in diese Konzentration auch noch die bestehenden Sonderinstitute einbezogen werden. In bezug auf die Stellenlosen- und Krankenversicherung haben die Sonderinstitute keine große Existenzberechtigung, sondern dies trifft ja nur noch in der Pensionsversicherung teilweise durch die höheren Bemessungsgrundlagen im Zusammenhange mit teilweise besseren Entlohnungsverhältnissen zu.. Eine Versicherungsanstalt mit zwei oder mehreren tausend Mitgliedern, deren Tätigkeitsgebiet sich auf das ganze Bundesgebiet erstreckt, kann ja überhaupt die Krankenversicherung nicht selbst durchführen, sondern sie muß mit fast allen Kassen eine Art Rückversicherungsverhältnis dafür eingehen. Welche Schwierigkeiten und Komplikationen daraus entstehen, kann nur derjenige ermessen, der einen Einblick in die Sonderinstitute und Krankenkassen gewonnen hat. Eine komplizierte Verrechnung für die Leistungen und eine immer zu Zwistigkeiten führende Verrechnung der Verwaltungsspesen ist überall festzustellen. Bei der Durchführung der Pensionsversicherung muß beachtet werden, daß die Sonderinstitute ohnehin die Versicherten in zwei Gruppen teilen müssen, und zwar in jene, welche Anwartschaften nur bis zu einer Bemessungsgrundlage bis 400 S und jene, welche solche darüber haben. Wird einmal, wie es der Wunsch der meisten Versicherten ist und was bei Eintritt besserer wirtschaftlicher Verhältnisse in absehbarer Zeit eintreten dürfte, die Bemessungsgrundlage über 400 S hinaufgesetzt werden, dann verlieren die Sonderinstitute auch hier ihre Existenzberechtigung. Bei den Sonderinstituten muß wohl ein Vergleich mit den vielen bestandenen Ersatzeinrichtungen der Banken gemacht werden. Auch die Banken wollten ein Sonderinstitut, sind aber wegen finanzieller Hindernisse davon abgekommen und zum allgemeinen Träger der Pensionsversicherung, zu dessen Nachteil, gekommen. Jene rückläufige Entwicklung, die das Bankwesen in Österreich genommen hat, weil für die Wirtschaft nicht der Bedarf nach so vielen Kreditinstituten gegeben war, kann sich auch bei Eintritt einfacher parteipolitischer Verhältnisse im Versicherungswesen vollziehen. Eine Auflösung der Sonderinstitute in späteren Jahren wegen finanziellen Schwierigkeiten und Anschluß an den allgemeinen Träger der Pensionsversicherung würde natürlich wieder ganz kolossale Nachteile für letzteren bringen. Übrigens ist durch die getrennte Verrechnung der Beiträge bis und über 400 S ja schon die Möglichkeit gegeben, immer jene Leistungen, welche über das allgemeine gesetzliche Ausmaß hinausgehen, in einer Art Zusatzversicherung in Form einer eigenen Abteilung für Mehrleistungen bei der Zentralstelle oder durch eine Art Zuschußkassen (§ 145 Ang.-V.-G.) durchzuführen. Durch die Art, wie ein Sonderinstitut die Beiträge vorschreiben muß, getrennt nach allen (12) Industriellen Bezirkskommissionen, mit den verschiedensten Sätzen und den verschiedenen Kopfquoten, ist klar erkenntlich, wieviel unnütze Zersplitterung an Zeit und Kraft hier besteht. Die Berechnungen und Überweisungen nach § 122 (1) Ang.-V.-G. würden überflüssig werden, sowie auch so manche der derzeitigen gesetzlichen Bestimmungen, besonders jene über die Beziehung der Versicherungsträger zueinander, hinfällig würden. Überhaupt würde das ganze Angestelltenversicherungsgesetz kürzer und einfacher werden, weil schon die organisatorischen Bestimmungen der §§ 50 bis 88 sich einfacher gestalten würden.

Eine Reichsanstalt für Angestelltenversicherung könnte allein diesen Übeln abhelfen. Es wäre natürlich verlohnend, hier auch schon die Schaffung eines Bundesversicherungsamtes für die gesamte Sozialversicherung ins Auge zu fassen. Da aber die Invalidenversicherung der Arbeiter noch nicht in Wirksamkeit getreten ist und für Österreich auch nicht gut die Verhältnisse im Reich als Richtschnur genommen werden können, der ganze Aufbau der Sozialversicherung bei uns auf anderen Grundlagen beruht, so muß wohl bei Beantwortung dieser Frage auf den Anschluß an das Deutsche Reich Bedacht genommen werden. Ich kenne die Verhältnisse im Reich nicht aus eigenen Anschauungen, sondern nur aus Abhandlungen in Zeitschriften, es ist aber zweifelhaft, ob in administrativer Beziehung die österreichischen oder die reichsdeutschen Verhältnisse die zweckmäßigeren sind.

Nicht nur alle jene Vorteile, welche im Anfange dieser Schrift bei Besprechung der Vereinigung der Kassen allein vorgebracht wurden, würden bei einer einheitlichen und zentralisierten Durchführung der ganzen Angestelltenversicherung zutreffen, sondern es würden sich darüber hinaus noch gånz bedeutende Verbesserungen erzielen lassen. Betrachtet man die Tätigkeit der zwölf Industriellen Bezirkskommissionen durch die letzten zehn Jahre, so wird man finden, daß hier noch ungleich höhere Vereinfachungen und Ersparnisse als bei den Krankenkassen zu erzielen wären. Auch hier gibt es Leitungen, Sekretäre und ein großes Personal, welche wieder eine Standesführung, eine Evidenzhaltung der Arbeitslosen, die Auszahlung der Unterstützungen und Kontrolle der Unterstützten und schließlich eine Verrechnung der Unterstützungen vorzunehmen haben. Auch die Stellenlosenvermittlung nimmt viele administrative Kräfte in Anspruch und nicht zuletzt kosten die Amtsärzte viel Geld. Außerdem braucht die Stellenlosenversicherung bei ihrer derzeitigen Organisation überaus viele Auszahlungsstellen *), besonders in Gebirgstälern, die untereinander keine Verbindung haben. Diese Auszahlungsstellen dienen aber eigentlich nur den Zwecken einer Kontrolle über die Arbeitslosen. Diese Art der Kontrolle ist natürlich viel zu teuer und ließe sich bei einer Konzentration besser und billiger machen. Ob diese Kontrolle überhaupt ihren Zweck erfüllt und nicht selbst kontrollbedürftig ist, darüber zu sprechen wäre sicherlich von Vorteil. Sicher ist jedenfalls, daß die Beiträge für die Stellenlosenversicherung von den Dienstgebern am wenigsten gern bezahlt werden, daß die ganze Durchführung derselben derzeit kompliziert und teuer ist. Wenn noch berücksichtigt wird, daß die Stellenlosenversicherung resp. deren starke Anforderung schon ein Zeichen unserer schlechten Wirtschaftslage ist, dann sollte natürlich hier alles vermieden werden, was sie bei den Dienstgebern unbeliebt macht. Übrigens ist die Möglichkeit ihrer Verschmelzung mit den anderen Zweigen der Angestelltenversicherung schon daraus gegeben, daß ihr derzeitiger Umfang ja nur durch die ganz abnormalen Verhältnisse auf dem Arbeitsmarkte entstanden ist, bei Eintritt halbwegs normaler Verhältnisse aber an Bedeutung wieder verlieren wird und der große Apparat ja nicht aufrecht erhalten werden kann. Bei einer Aufnahme der Stellenlosenversicherung in die Verwaltung der anderen Zweige der Angestelltenversicherung würde es sich als sehr vorteilhaft erweisen, wenn die Beiträge für die Notstandsaushilfen für das ganze Bundesgebiet gleich hoch bestimmt werden könnten. Wie bereits erwähnt, wird durch die jetztige Verschiedenheit der Sätze die ganze Verrechnung ungemein erschwert. Nicht nur jene Arbeiten, welche der vor-

*) In Niederösterreich 32 Arbeitslosenämter und 9 Exposituren (ohne Wien!).

schreibenden Stelle durch den Verkehr mit den Dienstgebern erwachsen, sondern auch jene Arbeiten, die sich auf die Errechnung und Abfuhr der Beiträge und den Versicherungsträger selbst beziehen, sind sehr kompliziert und kostspielig. Betrachtet man die Tatsache, daß die Stellenlosenversicherungsbeiträge und die Zuschläge von den Kassen mit den verschiedenen Landesregierungen, die Umlagen für die Arbeitsvermittlung mit den vielen Industriellen Bezirkskommissionen abgerechnet werden müssen, daß ferner die Länder ihren gesetzlichen Anteil an den Kosten der Arbeitslosenversicherung mit den von den diversen Krankenkassen erhaltenen Beiträgen wieder mit dem Ministerium für soziale Verwaltung, als Träger der Arbeitslosenversicherung, verrechnen müssen, daß ferner an der komplizierten Auszahlungs- und Verrechnungsart der Unterstützungsbeträge die Arbeitslosenämter und in den Provinzen auch die Steuerämter beteiligt sind und daß letzten Endes auch das Bundesministerium für Finanzen, welches ja auch die unbedeckten Leistungen der Arbeitslosenversicherung bevorschussen muß, ebenfalls alle notwendigen Verrechnungen mit allen bezüglichen Stellen vorzunehmen hat, dann wird jedenfalls das Praktische einer Konzentration einleuchten. Es ist bekannt, daß bei einigen Kassen Differenzen zum Nachteile der Stellenlosenversicherung vorgekommen sind, wodurch die letztere in dreifacher Weise geschädigt wurde, da eben für jeden zu gering abgeführten Beitrag auch das Land und der Bund automatisch weniger beizusteuern brauchen. Auch die verspätete Abfuhr von Beiträgen schädigt die Arbeitslosenversicherung in dreifacher Hinsicht, weil sie die Zinsen bei allen drei Beitragspflichtigen verliert. Eine Folge solcher Differenzen ist gewöhnlich eine Beitragserhöhung. Eine Konzentration der Angestelltenversicherung, auch unter Einbeziehung der Stellenvermittlung, könnte unschätzbare Vorteile und Ersparungen bringen, welch letztere ja wieder der Sache selbst zugute kommen könnten. Aber nicht nur durch die einmalige Evidenzhaltung der Versicherten, die einheitliche Eintreibung der Beiträge und die Inspektion der versicherungspflichtigen Betriebe, der Kontrolle der Rentner, Kranken und der Arbeitslosen durch ein und dasselbe Organ könnten Erfolge erzielt werden, sondern, was von ausschlaggebender Bedeutung ist, die ganze Leitung der Angestelltenversicherung könnte unter Ausschaltung der Industriellen Bezirkskommissionen von einer Stelle aus und in einer einheitlichen Form besorgt werden. Die gedachte Reichsanstalt für Angestelltenversicherung, welche dabei durchaus autonom und auf dem Prinzip der Selbstverwaltung aufgebaut sein könnte, würde auch in anderer Beziehung Vereinfachungen und Ersparnisse bringen können. Abgesehen von den vielen administrativen Kräften, welche derzeit bei den einzelnen Kassen und Industriellen Bezirkskommissionen gebunden sind und so für andere Zwecke frei werden würden, könnten auch viele Kräfte und Zeit bei den Funktionären frei werden, was durchaus nicht sagt, daß die einzelnen Länder nicht auch ihre Vertreter in die Landesstellen und die Zentralstellen entsenden könnten. Aber jedenfalls würde sich der derzeitige große und komplizierte Verwaltungsapparat, man denke nur an die vielen Rentenüberwachungs- und sonstigen Ausschüsse, einfacher und billiger gestalten.

Es ist natürlich, daß bei der räumlichen Unterbringung einer Anstalt für die Angestelltenversicherung Schwierigkeiten entstehen könnten und daß es günstiger wäre, ein Gebäude zu besitzen, welches allen Anforderungen entsprechen würde. Dessen Lage wäre nicht von ausschlaggebender Bedeutung, weil ja darin nur der Zentralapparat untergebracht werden würde. In Wien müßten ohnehin einige Ambulatorien geschaffen werden; das Hauptaugenmerk wäre darauf zu lenken, daß diese von den Kranken leicht und rasch zu erreichen wären. Bei der Zentralstelle wäre die Hauptsache, für die Standesführung einen großen Raum zu gewinnen, in welchem die ganzen Versicherungskarten und auch der Kataster untergebracht werden könnte. Unter diesem Raum müßte sich die Registratur befinden, rund um die Standesführung müßten sich alle jene Stellen befinden, welche Parteienverkehr haben und daher auf die Benützung der Versicherungskarten angewiesen sind, also in erster Linie die Leistungsabteilung für die Krankenversicherung und die Heilfürsorge, ferner jene für die Stellenlosenversicherung. Die Abteilung für Leistungen aus der Pensionsversicherung ist räumlich nicht so an die Standesführung gebunden, weil sie ja hauptsächlich mit den Versicherungsakten arbeitet. In dem Parteienraum, welcher um die Standesführung angelegt werden müßte, wäre natürlich eine große Anzahl von Schaltern notwendig, und zwar für Einreichung, getrennt nach den verschiedenen Leistungen der Krankenversicherung und der erweiterten Heilfürsorge, für die Stellenlosenversicherung, für die Arbeitsvermittlung und für Einreichung von Leistungen aus der Pensions- und Unfallversicherung. Eine Hauptbedingung wäre natürlich eine gute telephonische und pneumatische Verbindung dieses zentral gelegenen Raumes in die einzelnen Abteilungen (ähnlich wie bei der österreichischen Postsparkasse).

Die Standesführung, die Einhebung der Beiträge, überhaupt der Verkehr mit den Dienstgebern könnte von der Zentrale aus geschehen, während die Landesstellen und einige Bezirksstellen, welche für dichter bevölkerte oder große Gebiete zu errichten wären, sich nur mit den Ambulatorien und mit jenen Agenden der Stellenlosenversicherung und der anderen Versicherungszweige, welche Erhebungen und Überwachungen an Ort und Stelle notwendig machen, beschäftigen könnten.

Eine Zusammenziehung aller Zweige der Angestelltenversicherung muß durchaus nicht zur Folge haben, daß nicht für jeden einzelnen Zweig derselben eine eigene Betriebsrechnung weiter aufrecht erhalten werden könnte, im Gegenteil, es wäre sehr gut möglich und auch unbedingt notwendig, daß für jeden Zweig der Angestelltenversicherung eine eigene Gewinn- und Verlustrechnung gemacht werden würde. Sogar die Überschüsse eines Zweiges könnten demselben gewahrt bleiben, indem eben schon bei der Aufstellung der Fonds darauf Rücksicht genommen werden müßte. Die ganze komplizierte Verrechnung bei der Einhebung der Beiträge und deren Abfuhr an die verschiedenen Stellen würde ja aufhören, besonders die jetzt zeitraubende Verrechnung in der erweiterten Heilfürsorge der Versicherungsträger untereinander, so daß hier genug Raum für eine exakte Erfassung der Ziffern für die einzelnen Abteilungen bleiben würde. Was die notwendige Umstellung in bezug auf den § 109 Ang.-V.-G. wegen der Beitragssätze für die einzelnen Zweige der Angestelltenversicherung sowie den § 112 Ang.-V.-G. wegen der Verwaltungskostenanteile und den § 118 wegen der Mittel für die erweiterte Heilfürsorge anbelangt, so können sich hier keine besonderen Schwierigkeiten ergeben, weil diese Umstellungen ja ohne weiteres mathematisch richtig gemacht werden können, auf die hier näher einzugehen noch keine Notwendigkeit besteht.

Nicht zu unterschätzen wären alle jene Vereinfachungen und Ersparnisse, welche sich auch für das Bundesministerium für soziale Verwaltung teilweise als eigentlichem Träger der Stellenlosenversicherung, teils aber auch als oberste Aufsichtsbehörde ergeben würden. Es hätte in bezug auf die Angestelltenversicherung überhaupt nur mehr mit der Zentralanstalt zu verkehren und eine Unmenge von Verordnungen, Erlässen, Rundschreiben würde erspart bleiben. Für diese Anstalt würde ein Aufsichtskommissär genügen usw.

Ich möchte die Gelegenheit nicht vorübergehen lassen, zu erwähnen, daß eine Konzentration auch für das theoretische Wissen der mit der Durchführung der Angestelltenversicherung betrauten Beamten von großem Wert sein könnte. Die derzeitigen Fachkenntnisse eines Teiles der Angestelltenschaft sind oft gleicherweise dürftig wie die Bibliotheken der verschiedenen Anstalten. Letztere könnte ausgestaltet werden und der Angestelltenschaft zugute kommen. Dasselbe gilt von den Fachkursen, welche die einzelnen Kassen für ihre Angestellten halten. Die einzelnen Kassen sind in organisatorischer Beziehung noch sehr verschieden eingestellt, daß natürlich auch diese Kurse einen sehr problematischen Wert haben. Desgleichen zeitigen die sogenannten Organisationskomitees bei einigen Kassen ganz eigenartige Erfolge, die gewiß nicht immer zu einer Verbesserung der Organisation und der Geschäftsergebnisse beitragen und mitunter sogar gegen die primitivsten Schutzbestimmungen verstoßen.

Einen weiteren unschätzbaren Vorteil würde zweifellos auch die einheitliche Verwaltung und möglichst gute und sichere Anlage der Kapitalbestände bringen. Wenn auch noch lange nicht von einer toten Hand in der Angestelltenversicherung gesprochen werden kann, so darf nicht übersehen werden, daß gerade die Pensionsversicherung den von den höchsten Stellen unserer Verwaltung, von allen Wirtschaftsvereinigungen und auch den Dienstgebervertretern gestellten Wünschen nach Sparen bei einer möglichst hohen Kapitalsbildung entspricht. Die im Inland aufgesparten Kapitalien, wenn sie auch derzeit noch sehr gering sind, weil die meisten in den Inflationsjahren von Spekulanten in das Ausland verschleppt wurden, sollten ja die Stütze unserer Wirtschaft sein. Bei den derzeitig kleinen Spareinlagen bei den wenigen Großbanken, die wir noch besitzen, dürften die relativ größeren Einlagen der Angestelltenversicherung und die der Sozialversicherungsinstitute überhaupt schon so weit in die Waagschale fallen, daß durch eine entsprechende Einflußnahme auf die Bankleitungen die größte Rücksichtnahme auf die Bedürfnisse der Industrie und des Handels erzielt werden könnte.

Eine Konzentration in der Angestelltenversicherung müßte schließlich auch dazu beitragen, daß jenen Wünschen der jetzigen Hauptanstalt für Angestelltenversicherung und dem größten Teil ihrer Versicherten in bezug auf unbedingte Sicherung der Anwartschaften in der Pensionsversicherung durch eine Erhöhung der Deckungsreserve Rechnung getragen werden könnte.

II. TEIL.

Vorschläge zur praktischen Durchführung der Konzentration.

1. Einleitung.

Da Theorie und Praxis immer in Wechselbeziehungen stehen, so ist es natürlich, daß im I. Teil dieser Schrift die theoretische Bejahung der Frage auf Grund von erworbenen praktischen Erfahrungen erfolgt ist. Der II. Teil wird umgekehrt auf Grund von theoretischen Betrachtungen das P r a k t i s c h e für die Durchführung der Konzentration der Angestelltenversicherung suchen. Hiebei entsteht unwillkürlich eine Anzahl von Fragen, z. B.:

1. Aus welchen Anlässen ist die Behandlung dieses Problems entstanden?

2. Was ist ihr Zweck?

3. Kann durch eine Zentralisation nicht auch Schaden angestiftet werden, welcher ihre Vorteile aufwiegt oder übertrifft?

4. Wann soll die Konzentration durchgeführt werden?

5. Wäre es nicht besser, eine Überleitung zu veranlassen?

6. Wo ist ein brauchbares Vorbild für eine so einschneidende Änderung?

7. Läßt sich die Raumfrage lösen?

8. Läßt sich die Personalfrage lösen?

9. Wie werden sich die Länder zu einer Zentralisierung stellen?

10. Wie wird sich die Regierung zu einer solchen stellen?

11. Bildet die verschiedene Finanzlage der Kassen kein Hindernis?

12. Soll diese Änderung den Schlußstein im organisatorischen Aufbau der Angestelltenversicherung bilden oder sind wieder Rückbildungen zu erwarten?

Es ist auch zu beachten, ob nicht besonders die Pensionsversicherung, also jener Zweig der Angestelltenversicherung, auf welchen die Versicherten und ihre Angehörigen den größten Wert legen und welchem schließlich auch in sozialpolitischer Hinsicht die größte Bedeutung zukommt, da doch die Anwartschaften für eine lange Reihe von Jahren gewahrt bleiben müssen, wieder zu Schaden kommt. Zweifellos war für sie die Fassung des Angestelltengesetzes vom 29. Dezember 1926 keine günstige und es mußte auch schon nach kurzer Zeit novelliert werden. Die sechsmonatige Frist bis zum Inkrafttreten am 1. Juli 1927 war für die Kassen zu kurz, um die notwendigen Vorarbeiten zu treffen, der richtige Kontakt zwischen ihnen und den Dienstgebern, aber auch mit den Dienstnehmern konnte nicht rechtzeitig hergestellt werden. Die Folge war nicht nur eine verspätete Eintreibung der Beiträge, welche wohl rückwirkend in die erste Gebarungsperiode gebucht wurden, sondern auch eine unter dem Normalen stehende Inanspruchnahme der Kassenleistungen durch die Dienstnehmer, welche sich in äußerst guten Gebarungsergebnissen und Überschüssen pro 1927 auswirkte. Diese Überschüsse waren aber oft auch nur buchmäßige und scheinbare, hatten aber zur Folge, daß die Kassenverwaltungen daraus falsche Schlüsse zogen und glaubten, es mit einer Dauererscheinung zu tun zu haben; ja eine Verwaltung glaubte sogar sagen zu müssen, eine Krankenkasse sei kein Sparinstitut! Natürlich kamen schon im Jahre 1928, wie aus den meist ungünstigen Betriebsrechnungen und Bilanzen zu ersehen ist, die natürlichen Rückschläge zur Auswirkung. Selbst jene Argumente, welche zu einer Zusammenziehung der Beitragsvorschreibung und Einhebung für alle Zweige der Angestelltenversicherung durch die Versicherungskassen geführt haben, daß nämlich die Hauptanstalt viel Zeit und Spesen ersparen könnte, weil es für die Kassen gleichgültig wäre, ob sie die Beiträge für sich und die Stellenlosenversicherung allein oder aber auch für die Pensionsversicherung in einem, ob sie also x oder x + y einheben würden, sind schon im Jahre 1928 verstummt und es ist im Gegenteil das Bestreben entstanden, für die Einhebung der fremden Beiträge eine Vergütung zu erhalten. Diese Bemühungen hatten die neuen Bestimmungen des § 112, Ang.-V.-G., zur Folge, welche der Pensionsversicherung schwere Lasten auferlegen. Im Jahre 1928 betrugen diese Belastungen bei der Hauptanstalt S 1,328.031,88, während die eigenen Verwaltungskosten nur S 932.667,22 betrugen, d. s. kaum 2% der Beitragseinnahme von S 47,708.694,— *). Diese verhältnismäßig niederen Verwaltungskostensätze bei der Hauptanstalt sind nichts Neues, weil die Pensionsanstalt schon früher, wo sie auch die Beiträge selbst vorschrieb und einhob, einen ähnlichen Satz gehabt hat. Es wäre für das Jahr 1928, wenn die Hauptanstalt weiter ihre Beiträge selbst eingehoben hätte, sicher kein höherer Verwaltungskostensatz als 3% erreicht

*) Die korrespondierenden Ziffern für das Jahr 1931 betragen: S 1,439.104,76, S 1,124.934,70 und S 60,595.411,34.

worden, während sie jetzt allein 3% an Inkassogebühren zahlen muß und so unter Berücksichtigung ihrer Spesen derzeit auf einen Satz von 5% kommt. Einigen Kassen genügt aber der Verwaltungsspesenersatz der Hauptanstalt und der 3% der Stellenlosenversicherung nicht mehr, um ihr finanzielles Gleichgewicht aufrecht zu erhalten, obwohl sie bei den Verwaltungskosten ganz bedeutende Überschüsse haben, daher sie sich weitgehender Einschränkungen, besonders in der erweiterten Heilfürsorge, unterwerfen müssen, dies um so mehr, als eine Beitragserhöhung nicht durchzusetzen ist. Einschränkungen in welcher Form immer wirken aber natürlich unsympathisch auf die Versicherten, die ebenfalls durch die Auswirkungen der guten Erfolge des Jahres 1927 verwöhnt wurden. Jetzt kommt noch eine überaus große Anzahl von Zeitungsartikeln und Versammlungsreden gegen die Krankenkassen und so ist plötzlich der Wunsch nach einer Einheitskasse laut geworden. Es ist aber jedenfalls interessant zu bemerken, daß einzelne Personen und Stellen, welche noch vor zwei Jahren und auch jetzt noch für den § 53 (2) Wertschätzung hatten und so eigentlich einer Dezentralisation Vorschub geleistet haben, jetzt, allerdings von anderer Stelle aus, für eine Einheitskasse sind. Die Frage einer Zentralisation der Angestelltenversicherung kann nur von einer solchen Stelle aus gestellt werden, welche das allergrößte Verantwortlichkeitsgefühl sowie auch ein langjähriges Wissen auf diesem Gebiet aufweist. Aber auch die Beantwortung kann nur auf rein zweckmäßigen Gründen fußen und ebenfalls im Bewußtsein der Tragweite aller eventuell eintretender Vor- und Nachteile geschehen.

2. Vorbereitungsarbeiten.

Ist der Zweck der Konzentration in erster Linie der, daß den notleidenden Krankenkassen geholfen werden soll, ohne daß eine Erhöhung der Beitragssätze eintritt, so kann dies natürlich nicht ganz einfach durch eine Verschiebung der Quotensätze geschehen. Dieses Verlangen ist ja auch tatsächlich von einer Kasse schon gestellt worden, und zwar gerade von jener, welche am wenigsten mit den ihr zur Verfügung stehenden Mitteln das Auslangen gefunden hat. Eine Kürzung des Anteiles für die Pensions- und Unfallversicherung ist ganz undenkbar, weil diese schließlich in kurzer Zeit die ganze Existenz derselben und der Angestelltenversicherung überhaupt in Frage stellen würde. An eine Herabminderung des Satzes für die Stellenlosenversicherung ist bei der derzeitigen Arbeitslosigkeit und bei der Einstellung der Dienstgeber und der Regierung, welche für sie immer große Vorauszahlungen leisten muß, nicht zu denken. Es bleibt also nichts anderes übrig, als bei

Verzicht auf neue Mittel mit dem Vorhandenen durch weitgehende Vereinfachungen und Sparmaßnahmen das Auslangen zu finden, wobei sicher auch die Riskentrennung in der Stellenlosenversicherung und die dadurch bedingten erhöhten Einnahmen Erleichterungen bringen würden. Es wolle hiebei beachtet werden, daß sich in jedem großen Betrieb eine plötzliche und zu wenig vorbereitete Umgestaltung recht unangenehm bemerkbar macht, es müßte daher zeitgerecht alles Notwendige für eine reibungslose Zusammenziehung aller Zweige der Angestelltenversicherung und aller Institute vorgesehen werden. Betrachtet man aber die derzeitige Organisation der Krankenkassen allein, so wird man finden, daß dieselbe noch viel zu verschieden ist. Es müßte zuerst die innere Organisation der Kassen sozusagen auf einen gleichen Nenner gebracht werden. Auch die Versicherungskarten, die Evidenzhaltung der Familienmitglieder, die Evidenzhaltung der Kranken, die Form der Gehaltslisten, die Art der ganzen Beitragsverrechnung usw. müßte zuerst typisiert werden. Aus einem Zusammenwerfen von verschieden organisierten Abteilungen kann nur ein unabsehbares Durcheinander entstehen, was aber unbedingt vermieden werden müßte. Es wäre daher ratsam, durch möglichst rasche und gründliche Ausarbeitung einer ausführlichen Dienstinstruktion für die Krankenkassen eine Einheitlichkeit in der ganzen Geschäftsführung zu erzielen, so daß die Frist für eine Zentralisation möglichst kurz werden könnte. An eine entsprechende Überleitung der Stellenlosenversicherung in die Angestelltenversicherung müßte auch gedacht werden, soll in dem komplizierten Apparat keine Störung eintreten. Hierauf müßte schon bei Ausarbeitung einer neuen Dienstinstruktion Bedacht genommen werden. Leider ist nirgends ein brauchbares Vorbild zu finden. Diese Instruktion müßte unter Führung der Hauptanstalt unter Zuziehung und im Einvernehmen mit den besten Fachleuten der Kassen, der Stellenlosenversicherung und unter Mitwirkung des Ministeriums für soziale Verwaltung ausgearbeitet werden. Eine solche Instruktion, für welche ja schon brauchbare Vorarbeiten gemacht worden sind, könnte noch im laufenden Jahre fertig werden. Nach einem Jahre Übergangszeit zur Anwendung derselben, um die notwendige gleichartige Gebarung der Kassen herzustellen, könnte eine Zentralisation schon in kurzer Zeit ins Auge gefaßt werden. Für die möglichst günstige Erledigung der Raumfrage müßten rechtzeitig die notwendigen Vorkehrungen getroffen werden, um auch dem Bedürfnis einer zentral gelegenen Standesführung entsprechen zu können. Für die Standesführung und auch für die Registratur wäre es am zweckmäßigsten, in einem großen Hofraum die nötigen Baulichkeiten mit einem Glasdach aufzuführen, so daß Licht und Luft vorhanden wären, ohne daß diese den in den Stockwerken angebauten Büros entzogen werden würden.

3. Die Personalfrage.

Die Frage, welche wohl am schwersten lösbar erscheint, ist die Personalfrage. Dies gilt sowohl in bezug auf die führenden Funktionäre als auch des leitenden Beamten und die Oberbeamten. Werden jene Persönlichkeiten, welche bereits durch viele Jahre bewiesen haben, daß sie alle an sie herantretenden technischen und praktischen Schwierigkeiten zu meistern imstande waren und welche einen so großen Überblick in allen Fragen der Angestelltenversicherung haben, daß sie auch alle durch eine Konzentration neu auftretenden Probleme lösen werden, auch weiter das Steuer in der Hand behalten? Ein solch großes Institut, wie es eine einheitliche Angestelltenversicherung erfordert, mit einer mittelmäßigen oder gar schlechten Führung, würde nicht mehr gutzumachenden Schaden bringen. Werden jene Beamten der Hauptanstalt und der Versicherungskassen, welche in langen Jahren, oft unter Hintansetzung der persönlichen Interessen, Mustergültiges geleistet haben, auch weiter ihren Fleiß und ihr Talent zum Nutzen der Sache einsetzen können, oder wird nicht der Umstand, daß in letzter Zeit zu viel leitende Stellen bei den Kassen — bei einer gleich vier — geschaffen wurden, mehr das rein persönliche Moment in den Vordergrund treten? Welchen Schaden eine neue Leitung ohne Erfahrung und ohne Praxis verursachen kann, das zeigt so manche Betriebsrechnung und Bilanz schon für das Jahr 1928. Eine Provinzkasse mittleren Umfanges, welche anfangs 1928 einen Heilfürsorgefonds und einen Reservefonds von zusammen zirka S 300.000,— besaß, hatte Ende 1928 diese Fonds aufgezehrt, darüber hinaus noch einen bedeutenden Abgang und außerdem über S 500.000,—, welche sie im Dezember für Rechnung der fremden Versicherungsträger eingehoben, nicht bar verfügbar, sondern ebenfalls aufgebraucht; den Bestimmungen des § 83 (2), Ang.-V.-G., wurde hier zu wenig Beachtung geschenkt. Ich erwähne dieses Beispiel nur deshalb, um zu zeigen, was eine Leitung und auch ein Buchhalter schon in einem Jahre für Unheil anrichten können, wenn sie ihren Aufgaben nicht gewachsen sind. Ein leitender Beamter braucht wohl keinen Schaden stiften, wenn er klug genug ist und sich auf gute Abteilungsleiter stützt; fehlen diese aber auch, dann ist eben das Unheil fertig. Je größer ein Institut, desto größer natürlich das Unheil. Auf die Mitarbeit der erprobten führenden Fachleute müßte also zumindest für die ersten Jahre Gewicht gelegt werden; in einigen Jahren könnte ja ein guter Nachwuchs ausgebildet werden. Aber auch die Personalverhältnisse im allgemeinen werden Schwierigkeiten bereiten. Bei der Schaffung der neuen Versicherungskassen wurden die Bestimmungen des § 140, Ang.-V.-G., viel zu wenig beachtet, so daß sich jetzt bei einer Konzentration die Folgen bemerkbar machen müssen. Es wurden zu viele branchenfremde neue Personen angestellt, die bei einer Konzentration nicht restlos Verwendung finden könnten. Werden die alten Kräfte pensioniert und die neuen Kräfte, welche teilweise bei der Aufnahme höher bezahlt wurden, als die Angestellten der Hauptanstalt mit einer Dienstzeit von 20 und mehr Jahren, dann wird die Beweglichkeit der neuen Anstalt durch eine zu große Belastung des Spesenkontos sehr eingeschränkt und der Erfolg der Konzentration hier ein fraglicher. Die Verwaltung eines großen Sozialversicherungsinstitutes müßte einfach, klar und billig sein, sie bedarf einer gewissen Stabilität, sie soll die Entwicklung rechtzeitig erkennen und danach ihre Maßnahmen treffen. Eng verknüpft mit der Personalfrage ist auch jene Frage, wie sich die Länder zu einer Zentralisation stellen werden. Die Stellung der Länder würde schon deswegen, weil sie ja zu den Kosten der Arbeitslosenversicherung ein Drittel beitragen müssen und so an einer rationellen Verwaltung der Angestelltenversicherung Interesse haben, keine unbedingt ablehnende sein. Auch die Landesregierungen, welche mit umfangreichen Arbeiten für die Angestelltenversicherung, besonders für die Stellenlosenversicherung, belastet sind, würden Vereinfachungen begrüßen müssen. Daß die derzeit in den Landeshauptstädten bediensteten Angestellten der Angestelltenkassen ganz überflüssig werden müssen, kann ja auch nicht behauptet werden. Es wäre also gar nicht einzusehen, warum von dieser Seite, welche eigentlich am meisten hilfsbedürftig ist, Schwierigkeiten gemacht werden sollten.

Die Bundesregierung wird zweifellos einer Konzentration zustimmen, und zwar schon aus dem Grunde, weil sie ja so wie die Länder schwere Opfer für die Stellenlosenversicherung bringen muß und weil sie derzeit, wie bereits erwähnt, einen ziemlich großen Apparat für die Stellenlosenversicherung und auch als oberste Aufsichtsbehörde braucht. Gerade das Bundesministerium für soziale Verwaltung wäre berufen, seine Erfahrungen, welche es bei der Konzentration der Wiener Arbeiterkrankenkassen gewonnen hat, in den Dienst der Sache zu stellen.

4. Die finanzielle und die Organisationsfrage.

Was die Finanzlage betrifft, die bei einigen Kassen ziemlich trostlos ist, so muß eben die Übergangszeit dazu benützt werden, um alles daran zu setzen, daß sich diese zum Besseren wendet und nicht vielleicht auf Kosten der in Aussicht genommenen Konzentration verschlechtert, indem ganz einfach den Dingen freier Lauf gelassen wird. Eine straffere Beaufsichtigung jener Kassen, welche mit ihren Mitteln nicht hauszuhalten verstanden haben, müßte eben sofort ins Auge gefaßt werden.

Wenn diese Organisationsänderung den Schlußstein im organisatorischen Aufbau der Angestelltenversicherung bilden soll, dann ist es um so mehr notwendig, alles vorzukehren, daß sich keine neuen Schwierigkeiten wieder ergeben können, die vielleicht den Dienstgebern und auch den Dienstnehmern wieder den Austritt und eine Absonderung von dem einzigen Träger der Angestelltenschaft wünschenswert erscheinen lassen. Es darf ja nicht übersehen werden, daß auch solche Kreise, die derzeit für eine Vereinheitlichung sind, vor dem Inkrafttreten des Angestelltenversicherungsgesetzes für Wahlkassen eingetreten sind. Es ist nicht von der Hand zu weisen, daß einige jener Versicherungsträger, welche derzeit mit finanziellen Schwierigkeiten zu kämpfen haben, für irgend eine Änderung des jetzigen Verhältnisses sind, wenn sie dabei nur über die derzeitigen Schwierigkeiten hinwegkommen. Öfters ist das Bestreben weniger auf eine Einheitlichkeit, als — ich verweise hier auf eine Äußerung anläßlich einer Hauptversammlung — auf eine Verschiebung der der Angestelltenversicherung zur Verfügung stehenden Mittel gerichtet. Die Annahme, daß die Stellenlosenversicherung auf einen Teil ihres Satzes zugunsten der Krankenversicherung verzichten kann, beruht auf ganz irrigen Voraussetzungen. Die Stellenlosenversicherung hat keine Überschüsse, im Gegenteil, der Bundesschatz muß für diese ganz namhafte Vorauszahlungen leisten und muß überhaupt immer die notwendigen Barmittel zur Verfügung stellen und hat daher ein großes Guthaben. Wenn die Konzentration auf Kosten des Beitragssatzes der Pensions- und Unfallversicherung geschehen sollte, dann kann heute schon mit einer gewissen Sicherheit gesagt werden, daß mit einem solchen Versuch ihre Existenz und die der Angestelltenversicherung überhaupt bedroht werden würde. Es ist zur Genüge bekannt, daß die Pensionsversicherung in kurzer Zeit schon nur mehr so viel einnehmen wird, als sie verausgaben muß und daß auch die verhältnismäßig geringen Deckungsreserven, welche vorhanden sind, ebenfalls in einiger Zeit aufgebraucht sein werden. Wenn die Sanierung der Krankenversicherung, welche in einigen Fällen nicht ohne Verschulden der Leitungen in Not geraten ist, auf Kosten des Beitragssatzes oder des verhältnismäßig kleinen Kapitalvorrates der Hauptanstalt geschehen soll, dann wäre es wohl besser, bei dem derzeitigen Verhältnis zu bleiben und die bestehenden Übel von anderer Seite aus zu beseitigen. Es ist immerhin möglich, daß sich in einigen Jahren das Vermögensverhältnis der Pensionsversicherung zu den anderen Zweigen der Angestelltenversicherung verschlechtert und daß letztere dann vielleicht wieder auf eine Auseinanderlegung der Angestelltenversicherung bedacht werden. Ein großer Teil der Ursachen der Not der Krankenversicherung und auch der Stellenlosenversicherung ist ja auf die ganz abnormal schlechten Wirtschaftsverhältnisse zurückzuführen. Treten in Zukunft wieder bessere Verhältnisse auf dem Arbeitsmarkte ein, dann wird sich dadurch die Lage dieser zwei Versicherungsarten sicher wieder besser gestalten. Für die Pensionsversicherung wird eine Besserung der Wirtschaftslage insoferne Vorteile bringen, als die Kurve bei den Invaliden- und Altersrentnern etwas weniger ansteigen wird, denn so mancher Alters- und auch Invalidenrentner würde auf die Rente verzichten, wenn er einen seinen Kräften entsprechenden Posten finden könnte.

Bei einer Konzentration der Angestelltenversicherung müßte trotz getrennter Rechnungslegung eine einheitliche Leitung gewährleistet und auch die Stellung des Präsidenten müßte eine entsprechend gehobene sein. Alle verwaltungstechnischen Maßnahmen sowie die ganze Einnahmen- und Ausgabengebarung müßte im engsten Einvernehmen mit der Leitung und allen maßgebenden Stellen einer laufenden Kontrolle unterworfen werden.

Soviel Nutzen eine Konzentration nach allen Seiten hin bringen kann, soviel könnte sie aber auch Schaden bringen, wenn sie überstürzt gemacht werden würde. Wie bereits erwähnt, müßte daher für die administrativen Vorarbeiten die nötige Zeit gegeben werden, denn würde nicht alles klappen, dann könnte der Fall eintreten, ich glaube ein Beispiel vorbringen zu können, daß über den neuen und großen Apparat mit über einer Viertelmillion unmittelbar Versicherter der Überblick verloren ginge, in welchem Falle natürlich die Vorteile einer Konzentration gar nicht zum Ausdruck kommen, die Nachteile sich aber dagegen sehr fühlbar machen könnten. Es darf nicht vergessen werden, daß schließlich jede Änderung des gesetzlichen Aufbaues oder auch der Organisationsform viel Zeit und Geld kostet. Es wird hier nur auf das Angestelltenversicherungsgesetz verwiesen, wo die Überleitungsarbeiten ungefähr drei Jahre dauerten und die sogenannten ersten Einrichtungskosten sowohl für die Hauptanstalt als auch die Versicherungskassen namhafte Beträge erforderten.

Es darf überhaupt nicht übersehen werden, daß jede Änderung einer Betriebsform, auf welchem Gebiet immer, mit großen Kosten verbunden ist, die oft den erzielten Erfolg für einige Jahre aufzehren. Lehrreiche Erfahrungen bei Zusammenziehungen von Betrieben geben die Bankenfusionierungen der letzten Jahre, hier sei nur auf die Vereinigung der Verkehrsbank und der Unionbank mit der mittlerweile zusammengebrochenen Bodenkreditanstalt und die daraus für die österreichische Wirtschaft entstandene Krise verwiesen. Es ist daher bei jeder Fusionierung oder auch nur bei Änderung der Betriebsform die größte Vorsicht geboten.

Übrigens soll nicht unerwähnt bleiben, daß schon der Artikel II des Ang.-V.-G. einer einheitlichen und zweckmäßigen Besorgung gemeinsamer Kassenangelegenheiten durch Gründung von Kassenverbänden Rechnung trägt. Solche Verbände könnten natürlich ebenfalls viele der im ersten Teil dieser Schrift vermerkten Verbesserungen und Ersparnisse bringen. Ob aber solche Verbände, welche sich, wie ja ersichtlich, nicht so ohne weiteres bilden, auch auf die Dauer eine Vereinheitlichung der Angestelltenversicherung überflüssig machen würden, ist zu bezweifeln. Auch der Verband der Arbeiterkrankenkassen für Wien, Niederösterreich und das Burgenland hat schließlich nach jahrelangem Bestand in Wien wenigstens einer Konzentration Platz machen müssen. Die Schaffung von Verbänden innerhalb der Angestelltenversicherung ist ja eine reine Kassenangelegenheit, aber trotzdem muß bedacht werden, ob nicht durch sie für eine Vereinheitlichung der Angestelltenversicherung mehr Schaden als Nutzen gestiftet oder sozusagen der Weg verlegt werden würde. Ihre Gründung würde wieder mit einer Umstellung so mancher bestehender Einrichtungen, Einrichtungskosten und Personalkosten verbunden sein. Es wäre ganz gut möglich, daß sich diese Verbände, welche sich auch wahrscheinlich nicht auf alle Kassen erstrecken würden, bei einer Konzentrationsdurchführung hinderlich zeigen würden, zumindest würde bei einer solchen mit einem Faktor mehr zu rechnen sein. Diejenigen Verbesserungen, welche eine durchgreifende Vereinheitlichung der Angestelltenversicherung bringen können, können natürlich von Verbänden überhaupt nicht erzielt werden und es wäre daher gewiß besser, anstatt das Hauptaugenmerk auf eine derartige Gründung zu richten, mit aller Intensität die Vorarbeiten für eine gründliche, allen Anforderungen entsprechende Konzentration zu betreiben.

Es ist natürlich, daß in dieser Schrift infolge der zur Verfügung stehenden beschränkten Zeit nur die Hauptargumente für die bejahende Beantwortung der gestellten Frage angeführt werden konnten. Jeder der angeführten Punkte läßt sich noch eingehender begründen.

5. Zusammenfassung.

Kurz zusammengefaßt möchte ich die gestellte Frage so beantworten, daß die einheitliche Durchführung der Angestelltenversicherung unter der Voraussetzung einer fachkundigen und bereits bewährten Führung sowohl vom theoretischen als auch vom praktischen Gesichtspunkt aus betrachtet, bedeutende Vorteile für alle Beteiligten bringen würde.

Die Zusammenlegung der drei Zweige der Angestelltenversicherung sowie auch der Arbeitsvermittlung sollte gleichzeitig geschehen, aber erst nachdem sich die Organisationsform der Krankenkassen vereinheitlicht hat, wozu die schleunigste Ausarbeitung einer genauen Dienstinstruktion notwendig wäre.

Je nachdem, ob sich die Zusammenziehung aller drei Arten der Angestelltenversicherung oder nur der Krankenversicherung mit der Pensions- und Unfallversicherung, mit oder ohne den Sonderinstituten, oder ob nur die Krankenkassen für das ganze Bundesgebiet, oder nur jene Wiens, hier wieder mit oder ohne Wahlkasse, vollzogen werden soll, wären die Vorbereitungsarbeiten zu leisten und hiefür die entsprechende Zeit festzulegen, damit dann die Durchführung der Vereinigung in welchem Ausmaß immer ohne irgend welche Störungen in der Dienstesabwicklung vor sich gehen könnte.

Daß die Durchführung der Angestelltenversicherung in der derzeitigen Form auf die Dauer nicht aufrecht erhalten werden kann, ist sicher und es ist nur eine Frage der Zeit, wann die Vereinheitlichung kommen wird. Die Hauptanstalt und die anderen Träger der Angestelltenversicherung besitzen gewiß schon eine solche Fülle von praktischen Erfahrungen, daß unter deren Berücksichtigung sicherlich große Fortschritte zu erzielen wären.

Anvertrautes Gut in der Sozialversicherung.

Referat für den ÖKW-Krankenkassenausschuß

erstattet von

Leopold Mühlberger,

Zentralinspektor der Hauptanstalt für Angestellten-
versicherung, Wien.

Inhaltsverzeichnis.

Seite

Einleitung: Wechselbeziehungen zwischen Wirtschaft und Sozialversicherung 187

Der Grundsatz der Ipso-jure-Versicherung . 187

Begünstigung der Sozialversicherungsträger bei Eintreibung von Beitragsrückständen 189

Der Begriff des „anvertrauten Gutes“ in der Angestellten- und Arbeiterkrankenversicherung 190

Mißstände in der Praxis und die Judikatur . . 190

Der Oberste Gerichtshof und der Begriff des „anvertrauten Gutes“ 192

Die Haltung der Staatsanwaltschaft und der Gerichte 195

Einleitung.

Auf dem Gebiete der Sozialversicherung wurden ganz besonders in den letzten Jahren Erfahrungen gewonnen, welche beweisen, wie ihre finanzielle Lage von der jeweiligen Konjunktur unserer Industrie, des Handels und der ganzen Volkswirtschaft abhängig ist. So natürlich eigentlich diese Erscheinung ist, so selbstverständlich ist auch, daß gegen die Folgen dieser Abhängigkeit Vorkehrungen getroffen werden müssen. Dies ist um so notwendiger, als gerade die Sozialversicherung jede Wirtschaftskrise und jede Katastrophe auf volksgesundheitlichem Gebiet in mehrfacher Art zu spüren bekommt. Jede Wirtschaftskrise, durch welche Umstände immer hervorgerufen, vergrößert unser Heer von Arbeits- und Postenlosen; die Zahl der Unterstützten wächst und die Ausgaben werden größer, wogegen die Zahl der Beitragenden sinkt und die Einnahmen an Beiträgen kleiner werden. Naturereignisse, wie beispielsweise die vorjährige Kältekatastrophe, legen fast den gesamten Kleinhandel still, was naturgemäß böse Rückwirkungen auf den Großhandel und auch auf die Industrie zur Folge hat. Durch solche Naturereignisse und auch durch Epidemien steigt nicht nur die Zahl der Arbeitslosen, sondern auch die Zahl der Erkrankungen und Todesfälle übertrifft weit das normale Ausmaß. Die Folge davon ist wieder eine erhöhte Inanspruchnahme der Arbeitslosenversicherung, der Krankenkassen und bei den Angestellten auch der Pensionsversicherung. Alle Versicherungsträger weisen derzeit abnormal hohe Leistungsziffern aus und können meist nur unter den allerschwersten Verhältnissen ihren gesetzlichen Verpflichtungen nachkommen. Bei den engen Wechselbeziehungen zwischen Wirtschaft und Sozialversicherung wirkt sich aber jedes ungünstige Vorkommnis in der ersteren noch in einer dritten Art sehr unangenehm für die letztere aus, nämlich so, daß sie trotz erhöhter Inanspruchnahme der Versicherungsleistungen bei gesunkenen Beitragsvorschreibungen letztere schwer oder trotz aller Bemühungen gar nicht hereinbringen kann. Die Folge davon ist natürlich auch ein Ansteigen der Verwaltungsspesen.

Der Grundsatz der Ipso-jure-Versicherung.

Beachtet man noch, daß die Sozialversicherung eine Ipso-jure-Versicherung ist, so kann man unschwer ermessen, wie leicht sie aus dem finanziellen Gleichgewicht geworfen werden kann. Es liegt im Wesen der Sozialversicherung, daß dem schutzbedürftigen Arbeiter und Angestellten die notwendige Hilfe geboten wird, einerlei, ob er angemeldet wurde oder nicht, einerlei, ob für ihn Beiträge bezahlt wurden oder nicht. Das Gesetz über die Krankenversicherung der Arbeiter in der Fassung der Verordnung der Bundesregierung vom 20. November 1922 sagt im § 1: „Jeder berufsmäßig als Angestellter, Arbeiter, Lehrling oder Hausgehilfe Beschäftigte ist nach den gesetzlichen Bestimmungen über die Krankenversicherung der Arbeiter für den Krankheitsfall versichert." Im Arbeiterkrankenversicherungsgesetz 1929 (A.-K.-V.-G. 1929), § 1 (1), ist diese Bestimmung wie folgt formuliert: „Versicherungspflichtig und nach diesem Gesetz für den Krankheitsfall versichert ist, wer auf Grund eines Arbeits-, Dienst- oder Lohnverhältnisses berufsmäßig beschäftigt ist." In der Angestelltenversicherung ist die Ipso-jure-Versicherung im § 1 (1) verankert. Er lautet: „Versicherungspflichtig und nach den folgenden Bestimmungen für die Fälle der Krankheit, der Stellenlosigkeit, der Berufsunfähigkeit, des Alters und des Todes sowie für die Folgen eines Dienstunfalles versichert ist, wer im Inland bei einem oder mehreren Dienstgebern vorwiegend zu Diensten folgender Art angestellt ist . . . ." § 62 dieses Gesetzes sagt: „. . . Die Mitgliedschaft beim zuständigen Versicherungsträger wird unabhängig von der Erstattung der Anmeldung mit dem Tage des Eintrittes in die versicherungspflichtige Beschäftigung erworben." Mitglieder einer Versicherungskasse sind auch stets Mitglieder der Hauptanstalt für Angestelltenversicherung, Träger der Pensions- und Unfallversicherung. Inwieweit hier die Mitgliedschaft für den Erwerb von Ansprüchen auf Pensionsleistungen in Betracht kommt, regelt § 90 (1): „Die Anrechnung von Beitragszeiten für die Pensionsversicherung erfolgt, wenn die Anmeldung rechtzeitig erstattet wurde, von jenem Monat an, innerhalb dessen der Eintritt in die versicherungspflichtige Beschäftigung erfolgte, ohne Rücksicht darauf, ob die Angestelltenversicherungsbeiträge (§ 107) gezahlt wurden oder nicht. Wenn die Meldung nicht rechtzeitig oder überhaupt nicht erstattet wurde, zählt die Beitragszeit von jenem Monat an, innerhalb dessen die Meldung nachträglich erfolgte oder die Versicherungspflicht durch Bescheid oder von Amts wegen festgestellt wurde, ohne Rücksicht darauf, ob die Angestelltenversicherungsbeiträge gezahlt wurden oder nicht; die vorher zurückgelegte Dienstzeit wird lediglich nach Maßgabe der tatsächlich gezahlten Beiträge angerechnet, sofern die nachträgliche Bezahlung innerhalb sechs Jahren nach Fälligkeit erfolgt." In der Kranken- und Stellenlosenversicherung müssen also alle

Geld- und Sachleistungen geboten werden, einerlei, ob die Anmeldungen erstattet und die Beiträge bezahlt wurden oder nicht. Auch in der Pensionsversicherung zählt jeder Monat nach der Anmeldung, ohne Rücksicht darauf, ob die Beiträge bezahlt wurden oder nicht, für die Anwartschaften.

Begünstigung der Sozialversicherungsträger bei Eintreibung von Beitragsrückständen.

Bei der Eintreibung von Beitragsrückständen genießen die Versicherungsträger allerdings weitgehende Begünstigungen. § 38 des Angestelltenversicherungsgesetzes 1929 bestimmt, daß rückständige Versicherungsbeiträge im Verwaltungs- oder gerichtlichen Wege eingetrieben werden können, wobei sie im Ausgleichs- und Konkursverfahren das Vorzugsrecht der Steuerrückstände genießen. Auch in administrativer Hinsicht haben die Versicherungsträger schon immer Erleichterungen gehabt. § 73 des alten Krankenversicherungsgesetzes lautet: „Die Gemeinden sind verpflichtet, über Verlangen der politischen Behörden bei der Ausführung dieses Gesetzes mitzuwirken." Im neuen Gesetz heißt es im § 76: „Die Behörden der allgemeinen Verwaltung und die Gemeinden sind verpflichtet, den am Vollzug dieses Gesetzes an sie ergehenden Ansuchen der Krankenkassen zu entsprechen." Im Angestelltenversicherungsgesetz sagt der § 100 (1): „Die politischen und Gemeindebehörden sind verpflichtet, den an sie gerichteten Ersuchen der Versicherungsträger nach Tunlichkeit zu entsprechen, ihnen ihre Unterstützung angedeihen und auch unaufgefordert alle Mitteilungen zukommen zu lassen, die für deren Geschäftsbetrieb von Wichtigkeit sein können." Noch deutlicher tritt der Schutz der Versicherungsträger hervor, wenn es sich um die Eintreibungen der Beitragsrückstände handelt. Schon eine kaiserliche Verordnung vom 20. April 1854, R.-G.-Bl. Nr. 96, Amtliche Nachrichten ex 1890, Seite 11, befaßt sich mit dieser Sache. Da den Beiträgen zu den Krankenkassen durch die Judikatur der Charakter einer auf dem versicherungspflichtigen Unternehmen haftenden öffentlichen Abgabe zuerkannt wurde, wurden die Gerichte darauf aufmerksam gemacht, daß die zur Vorschreibung dieser Beiträge berufenen Kassen von der Versteigerung einer Liegenschaft gemäß § 172, Z. 1, E.-O., dann zu verständigen sind, wenn auf der Liegenschaft ein versicherungspflichtiges Unternehmen betrieben wird oder wenn wenigstens nicht offenbar ist, daß solche Beiträge nicht in Betracht kommen. Daß diese Schutzmaßnahmen bei der Eintreibung von Beitragsrückständen gerechtfertigt sind, geht wohl aus der Erwägung hervor, daß die Versicherungsträger sich ihre Schuldner nicht selbst auswählen oder dieselben gar ablehnen könnten.

Der Begriff des „anvertrauten Gutes“ in der Angestellten- und Arbeiterkrankenversicherung.

Aber alle diese Schutzmaßnahmen waren in den letzten Jahren nicht imstande — und sie sind es auch heute nicht —, der ganz abnormal schlechten Wirtschaftslage und ganz besonders der sehr häufig tiefstehenden geschäftlichen Moral ein entsprechendes Gegengewicht zu bieten, und so wurde im Angestelltenversicherungsgesetz vom 1. Juli 1927 der § 116 angenommen; dieser lautet: „Der Dienstgeber ist berechtigt, den auf den Dienstnehmer entfallenden Teil des Angestelltenversicherungsbeitrages von dessen Bezügen abzuziehen. Dieses Recht muß bei sonstigem Erlöschen innerhalb Monatsfrist nach der ersten, auf die Fälligkeit des Beitrages folgenden Gehaltszahlung ausgeübt werden, es sei denn, daß die nachträgliche Entrichtung des Angestelltenversicherungsbeitrages vom Dienstgeber nicht verschuldet ist; doch darf auch in diesem Falle dem Dienstnehmer in keinem Monat mehr als der volle Angestelltenversicherungsbeitrag in Abzug gebracht werden. Bis zur Abfuhr gilt der im Abzugswege eingehobene Beitragsteil des Versicherten als dem Dienstgeber *anvertrautes Gut*.“ Noch deutlicher lautet der § 36 (2) des Arbeiterkrankenversicherungsgesetzes 1929: „Bis zur Abfuhr an die Krankenkasse ist der im Abzugsweg eingehobene Beitragsteil des Versicherten ein dem Arbeitgeber *anvertrautes Gut*. Der Beitragsteil des Versicherten gilt als im Abzugswege eingehoben, wenn dem Arbeitnehmer nur der um seinen Beitragsteil verkürzte Lohn ausbezahlt wurde.“

Mißstände in der Praxis und die Judikatur.

Ganz besonders diese letzte Bestimmung zeigt deutlich den Willen des Gesetzgebers, wenigstens den auf den Versicherten entfallenden Beitragsteil zu sichern und dem Zugriff eines unredlichen Dienstgebers zu entziehen. Es sind genug Fälle bekannt, wo es sich bei Abschreibungen wegen Uneinbringlichkeit von oft ziemlich hohen Beiträgen gezeigt hat, daß der Dienstgeber seinen Bediensteten schon bei der Aufnahme den Abzug der Beiträge für die Sozialversicherung „*geschenkt*“ hat. Dieses Entgegenkommen ist aber nur scheinbar ein arbeiterfreundliches, denn in Wirklichkeit bekommt der Bedienstete auch nicht mehr an Barentlohnung, als ihm eben der Dienstgeber geben will. Werden die auf die Dienstnehmer entfallenden Beitragsteile vom Dienstgeber übernommen, so ist in der Regel eben der Barbezug um diesen Betrag von Haus aus schon gekürzt. Diese Fälle sind besonders zahlreich bei Unternehmungen, welche öffentlichen Belustigungen dienen und welche ihren Betrieb nur saisonweise betreiben. Hier werden die Versicherungsträger geradezu mit Vorbedacht um ihre Beiträge gebracht, weil sich besonders spekulativ veranlagte Schuldner vor einer Anklage seitens der Staatsanwaltschaft sicher fühlen. Liegen einem solchen Vergehen nicht schon verschiedene Tatsachen zugrunde, die gegen das Strafgesetz verstoßen? Ist es nicht von Haus aus ein Verbrechen, wenn jemand, der später bei exekutiver Eintreibung der Beiträge den Offenharungseid ablegt, fremde Gelder „verschenkt"? Es kommt ja nicht zu häufig vor, daß solvente Dienstgeber die auf die Bediensteten entfallenden Beitragsteile der sozialen Abgaben auf sich nehmen, dagegen ist bei insolventen Dienstgebern dieses „Entgegenkommen" auch für die Arbeitnehmer mehr als fraglich. Heute sind sich nicht nur die Versicherungsträger, die Vertreter der Dienstnehmer und auch die Dienstgeberorganisationen darüber einig, daß dieser Vorgang eines kleinen Teiles von Unternehmern für die Gesamtheit von großem Schaden ist, für den schließlich jene Unternehmungen, welche ihren Verpflichtungen in der Beitragsabfuhr pünktlich nachgekommen sind, samt ihren Bediensteten in irgend einer Form, deren primitivste eine Beitragserhöhung ist, aufkommen müssen. Es sind derart krasse Benachteiligungen der Versicherungsträger von einigen Dienstgebern bekannt, daß man unwillkürlich Vergleiche mit Gerichtsprozessen, welche sich auf anderen Gebieten bewegen, machen muß. Wenn ein Unternehmer nicht mehr das finanzielle Gleichgewicht hat und trotzdem noch weiter Schulden macht, dann wird er gewöhnlich wegen Krida von der Staatsanwaltschaft verfolgt und auch meistens verurteilt. Wenn aber ein Beitragsschuldner in spekulativer Absicht bei den Sozialversicherungsträgern Schulden macht, und zwar durch die Nichtabfuhr der Beiträge, obwohl er diese ungefähr zur Hälfte seinen Bediensteten von den Bezügen abziehen kann, dann braucht er nach dem derzeitigen Stande der Rechtsprechung keine allzu große Furcht vor einem Urteil zu haben. Eine Gruppe von Dienstgebern versteht es sehr gut, eine veraltete Judikatur zu ihrem Vorteil auszunützen, indem sie bei einer gerichtlichen Einvernahme ganz einfach sagen, sie haben eben nicht mehr als den Nettobezug ihrer Bediensteten in der Kasse gehabt. Gewiß kann dieser Zustand am Lohnauszahlungstag eintreten, er kann auch öfter eintreten, darum gibt auch das Gesetz zur Ablieferung der Beiträge eine entsprechende Frist. Das Angestelltenversicherungsgesetz berücksichtigt den Umstand, daß zu Ultimo oder am Ersten jedes Monats nicht immer genug Barmittel vorhanden sein müssen, um allen Verpflichtungen nachzukommen, darum sagt § 113, A.-V.-G., daß die Dienstgeber verpflichtet sind, die gesamten Beiträge bis 10. des folgenden Monats abzuführen. Wenn der Schuldner auch diesen Termin nicht einhält, aber noch vor Ablauf dieses Monats bezahlt, so entsteht ihm auch kein Schaden, weil er auf Grund des Verzugsgebührengesetzes vom 2. Juli 1925 für Beitragsteile unter einem Monat keine Verzugszinsen zu bezahlen braucht. Daß der Schuldner aber monatelang und überhaupt nicht bezahlt, obwohl er den Bediensteten ihren Beitragsanteil vom Lohn in Abzug gebracht hat, kann nicht damit abgetan werden, daß er am Auszahlungstag keine Gelder mehr in der Kasse hatte. Der Unternehmer hat ja doch auch andere Zahlungen zu leisten, und zwar solche, welche kein Verzugsrecht der Steuerrückstände im Konkurs- und Ausgleichsverfahren im Sinne des § 32 des Personalsteuergesetzes genießen. Im Sinne aller der bereits angeführten gesetzlichen Bestimmungen hätte also der Schuldner dann, wenn er Geld in der Kasse hat, die Beiträge, zumindest jene Teile derselben, welche er den Dienstnehmern vom Barlohn abgezogen hat, abzuführen; tut er dies nicht, dann hätten eben die Gerichte ein entsprechendes Urteil abzugeben.

Der Oberste Gerichtshof und der Begriff des „anvertrauten Gutes".

In den letzten Jahren wurden auch, um dem geradezu systematischen Treiben einiger Beitragsschuldner beizukommen, von den Versicherungsträgern Anzeigen an die Staatsanwaltschaft gemacht und unter Berufung auf § 183, St.-G., und die bezüglichen Bestimmungen der Sozialversicherungsgesetze die gerichtliche Verfolgung der Schuldner beantragt. In früheren Jahren, bevor die im Anfang dieses Artikels erwähnten Schutzbestimmungen in Kraft traten, sind wohl Verurteilungen von Schuldnern vorgekommen. Auf einen Rekurs eines Verurteilten hat aber der Oberste Gerichtshof demselben Folge gegeben, das Urteil aufgehoben und die Sache an das Landesgericht zurückverwiesen. (Siehe Entscheidungen des Obersten Gerichtshofes, VII. Band, 4. Heft.) Diese Entscheidung des Obersten Gerichtshofes vom 7. Oktober 1927, O. G. 812/27, ist nun, obwohl sie auf den Stand der derzeitigen Sozialversicherungsgesetze nicht mehr paßt, doch bei der Staatsanwaltschaft bei ihren Entscheidungen noch von ausschlaggebender

Bedeutung. Diese Entscheidung geben wir hier wieder, weil wir dies zur Klärung der Sache für notwendig halten:

Der Nichtigkeitsbeschwerde des Angeklagten R. S. gegen das Urteil des Landesgerichtes für Strafsachen, Wien I., vom 15. Juni 1927, womit dieser des Verbrechens der Veruntreuung nach § 183, St.-G. — von Krankenkassenbeiträgen seiner Gehilfen —, schuldig erkannt worden ist, hat der Oberste Gerichtshof Folge gegeben; das Urteil wurde aufgehoben und die Sache an das Landesgericht zurückverwiesen.

Gründe.

„Mit Recht bekämpft die Nichtigkeitsbeschwerde mit dem Nichtigkeitsgrund des § 281, Z. 5, St.-P.-O., die Feststellung des Urteils, der Angeklagte hat die seinen Arbeitern für die Zwecke der Krankenkasse vom Lohn rechnungsmäßig abgezogenen Beträge im Zeitpunkt des Abzuges auch stets zur Verfügung gehabt und es erreichten diese Beträge die Summe von S 1661,39. Der Gerichtshof gründete diese Feststellung insbesondere auf die Zeugenaussage der R. S. Dieser Aussage kann aber die vom Gerichtshof vorgenommene Feststellung nicht entnommen werden. Nachdem die Zeugin zuerst gesagt hatte, es sei nie das Geld vorhanden gewesen, um die Krankenkassenbeiträge einzuzahlen, erklärt sie über neuerliches Befragen: „Die Krankenkassenabzüge waren tatsächlich vorhanden, mein Mann mußte aber das Geld wieder zur Auszahlung der Löhne verwenden.“ Mehr enthält das Protokoll über diesen entscheidenden Punkt nicht. Aus der Wiedergabe ganz allgemein gehaltener Aussagen kann man jedoch den von der Beschwerde bekämpften tatsächlichen Schluß des Gerichshofes logisch einwandfrei nicht ableiten, und zwar um so weniger, als sich das Urteil auch auf die Aussage der Zeugin M. H. bezieht, aus der noch deutlicher als aus der Aussage der R. S. hervorgeht, daß sich der Angeklagte oft in sehr schlechter Vermögenslage befand und gezwungen war, sich die Gelder für die Lohnauszahlung auszuborgen, also in diesen Fällen die den jeweiligen Krankenkassenabzügen der Arbeiter entsprechenden Beträge n i c h t b a r b e s a ß. Zwischen den Angaben der Entscheidungsgründe über gerichtliche Aussagen und den Vernehmungsprotokollen besteht somit ein Widerspruch, der erheblich ist, weil infolgedessen die Frage, ob die vom Angeklagten abgezogenen, von ihm wirklich besessenen und nicht abgeführten Krankenkassenbeiträge in ihrer Summe die Verbrechensgrenze von 250 S übersteigen, nicht mit Sicherheit beantwortet werden kann.

Auf die weitere Beschwerde des Angeklagten in der Richtung des § 281, Z. 5, St.-P.-O., das Schöffengericht habe seine Feststellung, daß die Summe der Krankenkassenabzüge die Höhe von S 1661,39 erreicht habe, aktenwidrig auf ein Zugeständnis der Angeklagten gestützt, braucht bei der Beachtung des vorbesprochenen Widerspruches nicht mehr eingegangen zu werden. Eine Erheblichkeit könnte ihr im übrigen schon deswegen nicht zugebilligt werden, weil die Beschwerde den zugestandenen Betrag von S 1409,31 angibt, der gleichfalls weit über der Verbrechensgrenze liegt.

Unbegründet ist die Nichtigkeitsbeschwerde, wenn sie unter Anrufung des materiell-rechtlichen Nichtigkeitsgrundes nach § 281, Z. 9 a, St.-P.-O., die Ansicht vertritt, daß selbst dann, wenn zur Zeit der Lohnauszahlung das Geld vorhanden war, um die Abzüge für die Krankenkasse zu decken, eine Veruntreuung nicht vorliege, da die Arbeitnehmer Gelder nicht anvertrauen können, über welche sie nicht einmal die physische Verfügungsmöglichkeit haben. Der Arbeitgeber kassiert nicht ein, sondern zahlt aus eigenen Mitteln. Der Arbeitnehmer, der seine Zustimmung zum Abzug der Krankenkassenbeiträge erteilt, zediere seine Forderung für den entsprechenden Lohnbetrag der Krankenkasse. Dieser Ansicht kann nicht beigepflichtet werden. Nach dem § 121 der Gewerbeordnung in der Fassung der Novelle vom 5. Februar 1907, R.-G.-Bl. Nr. 26 und nach dem damit übereinstimmenden § 39 des Statuts der Gehilfenkrankenkasse der Wiener Schlossergenossenschaft können die vom Gehilfen zu leistenden Krankenkassenbeiträge von diesem unmittelbar selbst bezahlt werden; wenn dies aber nicht geschieht, hat der Arbeitgeber sie auf Rechnung des Lohnes in Abzug zu bringen und an die Kasse abzuführen. Dies geschieht also zufolge des Gesetzes und nach dem Willen des Beitragspflichtigen und ist deshalb als „anvertrautes Gut“ anzusehen. Eine körperliche Übergabe der Geldbeträge nach dem zweiten Absatz des § 428, a. b. G.-B., ist überflüssig, weil das physische Verhältnis, das dadurch hergestellt werden sollte, bereits bestand. Der Gewerbeinhaber wurde hiedurch wohl Inhaber, aber nicht Besitzer der Sache (§ 960, a. b. G.-B.). Er hatte vielmehr kraft gesetzlicher Aufträge die bei ihm verwahrten Geldbeträge dem Bestimmungszweck zuzuführen. Verwendet er das Geld für eigene Zwecke, was auch dann vorliegt, wenn er damit seine Lohnschulden gegenüber seinen Arbeitnehmern bezahlte, so beging er eine Veruntreuung. Voraussetzung der Strafbarkeit ist allerdings stets, daß zur Lohnauszahlung der für die Krankenkasse bestimmte Betrag wirklich und nicht bloß rechnungsmäßig vorhanden war. Da nicht einwandfrei feststeht, daß dem Angeklagten die rechtswidrige Verwendung derartiger Beträge in einer die Verbrechensgrenze überschreitenden Höhe zuzurechnen ist, mußte mit der Aufhebung des Urteils und zur Verweisung der Sache an das Erstgericht zur neuerlichen Verhandlung und Entscheidung vorgegangen werden."

Wie wir bereits vor Wiedergabe dieses Erkenntnisses zum Ausdruck gebracht haben, sehen wir die Richtigkeit der Anschauung, daß die abgezogenen Beiträge zur Zeit der Lohnauszahlung auch wirklich und nicht rechnungsmäßig vorhanden gewesen sein müssen, nicht ein. Was bedeuten schließlich die Begriffe: „zur Zeit" und „wirklich vorhanden"? Ein findiger Schuldner wird natürlich nie die abgezogenen Beiträge „wirklich vorhanden" haben. Er wird an diesem Tage eben alles der Kasse, Postsparkasse und Bank entnehmen und dafür z. B. Waren einkaufen, er wird Geld zu Lasten seines Privatkontos entnehmen, er wird andere Gläubiger befriedigen usw. Wenn wir auch nicht bestreiten wollen, daß vielleicht das gebrachte Erkenntnis des Obersten Gerichtshofes für die damalige Zeit nicht ganz unzutreffend war, nach dem heutigen Stande der sozialen Gesetze ist es das bestimmt nicht. Wir sind überzeugt, die Staatsanwaltschaft, welche in 90 von 100 Fällen wirtschaftliche Prozesse zu führen hat und unsere wirtschaftlichen Verhältnisse auch genug kennt, weiß, daß alle Anzeigen von Versicherungsträgern wegen Veruntreuung von abgezogenen Beiträgen nicht auf die Dauer damit beantwortet werden können, daß sie die Anzeiger verständigt, sie hätte keinen Grund zur Verfolgung wegen Verbrechens nach § 183, St.-G.

Die Haltung der Staatsanwaltschaft und der Gerichte.

In allerletzter Zeit haben wieder mehrere Versicherungsträger solche Strafanzeigen erstattet, welche aber alle den gleichen negativen Erfolg hatten. In einem Falle hat der Schuldner — eine bekannte Wiener Firma — während fünf Monaten den Angestelltenversicherungsbeitrag von zusammen rund 600 S abgezogen, aber nicht abgeführt. Die vom Gericht durchgeführte Erhebung ergab, daß sämtliche sechs Beamte der Firma erklärten, es wäre ihnen der Betrag für die Sozialversicherung vom Gehalt abgezogen worden und sie seien der Meinung gewesen, daß dieser Betrag auch pünktlich abgeführt worden sei. Der Angeklagte verantwortete sich damit, daß er nur über so viel Geldmittel verfügte, um seinen Angestellten die um die Beiträge gekürzten Bezüge auszahlen zu können. Daraufhin wurde von der Staatsanwaltschaft die Einleitung des Verfahrens eingestellt.

Der klägerische Anwalt hat darauf den Antrag auf Einleitung der Voruntersuchung bei der Ratskammer des Landesgerichtes für Strafsachen I in Wien eingebracht. In dieser Eingabe wurde ausgeführt, daß die Verantwortung des Angeklagten haltlos sei, weil bei einem derartigen Personalstand, wie ihn der Beklagte hatte und wo das allmonatliche Gehaltsbudget für die Beamten allein über 2000 S betrug, nicht anzunehmen sei, daß gerade immer nur 1880 S verfügbar, aber nur die allmonatlich abgezogenen 120 S nicht vorhanden waren. Es wäre zu berücksichtigen gewesen, daß der Angeklagte gewiß, wenn die Angestellten aus ihrer Tasche keine Beiträge zahlen müßten, ihnen die vollen Gehalte ausbezahlt hätte und nicht wegen einiger hundert Schilling in Konkurs gegangen wäre. Es wurde ferner eine Bucheinsicht verlangt, damit festgestellt werden sollte, daß der Angeklagte in der kritischen Zeit Zahlungen geleistet habe, woraus hervorgehen sollte, daß er über die entsprechenden Geldmittel verfügt habe. Da der klägerische Anwalt der Sitzung der Ratskammer nicht beiwohnen darf, hat er nur den Beschluß derselben, gegen welchen ein weiterer Rechtszug ausgeschlossen ist, erhalten, daß die Einleitung der Voruntersuchung abgelehnt wird, weil die Veranwortung des Beschuldigten nicht sicher widerlegbar wäre.

Wird dieser Rechtsstandpunkt der Gerichte beibehalten oder noch mehr durchgreifen, dann sind die Bestimmungen des § 116, A.-V.-G. und des § 36 (2) des Arbeiter-Krankenversicherungsgesetzes wertlos geworden und das, was diese Bestimmungen gegen eine früher schwankende Judikatur endlich festgelegt haben, daß nämlich abgezogene und nicht abgeführte Sozialversicherungsbeiträge einen strafbaren Tatbestand begründen, wirkungslos. Es ist nun auf Seite jener Rechtsanwälte, welche derartige Prozesse vertreten, der Eindruck gewonnen worden, daß die Gerichte sich gegen die Anwendung der genannten Paragraphe der Sozialversicherungsgesetze überhaupt ablehnend verhalten. Dieser Eindruck dürfte aber nicht zutreffend sein, sondern schuld ist sicher die erwähnte und bereits überholte Entscheidung des Obersten Gerichtshofes aus dem Jahre 1927. Da nun die genannten Schutzbestimmungen in den sozialen Gesetzen von großer Bedeutung sind, und zwar sowohl für unsere Wirtschaft als auch für die Versicherungsträger und für die Versicherten selbst, welchen zum Beispiel in der Pensionsversicherung für nicht rechtzeitig gemeldete Dienstmonate, für welche keine Beiträge abgeführt wurden, auch keine Anwartschaften gewahrt werden, so muß versucht werden, die maßgebenden Stellen aufzuklären. Sollten diese Aufklärungsarbeiten kein günstiges Resultat zeitigen, dann müssen eben die Versicherungsträger auf Grund von gemeinsamen Beschlüssen an das Ministerium für soziale Verwaltung herantreten, damit dieses sich mit dem zuständigen Justizministerium ins Einvernehmen setzt und ihm die Nachteile, welche durch die derzeitige Judikatur bei der Eintreibung der Beiträge erwachsen, bekanntgibt. Das Justizministerium kann schließlich im Erlaßweg die Staatsanwaltschaften aufklären und verlangen, daß derartige Fälle strenge behandelt werden. Bevor aber dieser letzte Schritt gemacht wird, wäre es doch zweckmäßiger und auch einfacher, beim Obersten Gerichtshof eine neuerliche Entscheidung in dieser Sache durchzusetzen. Wir sind überzeugt, daß bei dem heutigen Stande der Sozialgesetzgebung diese Entscheidung anders ausfallen wird als jene des Jahres 1927. Wir sind uns dessen vollkommen bewußt, daß bei der derzeitigen schlechten Wirtschaftslage noch immer genug Fälle von Abschreibungen uneinbringlicher Forderungen vorkommen werden; aber das Nichtzahlen von Beiträgen aus Spekulation und auf Kosten der Allgemeinheit muß vermieden oder zumindest bekämpft werden.

Überkonsum in der Sozialversicherung.

Referat für den ÖKW-Krankenkassenausschuß

erstattet von

Leopold Mühlberger,
Zentralinspektor der Hauptanstalt für Angestelltenversicherung, Wien.

Inhaltsverzeichnis.

Seite

1. Einleitung: Begriffliches zum „Überkonsum an Heilmitteln und Heilbehelfen" 201
2. Ursachen für den Überkonsum:
   a) Ursachen für unvermeidbaren Überkonsum 202
   b) Ursachen für vermeidbaren Überkonsum 203
3. Maßnahmen gegen den Überkonsum:
   a) seitens der Versicherten 204
   b) seitens der Ärzteschaft 205
   c) seitens der Apotheker 205
   d) seitens der chemisch-pharmazeutischen Industrie 208
   e) seitens der Kassenverwaltung 210
4. Erweiterte und vorbeugende Heilbehandlung:
   Überkonsum und dessen Bekämpfung 211
5. Schluß 213

1. Einleitung.

Wenn von der Notwendigkeit größter Sparsamkeit in der Sozialversicherung gesprochen wird, so wird dabei auch auf das hohe Krankengeld und den Überkonsum an Arzthilfe, Medikamente und die erweiterte Heilbehandlung hingewiesen. Dieser Fragenkomplex hängt aber so innig zusammen, daß er auch nur zusammenhängend behandelt werden kann. Am zweckmäßigsten dürfte es sein, den Überkonsum an Heilmitteln zu besprechen, weil hiebei naturgemäß alle anderen Fragen ohnehin berührt werden müssen und so eine Wiederholung von Äußerungen vermieden werden kann. So zweifellos die Ausgaben für die Heilmittel groß sind und so zweifellos auch ein Überkonsum an solchen zutrifft, so muß doch vorerst gefragt werden, was unter Überkonsum verstanden wird. Wir werden hören, daß die Frage von verschiedenen Gesichtspunkten beantwortet werden kann. Der Überkonsum kann ein qualitativer und quantitativer, er kann aber auch ein vermeidlicher und ein unvermeidlicher sein.

Eine wirtschaftliche Gebarung in der Krankenversicherung ist nicht nur bei den Barleistungen, sondern auch bei den Sachleistungen notwendig, wo eine Verschwendung meist den Versicherten gar nicht zugute kommt, sondern nur den Erzeugern und Händlern der bezüglichen Artikel. Es kann aber gewiß nicht allgemein behauptet werden, daß die Versicherungsträger, besonders die Krankenkassen, nicht selbst aus dem Anwachsen der Ausgabenziffern für diese Leistungspost zu Gegenmaßnahmen gegriffen hätten. Aber hier zeigte sich schon vor Jahren, als der Verband der Arbeiterkrankenkassen Wiens und Niederösterreichs auf die notwendige und vernünftige Einschränkung beim Bezug von Heilmitteln und besonders bei Spezialitäten hinwies, daß von mehreren Seiten heftige Kritiken an diesen Rationalisierungsbestrebungen gemacht wurden. Die Kassen und ihre Verbände haben sich wohl dadurch nicht in ihrem Vorhaben hindern lassen, aber trotzdem müssen sie jetzt hören, daß hier zu wenig gespart und dem Überkonsum an Heilmitteln und sonstigen Leistungen noch zu wenig Einhalt geboten wird. Der Überbezug an Heilmitteln drückt sich, wie bereits erwähnt, nicht nur in qualitativer, sondern auch in quantitativer Hinsicht aus und gerade jener Teil der Versicherten, welcher die Heilmittel in unbegrenzter Preishöhe und in unbegrenzter Menge beziehen will, bekämpft die Notwendigkeit eines rationellen Gebrauches der Heilmittel. Es ist natürlich, daß unrichtige Sparmaßnahmen hier auch das Gegenteil zur Folge haben könnten und das, was auf der einen Seite erspart wird, auf der anderen Seite doppelt und mehrfach verloren geht.

Übrigens muß auch vorerst einmal gesagt werden, was unter Heilmittel zu verstehen ist. Sowohl in der Prophylaxe als auch in der Therapie kommt den Arzneien, Pulvern, Salben, Thermalwässern und chemischen Präparaten verschiedenste Bedeutung zu. Dasselbe gilt auch bei Heilbädern, Schlammpackungen, Massagen, Bestrahlungen und ganz besonders bei der Elektrotherapie. Allerdings kann nicht immer genau unterschieden werden, was Heilmittel und was Heilbehelfe sind. Zu den letzteren gehören noch Röntgenisierung, Verbandstoffe, verschiedene Brillen, Krücken, Prothesen, Krankenwägelchen usw. Zu den Heilmitteln und Heilbehelfen im weiteren Sinne des Wortes gehört auch die Behandlung in Krankenhäusern und Kuranstalten, Landaufenthalt und schließlich auch Operationen usw. Aus dieser Verschiedenheit der Heilmittel und -behelfe ist leicht ersichtlich, daß es für die Kassenleitungen sehr schwierig ist, überall Sparmaßnahmen richtig und auch im richtigen Ausmaße anzuwenden. Oft fehlt ihr jede Möglichkeit überhaupt, beispielsweise bei Spitalpflege, irgend welche Sparmaßnahmen zu ergreifen, sie hat gar keinen Einfluß auf die Dauer der Spitalbehandlung und darauf, ob und wann eine Operation vorzunehmen ist. Es scheint, daß die Spitalleitungen, trotz der Bettennot, meist die Pflege bis zur Höchstdauer, für welche die Kassen aufkommen müssen, d. i. 6 Wochen, respektive 4 Wochen in der Arbeiterversicherung, ausdehnen. Also kann eigentlich nur bei Kranken, die sich in häuslicher Pflege befinden, gespart werden, respektive ein Überbezug von Heilmitteln eingeschränkt werden.

2. Ursachen für den Überkonsum.

Der Überbezug, sowohl der unvermeidlichen als auch der vermeidlichen Heilmittel kann verursacht werden: 1. durch Versicherte, 2. Apotheker, 3. Ärzte und 4. indirekt durch die Fabriken der übermäßig vielen Heilmittel.

a) Ursachen für unvermeidbaren Überkonsum

Ein unvermeidlicher Überbezug an Heilmitteln wird dann eintreten, wenn der Arzt nicht mit Sicherheit konstatieren kann, welches Heilmittel und in welcher Menge der Patient dasselbe braucht, um eine Linderung der Schmerzen oder Heilung seiner Krankheit zu erzielen. Es kann häufig der Fall eintreten, daß der Arzt zwei- oder mehrmals den Patienten untersuchen muß, um zu einem diagnostischen Resultat zu kommen und ein erfolgversprechendes Heilmittel verschreiben zu können. Verschreibt er eine zu kleine Dosis, dann muß eben der Patient nochmals den Arzt ersuchen, daß er ihm ein weiteres Quantum verordnet. Die Folge ist auch eine Überarztung, welche natürlich ebenfalls Geld kostet. Läßt sich vom Arzt nicht die notwendige Dosis feststellen und ist das Leiden behoben, dann bleibt eben meistens ein Teil des Heilmittels übrig und verdirbt nicht selten. Man denke hier nur an die Behandlung von Kindern, die sich meist sträuben, eine Medizin oder ein Pulver zu nehmen und oft dazu gezwungen werden müssen. Lebertran wird von vielen Kindern sehr ungern genommen und wenn derselbe einige Zeit stehen bleibt, wird er ungenießbar. Tee, Arzneien und Pulver können überhaupt nicht immer in solch kleinen Mengen verschrieben werden, daß sie immer aufgebraucht werden und nichts davon übrig bleibt, was dann eben häufig unverwendbar wird.

b) Ursachen für vermeidbaren Überkonsum

Anders ist die Sache natürlich bei dem vermeidlichen Überbezug von Heilmitteln. Der Versicherte hat meistens überhaupt keine Ahnung, wieviel tausenderlei es an solchen gibt. In Österreich und besonders in Deutschland ist die Erzeugung von Heilmitteln ein großer Industriezweig geworden. Die chemische Industrie hat in den letzten Jahrzehnten einen ungeahnten Aufschwung genommen. Der Handel mit Drogen ist ein intensiver, die Hauptabnehmer der gebräuchlichsten Heilmittel sind die Krankenkassen. Um einen Überblick über die Mengen und Mannigfaltigkeit der Heilmittel zu bekommen, genügt Gehes Kodex einzusehen. Derselbe wurde von der Gehe & Co. A. G. in Dresden herausgegeben und ist ein Buch von zirka 10 cm Rückenbreite, in welchem auf über 1600 zweispaltigen Seiten die Bezeichnung der hauptsächlich in Deutschland erzeugten Arzneimittel, kosmetischen Präparate und technischen Produkte aller Fabriken enthalten sind. Bei jedem Artikel ist nebst dem Erzeuger eine kurze Bestand- und Zweckbeschreibung beigedruckt, so daß auch die behandelnden Ärzte und für diese ist ja der Kodex in erster Linie bestimmt, hier einen Überblick haben. Es ist nun gewiß natürlich, daß die Krankenkassen bei den ihnen zur Verfügung stehenden beschränkten Mitteln nicht alle Spezialitäten bewilligen können — dies ist auch gar nicht notwendig, weil oft billigere Mittel dieselbe Wirkung erzielen und so ebenfalls ihren Zweck erfüllen können —, sondern nur eine beschränkte Anzahl derselben zulassen. Diese sind in einem Verzeichnis, welches von den Kassen-Chefärzten begutachtet und mit Verordnung des Ministeriums für soziale Verwaltung vom 24. Jänner 1929 genehmigt ist, enthalten und dasselbe weist immer noch einige hundert

Heilmittel auf. Es ist zu beachten, daß dieses Verzeichnis nur Spezialitäten enthält und eine Ergänzung der mit Verordnung des Bundesministers für soziale Verwaltung vom 13. Jänner 1931, B.-G.-Bl. 26 ex 1930 (14. Ausgabe der Arzneitaxe zu der österreichischen Pharmakopöe) zur Verschreibung zugelassenen Arzneimittel darstellt. Die in diesem Erlaß zugelassenen Arzneimittel sind ausreichend, weil keine wirklich benötigten Medikamente fehlen. Über Wunsch der Versicherungskassen haben deren Chefärzte mit wissenschaftlichen Autoritäten jene Spezialarzneimittel zusammengestellt, welche neben den in der erwähnten Ministerialverordnung vom 13. Jänner 1931 enthaltenen Arzneimittel an Versicherte der bezüglichen Kassen abgegeben werden können. Wenn auch jede Kassenleistung von dem Grundsatz einer wirtschaftlichen Gebarung bei Abgabe der Heilmittel ausgehen muß, so waren bei Aufstellung dieser Spezialitätenliste keine fiskalischen Momente maßgebend. Es wurden eben nur jene Heilmittel aufgenommen, welche nicht durch billigere aber gleichgute ersetzt werden können. Wo dies nicht der Fall ist, wurden auch teure Spezialitäten in die Liste aufgenommen, so, daß allen berechtigten Ansprüchen der Versicherten auf Hilfe im Erkrankungsfalle entsprochen werden kann. Gerade bei den Heilmitteln, wo eben geglaubt wird, daß sie in unzureichender Qualität verschrieben werden, ist ein großer Verbrauch der Kassengelder festzustellen. Wenn diesem Einhalt geboten werden soll, dann müssen alle Beteiligten, also die Versicherten, ferner die Apotheker und Ärzte, ihren Teil dazu beitragen, schließlich auch die Kassen selbst, weil sie darauf achten müssen, ob wirklich alle genannten Faktoren keine Verschwendung aufkommen lassen.

3. Maßnahmen gegen den Überkonsum.

a) Seitens der Versicherten

Die Versicherten sollen an der Bekämpfung des Überkonsums vornehmlich dadurch beitragen, daß sie nicht zu häufig und unnötigerweise ärztliche Hilfe aufsuchen, besonders dann, wenn sie zur Linderung von Schmerzen und Unpäßlichkeiten selbst Hausmittel zu deren Behebung an der Hand haben und mit Sicherheit anwenden können. Das so ersparte Geld kann dann eben für die Versicherten in viel zweckmäßigerer Weise verwendet werden.

Es kann aber nicht genug betont werden, daß dort, wo ein auftretender Schmerz oder Unwohlsein nicht vom Patienten selbst auf seine Ursache erkannt werden kann, sofort der Arzt beigezogen werden muß, da sonst nicht nur die Gesundheit oder das Leben des Versicherten auf dem Spiele stehen, sondern auch der Kasse ganz bedeutende Mehrauslagen an Arzt- und Verpflegskosten erwachsen.

Aber auch die Ärzteschaft kann, und sie tut es ja meistens auch, bei der Eindämmung des quantitativen und qualitativen Überbezuges an Heilmitteln viel mitwirken. Die Resultate dieser Mitwirkung werden aber sehr von dem Anstellungs- oder Vertragsverhältnis, in welchem sie zur Kasse stehen, beeinflußt. Bei Kassen, welche ein Pauschalsystem mit der Ärzteschaft vereinbart haben, können die Ersparungen beim Heilmittelbezug viel bessere sein, als dort, wo ein Vertragssystem oder freie Ärztewahl besteht. Es ist schließlich nur natürlich, daß bei den letzteren zwei Arten mancher Arzt Interesse hat, den Patienten möglichst lang zu behandeln, aber zu diesem Zweck auch den Wünschen des letzteren soweit wie nur möglich nachkommen muß. Ob bei der freien Ärztewahl oder bei einem Pauschal-Ärztesystem die Ärztekosten höher sind, läßt sich nicht unschwer bestimmen. Jedenfalls dürfen die Ärzte nicht den übertriebenen Wünschen der Patienten restlos nachkommen, wenn ein gewöhnliches Mittel wie Tee oder auch eine Arznei oder Salbe zu billigen Preisen vom Apotheker selbst hergestellt werden kann. Es müssen nicht immer Spezialitäten verschrieben werden und gerade der Arzt kann nicht nur in qualitativer, sondern auch in quantitativer Hinsicht sparen helfen, weil eben, wie bereits erwähnt, die verschiedenen Heilmittel nicht aufgebraucht werden, sondern oft verderben und auch von manchem Patienten so zahlreich und mannigfach bezogen werden, daß er zum Schlusse gar nicht mehr weiß, für welchen Zweck er diese erhalten hat und ganz einfach alles wegwirft. Einer Verordnung des Bundesministeriums für soziale Verwaltung vom 27. September 1929, Z. 72.894, zufolge sollen auch die von den Erzeugern in Kassenpackungen gelieferten Spezialitäten, falls der Arzt nichts anderes für notwendig hält, in den kleinsten Packungen verschrieben respektive vom Apotheker verabfolgt werden.

b) Seitens der Ärzteschaft

Auch manche Apotheker tragen trotz der genannten Verordnung zum Überbezug an Heilmitteln ihren Teil bei. Es kommt nicht selten vor, daß Ärzte ein Heilmittel so dosieren, wie es der Erzeuger nicht in Versand bringt. Verschreibt der Arzt 30 Tabletten und das betreffende Mittel wird nur zu 20 und 40 Tabletten in den Handel gebracht, dann sollte nur das geringere Quantum ausgefolgt werden. Erfahrungen mancher Kassen hiebei, welche auf kriminelles Gebiet hinüberspielen, sollen hier nicht erwähnt werden, dagegen soll vermerkt werden, daß Ärzte in der Provinz häufig gleichzeitig Apotheker sind und dieser Umstand, so wie es z. B. in letzter Zeit in Japan geschieht, auf seine Zweckmäßigkeit studiert werden sollte. Verlust oder Überkonsum bei den Heilmitteln entsteht den Krankenkassen auch dadurch, daß die Dosierung des

c) Seitens der Apotheker

öfteren ungenau vorgenommen wird. Wenn beispielsweise bei Verschreibung einer Medizin, die sich aus 97 g Wasser und 3 g eines Medikamentes zusammensetzen soll, nicht „ad“ geschrieben steht, dann verwendet der Apotheker 100 g Wasser und die Medizin hat zusammen 103 g. Dies hat zur Folge, daß nicht nur ein größeres Fläschchen verabfolgt und der Kasse angerechnet wird, sondern daß auch die Taxe für diese Rezepturarbeit eine höhere ist; gewöhnlich kosten diese 3 g Aqua destillata der Kasse 15 Groschen. Häufig wurden auch von einigen Apothekern zu hohe Preise den Kassen verrechnet und es hat sich daher schon vor Jahren als notwendig erwiesen, hier einen Schutz zu suchen, indem die größeren Kassen sich einen Fachmann, einen Retaxator anstellten, welcher die verrechneten Preise überprüfte. Diese Maßregel machte sich sehr gut bezahlt, weil der Retaxator, ein Magister der Pharmazie, ein Mehrfaches seiner Bezüge an unrichtigen Verrechnungen fand und so der Kasse viel Geld ersparte. Natürlicherweise wurden die Differenzen durch die Überprüfung immer seltener.

Es soll bei dieser Gelegenheit auch die Frage, welche ich auch in meiner Schrift: „Konzentration in der Sozialversicherung“ angeschnitten habe, nämlich die Errichtung eigener Apotheken in der Sozialversicherung in Erinnerung gebracht werden. Es ist gar nicht einzusehen, warum gerade hier einigen Wenigen ein förmliches Privilegium auf sicheren, mühelosen und überreichlichen Gewinn eingeräumt werden soll. Die Apotheker-Konzessionen werden nur in einer so kleinen Anzahl verliehen, daß auch von einem geschäftlichen Wettbewerb, den wir sonst auf allen Gebieten der Wirtschaft bemerken und auch brauchen, nichts wahrzunehmen ist. Gerade die Heilmittel, welche notwendig sind, damit das Teuerste jedes Volkes und jedes Staates, nämlich die Volksgesundheit, auf möglichst hoher Stufe steht, sollten leichter und billiger zu haben sein. Nicht genug, daß bei plötzlichen Erkrankungen viel Zeit verloren geht, bis die vom Arzte verordneten Heilmittel in der oft sehr weit entfernt liegenden Apotheke geholt werden können, sind dieselben auch viel zu teuer. Es gibt eine so große Überproduktion in allen geistigen Berufen, man denke nur an die Ärzteschaft, welche ihre Standesangehörigen einem so ungewissen Schicksal überlassen muß und wo es oft für den einzelnen sehr schwer ist, überhaupt einen Verdienst zu finden, während bei den wenigen Apothekern gerade das Gegenteil der Fall ist. Der Gewinn, mit welchem letztere ihre Artikel verkaufen, würde im Handel als übermäßig bezeichnet werden. Es ist nicht notwendig, daß bei einem Päckchen Bayers Aspirin der Händler — hier ist der Apotheker nur Händler, weil er keine fachlichen Arbeiten verrichtet — ungefähr 100% Verkaufsgewinn verrechnet und einhebt.

Bei jenen Mitteln, welche für die Volksernährung die größte Rolle spielen, nämlich bei Eiern, Milch usw., welche in frischem und gutem Zustande täglich auf den Markt gebracht werden müssen und wo eine besonders vorsichtige und rasche Behandlung durch Produzenten, Transporteure, Zusteller und nicht zuletzt der Verschleißer notwendig ist, welch letztere sonst sehr leicht mit der Marktbehörde in Konflikt kommen, ist der Gewinn ein sehr minimaler und beträgt nur einige Prozente des Umsatzes. Der Apotheker dagegen hat beim Verkauf der meisten Heilmittel, welche er in Schachteln und Tuben zugestellt erhält, gar kein Risiko, seine Tätigkeit beschränkt sich meistens auf einige Handgriffe, die gewiß in keinem Einklang zu dem übermäßig hohen Gewinn stehen. Die Apotheker haben ihren hohen Verdienst förmlich gewährleistet, und zwar durch zwei Ministerialverordnungen, die sogenannten Arzneitaxen, die eine ist für den Verkauf von Heilmitteln an begünstigte Parteien, die andere für nicht begünstigte Parteien bestimmt.

Die erste Verordnung ist vom Bundesministerium für soziale Verwaltung vom 13. Jänner 1930 und beinhaltet die 14. Ausgabe der Arzneitaxe zu der österreichischen Pharmakopöe für begünstigte Parteien (Krankenkassen) und stellt folgende Grundsätze (Krankenkassentaxen) hiezu auf: Laut Punkt 6 muß bei Abgabe von Präparaten mindestens ein 40%iger, laut Punkt 9 bei Verbandstoffen ein 30%iger Zuschlag gewahrt sein und laut Punkt 11 hat bei fabriksmäßig hergestellten pharmazeutischen Zubereitungen und Serumpräparaten, die von den Apothekern in Originalpackungen abgegeben werden, die Preisberechnung in der Weise zu erfolgen, daß zum Apothekereinkaufspreis ein 40%iger Zuschlag erfolgt. Von diesem Zuschlag sind jedoch die abgepackten Arzneimittel der österreichischen Heilmittelstelle (G. W. A.) ausgenommen, für welche die jeweils in der Arzneitaxe festgesetzten Preise zu gelten haben. Für besonders teure Präparate, wie Insulin, Glukhorment und Synthalin in Originalpackung ist die Anrechnung eines Zuschlages von 30% gestattet.

Bei den für Rechnung einer Krankenkasse bezogenen Heilmitteln verdienen die Apotheker also mindestens 30 bis 40% und bei jenen, welche an nicht begünstigte Parteien abgegeben werden, noch viel mehr, wie aus der Verordnung des Bundesministeriums für soziale Verwaltung vom 24. Jänner 1929, betreffend die 17. Ausgabe der Arzneitaxe zu der österreichischen Pharmakopöe ersichtlich ist. Laut § 21 dürfen bei Abgabe von pharmazeutischen Spezialitäten die von den Apothekern in fertigem Zustande bezogen und in der Originalpackung an die Verbraucher abgegeben werden, den nicht begünstigten Parteien, und zu diesen gehören auch jene Versicherten, welche Präparate ohne kassenärztliche Verschreibung beziehen, folgende Zuschläge gerechnet werden:

Bei einem Einkaufspreis für ein Stück:

Unter S 1.—	100%
von „ 1.— bis S 1.32	S 1.—
„ „ 1.33 „ „ 2.39	75%
„ „ 2.40 „ „ 2.99	S 1.80
„ „ 3.— aufwärts	60%

Ein „bürgerlicher Gewinn“ von 60 bis 100% dürfte wohl zu hoch sein und von 30 bis 40% bei den „begünstigten“ Krankenkassen, welche Massenabnehmer der Apotheker sind, ist gewiß auch nach keiner Richtung hin gerechtfertigt. Es ist doch ganz natürlich, daß sich dieser Gewinn der Apotheker in den Betriebsrechnungen der Krankenkassen bei der Post Heilmittel auswirkt und so einen Teil des Überkonsums darstellt.

d) Seitens der chemisch-pharmazeutischen Industrie

Einen großen Anteil an diesem Überkonsum hat aber auch die chemisch-pharmazeutische Industrie, welche die von den Apothekern mit so vielem Nutzen verkauften Heilmittel erzeugt. Daß diese Fabriken auch sehr gut verdienen, bezeugen die Dividenden, die sie alljährlich an ihre Aktionäre ausschütten und auch der Stand der Aktien auf der Börse, wie man sich leicht in den Kursberichten überzeugen kann. Während fast alle Aktien durch die Inflation fast auf Null gesunken sind, haben sich die Papiere der chemischen Industrie gut behauptet und sind jetzt noch eine der gesuchtesten Kapitalsanlagen. Was diese Fabriken an Heilmitteln erzeugen, grenzt schon ans Unglaubliche; ein Präparat, z. B. Aspirin, wird in mannigfachster Zusammensetzung und Namen von den verschiedenen Fabriken erzeugt. Es wird nicht bald in irgend welchen Artikeln solche Reklame gemacht, wie bei den chemischen Heilmitteln. Diese übermäßige Reklame hat beim Publikum ein früher in demselben Maße nicht vorhandenes Bedürfnis erzeugt, was man als Symptom-Behandlungspsychose bezeichnen könnte. Der Patient kommt häufig nicht zum Arzt, um sich eine richtige Diagnose stellen und sich behandeln zu lassen, sondern er kommt mit einem vorgefaßten Wunsch nach Erhalt eines Medikamentes gegen irgend ein Symptom, das er meist nicht versteht und nicht verstehen kann. Es sei hiebei auf den Umstand hingewiesen, daß dadurch der Arzt in die Zwangslage kommt, diese gewünschten Präparate oder ein analoges zu verordnen. Nimmt man eine Tageszeitung, eine Wochenschrift oder sonst irgend ein Publikationsmittel zur Hand, so findet man, daß diese mit Ankündigungen aller möglichen Heilmittel voll ist. Der Laie glaubt natürlich, er muß sich behandeln lassen oder zumindest ein vorbeugendes Mittel gegen alles Mögliche nehmen, er geht daher zum Arzt und verlangt direkt das, was er will, nicht weil er es versteht, nein, nur weil er es gelesen oder gehört hat, daß es gut sein soll (z. B. Radiosklerin, Antisklerose). Der Kassenarzt kann es nicht immer verweigern, er weiß auch, daß die Partei zu einem anderen Arzt geht und der Meinung ist, „sie habe nichts von der Kasse". Hier wäre Aufklärung am Platze, zu einer solchen eignet sich ein von einigen Chefärzten herausgegebener Kommentar zum Verzeichnis der bei den Versicherungskassen zugelassenen Heilmittel. Dieser Kommentar enthält die in der Kassentaxe enthaltenen Arzneimittel sowie auch die in dem Verzeichnis der zugelassenen Spezialitäten angeführten Medikamente, und zwar nach Indikationen, wobei auch solche Mittel berücksichtigt wurden, die im Zusammenhang mit anderen verordnet werden können. Dieser Kommentar gibt auch bei einigen bekannten Spezialitäten, die aber nicht zugelassen sind, durch Angabe der wirklichen Inhaltsstoffe dem Arzt die Möglichkeit, ein gleich wirksames Medikament magistraliter *) zu verschreiben. Dies hat auch den Vorteil, daß der Arzt die Dosis und Zusammensetzung des Arzneimittels dem einzelnen Krankheitsfall anpassen und so individualisieren kann, was bei der Verschreibung von fertig abgepackten Präparaten nicht der Fall sein kann. Diese magistraliter vorgeschriebenen Heilmittel sind auch bedeutend billiger. Übrigens darf nicht unerwähnt bleiben, daß bei den wortgeschützten und von den Kassen zugelassenen Heilmitteln trotz ihrer ziemlich gleichen chemisch-identischen Zusammensetzung bzw. ihrer gleich wirksamen ökonomischen Erzeugungsweise die Preise sehr verschieden sind. Einige Beispiele: Aspirin-Tabletten S 1,74, dieselbe Herstellung mit Acido acetylo-salicyl.-Pastillen GWA S —,64, Digitalis-dispert suppos. per 6 Stück S 2,95, ein anderes Fabrikat, 5 Stück, S 1,59, Eutiosol-Salbe S 3,21, ein anderes Fabrikat in derselben Zusammensetzung S 1,15. Die Laien, welche in der Regel keine Ahnung von der Zusammensetzung der viel angepriesenen Heilmittel der verschiedenen Fabriken haben und ihnen die beste Wirkung zutrauen, würden bei entsprechender Aufklärung zu einfacheren und billigeren Mitteln greifen. Antisklerosin, ein Mittel gegen Arterienverkalkung, läßt sich zweckmäßig und billiger durch eine Knoblauch-Essenz, welche selbst bereitet werden kann

*) magistraliter = in seine Bestandteile zerlegt.

und einige Groschen kostet, ersetzen. Vitajodin gegen Rachitis, Skrofulose etc. besteht hauptsächlichst aus dem Saft jodgedüngter Möhren und Lebertran. Es ist sicher zweckmäßiger und billiger, den Kindern Gemüse und Lebertran zu geben. Vitamalz, ein Kräftigungsmittel, besteht hauptsächlich aus Malz, Zucker, Eiweiß, Mais- und Bananenmehl, Natriumchlorid und Kalziumphosphat. Sanatogen besteht aus Bestandteilen von Milch und Eiern. Eltern mit schwachen und unterernährten Kindern haben die Reklameschilder mit kräftig aussehenden Kindern dazu verleitet, von den Ärzten die Verschreibung dieses Wundermittels zu verlangen. Gerade diese Nährpräparate wurden von einigen jüngeren Kassen in einer Weise und einem Ausmaß gegeben, daß dadurch ihr finanzielles Gleichgewicht sehr ins Schwanken kam. Da ein großer Teil der angepriesenen und von den Apothekern verkauften Spezialitäten aus ausländischen Fabriken stammt, so wird auch unsere ohnehin passive Handelsbilanz schwer geschädigt.

e) Seitens der Kassenverwaltung

Es soll nicht unerwähnt bleiben, daß alle Vorkommnisse im übermäßigen Heil- und Kurmittelverbrauch sowie auch beim Bezug von Heilbehelfen im innigen Zusammenhang mit der Art der Kassenverwaltung und somit auch mit dem Verwaltungskostenkonto stehen. Die Kosten des erwähnten Retaxators belasten im Sinne einer Ministerialverordnung das Verwaltungskostenkonto. Jene Kassenleitungen, welche nun auf diesem Konto einen kleinen oder gar keinen Spielraum haben, werden nun bestrebt sein, die Kosten der Rezeptüberprüfung einzuschränken oder ganz zu vermeiden; die Folge ist ein Ansteigen der Heilmittelkosten. Aber auch diverse administrative Arbeiten stehen mit den Kosten der Heilmittel in innigem Zusammenhang. Im allgemeinen sehen wir, daß bei jenen Ausgaben, welche auf der Karte des Versicherten vorgemerkt werden, also bei Heilbehelfen, wie Bäder, Schlammpackungen, doch normalere Verhältnisse bestehen, als bei den Heilmitteln, welche nicht auf der Versicherungskarte ersichtlich gemacht werden. Die Apothekerrechnungen sind so zahlreich, daß sie nach ihrer Überprüfung nicht auf den Versicherungskarten vorgemerkt werden können, denn dies würde zu hohe Spesen verursachen. Aber trotzdem ist es notwendig, daß die Kassen hier nicht ganz untätig bleiben, sondern fall- oder periodenweise irgend welche Überprüfungen und Zusammenstellungen machen, welche es ermöglichen sollen abnormale Vorkommnisse aufzudecken. Dies gilt schließlich nicht nur beim Verbrauch der Heilmittel, sondern auch schon in der richtigen Erfassung der mittelbar Versicherten, der Familienangehörigen. Wenn in der Aufnahme der letzteren die nötige Sorgfalt verwendet wird, dann wäre schon ein wichtiger Behelf zur Einschränkung des Bezuges von Heilmitteln an Unberufene gegeben. Überhaupt wird eine gute Standesführung leichter die Möglichkeit haben, einer übermäßigen oder simulativen Ausbeutung der Kassenmittel, sei es durch übermäßigen Bezug von Geld- oder Sachleistungen oder durch Inanspruchnahme von Spitalverpflegung oder Kur- und Landaufenthalte, zu steuern.

Bei dieser Gelegenheit soll auch nicht unerwähnt bleiben, daß auch die Elektrotherapie in ihrer derzeitigen Verwendung den Kassen Kosten verursacht, obwohl die Resultate derselben nicht immer ganz sichere sind, sondern hier auch die psychologische Einstellung der Patienten, des öfteren auch der Ärzte, eine gewisse Rolle spielt. Gleichviel muß gesagt werden, daß eine Heilung, welche auch nur auf Einbildung beruht, wertvoll ist. Gerade in letzter Zeit ist im „Insel-Verlag" ein Buch über „Die Heilung durch den Geist" von Stephan Zweig erschienen, welches die Behandlungsweise eines Arztes namens Mesmer zu Ende des 18. Jahrhunderts beschreibt, dessen Erfolg größtenteils darin bestand, daß Patienten bei vielen Erkrankungen durch den suggestiven und hypnotischen Einfluß des Arztes gesund wurden. Auch der Elektrotherapie schreibt man teilweise solche Wirkungen zu. Eine der kleinsten Wiener Krankenkassen hat sich ein elektrotherapeutisches Ambulatorium eingerichtet und erzielt sehr günstige Erfolge, obwohl die Kosten hiefür als nicht übermäßig hoch bezeichnet werden können (zirka 50 g per Behandlung). Dieses Ambulatorium wird auch von vielen anderen großen Kassen für ihre Mitglieder in Anspruch genommen. Dies ist deshalb erwähnenswert, weil auch darin ein Beweis liegt, daß durch eine vernünftige Konzentration in der Sozialversicherung nicht nur viel erreicht, sondern auch viel erspart werden könnte.

4. Erweiterte und vorbeugende Heilbehandlung.

Überkonsum und dessen Bekämpfung.

Der Überkonsum in der erweiterten Heilbehandlung und jener in der Prophylaxe läßt sich schwer auseinanderhalten. Auch hier muß gefragt werden, was eigentlich unter erweiterter Heilfürsorge verstanden wird. Die Arbeiterkrankenkassen haben eigentlich keine solche, sondern diese ist eine Eigenheit der Angestelltenversicherung, ein Rechtsanspruch auf erweiterte Heilbehandlung besteht nicht. Es wird sehr häufig angenommen, daß der erweiterten eine engere Heilbehandlung vorangegangen sein muß. Dies trifft aber nicht zu, es kann auch eine erweiterte Heilbehandlung dort notwendig werden, wo noch keine normale Heilbehandlung richtig eingesetzt hat. Dies wird dann zutreffen, wenn eine Krankheit im Keime erstickt werden soll, also wenn es sich eigentlich um eine prophylaktische Maßnahme handelt, wo sohin die Merkmale einer vorbeugenden Heilbehandlung gegeben sind. Wird dieselbe unterlassen, dann kann dies zu übermäßigen Kosten in der Therapie und zur Arbeitsunfähigkeit führen. Daß übrigens die Kosten der erweiterten Heilbehandlung angemessene Grenzen nicht übersteigen, dafür hat schon der Gesetzgeber gesorgt, denn zufolge den Bestimmungen des § 118 des Ang.-V.-G. können die Versicherungskassen 13,33%, die Hauptanstalt für Angestelltenversicherung derzeit 3,75% der vorgeschriebenen Beiträge verwenden. Bei der wenig günstigen finanziellen Lage der Versicherungsträger, in welcher sich die abnormal schlechten Wirtschaftsverhältnisse der letzten Jahre spiegeln, werden aber die gesetzlich zulässigen Mittel für die erweiterte Heilbehandlung meistens nicht aufgebraucht, sondern müssen zur Deckung der Pflichtleistungen herangezogen werden. Von einem Überkonsum kann nicht gesprochen werden, wohl aber von fallweise mißbräuchlicher Inanspruchnahme derselben, denn als erweiterte Heilbehandlung kommt auf Grund des § 47 (2) des Ang.-V.-G. in Betracht: Ermöglichung der Pflege in Genesungsheimen, Ermöglichung von Landaufenthalt und Aufenthalt in Kurbädern und Heilstätten, ferner die Übernahme der Reisekosten für diese Zwecke. Auf das Wort Ermöglichung muß Bedacht genommen werden, der Gesetzgeber wollte die Segnungen einer vorbeugenden und erweiterten Heilbehandlung nur jenen Versicherten zuteil werden lassen, denen es nicht möglich ist, die erforderlichen Mittel hiezu selbst aufzubringen, aber gewiß nicht jenen, welche dieselben hiezu besitzen, aber nur aus Egoismus diese Einrichtungen, welche nur für Mittellose bestimmt sind, gebrauchen, um sich einen kostenlosen Landaufenthalt oder einen solchen in einem Kurort, oft sogar während ihres normalen Urlaubes, zu sichern. Es ist erwiesen, daß gerade jene, welche alle Leistungen der Sozialversicherung im reichsten Ausmaße beanspruchen, deren größte Kritiker und Nörgler sind, zumal wenn einmal etwas nicht nach ihren Wünschen ausfällt. Solche typische Fälle sind bei den Kassenleitungen genug bekannt. Vorbeugende Heilfürsorge sollte nur demjenigen zugute kommen, dessen Arbeitsfähigkeit erhalten werden soll und wo die Kosten einer längeren Krankheitsbehandlung erspart werden können. Eine erweiterte Heilbehandlung über die normale hinaus dagegen nur jenen, welche trotz aller gewährten Pflichtleistungen noch nicht arbeits- und erwerbsfähig sind und denen die vollständige Heilung ermöglicht werden kann. Auch auf dem Gebiete der erweiterten Heilbehandlung macht sich die Zersplitterung der Sozialversicherung in manchen Belangen geltend. Nicht nur, daß die Kosten durch eine rationelle Ausnützung der vorhandenen Zweckmittel, wie Heilanstalten, Kurhäuser usw., niedriger gehalten werden könnten, sie bietet auch Simulanten und Ausnützern dieser Einrichtung derzeit ein willkommenes Feld der Betätigung.

5. Schluß.

Gerade derzeit, wo auch die Regierung darangeht, auf allen Gebieten der öffentlichen Verwaltung Vereinfachungen, Verbesserungen und Verbilligungen erzielen zu wollen, indem der Zersplitterung und der damit zusammenhängenden Unzulänglichkeit der Administrative ein Ende gemacht, oder zumindest Einhalt geboten werden soll, wäre es am Platze, auch in der Sozialversicherung, jenem wichtigen Teile der Volkserrungenschaften, eine vernünftige Konzentration und Vereinheitlichung der Verwaltung anzustreben. Die Ersparungskommission soll sich einer Verlautbarung gemäß ja hauptsächlichst mit Verbesserungen der Verhältnisse in der Sozialversicherung befassen und es wäre zu wünschen, daß sie hiebei die praktischen Erfahrungen auf diesem Gebiete zur Geltung kommen läßt. Rein theoretische Betrachtungen und Erwägungen, welche nur geeignet sind, die Sozialversicherung ad absurdum zu führen, sind nicht vorteilhaft. Die Notwendigkeit, die verschiedenen Versicherungszweige den Verhältnissen anzupassen und das Bestmöglichste für die Versicherten zu erreichen, ist schließlich Hauptsache und Endzweck.

Kritik an der Krankenversicherungsanstalt der Bundesangestellten.

Referat für den ÖKW-Krankenkassenausschuß

erstattet, gemäß Stand 1. November 1931, von

Hofrat Theodor Nechwalsky,

Obmann des Schutzverbandes der bei der Krankenversicherungs-
anstalt der Bundesangestellten Versicherten.

Inhaltsverzeichnis.

Seite

I. Einleitung: Die gesetzlichen Grundlagen der Krankenversicherung der Bundesangestellten 217

II. Kritik an der Bundeskrankenkasse 218

1. Ausschaltung der Ärzteschaft 219
2. Vereinfachungs- und Ersparungsmaßnahmen 219
   a) Personalauslagen 219
   b) Sitzungsgelder, Diäten, Reisegebühren 220
   c) Verwaltungs- und Aufsichtsratsmitglieder 221
   d) Verwaltungsaufwand und Versicherungsleistungen 1921—29 222
3. Die Ausgaben- und Einnahmenwirtschaft der Anstalt . . 225

III. Vergleich mit der Krankenfürsorgeanstalt der Angestellten und Bediensteten der Gemeinde Wien 225

1. Sanierungsmaßnahmen 225
2. Belastung der Versicherten 226
3. Bemessung der Beitragsgrundlage 227
4. Erweiterte Heilbehandlung 228

IV. Anträge des Schutzverbandes zur Sanierung der Bundeskrankenkasse 229

I. Einleitung.

Gesundheit ist einer der wesentlichen Faktoren für die gedeihliche Entwicklung jedes Standes. So wurden denn auch die Staatsbediensteten in Entsprechung ihres langjährigen, bereits in die Vorkriegszeit zurückreichenden Begehrens nach den Bestimmungen des Gesetzes vom 13. Juli 1920 (betreffend die Krankenversicherung der Staatsbediensteten, gegenwärtiges Bundesangestellten-Krankenversicherungsgesetz 1928) durch die Krankenversicherungsanstalt der Staatsbediensteten (Bundeskrankenkasse) gegen Krankheit versichert.

Dieses Gesetz unterscheidet zwischen Mitgliedern — d. s. die Versicherten — und Angehörigen der Anstalt. Zu letzteren zählen die Ehegattin und in Ermangelung einer solchen die seit mindestens acht Monaten ununterbrochen im gemeinsamen Haushalte mit einem männlichen Versicherten lebende Person, die ihm ohne Entgelt die Hauswirtschaft führt; weiters die Kinder unter 21 Jahren einschließlich der legitimierten und Stiefkinder (bei Erwerbsunfähigkeit wegen nicht vollendeter Berufsausbildung die Kinder bis zum vollendeten 24. Lebensjahre, bei Erwerbsunfähigkeit wegen eines Gebrechens oder einer Krankheit ohne zeitliche Begrenzung) unter der Voraussetzung der vorwiegenden Versorgung durch die Versicherten und endlich unter Voraussetzung einer achtmonatigen Hausgemeinschaft und der wesentlichen Versorgung durch den Versicherten auch seine sonstigen Aszendenten und Deszendenten (auch die unehelichen Kinder).

Betreffend den Umfang und die Art der Versicherungsleistungen sieht das Staatsbediensteten-Versicherungsgesetz vom 13. Juli 1920 Pflichtleistungen und erweiterte Heilbehandlung vor.

Zu den Pflichtleistungen gehören:

1. Die Arzthilfe, einschließlich Fach- und Zahnarzthilfe;
2. Hebammenbeistand;
3. Versorgung mit den notwendigen Heilmitteln und sonstigen Heilbehelfen, einschließlich des unentbehrlichen Zahnersatzes;
4. die Gewährung von Anstaltspflege und Transportkosten;
5. Sterbegeld.

Zur erweiterten Heilbehandlung gehören:

1. Heilstättenaufenthalt;
2. Kuraufenthalt;
3. Landaufenthalt;
4. Hauspflege.

II. Kritik an der Bundeskrankenkasse.

Dies vorausgeschickt, soll, wenn auch nicht ganz dem vorliegenden Rahmenarbeitsprogramm angepaßt, versucht werden, teils an der Hand der dem „Schutzverbande der bei der Krankenversicherungsanstalt der Bundesangestellten Versicherten“ vorliegenden Beschwerden und Einwände gegen das heutige System der Krankenversicherung, teils auf Grund der von der Verbandsleitung selbst während ihrer sechsjährigen Tätigkeit gesammelten Erfahrungen an dem Bestehenden unvoreingenommene Kritik zu üben. Als anläßlich des in der begründenden Sitzung des Hauptvorstandes der Krankenversicherungsanstalt vom 20. Juli 1921 erstatteten Berichtes der vorläufige Hauptvorstand dem Wunsche Ausdruck verliehen hatte, daß es der die Geschäfte übernehmenden Verwaltung gelingen möge, die Einrichtungen der Anstalt auszubauen und die Anstalt selbst zu dem zu machen, als was sie der vorläufigen Verwaltung vorschwebt: „zu einem Haus der Zuflucht, in dem der bedrängte Bundesangestellte Rat und Hilfe findet, zu einer treuen Freundin der Bundesangestellten, die schon dem werdenden Leben ihre Sorge zuwendet, die den in ihrer Obhut Geborenen fürsorglich geleitet durchs ganze Leben und die auch dem Toten zu seiner letzten Ehre verhilft“, da rang sich bei den niemals mit Glücksgütern gesegneten, infolge der langen Kriegsjahre körperlich wie seelisch zermürbten Bundesangestellten die Überzeugung durch, auf eine, wenn auch teilweise Entspannung ihrer sehr ungünstigen wirtschaftlichen Lage hoffen zu können, vor drückendster Not im Krankheitsfalle bewahrt zu sein. Seit diesen Tagen der Hoffnungsfreudigkeit hat sich wohl manches geändert, bedauerlicherweise nicht zum Vorteil der Versicherten, denn es sei gleich vorweg gesagt, im Wege verschiedener Gesetzesnovellen wurden die Beitragsleistungen der Versicherten bei gleichzeitiger empfindlicher Drosselung der Anstaltsleistungen ganz wesentlich hinaufgeschraubt.

Die im Laufe weniger Jahre räumlich wie auch personell ausgebaute Bundeskrankenkasse war von ihrer ursprünglichen Bestimmung, eine Wohlfahrtseinrichtung für ihre Mitglieder zu sein, langsam aber sicher abgerückt. Es darf daher nicht wundernehmen, wenn unter solchen Verhältnissen in den Kreisen der Kassenmitglieder der Glaube an das „Haus der Zuflucht“, das Vertrauen in dessen Einrichtungen verhältnismäßig rasch zu schwinden begann und infolge der in die Jahre 1925 und 1930 gefallenen Sanierungsmaßnahmen die Mehrzahl der durch diese schwer belasteten Versicherten der einst so schön gedachten Fürsorgeanstalt mit sehr gemischten Gefühlen gegenübersteht.

Gleich einleitend sei darauf verwiesen, daß in der Ausschaltung des bei einer Krankenversicherung allein maßgebenden Faktors — der Ärzteschaft — ein Grundfehler des Systems zu suchen ist. Die Krankenversicherung, wie auch die Bereinigung aller mit derselben in inniger Wechselbeziehung stehenden Fragen wurden zumeist Bürokraten ausgeliefert, die — wie es bedauerlicherweise auch bei der Bundeskrankenkasse der Fall ist — den Ausbau der Versicherung in ihrem Sinne vorgenommen haben und auch weiter vorzunehmen gewillt scheinen, was nicht zuletzt der übergroße Verwaltungsapparat, der an einer anderen Stelle des Referates des nähern besprochen werden wird, mit seinen zahlreichen, wohldotierten Posten erweist. Unter diesem Gesichtswinkel betrachtet, erscheint es daher begreiflich, daß die Verwaltungskosten, trotz der mißlichen finanziellen Lage, in der die Bundeskrankenkasse wiederholt geraten ist — im schroffen Gegensatz zu der immer weiter fortschreitenden sehr empfindlichen Drosselung der Kassenleistungen — sich von Jahr zu Jahr erhöhen.

1. Ausschaltung der Ärzteschaft

Hier erscheint zwangsläufig die erste kritische Betrachtung gegeben. Der bereits vor Jahren laut gewordene, berechtigte und in jüngster Zeit verstärkte Ruf nach Vereinfachungen und Sparmaßnahmen auf allen Verwaltungsgebieten dürfte — ob mit Absicht oder ohne Absicht bleibe dahingestellt — bis heute in der Bundeskrankenkasse überhört worden sein, wenngleich die Leitung dieser Anstalt sich der Auswirkung des in den Jahren 1922—24 radikal durchgeführten Abbaues von Bundesangestellten stets gerne erinnert hat, sobald die Ursachen der Finanzkrisen des nähern besprochen und begründet worden sind. Den versicherten Bundesangestellten, die heute nach durchgeführtem Abbau wahrlich nicht auf Rosen gebettet sind und bei ihren kargen Bezügen (nicht einmal 12 Monatsgehalte) infolge Personalmangel und der als dessen Auswirkung unerläßlichen Arbeitsintensivierung Höchstleistungen vollbringen müssen, erscheint es völlig unverständlich und unverantwortlich, daß die zu weitaus mehr als 50% aus ihren Beiträgen entlohnten und bedeutend besser bezahlten Angestellten der Krankenversicherungsanstalt mit ihren 14 Monatsbezügen anläßlich der wiederholten Sanierungen der Anstalt nicht ebenso herangezogen worden sind, wie die Versicherten selbst, für die doch das Institut geschaffen worden ist, d. h. daß auch sie nach erfolgter Vereinfachung und Intensivierung der Arbeit in einem Maße zu Höchstleistungen verhalten worden sind, die sich zwangs-

2. Vereinfachungs- und Ersparungsmaßnahmen

a) Personalauslagen

läufig finanziell in einer entsprechenden Reduktion des Personals hätte auswirken müssen, von Neuanstellungen, wie solche im Jahre 1924 sehr zu Unrecht erfolgt sind und auch heute noch erfolgen, gar nicht zu reden.

b) Sitzungsgelder, Diäten, Reisegebühren

Sowohl Versicherte wie auch Ärzte, denen bisher unter Berufung auf Überkonsum bzw. Überarztung ein Hauptteil der Schuld an jeder finanziellen Deroute seitens der Kassenleitung angelastet wurde, wurden — die Versicherten durch Entrichtung der mannigfachsten Gebühren, die Ärzte durch Festsetzung einer während der Erkrankung des Versicherten auf denselben entfallenden bestimmten Anzahl von Beratungen und Besuchen (Kontingentierung) — an einer wirtschaftlichen Inanspruchnahme der Mittel der Anstalt interessiert. Es ist selbstverständlich, daß es den Versicherten als den Leidtragenden nie und nimmer verwehrt werden darf, hinsichtlich Inanspruchnahme der Betriebsmittel durch die Verwaltung besondere Vorsicht und größte Sparsamkeit zu verlangen. Daß dem nicht so ist und die Herren in der Bundeskrankenkasse von Sparsamkeit einen ganz merkwürdigen Begriff haben, erweisen verschiedene, erst in jüngster Zeit gelegentlich der Einbringung von Ersparungsanträgen (durch den Vertreter des Schutzverbandes) im Hauptvorstande gefallene Bemerkungen von Versichertenvertretern, von denen eine als Illustrationsfaktum an dieser Stelle wiedergegeben sei: „Wesentlich ist das Kapitel der Ersparungen. Wir sind uns bewußt, daß sich gewisse Ersparungen bei den Ausgaben machen lassen. (Obgleich bei einer anderen Gelegenheit erklärt wurde, daß Ersparungen nicht mehr möglich seien. Der Referent.) Wir erklären aber sofort, daß wir in jene Anträge, die aufräumen wollen mit allen Sitzungsgeldern, Diäten, Eisenbahnvergütungen u. a. m. nicht eingehen wollen. Über den Begriff ‚Ehrenamt' denken wir moderner (?). Wir sind nicht bezahlt für die Tätigkeit, sondern bekommen Entschädigungen dafür, daß wir hier sitzen . . . . Wir haben die Möglichkeit nach Ersparungen durchgesehen und gefunden, daß selbst bei rigoroser Einschränkung, Kürzung der Diäten und Reisegebühren im Jahre höchsten 30.000 S erspart werden können, ein Betrag, der gegenüber der Sanierung der Anstalt einen Pappenstiel bedeutet (?)."

Zur Ergänzung dieser besonders bezeichnenden und die Verhältnisse charakterisierenden Bemerkung diene eine kritische Betrachtung:

Konnte der Vertreter des Schutzverbandes, dem anläßlich seiner ersten Teilnahme an einer Hauptvorstandssitzung

an Sitzungsgeldern	S 35,—
an Diäten für drei Tage (3 × 16 S)	„ 48,—
an Fahrtkosten (ganze II. Klasse Schnellzug Leoben—Wien und zurück)	„ 66,20
für zweimaliges Übernachten	„ 25,60
für vier Straßenbahnfahrten	„ 1,28
	S 176,08

ausbezahlt wurden, über diese, der Finanzlage der Anstalt geradezu hohnsprechende Vergütung und in Kenntnis der neuerlichen, empfindlichen Drosselung der Anstaltsleistungen stillschweigend hinweggehen? Er durfte sich mit diesem seit Bestehen der Kasse und ohne den geringsten Widerspruch geübten Vorgang auf keinen Fall befreunden, auch wenn sich in der vom Bundesministerium für soziale Verwaltung — der Aufsichtsbehörde — genehmigten Geschäftsordnung des Hauptvorstandes der Krankenversicherungsanstalt die Bestimmung vorfindet: „Ein Verzicht auf diese Sitzungsgelder ist unzulässig und wirkungslos.“ Zum besseren Verständnis sei darauf verwiesen, daß nach der Anzahl der im Laufe eines Jahres stattfindenden Sitzungen der Verwaltungskörper (Hauptvorstand, Verwaltungsrat, Verwaltungsausschuß, Landesvorstände etc.) und der Teilnahme an diesen im Jahre an solchen Sitzungsteilnehmern sich eine Summe von annähernd 2000 ergibt. Der Schutzverband hat daher pflichtgemäß, nunmehr in Kenntnis der an die Amtswalter zur Auszahlung gelangenden Gebühren, sofort die auf Sparmaßnahmen abzielenden Anträge ausgearbeitet und dieselben durch seinen Vertreter dem Präsidenten der Krankenversicherungsanstalt zwecks Behandlung im Hauptvorstand — noch vor Beschluß der Sanierungsmaßnahmen 1930 — zugehen lassen. Die gegenständlichen Anträge wurden jedoch bis heute der Behandlung nicht zugeführt.

c) Verwaltungs- und Aufsichtsratsmitglieder

Dafür, daß der Hauptvorstand und die leitenden Funktionäre der Krankenversicherungsanstalt niemals, auch nicht zu jener Zeit, da mit dem ersten wirtschaftlichen Zusammenbruch der Anstalt mit Sicherheit gerechnet werden mußte, auf eine Vereinfachung und Verbilligung der Verwaltung sonderlich bedacht waren und, was besonders bedauerlich ist, auch das Bundesministerium für soziale Verwaltung der ihm gesetzlich obliegenden Aufsichtspflicht nicht nachgekommen ist, beweist folgende Tatsache: zufolge Beschlusses des Hauptvorstandes vom 22. Jänner 1925 (von der Aufsichtsbehörde am gleichen Tage genehmigt) ist der § 46 der Satzungen dahin abgeändert worden, daß der ursprüngliche Stand des Verwaltungsrates von 1 Präsidenten, 2 Vizepräsidenten und 7 weiteren Mitgliedern, zusammen also 10 Mitgliedern, auf 18 (1 Präsident, 3 Vizepräsidenten und 14 weitere Mitglieder), sohin um 8 Mitglieder erhöht worden ist. Da nun einerseits zufolge Bestimmung des § 46 der Satzungen von den 14 Verwaltungsratsmitgliedern je 7 von den Versichertenvertretern und von den Vertretern der Dienstgeber im Hauptvorstande aus ihrer Mitte ursprünglich auf die Dauer eines Jahres — heute aber für die Amtsdauer (vier Jahre) des Hauptvorstandes — gewählt werden, andererseits zufolge Bestimmung des § 65, Punkt 2 (§ 66, Punkt 2 alt) den 52 Mitgliedern des Hauptvorstandes für ihre Teilnahme an Vollsitzungen und Sitzungen ihrer Ausschüsse (des Verwaltungsrates, Verwaltungsausschusses, Aufsichtsrates etc.) vom Hauptvorstande festgesetzte Sitzungsgelder gebühren, sind der Bundeskrankenkasse aus der Vermehrung der Verwaltungsratsstellen automatisch auch erhöhte Auslagen erwachsen, die auf jeden Fall zu vermeiden gewesen wären. Auch die Zahl der Aufsichtsratsmitglieder wurde zufolge des vorerwähnten Hauptvorstandsbeschlusses von 4 auf 6 Mitglieder erhöht.

d) Verwaltungsaufwand und Versicherungsleistungen 1921—29

Bei einem Vergleiche des in der Betriebsrechnung für das Jahr 1924 unter der Ausgabenpost „Gebühren und Reisekosten der Amtswalter" nachgewiesenen Betrages von 38.735 S 86 g mit jenem in der Betriebsrechnung für das Jahr 1925 aufscheinenden Betrage von 54.079 S 21 g ergibt sich für das Krisenjahr 1925 bei dieser Post ein Mehraufwand von 15.343 S 35 g, sohin eine Steigerung um 40%. Stellt man dem für „Gebühren und Reisekosten der Amtswalter" im ersten Bestandsjahre der Kasse (1921) aufgewendeten Betrage von 9875 S 39 g die in der Betriebsrechnung für das Jahr 1929 für den gleichen Zweck ausgewiesene Summe von 66.709 S 62 g gegenüber, so zeigt sich bei dieser Post eine Steigerung von 56.834 S 23 g. Die Personalauslagen sind von 234.590 S 67 g im Jahre 1921 auf 1,158.257 S 58 g im Jahre 1929, sohin um 923.666 S 91 g gestiegen. Die gesamten Verwaltungsauslagen, zu denen u. a. auch die vorbesprochenen zwei Ausgabenposten gehören, haben sich im Jahre 1921 mit 288.497 S 57 g gegen 1,586.075 S 36 g im Jahre 1929 beziffert, sind sohin um 1,297.577 S 79 g gestiegen. Bei genauem Studium der Kassenberichte und unter Bedachtnahme auf die fallweise finanzielle Lage der Anstalt muß es ganz besonders auffallen, daß gerade im Krisenjahr 1925 das Mehrerfordernis für Verwaltungsauslagen 254.397 S 79 g (1924 1,007.477 S 76 g, 1925 1,261.875 S 55 g), sohin rund 25% betragen hat. Zu den Sanierungsmaßnahmen des Jahres 1925 gehörte unter anderem auch die

Einschränkung der Familienversicherung, es mußten daher annähernd 12.600 Personen mit 15. August 1925 aus der Versicherung ausscheiden. Der Betrag, der hierdurch für die Zeit vom 15. August bis 31. Dezember 1925 in Ersparung gebracht wurde, bezifferte sich rund mit 160.000 S.

Um unsere Darstellung möglichst lückenlos zu gestalten und die Kritik nicht einseitig erscheinen zu lassen, sei auch der Ausgabenbewegung anlangend das Kapitel der Anstaltsleistungen (Arzthilfe, Zahnersatz, Heilmittel und Heilbehelfe, Anstaltspflege, Wochenhilfe und Sterbegeld) Erwähnung getan. Für diese wurden im Jahre 1921 3,307.561 S 89 g verausgabt, wogegen im Jahre 1929 für den gleichen Zweck 21,657.308 S 3 g, sohin um 18,349.746 S 14 g mehr aufgewendet worden sind, wobei aber nicht übersehen werden darf, daß der vorangeführten Ausgabenpost für das Jahr 1929 per 21,657.308 S 3 g die im gleichen Jahre eingezahlten Versicherungsbeiträge per 20,649.135 S 9 g (gegen 1921 um 15,522.861 S 24 g mehr) sowie die aus der Einhebung der Behandlungsbeiträge und Rezeptgebühren erzielten Einnahmen per 1,663.256 S 30 g, sohin zusammen 22,312.391 S 39 g gegenüberstehen.

Während die Steigerung des Kostenaufwandes für Anstaltsleistungen — das Primäre einer Krankenversicherung — in der Zeit vom 21. Jänner 1921 bis 31. Dezember 1929 infolge allmählicher Erweiterung des Kreises der Versicherten, Erhöhung der Ärztetarife, der Arzneitaxe, der Spitalskosten etc. begreiflich und gerechtfertigt erscheint, dürfte sich wohl schwerlich eine stichhaltige Begründung für das Anschwellen der Verwaltungskosten von 288.497 S 57 g im Jahre 1921 auf 1,586.075 S 36 g im Jahre 1929 finden, dies um so weniger, als wir bereits im Vorangegangenen an der Hand von einigen krassen Beispielen aufzuzeigen vermochten, daß in der Verwaltung der Anstalt in den abgelaufenen Jahren ein auffälliger Mangel an der nötigen Voraussicht zutage getreten war. Wie berechtigt der Vorwurf der mangelnden Voraussicht ist, geht auch aus der Tatsache hervor, daß der Generaldirektor der Anstalt im Jahre 1927 in einer vom Hauptvorstand, dem auch Funktionäre des Bundesministeriums für soziale Verwaltung angehören, gezeichneten Gegenschrift erklärt hat: „Die Sanierung ist längst beendet und was zu reformieren nötig und möglich war, ist geschehen. Die beiden Wörter ‚Sanierung‘ und ‚Reform‘ haben für die Zukunft ihre Daseinsberechtigung verloren.“

Bereits zwei Jahre darnach war die Anstalt abermals in eine bedrohliche finanzielle Krise geraten, aus der sie nur durch eine, zum Teil auf Kosten der Versicherten und zum Teil mit Bundeshilfe, neuerlich durchgeführte Sanierung errettet werden konnte. Unliebsam ist übrigens auch die bisherige einseitige Einstellung der Kassenleitung in ihren Berichten und Begründungen über die jeweilige Finanzlage der Anstalt bemerkt worden. Immer wurde nur auf die großen Schwierigkeiten verwiesen, mit denen die Kasse zu kämpfen hatte und noch weiter zu kämpfen hat, als da sind: Abbau der Bundesangestellten, schlechte Riskengemeinschaft, Überkonsum, Überarztung usw. Niemals war aber nur der geringste Ansatz zu irgend welchen Sparmaßnahmen — in der Verwaltung — wahrzunehmen. Gerade das Gegenteil war der Fall; auch hier diene ein Beispiel zur Illustration. Nachdem in der Hauptvorstandssitzung vom 2. Juli 1930 die zwecks Sanierung der Bundeskrankenkasse erforderlichen Mittel im Wege einer neuerlichen Belastung der Versicherten bereitgestellt waren, ist folgender Antrag zur Abstimmung gelangt: „Die Generaldirektion wird ermächtigt, den Angestellten der Krankenversicherungsanstalt der Bundesangestellten (diese sind bereits im Bezuge von 14 Monatsgehalten; der Referent), die länger als ein Jahr im Dienste der Anstalt stehen, einen halben Monatsgehalt als Notstandsaushilfe ohne Präjudiz auszuzahlen.“ Dieser Antrag, der mit einem Kostenaufwand von 46.000 S verbunden war, wurde mit 21 Stimmen der Versichertenvertreter gegen die Stimmen der Regierungsvertreter und die Stimme des Vertreters des Schutzverbandes angenommen. Dafür ist mit sofortiger Wirksamkeit ab 1. August 1930 die Vergütung von Wannen- und Dampfbädern eingestellt worden. Und da spricht man von einer „standesgemäßen“ Krankenversicherung? Mit keinem Worte wurde jemals davon gesprochen, daß die Bundeskrankenkasse u. a. der großen Sorge um die Einhebung der Versicherungsbeiträge vollständig enthoben ist, daher billiger arbeiten kann bzw. sollte, als jene Krankenkassen, für die das Kapitel „Einhebung bzw. Eintreibung der Mitgliedsbeiträge“ vielleicht die schwerste Belastung bedeutet. Was zugunsten der Anstalt, nicht aber der Versicherten vorzukehren wäre, wird bei jeder Gelegenheit erwähnt; nicht hervorgehoben wird aber die weitere Tatsache, daß in einer Zeit, in der fast alle Privatversicherungsinstitute infolge der enormen Arbeitslosigkeit, Kurzarbeit und die dadurch bedingte Verminderung der Beitragsleistungen, hervorgerufen durch den Zusammenbruch vieler Privatunternehmungen usw., vor die größten Schwierigkeiten hinsichtlich ihrer Einnahmen- und Ausgabenbudgetierung gestellt werden, die Krankenversicherungsanstalt in Anbetracht nur geringfügiger Änderungen in ihrem Versichertenstock infolge der Automatik bei den Aktiven — bei durchschnittlich 50% derselben erhöhen sich doch alljährlich normalmäßig die Bezüge — derartige Schwierigkeiten vorläufig nicht zu überwinden hat und voraussichtlich auch in aller Zukunft nicht zu überwinden haben wird. Solche Schwierigkeiten würden wohl erst wieder bei eventuell neuerlichen Abbaumaßnahmen eintreten.

3. Die Ausgaben- und Einnahmenwirtschaft der Anstalt

Daß der Schutzverband gegen das Sanierungsprogramm 1930, das ebenso wie jenes im Jahre 1925 vor allem die Versicherten mit neuen Lasten beschwert hat, Stellung nehmen mußte, ist begreiflich. Sein Vertreter hat daher in der Hauptvorstandssitzung der K. V. A. vom 2. Juli 1930 als einziger darauf verwiesen, daß die Bundeskrankenkasse in der Ausgabenwirtschaft zunächst darauf bedacht sein müsse, durch Reduzierung der Ausgaben, in erster Linie jener für die Verwaltung, Ersparungen zu erzielen, wobei es Aufgabe des — auf unsere erstmalige im Jahre 1927 gegebene Anregung hin — zu bildenden Komitees wäre, festzustellen, inwieweit und wo die Ausgaben vermindert werden könnten; erst dann wäre, falls durch eine derartige Ausgabensenkung eine vollständige Deckung des Defizits nicht gelingen sollte, an eine Erhöhung der Einnahmen zu schreiten, und zwar in der Weise, daß sowohl Dienstgeber wie auch Dienstnehmer die Lasten zu gleichen Teilen zu tragen hätten. Er brachte die seitens des Schutzverbandes dem Hauptvorstande zugegangenen Sanierungsvorschläge zur Kenntnis mit der bündigen Erklärung, daß der Schutzverband unter keinen Umständen einem Sanierungsprogramm zustimmen werde, das lediglich eine Erhöhung der Einnahmen, nicht aber auch eine Verminderung der Ausgaben beinhalte.

III. Vergleich mit der Krankenfürsorgeanstalt der Angestellten und Bediensteten der Gemeinde Wien.

1. Sanierungsmaßnahmen

Es dürfte vielleicht nicht unangebracht sein, an dieser Stelle in einigen Belangen die Tätigkeit der Krankenfürsorgeanstalt der Angestellten und Bediensteten der Gemeinde Wien zum Vergleiche heranzuziehen. Auch bei diesem Institute hat die bereits im Jahre 1928 beobachtete Unausgeglichenheit ihres Budgets die Anstaltsleitung vor die Aufgabe gestellt, dieser Entwicklungserscheinung, die sowohl für die Gegenwart wie für die Zukunft infolge der noch weiter steigenden Tendenz einzelner Leistungstarife eine weitere wesentliche Erschwerung der finanziellen Situation erwarten ließ, im Wege einer gründlichen Reform entgegenzutreten. Hiezu standen zwei Möglichkeiten offen. Es konnte entweder an eine Einschränkung der Leistungen (Beschränkung des Kreises der fürsorgeberechtigten Familienangehörigen, Beschränkung der Anstaltsleistungen bei Anstaltspflege und bei den Ersatzleistungen u. a. m.), oder an eine Erhöhung der Einnahmen gedacht werden. Ein weiterer Ausweg wäre gewesen, und dieser wurde vor allem erwogen, eine Kombinierung der vorerwähnten zwei Maßnahmen: Eine mäßige Einschränkung der Anstaltsleistungen und zur Aufbringung der Mittel für den unbedeckten Rest der Mehrauslagen eine geringe Erhöhung der Leistungen der Mitglieder. Nach eingehenden und langwierigen Beratungen wurde der Ausweg gewählt, von einer Reduzierung der Anstaltsleistungen zur Gänze abzusehen und den gesamten Mehrbedarf durch eine Erhöhung der Beiträge zu decken.

2. Belastung der Versicherten

Wie wir aus Vorstehendem ersehen, hebt sich die Sanierung der Krankenfürsorgeanstalt wohltuend ab von jener der Bundeskrankenkasse, dies um so mehr, als einerseits der Dienstnehmerbeitrag ab 1. Februar 1930 erst 1,4% der anrechenbaren Bezüge beträgt — gegen 1,5% der bei der Bundeskrankenkasse Versicherten —, andererseits die Kostenbeteiligungs- und Drucksortengebühr, die bis zum 1. März 1930 bei Inanspruchnahme ärztlicher Leistungen in der Höhe von 30 g, 40 g, 50 g und 60 g abgestuft war, von dem bezeichneten Tage angefangen auf der Basis von 40 g einheitlich festgesetzt worden ist, so daß nunmehr für eine Ordination oder einen Besuch des allgemeinen oder des Facharztes die gleiche Gebühr zu entrichten ist. Die bei der Bundeskrankenkasse Versicherten hingegen haben an Behandlungsbeiträgen zu entrichten: bei allgemeiner Arzthilfe für jede Ordination 50 g, für jede Visite 90 g; bei fachärztlicher Behandlung für jede Inanspruchnahme des Facharztes 1 S 50 g. Außerdem ist bei Konsultation eines Vertragsarztes noch abgesondert eine Gebühr von 3 g für jeden einen Monat gültigen Behandlungsschein zu zahlen.

Während bei der Krankenfürsorgeanstalt für das Rezeptformulare (Rezeptgebühr) 10 g zu bezahlen sind, beträgt bei der Bundeskrankenkasse die Rezeptgebühr 20 g. Daß diese Gebühr in vielen Fällen die Kosten des im Handeinkauf erworbenen Medikamentes um 100% übersteigt, ist ein Kapitel für sich, an dem der Schutzverband nicht achtlos vorübergehen kann. Noch ein krasses Beispiel, das erweist, um wieviel weniger die Mitglieder der Krankenfürsorgeanstalt mit Abgaben belastet sind, als jene der Bundeskrankenkasse. Für die Durchleuchtung der Gallenblase hat ein Angestellter der Gemeinde Wien einen Behandlungsbeitrag von 40 g, hingegen ein Bundesangestellter einen solchen von S 9,30 (25%) zu entrichten.

Die vorstehenden Ausführungen erbringen den Beweis, daß

1. auch ohne allzu starke Belastung der Versicherten saniert werden kann und

2. die Angestellten und Bediensteten der Gemeinde Wien, wenn nicht besser, so doch zumindest ebenso „standesgemäß" befürsorgt werden wie die Mitglieder der Bundeskrankenkasse, obgleich erstere mit Beiträgen und Sondergebühren um vieles weniger beschwert sind, als letztere. Einer allfälligen Einwendung, daß lediglich die durchgeführte Regulierung der Bezüge der Wiener Gemeindeangestellten in der Form der Gewährung eines 14. Monatsgehaltes die Sanierung der mehrerwähnten Krankenfürsorgeanstalt in der besprochenen Weise ermöglicht hat, sei entgegengehalten, daß

1. der bei derselben zu entrichtende Versicherungsbeitrag mit 2,8% — gegen 3% bei der K. V. A. — festgesetzt ist,

2. bei derselben der Kreis der Familienversicherung viel weiter gezogen ist,

3. die Angestellten der Gemeinde Wien bedeutend geringere Behandlungsbeiträge und Rezeptgebühren zu entrichten haben als die Mitglieder der Bundeskrankenkasse, und

4. die Verwaltung der Anstalt in weitaus bescheideneren Grenzen geführt wird, wofür unter anderem die Tatsachen sprechen, daß der Direktor der Krankenfürsorgeanstalt — ein rechtskundiger Beamter der Gemeinde Wien — im Genusse der systemmäßigen Bezüge der zweiten Dienstklasse steht, also nicht mit Sondervertrag angestellt ist, und weiters der Präsident, der Vizepräsident sowie die Amtswalter in den verschiedenen Vertretungskörpern als ehrenamtliche Funktionäre lediglich Sitzungsgelder in der Höhe von 3 S für jede Sitzung — auch bei mehrstündiger Dauer — beziehen.

3. Bemessung der Beitragsgrundlage

Im Verfolge der vorstehenden Ausführungen muß es weiters als schweres Versäumnis angesehen und mit Bedauern festgestellt werden, daß nicht — ebenso wie bei der Krankenfürsorgeanstalt der Gemeinde Wien — auch bei der K. V. A. der Bundesangestellten der Gesamtbezug des Versicherten ohne irgend welche Beschränkung, und nicht wie es seit Jahren der Fall ist, nur bis 600 S der Beitragsbemessung zugrunde gelegt wird. Allerdings hätte sich der Bund der ihm zufolge Bestimmung des Stammgesetzes (§ 17) zustehenden Verpflichtung, gleichfalls Beiträge wie die Versicherten zu leisten, nicht entziehen dürfen, dies um so weniger, als ihm doch einerseits die immerwährenden finanziellen Schwierigkeiten der Anstalt bekannt sein mußten, und andererseits der gemäß § 16 des mehrerwähnten Gesetzes zur Gründung und Einrichtung der Versicherungsanstalt von der Staatsverwaltung geleistete unverzinsliche Vorschuß von 10,000.000 K in Anbetracht der Größe und des bereits im Jahre 1921 beabsichtigten Ausbaues des Unternehmens völlig unzureichend und dadurch mitbestimmend war für die weitere Entwicklung der Dinge.

4. Erweiterte Heilbehandlung

Daß die Bundeskrankenkasse zufolge Erwerbung mehrerer Kuranstalten und Heilstätten, worüber noch später gesprochen werden soll, in der Lage ist, eine größere Anzahl kranker Versicherter der erweiterten Heilbehandlung zuzuführen, als die Krankenfürsorgeanstalt der Gemeinde Wien, wäre an sich zu begrüßen, wenn bei der Einweisung derselben den Indikationen der behandelnden Vertrags- bzw. Vertragsfachärzte mehr Beachtung geschenkt werden würde. Die Art und Weise jedoch, wie sich einerseits Vertrauensärzte der Bundeskrankenkasse fallweise über die Anordnung des den Patienten oft jahrelang behandelnden und mit der Krankheitsgeschichte des Patienten wohlvertrauten Vertragsarztes geradezu souverän hinwegsetzen, andererseits die wenig freundliche Aufnahme, die die Versicherten bei den mit den Agenden der erweiterten Heilbehandlung betrauten Funktionären der Anstalt, die in dem Kranken nichts anderes als einen Bittsteller erblicken, finden, haben nicht mit Unrecht im Kreise der Versicherten Unmut und Erbitterung gezeitigt, wovon sich der Schutzverband nur allzuoft zu überzeugen in der Lage war. Hiezu kommt, daß die oft in ärgster Not befindlichen Kranken abweislichen Bescheiden — auch solchen hinsichtlich von Ansuchen um Bewilligung von Bade- oder Trinkkuren, die mit der erweiterten Heilbehandlung nichts zu tun haben, vielmehr als Heilmittel zu werten sind — ohnmächtig gegenüberstehen, da ihnen nach den augenblicklich geltenden Bestimmungen weder ein rechtlicher Anspruch auf Leistungen der erweiterten Heilbehandlung zusteht, noch die Möglichkeit zu einer Beschwerde gegeben ist. Hier, sowie in vielen anderen Fällen wirkt sich die Zwangsversicherung sowie die Monopolstellung der Bundeskrankenkasse überaus nachteilig aus, weshalb der Schutzverband auf die von ihm bereits im Jahre 1927 aufgeworfene Frage der Schaffung einer Wahlkrankenkasse, wie eine solche im Angestelltenversicherungsgesetz vom 29. Dezember 1926 vorgesehen ist, bei nächster Gelegenheit wieder zurückkommen wird. Nur nebenbei sei bemerkt, daß es auch die Doppelversicherten schmerzlich empfinden, daß ihnen die Wahl der Kasse augenblicklich nicht freigestellt ist, sie vielmehr trotz Einzahlung doppelter Beiträge die Naturalleistungen der Bundeskrankenkasse in Anspruch nehmen müssen, wenngleich die Kasse, bei der sie zufolge ihres Privatberufes versichert sind, ihnen größere Begünstigungen einräumen würde, nicht zuletzt was die Versorgung mit Heilmitteln und Heilbehelfen anlangt. Nicht grundlos hat die Leitung des Schutzverbandes in ihrer an das Bundesministerium für soziale Verwaltung gerichteten Zuschrift vom 5. Jänner 1931, betreffend die Stellungnahme zu dem ihr zugekommenen Novellierungsentwurfe des Bundesangestellten-

Krankenversicherungsgesetzes 1928 die Streichung der Bestimmung des § 5, Abs. 1, Z. 2, des erwähnten Gesetzes verlangt, die lautet: „Durch Verordnung kann bestimmt werden, welche Heilmittel und Heilbehelfe als notwendig anzusehen sind“, da zu beurteilen, welche Heilmittel notwendig sind, wohl ausschließlich dem Arzt zusteht.

IV. Anträge des Schutzverbandes zur Sanierung der Bundeskrankenkasse.

Die Bundeskrankenkasse hat sich, wie aus verschiedenen Ausführungen des Referates zu entnehmen und nicht zu leugnen ist, seit dem Jahre 1923 so ziemlich unausgesetzt in einer für die Versicherten begreiflicherweise sich überaus ungünstig auswirkenden latenten finanziellen Krise befunden, weshalb auch die Leitung des Schutzverbandes es für angezeigt bzw. sich für verpflichtet erachtet hat, bereits in einer am 14. Februar 1927 dem Bundesministerium für soziale Verwaltung überreichten Eingabe zu beantragen, eine aus unabhängigen, auf dem Gebiete des Krankenversicherungswesens und der Verwaltungsreform bewanderten Fachleuten zusammengesetzte Kommission ehestens mit der Aufgabe zu betrauen, die bei der Bundeskrankenkasse bestehenden versicherungs- und verwaltungstechnischen Einrichtungen sachgemäß zu überprüfen, wobei dem Krisenjahre 1925 und den zwecks Sanierung der genannten Kasse, abweichend von den gesetzlichen Bestimmungen getroffenen Maßnahmen sowie auch den dem Katastrophenjahr vorangegangenen Ereignissen ein ganz besonderes Augenmerk zuzuwenden wäre. Auf Grund eines von der Kommission zu erstattenden Gutachtens, das voraussichtlich unter anderem auch den Vorschlag zu einer durchgreifenden Reform des sehr komplizierten und kostspieligen Verwaltungsapparates beinhalten dürfte, hätte sofort eine gründliche und zweckdienliche, dem sozialen Geiste des Gesetzes entsprechende Rekonstruktion des Institutes, wenn erforderlich, auch im Wege legislatorischer Maßnahmen Platz zu greifen. Eine Vorbedingung für das Gelingen einer solchen Aktion wäre allerdings gewesen, einerseits der Kommission größtmögliche Freizügigkeit auf ihrem ausgedehnten Arbeitsfelde, bei sorgsamer Ausschaltung jedweder Hemmung zuzugestehen, andererseits die Geneigtheit der Regierung zur Übernahme gewisser unabweislicher finanzieller Lasten, wenn die Untersuchungsergebnisse dafür sprechen sollten. Das Ziel, das der Schutzverband vor Augen hatte, war zumindest Wiederherstellung des Versicherungszustandes auf das Niveau vor dem 28. Juli bzw. 15. August 1925, und zwar sowohl hinsichtlich des Behandlungsbeitrages wie auch hinsichtlich der Familienversicherung, weiters eine verbesserte Versorgung der Versicherten mit Medikamenten und Heilbehelfen, die dringend nötige Vereinfachung des Dienstganges in der Anstalt sowie schließlich die Beseitigung des unhaltbaren Zustandes in den vertragslosen Ländern, dessentwegen die Leitung des Schutzverbandes sich veranlaßt gesehen hat, in der vorbesprochenen, an das Bundesministerium für soziale Verwaltung gerichteten Eingabe abgesondert das dringliche Ersuchen zu stellen, im Interesse der am meisten benachteiligten Versicherten — das sind unbestritten die Versicherten in den vertragslosen Ländern — ehestens der Frage nähertreten zu wollen, in welcher Art diesen, insolange der vertragslose Zustand noch währt, ein Äquivalent dafür geboten werden könnte, daß sie den Arzt für erwiesene Leistungen aus eigener Tasche bezahlen müssen, hingegen seitens der K. V. A. lediglich den bedeutend niedrigeren Kassentarif vergütet erhalten. Da diesen Anregungen auffallenderweise von keiner Seite nähergetreten worden ist, hat der Schutzverband, dem Wunsche eines großen Kreises der Versicherten und seiner eigenen wohlbegründeten Überzeugung folgend, im Oktober 1929 in einer dem Bundesministerium für soziale Verwaltung, dem Rechnungshofe sowie dem Nationalrate überreichten Denkschrift gegen den seitens der Bundeskrankenkasse im Jahre 1929 ohne Bedachtnahme auf ihre neuerlich höchst bedrohliche finanzielle Lage getätigten Ankauf des Julienhofes in Baden um S 440.000,— (die Adaptierungskosten im Betrage von S 110.000,— und die Gebühren nicht eingerechnet) nachdrücklichst Stellung genommen, dies mit um so größerer Berechtigung, als zu Beginn des Krisenjahres 1925 unter anderem die Kurhäuser „Melanie“ in Baden und „Elisabeth“ in Hofgastein käuflich erworben worden sind. In der erwähnten Denkschrift wurde aber auch in Anbetracht der vom Generaldirektor der Anstalt im Tätigkeitsbericht für das Jahr 1928 rückhaltlos eingestandenen schwierigen und geradezu besorgniserregenden Lage der Bundeskrankenkasse die Kardinalfrage aufgeworfen, wieso sich die Leitung der K. V. A. entschließen konnte, einen derartigen unvorteilhaften und kostspieligen Ankauf (des Julienhofes in Baden) zu bewerkstelligen und wieso das Bundesministerium für soziale Verwaltung als Aufsichtsbehörde seine Zustimmung zu diesem Ankaufe geben konnte? Da nach dem vorerwähnten Tätigkeitsberichte der K. V. A. die Summe der Versicherungsbeiträge den Betrag von S 19,867.416,51 erreicht hat, der bekanntlich zur Hälfte vom Bunde bestritten wird, konnte die Verbandsleitung weiters nicht umhin, in ihrer Denkschrift vom Oktober 1929 der

Annahme Ausdruck zu verleihen, daß es letzten Endes dem Bundesministerium für Finanzen nicht gleichgültig sein kann und darf, wie mit dem auf den Bund entfallenden Beitragsanteil gewirtschaftet wird, weshalb neuerlich eine eingehende Überprüfung der Gebarung und Verwaltung als unbedingt notwendig erkannt und daher die eheste Vornahme einer solchen angeregt worden ist. Die Leitung des Schutzverbandes verabsäumt nicht, durch den Referenten vor einem neuen Forum feststellen zu lassen, daß eine Anstalt, die sich — wie dies bei der Bundeskrankenkasse im Jahre 1929 bereits zum zweiten Male der Fall war — in einem höchst krisenhaften Zustand befunden und mit einem stets zunehmenden hohen Defizit gearbeitet hat, sohin von dem Gespenste des katastrophalen Zusammenbruchs bedroht war, sich nicht in kostspielige Liegenschaftsankäufe einlassen darf, auch dann nicht, wenn ihr dabei die Aussicht auf „eine Reihe wertvoller finanzieller Möglichkeiten durch Abtrennung von wertvollen Bauparzellen" offensteht. Keineswegs fällt es in den Wirkungskreis einer Krankenkasse, sich in Grundspekulationen einzulassen oder solche auch nur ins Kalkül zu ziehen, was zum Beispiel beim Ankauf der Baugründe in Schallerbach zutrifft. Im übrigen hat sich die K. V. A. bei dem Versuche, den Ankauf des Julienhofes in Baden zu rechtfertigen, in einem bedenklichen Widerspruch bewegt, wenn sie erklärt hat, bestrebt gewesen zu sein, „ihre Leistungen auf dem Gebiete der erweiterten Heilbehandlung soweit als möglich auszubauen", und andererseits ihr Hauptvorstand in seiner Sitzung vom 5. Juli 1929 eine Erhöhung des Fonds für erweiterte Heilbehandlung ablehnte und die Versicherten nachdrücklichst aufmerksam machte, daß neu einlangende Gesuche um Beiträge aus dem genannten Fonds nicht mehr berücksichtigt werden können. Muß es bei der von der Anstalt betriebenen Heilstättenpolitik nicht geradezu aufreizend wirken, wenn seitens der Hauptgeschäftsstelle einerseits zahlreiche, berechtigte Ansuchen um Aufnahme in Kurheime der Anstalt ohne Angabe von Gründen oder unter Hinweis auf die Geldknappheit abgewiesen werden oder die Einweisung auf ungebührlich lange Zeit hinausgeschoben wird, andererseits aber in einem Atemzuge Nichtmitgliedern die Aufnahme in Anstaltsheimen gegen Bezahlung bestimmter Pensionspreise angeboten wird. Wenn die Kassenleitung, der bekannt sein mußte, daß auch im Nationalrat (Ausschuß für soziale Verwaltung) von mehreren maßgebenden Rednern gegen die Krankenkassen — und das trifft bei der Bundeskrankenkasse ganz besonders zu — der Vorwurf allzu weitgehender und sie in ihrem Bestande bedrohender Immobilisierung erhoben worden ist, auf die in Rede stehende Denkschrift hin angeregt hat, daß der Ankauf des Julienhofes vom Bundesministerium für soziale Verwaltung in seiner Eigenschaft als Aufsichtsbehörde zum Gegenstand einer Untersuchung gemacht werde — was auch, allerdings ohne das von den Versicherten erwartete Ergebnis zu zeitigen, geschehen ist —, so konnte dies wohl nur für gänzlich Uneingeweihte berechnet gewesen sein.

Für eine derartige Untersuchung kann — wenigstens nach der Meinung des Schutzverbandes — niemals das genannte Bundesministerium in Betracht kommen, denn dieses hat ja als Aufsichtsbehörde nicht nur den Ankauf des Julienhofes genehmigt und damit die Verantwortung hiefür mitübernommen, sondern auch es so weit kommen lassen, daß die K. V. A. im Jahre 1930 in eine neuerliche Finanzkatastrophe geraten war, wobei es ganz gleich ist, ob dieser Zustand auf eine unwirtschaftliche, allzu kostspielige Gebarung oder auch noch auf ein verfehltes System zurückzuführen ist. Soll daher das Bundesministerium für soziale Verwaltung künftig in allen Belangen der ihm gesetzlich übertragenen Aufgabe, als Aufsichtsbehörde zu fungieren, gerecht werden, müßte vor allem mit dem bisherigen System, Ressortbeamte in die Verwaltungskörper der Anstalt zu entsenden, sei es als Regierungs-, sei es als Versichertenvertreter, gebrochen werden.

Der Vollständigkeit wegen sei darauf verwiesen, daß seitens der Leitung des Schutzverbandes auch gelegentlich der im Jahre 1930 erstatteten Sanierungsvorschläge die Einsetzung eines Komitees von in jeder Beziehung unabhängigen und auf dem Gebiete des Krankenversicherungswesens erfahrenen Fachmännern angeregt worden ist. Aufgabe dieses Komitees wäre es gewesen, ohne Verzug die Ergebnisse der letzten fünf Verwaltungsjahre, insbesondere auch in der Richtung der Entwicklung der einzelnen Ausgabenposten zu überprüfen und darzustellen, und dann auf Grund seiner Wahrnehmungen dem Hauptvorstande jene Richtlinien vorzuschlagen, deren Einhaltung es bei Durchführung der Sanierung unter Bedachtnahme auf die Lage der Versicherten für notwendig erachtet. Auch hätte dieses Komitee im besonderen seine Meinung darüber bekanntzugeben, ob und in welchem Maße Einschränkungen und Ersparungen bei den Ausgabenposten „Verwaltungsauslagen und Bauaufwendungen“ ohne Nachteil für den Betrieb möglich wären.

Die vorbesprochene, auch von anderer Seite gegebene und ähnlich gefaßte Anregung hat in der Hauptvorstandssitzung vom 2. Juli v. J., und zwar unter Hinweis auf die Autonomie der Anstalt und die Erklärung eines Ministerkomitees, daß die Gründe für das Defizit im Anstaltshaushalte wo anders zu suchen sind, als in einer schlechten Verwaltung, eine ausgesprochene Ablehnung erfahren. Dagegen wurde in der Hauptvorstandssitzung vom 16. Oktober 1930 ein aus fünf Versicherungsvertretern bestehendes Studienkomitee gebildet, das unter Vorsitz des Präsidenten der Bundeskrankenkasse und unter Beiziehung des Generaldirektors der Anstalt hinsichtlich aller schwebenden Fragen Beratungen zu pflegen und dem Hauptvorstand Anträge zu erstatten hat. Der Auffassung über diese Maßnahme hat die Leitung des Schutzverbandes in ihrer anläßlich der Stellungnahme zum Novellierungsentwurfe des Bundesangestellten-Krankenversicherungsgesetzes 1928 an das Bundesministerium für soziale Verwaltung gerichteten Zuschrift vom 5. Jänner l. J. Ausdruck verliehen wie folgt: „Und nun abschließend noch eine kurze Bemerkung zu jener Stelle der ‚Begründung' (des Regierungsvorschlages), die davon spricht, ‚daß das Ministerkomitee sich überzeugen konnte, daß die Finanznot nicht etwa auf Unzukömmlichkeiten in der Verwaltung zurückzuführen sei'. Der Schutzverband, der dieser Ansicht nicht beizupflichten vermag, hat deshalb wiederholt und neuerlich die Einsetzung einer unabhängigen und fachkundigen Untersuchungskommission verlangt, die eben erst zu untersuchen hätte, ob Unzukömmlichkeiten solcher Art, daß sie mit zu einer Finanznot führen konnten, vorgekommen sind oder nicht.

Die Verbandsleitung denkt dabei gar nicht an Unzukömmlichkeiten krimineller Art, sondern lediglich an solche, wie sie im Zuge einer weniger fachkundigen und sorgsamen Verwaltung vorzukommen pflegen. Die Frage aber, ob solche Unzukömmlichkeiten vorgekommen sind oder nicht, müßte erst einwandfrei beantwortet werden. Auf keinen Fall ist aber das aus langjährigen Versichertenvertretern sowie aus beamteten Funktionären der Anstalt gebildete Studienkomitee — unbekümmert darum, daß auch der Vertreter des Schutzverbandes diesem Komitee angehört (Anmerkung des Referenten) — das kompetente Forum hiezu. Es ist eine Binsenwahrheit, daß einschneidende Sparmaßnahmen in der Bundeskrankenkasse nicht ohne Änderung der Verfassung und Vereinfachung der Verwaltung durchgeführt werden können. Auch der im Laufe der Jahre großgewordenen Kassenbürokratie muß dies als eine Forderung von unerbittlicher Logik erscheinen."

Kritische Betrachtungen zur österreichischen Sozialversicherung.

Referat für den ÖKW-Krankenkassenausschuß

erstattet von

Hofrat Dr. Edmund Palla,
Generalsekretär der Kammer für Arbeiter und Angestellte in Wien.

Inhaltsverzeichnis.

Seite

A. Allgemeines: Die Kritik der Sozialversicherten an der Sozialversicherung 237

B. Die Arbeiterversicherung 239

1. Die Arbeiterkrankenversicherung . . . 240
   a) Zweck und Ausdehnung 240
   b) System und Leistungsniveau 242
   c) Organisation und Verwaltung 247
2. Die Arbeiterunfallversicherung 250
   a) Zweck und Ausdehnung 250
   b) System und Leistungsniveau 250
   c) Organisation und Verwaltung 251
   d) Zusammenfassung: Kritik und Wünsche 251

C. Die Angestelltenversicherung 252
   a) Zweck und Ausdehnung 252
   b) System und Leistungsniveau 253
   c) Organisation und Verwaltung 254
   d) Zusammenfassung: Beschwerden und Wünsche . . . 254

A. Allgemeines.

Die kritischen Meinungen der Versicherten zur Sozialversicherung lassen sich im allgemeinen in drei Gruppen teilen:

a) Beschwerden, die einem Mißverstehen oder der Ablehnung des Gedankens des Riskenausgleiches in der Sozialversicherung und der damit verbundenen Folgen entspringen.

b) Beschwerden gegen die derzeitigen Sozialversicherungsgesetze.

c) Beschwerden gegen die Praxis der Sozialversicherungsträger.

Zu a):

Es muß am Eingange aller Kritik betont werden, daß der weitaus überwiegende Teil der Versicherten durchaus auf dem Standpunkt der Sozialversicherung steht, das heißt: der Meinung ist, daß durch eine Riskengemeinschaft die Wagnisse ausgeglichen und versicherungstechnisch gedeckt werden sollen. Doch auch bei Versicherten, die grundsätzlich auf diesem Standpunkt stehen, treten im (vermeintlichen oder wirklichen) Versicherungsfalle Meinungen auf, die auf ein Mißverstehen, ein Ablehnen oder eine bewußte Abänderung des Grundsatzes der Sozialversicherung zurückzuführen sind.

Die häufigste Beschwerde, die in dieser Richtung gehört wird, ist die Klage von Versicherten, die lange Zeit keine oder noch nie eine Leistung in Anspruch genommen haben, daß für sie die Sozialversicherung eine Ausgabe sei, der keine Einnahme gegenüberstehe. Die Verbindung von guten und schlechten Risken zu einer Gemeinschaft erfordert, daß Leistung und Gegenleistung nur vom Standpunkt und nach dem Ergebnis der Leistungen an die Gesamtheit der Versicherten verglichen werden können. Manche guten Risken finden nun nach Ablauf einer gewissen Versicherungszeit — und immer erst nach Ablauf dieser Zeit kann man feststellen, ob jemand eine gute oder schlechte Riske war —, daß sie weit mehr als die Sozialversicherung geleistet haben als sie empfingen. Aus dem bloßen Titel, jahrelang die Versicherung nicht in Anspruch genommen zu haben, werden oft höhere Leistungen oder Leistungen ohne Versicherungsfall und zu Vorzugsbedingungen gefordert. Dies gilt für alle Versicherungszweige; besonders in der erweiterten Heilfürsorge werden von Versicherten Leistungen verlangt, ohne daß solche aus medizinischen oder prophylaktischen Gründen geboten wären. Mit Berufung darauf, daß diese Leistung gewissermaßen als Prämie für die Nichtinanspruchnahme der Sozialversicherung gebühre, werden von Versicherten „Belohnungsleistungen" verlangt, die ohne die Voraussetzung des Versicherungsfalles, ja gerade beim Fehlen eines solchen zustehen sollen.

In diese Gruppe gehören auch die Entfertigungswünsche mancher Versicherter, die die Versicherung verlassen, ohne daß sie Leistungen in Anspruch nahmen. Bei dem Mangel an internationalen Übereinkommen und Übereinkommen zwischen den einzelnen Versicherungszweigen und Versicherungträgern bedeutet der Wechsel eines Berufes oder des Aufenthaltsortes oft einen empfindlichen Verlust an laufenden Anwartschaften. Die Entfertigung aus einer Versicherung muß nicht als eine Geldabfertigung gedacht sein, sie kann auch in der Wahrung und Fortsetzung der Anwartschaften im selben oder im neuen Versicherungsbereich bestehen. Die derzeitigen Bestimmungen über die Möglichkeiten der freiwilligen Fortsetzung der Versicherung können nur als Ansatz in dieser Richtung betrachtet werden.

Im Wesen der Sozialversicherung liegt es, daß Art und Ausmaß der Leistung von vornherein bestimmt und begrenzt ist. Nichtsdestoweniger wird es von vielen Versicherten nicht verstanden, daß selbst in Fällen, in denen ein Abweichen von den als Voraussetzung bestimmten Bedingungen aus sozialen und medizinischen Gründen geboten wäre, eine Ausnahme nicht stattfinden kann. Für die Versicherungsträger sind die gesetzlichen Bedingungen meist Mindestbedingungen und die gesetzlichen Leistungen meist Höchstleistungen und ein Abweichen von den starren Regeln des Gesetzes findet nicht statt. Wem auch nur ein Tag auf die Anspruchsberechtigung fehlt, der wird abgewiesen; wer seinen Anspruch erschöpft hat, muß ausgesteuert werden, wenn sich durch eine kurze weitere Hilfeleistung auch viel retten ließe. Die Versicherten verlangen von den Versicherungsträgern, daß diese bei der Beurteilung von Ansprüchen, die durch den Wortlaut der Sozialversicherungsgesetze nicht gedeckt sind, Billigkeitsrecht anwenden dürfen und durch das Gesetz nicht gedeckte und über die Mindestverpflichtung hinausgehende Mehrleistungen erbringen.

Gerade die schlechten Risken werden die Leistungen der Sozialversicherung bald ausgeschöpft haben oder mangels einer Anwartschaft außer bei Anwendung von Billigkeitserwägungen gar nicht in Bezug treten können. Viele Versicherte müssen nun erfahren, daß sie in diesem Falle nicht bloß ohne Leistungen von seiten der Sozialversicherung dastehen, sondern auch auf Leistungen der öffentlichen Fürsorge nur unzureichend Anspruch haben. Das Fehlen einer Verbindung von Sozialversicherung und sozialer Fürsorge in der Weise, daß subsidiär und automatisch die öffentliche Fürsorge — ergänzend oder fortsetzend — an die Seite der Sozialversicherung tritt, ist ein fühlbarer Mangel im Fürsorgenetz der sozialen Hilfeleistung. Eine solche (durch ein Fürsorgenetz oder vertragliche Vorschreibungen mit der Sozialversicherung ins Leben zu rufende) organisatorische Verbindung könnte um so eher gefordert werden, als durch die Sozialversicherung die öffentliche Fürsorgeverwaltung wesentlich entlastet wird. Bei Vorliegen einer solchen organisatorischen Verbindung könnte sich dann die Sozialversicherung weit berechtigter als bisher nur auf die Erbringung von Pflichtleistungen beschränken und auf freiwillige Mehrleistungen verzichten.

Zusammenfassend erstreckt sich also die allgemeine Kritik mancher Versicherter zur Sozialversicherung auf folgende wichtigsten Punkte:

1. Sicherstellung von Ansprüchen auch für gute Risken;

2. Möglichkeit der Sicherung erworbener Anwartschaften bei Ausscheiden aus der Versicherung (Anrechnung im neuen Versicherungsbereich);

3. Ermöglichung von Mehrleistungen, die über das gesetzliche Mindestmaß hinausgehen, und von Billigkeitsleistungen, die zu gewähren sind, wenn unverschuldet keine Anwartschaft besteht;

4. ergänzende automatische Hilfeleistung durch die öffentliche Fürsorge.

Zu b) und c):

Die kritischen Meinungen zur heutigen Gesetzgebung und Praxis in der Sozialversicherung werden bei der Darstellung der Kritik an den einzelnen Versicherungszweigen wiedergegeben.

B. Die Arbeiterversicherung.

Die Sozialversicherung der Arbeiter ist nicht nur unvollständig (es fehlt eine Alters- und Invalidenversicherung), sondern in ihrer Unvollständigkeit noch dazu überaus zerrissen. Die Klage, die am häufigsten gehört wird, ist das Verlangen nach Einführung der Alters- und Invalidenversicherung und Herstellung der Identität des Personenkreises in allen Versicherungszweigen. Dies gäbe auch die Möglichkeit, die Sozialversicherung der Arbeiter organisatorisch einheitlich zu gestalten.

1. Die Arbeiterkrankenversicherung.

a) Zweck und Ausdehnung

Der Personenkreis der Arbeiterkrankenversicherung soll alle auf Grund einer wirtschaftlich abhängigen Arbeit berufsmäßig Beschäftigten umfassen. Dabei ist für die Berufsmäßigkeit nur die Art der Beschäftigung auf seiten des Arbeitnehmers maßgebend, so daß also auch nebenberufliche, aushilfsweise und vorübergehende Beschäftigung versicherungspflichtig ist, wenn sie auf seiten des Arbeitnehmers berufsmäßigen Charakter hat. Meist wird ja diese Beschäftigung auf Grund eines Arbeitsvertrages ausgeübt werden, doch soll das formale Moment des Arbeitsvertrages gegenüber der Frage nach dem wirtschaftlichen Inhalt des gegenseitigen Vertragsverhältnisses zurücktreten. Auch Beschäftigungen, die formal ohne Arbeitsvertrag, jedoch in wirtschaftlicher Abhängigkeit verrichtet werden, sollen versicherungspflichtig sein (Garderobeure in Kaffeehäusern, die nur formell selbständig sind usw.).

Es muß darauf verwiesen werden, daß trotz gesetzlicher Vorschriften die weitaus größte Zahl der Heimarbeiter in der Arbeiterkrankenversicherung nicht erfaßt sind. Der Jahresbericht der Wiener Arbeiter-Krankenversicherungskasse weist für den 31. Dezember 1930 die Zahl von 4172 Heimarbeitern aus; selbst wenn man annimmt, daß eine ebenso große Zahl aus Gründen der Einfachheit von den Unternehmern als Betriebsarbeiter gemeldet werden, kommt man der Zahl der wirklich berufsmäßig Heimarbeitenden nicht annähernd nahe.

Auch die derzeitige Regelung der Frage der Nebenbeschäftigung ist für die Versicherten gefahrvoll. In dem Moment, wo die Hauptbeschäftigung aufhört, wird die Nebenbeschäftigung — als nunmehrige Hauptbeschäftigung — versicherungspflichtig. Das hat für die Unternehmer und für die Versicherten Umständlichkeiten zur Folge. Es könnte wohl — wie dies in der Angestelltenversicherung und im Steuerrecht üblich ist — dem Versicherten anläßlich eines Jahresausgleiches eine Rückvergütung geboten werden, wenn seine Beitragsquote die Grenze der höchsten Lohnklasse übersteigt.

Das Arbeiter-Krankenversicherungsgesetz nimmt die Tatsache der faktischen Beschäftigung zur Grundlage der Versicherungspflicht.

Dies führt dazu, daß im Krankenstand befindliche Versicherte von der Versicherung abgemeldet werden können. Die Frist zur freiwilligen Fortsetzung der Krankenversicherung läuft nun von einem Zeitpunkt an, der dem erkrankten Versicherten nicht einmal bekannt wurde. Es wäre zweckmäßig, während der Zeit des Leistungsbezuges eines Versicherten die Mitgliedschaft ruhen zu lassen, wenn keine Beiträge mehr bezahlt werden.

Das Recht zur Fortsetzung der Mitgliedschaft nach Beendigung der Versicherungspflicht ist heute durch ungerechtfertigte Bestimmungen eingeengt. Die 26wöchige Vorversicherung innerhalb des letzten Jahres wäre wohl besser durch eine Bestimmung zu ersetzen, die dem Schutz der Versicherungsträger vor dem Einschleichen in die Versicherung ebenso Rechnung trägt wie dem Rechte des Versicherten auf Wahrung seiner Anwartschaften. Nach dem derzeitigen Wortlaut des Arbeiter-Krankenversicherungsgesetzes kommt es oft vor, daß ein älterer Versicherter, der auf eine langjährige Mitgliedschaft zurückblicken kann, aber im letzten Jahre arbeitslos war, durch eine kurze Gelegenheitsbeschäftigung aus der Versicherung herausfällt, da er die innerhalb des „letzten" Jahres vorgeschriebene Vorversicherung nicht aufbringen kann. Auch der Aufenthalt im Kassensprengel ist (besonders außerhalb Wiens) eine ungerechtfertigte Erschwerung der Möglichkeit der freiwilligen Fortsetzung der Versicherung. Abgesehen von den Fällen, wo Arbeiter (besonders im Baugewerbe) außerhalb ihres ständigen Wohnortes arbeiten, schließt das Arbeiter-Krankenversicherungsgesetz derzeit selbst Arbeiter von der freiwilligen Versicherung aus, die im Nachbarsprengel ihres Wohnortes als tägliche Grenzgänger arbeiten.

Der Versicherungsschutz, den die Familienangehörigen des Versicherten genießen, ist ein ganz unzureichender. Angehörige von Arbeitslosen haben überhaupt keinen Anspruch auf Leistungen aus dem Titel der Familienversicherung. Wo die Statuten Leistungen der Familienversicherung eingeführt haben, erstrecken sich diese nicht auf die Spitalsverpflegskosten. In Wien haben die Angehörigen nicht einmal die Möglichkeit kassenärztlicher Hilfe, sondern müssen sich mit Rückersätzen begnügen, die hinter den tatsächlichen Arztkosten natürlich zurückbleiben. Auch auf Zahnersatz und Zahnbehandlung haben die Familienangehörigen keinen Anspruch. So bedeutet in vielen Fällen für einen Arbeiter die Erkrankung seines Kindes oder seiner Frau eine finanzielle Katastrophe. Es muß erwähnt werden, daß auch das Arbeiterversicherungsgesetz, das am 1. April 1927 vom Nationalrat bereits beschlossen wurde, aber bisnun nicht in Kraft getreten ist, nur für die unmittelbar Versicherten, nicht aber für die Angehörigen Anstaltspflege kennt, sondern freiwillige Kostenbeiträge bei Einholung der vorherigen Zustimmung des Versicherungsträgers festlegt.

Zusammenfassend ergäben sich also folgende Beschwerden gegen den Stand der Gesetzgebung in der Arbeiterkrankenversicherung:

1. Der Personenkreis soll alle in wirtschaftlicher Unselbständigkeit geleistete Arbeit umfassen;

2. bei erkrankten Versicherten ruht die Versicherung so lange der Krankheitsfall währt, auch wenn sie vom Unternehmer abgemeldet wurden;

3. das Recht der freiwilligen Fortsetzung der Mitgliedschaft ist neu zu formulieren;

4. die Familienversicherung ist obligatorisch und im gleichen Umfang wie für die unmittelbar Versicherten einzuführen.

Alle diese Beschwerden sind natürlich auch Beschwerden gegen die Praxis der Sozialversicherung. Es muß betont werden, daß in einzelnen Fällen Versicherungsträger berechtigten Wünschen der Versicherten in obiger Hinsicht entgegenkommen und oft Verfügungen zugunsten von Versicherten treffen, die aus einer strikten Auslegung des Arbeiter-Krankenversicherungsgesetzes nicht herausgelesen werden können. Aber ein großer Teil der Versicherungsträger beruft sich auf den zwingenden Wortlaut des Arbeiter-Krankenversicherungsgesetzes und schließt Billigkeitserwägungen aus seinen Entscheidungen aus, da im Gesetz für solche keine Handhabe ist.

Es soll auch an dieser Stelle betont werden, daß eine Lösung mancher Fragen auf dem Gebiete des Zweckes und der Ausdehnung (des Personenkreises) der Arbeiterkrankenversicherung durch die Praxis der Kassen leicht zu lösen wäre, wenn das Gesetz den Versicherungsträgern eine Handhabe dazu gäbe.

b) System und Leistungsniveau

Die weitaus meisten Klagen der Versicherten betreffen das Ausmaß der Geldleistungen und die Dauer der Leistungen nach dem Arbeiter-Krankenversicherungsgesetz.

Ein Versicherter, der an einer länger dauernden Krankheit erkrankt ist, steht heute nach der Aussteuerung durch die Krankenkasse vor dem Nichts. Die etwaigen Beihilfen aus dem Unterstützungsfonds oder von Seiten der öffentlichen Fürsorge können den durch die lange Krankheit finanziell geschwächten Arbeiter nicht vor der Verelendung retten. Das Fehlen der Invalidenversicherung macht sich sozialhygienisch überaus ungünstig bemerkbar.

Dabei sind die geldlichen Leistungen der Arbeiterkrankenversicherung besonders für höher entlohnte Versicherte in einem derart verschwindenden Verhältnis zu ihrem Normalverdienst, daß auch eine kurze Krankheit eine finanzielle Gefahr und die Bekanntschaft mit den Pfandleihanstalten bedeutet. In die Beratungsstellen der Arbeiterkammern kommen oft Versicherte, die innerhalb einer Krankheit von sechs Monaten die wichtigsten Gebrauchsgegenstände versetzen mußten. Ein wöchentliches Krankengeld von S 29,40 bedeutet für den erkrankten Versicherten furchtbares Elend und schwere Verschuldung, insbesondere dann, wenn er seinem Verdienst nach auf einen Haushalt eingestellt ist, der schon in normalen Zeiten manchmal mehr als das Dreifache dieses Betrages verbraucht. Das niedrige Krankengeld führt dazu, daß die Versicherten die Krankmeldung unbegründet hinausschieben. Von 153.343 gewerblichen Arbeitern (mit Ausnahme der Bauindustrie) waren am 31. Dezember 1930 bei der Wiener Arbeiter-Krankenversicherungskasse 121.431 in der höchsten Lohnklasse, also mit einem Wochenverdienst von über S 36,— versichert, von 10.778 Bauarbeitern derselben Klasse waren 10.473 in der höchsten Lohnklasse, also unterversichert! Aber auch bei den übrigen österreichischen Arbeiterkrankenkassen ergibt sich für die männlichen Arbeiter dasselbe Bild: Bei der Kreiskrankenkasse Innsbruck waren am 31. Dezember 1929 von 9800 männlichen Versicherten 8100 unterversichert.

Besonders wirkt sich die niedrige Höhe der Geldleistungen auf die Versicherten aus, die R ü c k v e r g ü t u n g e n in Anspruch nehmen müssen. Im Falle einer auswärtigen Erkrankung oder der ersten Hilfeleistung bedeuten die gewährten Entschädigungssätze einen kaum nennenswerten Ersatz der notwendigen Auslagen.

Doch soll der Schadenversicherung auch für diesen Fall nicht das Wort geredet sein. Viel wichtiger als der Rückersatz der Ausgaben (auch in einer nach Behebung der Unterversicherung normierten Höhe) wäre die Sicherheit des Versicherten, K r a n k e n h i l f e i n n a t u r a ü b e r a l l d o r t z u b e k o m m e n, w o e r s i c h a u f h ä l t. Ein auf Montage oder auf einer Reise befindlicher Arbeiter hat durch zwischenstaatliche Verträge und durch Übereinkommen der Versicherungsträger von jedem Versicherungsträger bei Vorweis seiner Anspruchsberechtigung Krankenhilfe zu erhalten. Kann der Versicherte die Tatsache der versicherungspflichtigen Beschäftigung oder der Mitgliedschaft glaubhaft machen, so hat jede Kasse außerhalb des Sprengels der zuständigen Kasse unverzüglich Hilfe zu leisten und den Anspruchsberechtigten in Genuß der Leistungen zu setzen.

Vielfach richten sich die Beschwerden der Versicherten gegen die Art der Behandlung durch die Kassenärzte. Diese Beschwerden sollen erwähnt werden, wenngleich Material, das einen allgemeinen Schluß zuließe, nicht zur Verfügung steht. Es mag sein, daß die Tatsache, daß die Kassenärzte ihre Tätigkeit neben ihrer freien Praxis ausüben, sowohl den Ärzten als auch den behandelten Versicherten das Gefühl einer Unterschiedlichkeit gibt und diesem Umstand manche Reibungen zuzuschreiben sind.

Anlaß zu wiederholten Beschwerden ist die Beibringung von privatärztlichen Gutachten, deren Nichtanerkennung durch den Kassenarzt oft in den Versicherten das Gefühl wachruft, daß sie vom Privatarzt ihren Neigungen entsprechender behandelt und diagnostiziert würden. Wenngleich nicht verlangt werden kann, daß der Kassenarzt sich an Vorgutachten und Nebengutachten von Privatärzten unbedingt hält, sollte doch durch eine Vereinbarung innerhalb der ärztlichen Organisationen versucht werden, die Begutachtung „für Sozialversicherungszwecke" zu regeln.

Schließlich muß noch auf die Tatsache verwiesen werden, daß manchmal die ärztlichen Gutachten über ein und denselben Versicherungsfall innerhalb der verschiedenen Versicherungszweige verschieden sind. Es kann ohne weiteres vorkommen, daß nach einem Betriebsunfall (besonders bei Beurteilung der Kausalität) vom Kassenarzt klipp und klar dem Versicherten ein Unfallleiden offen bescheinigt und bestätigt wird, während die vertrauensärztliche Untersuchung durch die Unfallversicherung ein anderes Ergebnis zeigt. Ebenso kann es vorkommen, daß ein Versicherter von der Krankenversicherung als arbeitsfähig abgeschrieben wird, während der Amtsarzt der Arbeitslosenversicherung ihn als weiterhin arbeitsunfähig vom Bezug der Arbeitslosenunterstützung ausschließt. Nun werden ja widersprechende Gutachten nie zu vermeiden sein; was aber vermieden werden müßte, ist das im Versicherten wach werdende Gefühl, daß gerade der Arzt, der im konkreten Falle über die Anspruchsberechtigung zu entscheiden hat, weniger wohlwollend ist als der Arzt, der als momentan unbeteiligter Dritter ein Gutachten ausstellt. Ärztliche Gutachten mehrerer Versicherungszweige über ein und denselben Versicherungsfall sollten einvernehmlich gemacht werden. Doch ist klar, daß eine befriedigende Lösung dieser Frage erst durch die Vereinheitlichung der gesamten Sozialversicherung erzielt werden kann und die meisten Beschwerden über die Begutachtung der Zerrissenheit der Sozialversicherung zuzuschreiben sind.

Zahlreiche weitere Beschwerden richten sich gegen folgende Erscheinung: Von ärztlicher Seite wird dem Versicherten eine Kassenleistung empfohlen. Ist diese Leistung an eine Karenz- oder Wartezeit gebunden, so stellt sich erst nachher anläßlich der wirtschaftsamtlichen Überprüfung heraus, daß das Mitglied auf diese Leistung gar keinen Anspruch hat; ganz besonders ist dies bei den Leistungen der erweiterten Heilfürsorge der Fall. Ohne zu bedenken, daß ein Rechtsanspruch auf solche Leistungen gar nicht besteht, haben viele Versicherte im Falle der nachträglichen Abweisung nunmehr das Gefühl der Verärgerung und glauben, daß ihnen Unrecht widerfahren sei — mögen sie auch vor der ärztlichen Verschreibung an die ihnen zustehende Leistung gar nicht gedacht haben.

In Unkenntnis der Dispensationsnorm verschreiben Ärzte manchmal Heilmittel, deren Verabreichung auf Kassenkosten vom Apotheker verweigert wird; es kommt aber auch vor, daß Ärzte dem Mitglied ein zugelassenes Heilmittel verschreiben und sich über dessen Heilwirkung nicht besonders günstig aussprechen, wobei sie betonen, daß es ihnen verboten sei, ein „besseres“ Mittel zu verschreiben. In dem Versicherten wird dadurch der Glaube an die Heilwirkung des verschiedenen Heilmittels erschüttert.

Vielfach richtet sich die Kritik der Versicherten an der Heilmittelhilfe der Krankenversicherten auch gegen die Nichtzulassung bestimmter, bei anderen Versicherungsträgern verabreichten Medikamente. Eine einheitliche Medikamentenliste für alle Träger der Krankenversicherung wäre im Interesse der Einheitlichkeit der Verschreibung überaus notwendig. Dadurch würde verhindert werden, daß ein Versicherter erfahren muß, daß ein Heilmittel, das von seiner Kasse als nicht notwendig und ersetzbar bezeichnet wurde, von einer anderen Kasse ohne weiteres zugelassen wird.

Die Versicherten machen sich das Bild über die Leistungsfähigkeit ihres Versicherungsträgers überhaupt in starkem Maße durch Vergleich der Leistungen der einzelnen Institute. Eine möglichste Einheitlichkeit liegt im Interesse der Sozialversicherung selbst, doch darf sich diese Einheitlichkeit nicht auf die Mindestleistungen erstrecken. Aus der Behandlung der Frage der Bezahlung des Krankengeldes nach dem 28. Tage der Spitalsbehandlung und den vielen — leider aussichtslosen — Beschwerden von Versicherten, die dieses Krankengeld nicht erhalten, kann man am besten ersehen, welches Chaos durch die unterschiedlichen Grundsätze der einzelnen Kassen entsteht. In diesem Fall ist (durch den etwa gemeinsamen Spitalssaal) der Anreiz zum Vergleich der Leistungen allerdings besonders groß.

Auch in der Frage der Krankmeldung gibt es Beschwerden der Versicherten. Ein Versicherter, der beispielsweise wegen seines Magenleidens die Kassenhilfe in Anspruch nehmen will, wird von seinem Rayonsarzt zur fachärztlichen Feststellung der Diagnose gewiesen. Diese Feststellung erfordert einen derartigen Zeitaufwand für den Versicherten, daß er während der Beobachtungszeit selbst beim besten Willen nicht dazu kommen kann, seiner Arbeit nachzugehen. Der Abschluß der oftmaligen Untersuchungen kann nun sehr leicht sein, daß der Versicherte nicht krank gemeldet wird und auch für die Zeit der Beobachtung nicht in Krankenstand genommen wird. Das mag medizinisch gerechtfertigt sein, ist aber für den Versicherten, der nun in den Betrieb mit der Meldung kommen muß, daß er arbeitsfähig war und ist, überaus unangenehm. Es führt dazu, daß das nächstemal der Versicherte nicht wagt, Arbeitsstunden zu versäumen und Krankheiten allzu lang anstehen läßt: steht er doch vor der Gefahr, allzu rasch im Betrieb in den Ruf eines Simulanten zu kommen, der unbegründet die Arbeit versäumt!

Überhaupt ist in Einzelfällen die Krankmeldung und der Genuß der Leistungen an vielfache Formalitäten und an Zeitverlust gebunden. Es kann vorkommen, daß ein Versicherter, der beispielsweise Plattfußeinlagen nach Maß braucht, folgenden Weg durchmachen muß: Rayonsarzt — Facharzt — Chefarzt — Facharzt, und nun werden erst die Maße für die Einlagen abgenommen. Es müßte nach Wegen gesucht werden, um solchen Laufereien ein Ende zu machen. Bei Errichtung von Ambulatorien müßte es möglich sein, durch einen einzigen Besuch des Versicherten sowohl die administrativen als auch die medizinischen Verfügungen und Erhebungen vollständig zu Ende zu führen.

Es sei noch der zahlreichen Beschwerden gedacht, die sich gegen Kassen richten, die die gesetzlichen Bestimmungen der Krankenversicherung nicht einhalten oder zu ungunsten der Versicherten schikanös ausüben. Bei den als Wahlkassen zugelassenen Vereinskrankenkassen kommt es überaus häufig vor, daß Versicherte in niedrigeren Lohnklassen sind, als ihrem Verdienst entspricht. Nicht angemeldete oder unrichtig oder verspätet angemeldete Beschäftigungsverhältnisse werden von diesen Kassen nicht im Geiste der Legalversicherung gehandhabt, die dem Versicherten unbeschadet der erfolgten oder nicht erfolgten, richtigen oder nicht richtigen Anmeldung das ihm zustehende gesetzliche Recht gibt.

Die allgemeinen Erörterungen am Anfange dieser Darstellung gelten natürlich auch für die Arbeiterkrankenversicherung. Wohl ist durch Gesetz die Frage der Voraussetzungen, der Dauer und der Art der Anspruchsberechtigung in der Weise geregelt, daß Mindestbedingungen und Mindestleistungen festgesetzt sind. Es sollte aber von den Kassen bei der Durchführung des Gesetzes in größerem Maße als bisher billiges Recht angewendet werden. Unterstützungsfonds in ausreichendem Maße, verstärkte Heilfürsorgetätigkeit nicht bloß auf dem Gebiete der Anstaltspflege, sondern auch in der Hauspflege, vertragliche Überweisung an die Fürsorge der öffentlichen Körperschaften, Zuerkennung von Leistungen an Versicherte, auch wenn auf Grund der gesetzlichen und statutarischen Bestimmungen keine Berechtigung besteht, die Besonderheit des Falles aber die Zuerkennung des gestellten Anspruches geboten erscheinen läßt. Das Argument, daß durch solche freiwillige Leistungen der Kassen die — oben geforderte — Einheitlichkeit des Leistungssystemes wieder verschwinden würde und Mißverständnisse und Beschwerden überhand nehmen würden, ist für diesen Fall nicht anzuerkennen, da es sich um freiwillige Mehrleistungen handelt, die als solche in jedem Einzelfall erklärt werden könnten.

Zusammenfassend seien zum Punkt System und Leistungsniveau in der Arbeiterkrankenversicherung folgende Beschwerden der Versicherten wiedergegeben:

1. Die heutige Unterversicherung, die die Geldleistungen der Krankenversicherung für einen großen Teil der Versicherten sehr niedrig hält, soll beseitigt werden.

2. Für länger erkrankte Versicherte ist die Krankenversicherung überhaupt kein Schutz, da ihre Leistungen zeitlich begrenzt sind. Die Inkraftsetzung der Invalidenversicherung kann diesem Mißstand abhelfen.

3. Die Krankenhilfe soll für einen Versicherten auch dann gewahrt sein, wenn er nicht an seinem ständigen Arbeitsort erkrankt.

4. Die Arzthilfe und die Heilmittelhilfe ist einheitlich und möglichst zentral zu regeln, damit dem Versicherten Zeitverlust erspart wird und nicht das Bewußtsein unterschiedlicher Behandlung hervorgerufen wird.

5. Kassen, die sich über die gesetzlichen Mindestbestimmungen hinwegsetzen, sind durch die Aufsichtsbehörde zur Verantwortung zu ziehen.

6. Die Kassen sollen über das gesetzliche Mindestmaß hinausgehende Mehrleistungen ausreichend erbringen.

c) Organisation und Verwaltung

Die Versicherten haben zur Frage nach der zweckmäßigsten Organisation der Krankenversicherung ihre Stellungnahme in den letzten Jahren durch die gewaltigen freiwilligen Konzentrationen gekennzeichnet. Auch von dem (im vorigen Abschnitt behandelten) Standpunkt der Leistungen aus ergibt sich die Forderung nach unbedingter organisatorischer Vereinheitlichung. Dabei soll die Vereinheitlichung der Sozialversicherung nicht bei Einheitskassen (großen leistungsfähigen Instituten) stehen bleiben, sondern darüber hinaus in der Forderung nach Vereinheitlichung der gesamten Sozialversicherung gipfeln. Das Arbeiterversicherungsgesetz sieht vor, daß der Versicherte sämtliche Ansprüche nur mehr bei den Zahlstellen der Krankenkasse geltend machen kann.

Wie umständlich für die Versicherten der heutige Zustand ist, sieht man am deutlichsten bei den Wahlkassen, die ihre Tätigkeit als kleine Kassen auf ein Bundesland erstrecken. Bis ein Versicherter eine Zahlstelle erreicht, dauert oft stundenlang; naturgemäß sind kleine Versicherungsträger, die sich über ein größeres Gebiet erstrecken, nicht imstande, alle jene Einrichtungen zu schaffen, die für die Versicherten wünschenswert sind.

Vielfach wird von den Versicherten die eigenwirtschaftliche Abgabe von Heilmitteln und Heilbehelfen gewünscht. Ob dies durch den Kassenarzt oder durch eigene Ausgabestellen erfolgt, ist gleichgültig; der Weg in die Apotheke ist durch die Art der Behandlung der Kassenmitglieder für die Versicherten ein unangenehmer.

In diesem Zusammenhang soll auch eine Frage erörtert werden, die zu vielen Beschwerden Anlaß gibt. Ist ein Versicherungspflichtiger von seinem Unternehmer zur Versicherung nicht angemeldet worden, warten viele Versicherungsträger mit der Erbringung der Geldleistungen, bis eine rechtskräftige instanzenmäßige Entscheidung ergangen ist; nicht selten wird in strittigen, nicht von vornherein klaren Fällen dem Versicherungspflichtigen auch der Bezug der Sachleistungen verweigert. Dem Versicherten steht nun bei der Krankenkasse gar kein Recht zu, die unterlassene Anmeldung selbst vorzunehmen oder das Verfahren zu betreiben. Die Krankenkassen haben weder die Verpflichtung, eine Anzeige des vermeintlich Versicherungspflichtigen zur Kenntnis zu nehmen, noch seine Anmeldung zur Kenntnis zu nehmen und bescheidmäßig zu erledigen. Andererseits entscheiden die politischen Behörden nur über „Streitigkeiten“ zwischen Versicherungsträgern und Versicherten und stehen oftmals auf dem Standpunkt, daß, solange keine bescheidmäßige Ablehnung von der Krankenkasse erfolgt ist, eine solche Streitigkeit nicht vorliege. Der Versicherte muß daher die Strafanzeige machen und das Verfahren über seine Versicherungspflicht — ein reines Administrativverfahren — wird an den langwierigen Verlauf des Verwaltungsstrafverfahrens gebunden. Im Geiste der Legalversicherung wäre es gelegen, daß der vermeintlich Versicherungspflichtige selbst eine rasche Entscheidung über seine Versicherungspflicht herbeiführen kann und in den Bezug der Leistungen tritt, wenn er das Beschäftigungsverhältnis glaubhaft machen kann.

Auch soll bei Ablehnung von Leistungen die Krankenkasse dem Versicherten einen Bescheid erteilen. Von dieser Bestimmung wird von vielen Versicherungsträgern nicht Gebrauch gemacht. Statt eines mit Rechtsmittelbelehrung versehenen Bescheides erhält der Versicherte bei Abweisung seiner Ansprüche vielfach eine als unappellabel scheinende Mitteilung. Der Versicherte weiß in den meisten Fällen nicht, daß er das Recht hat, nun einen anfechtbaren Bescheid zu verlangen und unterläßt die kommissionelle oder schiedsgerichtliche Anfechtung der Entscheidung der Kasse.

Die Rechtsunkenntnis auf dem Gebiete der Sozialversicherung ist überhaupt unerhört groß. Manche Versicherungsträger bemühen sich ja um die Aufklärung und Belehrung ihrer Mitglieder; dies sollte aber selbstverständliche Pflicht aller Versicherungsträger sein.

Zusammenfassend ergeben sich folgende Vorschläge:

1. Einheitliche Organisation der Krankenversicherung in großen Versicherungsträgern;

2. Schutz des nicht zur Versicherung angemeldeten Versicherten;

3. ausreichende Belehrung der Versicherten über ihre Rechte aus der Krankenversicherung.

Abschließend soll bemerkt werden, daß die Versicherten gegenüber dem Argument, daß manche dieser Forderungen die Kosten der Verwaltung erhöhen würden, darauf hinweisen können, daß die Kosten der Krankenversicherung stets bereitwillig von den Versicherten übernommen wurden. In der heutigen Zeit, wo von mancher Seite die Ermäßigung der Verwaltungskosten der Krankenversicherung verlangt wird, besteht Gefahr, daß diese Ermäßigung auf Kosten der Rechte des Versicherten gehen kann. Demgegenüber muß deutlich betont werden, daß, soferne die Verbesserung der Leistungen dies erfordert, auch eine Erhöhung der administrativen Kosten in Kauf genommen wird. Schließlich ist die Krankenversicherung nichts anderes als ein großer Verteilungsapparat, der die richtigen Leistungen an die richtige Stelle zu bringen hat. Die Kosten, die dies verursacht, von vornherein als Unkosten zu bezeichnen, geht daher nicht an und wenn eine Erhöhung des Verwaltungsaufwandes im Interesse einer richtigeren Verteilung notwendig erscheint, so liegt dies im Interesse der Versicherten. Dies selbst in Zeiten, wo von vielen Seiten einem unbedingten Abbau der Verwaltungskosten das Wort geredet wird.

2. Die Arbeiterunfallversicherung.

a) Zweck und Ausdehnung

Der Personenkreis der Unfallversicherung ist im wesentlichen ein engerer als der der Krankenversicherung. Die Tatsache, ob ein Ventilator vorhanden ist, entscheidet in manchem Betriebe die Versicherungspflicht. Es ist ungeheuerlich, daß eine große Anzahl von Arbeitern, die in Kleinbetrieben oder nicht gewerbsmäßigen Betrieben beschäftigt sind, von der Unfallversicherung ausgeschlossen ist. Da dies in den meisten Fällen weder die betreffenden Unternehmer noch die betreffenden Arbeiter wissen, lassen sie sich auch die Möglichkeit der freiwilligen Versicherung entgehen. Vor allem muß verlangt werden — wie dies das Arbeiterversicherungsgesetz auch vorsieht —, daß sämtliche Krankenversicherten auch unfallversichert sind.

Zweck der Unfallversicherung ist die Versicherung der Arbeiter; heute ist die Unfallversicherung vor allem eine Versicherung der Unternehmer gegen zivilrechtliche Schadenersatzansprüche der Verletzten. Die Unfallversicherungsgesetzgebung schließt — abgesehen vom äußerst seltenen Fall des vorsätzlichen Verschuldens — Ansprüche des Verletzten an den Unternehmer aus, auch wenn der Unfall die Folge einer durch grobe Fahrlässigkeit oder schweres Verschulden herbeigeführten Gefährdung des Arbeiters ist. Es ist nicht einzusehen, warum an dieser Bestimmung der Unfallversicherungsgesetzgebung (auch im Arbeiterversicherungsgesetz) festgehalten wird.

Der Begriff des Arbeitsunfalles hat durch die Praxis der Unfallversicherungsanstalten bereits einen weiteren Inhalt erhalten, als zur Zeit des Inkrafttretens des Unfallversicherungsgesetzes. Dennoch klagen viele Versicherte über die Art der ärztlichen Begutachtung in der Frage der Kausalität (besonders bei Bruchleiden) und der Schätzung des Grades der Erwerbsminderung. Doch dürften auf diesem Gebiete der Sozialversicherung die Klagen der Unfallverletzten nie verstummen. Der Mangel einer Invalidenversicherung, durch die die Berufsinvaliden berentet werden, gibt jetzt den Klagen dieser von der Unfallversicherung Abgewiesenen eine menschliche Berechtigung.

Viel zu eng gefaßt ist auch der Begriff der Berufskrankheit. Die Erweiterung der Liste der Berufskrankheiten ist eine in Versichertenkreisen oft gehörte Forderung.

b) System und Leistungsniveau

Die Unterversicherung macht sich auch in der Unfallversicherung für die Versicherten sehr ungünstig bemerkbar. Eine Vollrente von S 133,— monatlich kann dem gänzlich erwerbsunfähigen Arbeiter, dessen Verdienst S 2400,— übersteigen mußte, damit er eine Rente wenigstens in dieser Höhe erhält, nicht die Existenzmöglichkeit gewähren.

Besonders bei den Berufskrankheiten wirkt sich die geringe Höhe der Renten gefährlich aus: die berenteten Versicherten können von den Rentenbeträgen nicht leben und üben daher neben der Rente ihren Beruf aus, durch den sie weiteren Gefährdungen ausgesetzt sind.

Seit dem Jahre 1928 ist den Unfallversicherungsanstalten die Erstattung freiwilliger Mehrleistungen verboten; ebenso dürfen an die Versicherten keine Rentenvorschüsse ausbezahlt werden. Diese Bestimmung birgt, starr angewendet, viele Härten in sich.

Fürcherlich ist das Unrecht, das an den Verletzten begangen wurde, deren Rentenansprüche zwar bestehen, die aber wegen zwischenstaatlicher Schwierigkeiten oder mangels zwischenstaatlicher Übereinkommen ihre Renten nicht angewiesen erhalten. Daß in den meisten Fällen das Verschulden nicht oder nicht bloß auf österreichischer Seite liegt, ist für diese Unfallverletzten kein Trost. Die Zahl der Unfallverletzten, die von einer an die Sukzessionsstaaten gefallenen Unfallversicherungsanstalt die Liquidierung ihrer Renten erwarten, ist nicht gering. Der endliche Abschluß der zwischenstaatlichen Verhandlungen wird von vielen Unfallverletzten herbeigesehnt.

Aber auch die Rentner, die von der Vorkriegszeit auf dem Gebiete der heutigen Republik einen Arbeitsunfall erlitten, sind teilweise um ihre Rechte gekommen. Die Rentenaufwertung erfolgte staffelweise und umfaßte nicht alle Renten, die Kleinrentner wurden mit minimalen Beträgen abgefertigt.

c) Organisation und Verwaltung

Eine der Bestimmungen, die am meisten mißverstanden und bekämpft wird, ist die Verjährungsfrist für den Fall des Unterlassens der Unfallanzeige. Es wäre wohl billig, diese Frist, wie es in einigen Fällen durch liberale Praxis der Anstalten und schiedsgerichtliche Erkenntnisse bereits gehandhabt wurde, von dem Tage an laufen zu lassen, an dem sich der Unfallverletzte der Unfallfolgen bewußt wird.

Eine wesentliche Erleichterung im Verkehr der Unfallverletzten mit der Versicherungsanstalt wird das Arbeiterversicherungsgesetz bringen. Der Verletzte wird seine Ansprüche durch die Krankenkasse geltend machen.

d) Zusammenfassung: Kritik und Wünsche

Zusammenfassend ergeben sich in der Arbeiterunfallversicherung folgende kritische Meinungen unter den Versicherten:

1. Ausdehnung des Personenkreises auf alle Krankenversicherten;

2. Wiederherstellung der zivilrechtlichen Schadensersatzpflicht des Unternehmers im Falle grober Fahrlässigkeit und schweren Verschuldens;

3. Ausdehnung der Liste der Berufskrankheiten;

4. Inkraftsetzung der Invalidenversicherung;

5. Behebung der Unterversicherung;

6. Gewährung von Mehrleistungen durch die Unfallversicherungsanstalten;

7. Aufwertung der noch nicht aufgewerteten Altrentner;

8. endgültiger Abschluß der nun schon Jahre dauernden Liquidierungsverhandlungen über den Rentnerstock im zwischenstaatlichen Verkehr der Sukzessionsstaaten.

C. Die Angestelltenversicherung.

Bevor auf die vorgeschriebene Systematik der Darstellung eingegangen wird, muß einer Beschwerde gedacht werden, die immer wieder in Angestelltenkreisen auftaucht: Das Angestelltenversicherungsgesetz ist für die meisten Angestellten eine Geheimwissenschaft. Seine schwierige und unklare Sprache, der unübersichtliche Aufbau und die Zerrissenheit der inhaltlichen Darstellung lassen die meisten Angestellten, besonders in der Pensionsversicherung, ganz im unklaren. Ob und wann ein Versicherter Anspruch auf eine Rente aus der Pensionsversicherung hat, ist das Ergebnis einer für den Versicherten selbst nie mit Sicherheit anzustellenden langwierigen Berechnung.

a) Zweck und Ausdehnung

Es kommt immer wieder vor, daß Angehörige einzelner Berufsgruppen mit der Begründung, sie leisten Angestelltendienste, Aufnahme in die Angestelltenversicherung fordern. Die Fassung des § 1, A.-V.-G., gibt Personen, die der Arbeiterversicherung unterliegen, den Anreiz zu glauben, daß ihre Tätigkeit die Versicherungspflicht nach dem Angestelltenversicherungsgesetz begründe. Dabei ist die Judikatur der Verwaltungsbehörden in der Beurteilung der Bedingungen des § 1 ziemlich streng und legt diesen Paragraph äußerst einschränkend aus. Die Beschwerden der Personen, die sich ungerechtfertigt aus der Angestelltenversicherung ausgeschlossen glauben, sollten vermerkt werden.

Der Kreis der Familienversicherten ist, wenngleich er schon in seiner jetzigen Ausdehnung als ein umfangreicher bezeichnet werden kann, eng gezogen. Der österreichische Eherechtswirrwarr und die Fassung des § 3, Abs. 2, Punkt 1, des Angestelltenversicherungsgesetzes schließen die Dispensehegattin von einem großen Teil der

Ansprüche aus und Punkt 5 gibt der Lebensgefährtin des Versicherten nur die geringen Rechte der Wirtschaftsführerin. Nach der Praxis einzelner Versicherungsträger ist eine Familienversicherung der Eltern nur dann möglich, wenn diese „in“ der Hausgemeinschaft des Versicherten leben, d. h. dieser also der Hauptmieter sein muß. Da die Überprüfung der Voraussetzungen der Familienversicherung oftmals erst im Zuge oder aus Anlaß von Leistungen erfolgt, bedeutet die Aberkennung der Familienangehörigeneigenschaft für die Versicherten oft unliebsame Enttäuschungen. Bedeutet doch die Anmeldung zur Familienversicherung, die gutgläubig im Bewußtsein der Berechtigung erfolgt, und die Annahme dieser Anmeldung noch nicht die Anerkennung des rechtlichen Anspruches.

Wie in der Arbeiterkrankenversicherung führen auch in der Angestelltenkrankenversicherung die Mitglieder Klage über das Fehlen der Naturalarzthilfe in Wien für Familienangehörige.

b) System und Leistungsniveau

Vielfach werden auf diesem Gebiete ähnliche Beschwerden laut wie in der Arbeiterkrankenversicherung. Besonders auf die zu Punkt 4 der Zusammenfassung gegebenen Ausführungen sei an dieser Stelle verwiesen, da in vieler Hinsicht die Dinge ähnlich liegen.

Besondere Angestelltenbeschwerden jedoch, die hervorgehoben werden müssen, sind die nach Bezahlung des Krankengeldes auch in der ersten Zeit der Erkrankung. Für den Versicherten bedeutet eine Erkrankung unter allen Umständen eine Erhöhung seiner Auslagen; erhöhte Einnahmen wären daher ohneweiters gerechtfertigt. Außer dieser Erwägung spricht noch eine Unannehmlichkeit gegen den derzeitigen Zustand: Dadurch, daß die Kassen in den ersten vier Wochen überhaupt kein, in den nächsten zwei Wochen nur das halbe Krankengeld bezahlen, hat sich bei vielen Unternehmern der Glaube verbreitet, daß es für den Versicherten ohneweiters möglich sei, sich für kürzere Zeit krank zu melden; sei doch die Kasse an der Verhinderung mutwilliger Krankmeldungen nicht interessiert. Angestellte wagen daher oftmals nicht, in den Krankenstand zu treten, da sie bei kürzerer Erkrankungsdauer einen für den Dienstgeber plausiblen Nachweis der Erkrankung, wie er früher die anerkannte Krankmeldung war, nicht erbringen können.

Geradezu unheilvoll aber wird der derzeitige Zustand für jemanden, der zwar dem Angestelltenversicherungsgesetz, nicht aber dem Angestelltengesetz unterworfen ist. Ist seine Angestelltenqualität fraglich, muß er, bevor er ein Anrecht auf Leistung des

Krankengeldes hat, vorerst den Unternehmer auf Bezahlung des Entgeltes klagen. Erst hernach bekommt er das Krankengeld.

Die Begrenzung der Beitrags- und Bemessungsgrundlage mit 400 S bedeutet, daß für die älteren Angestellten mit höheren Einkommen die Renten der Pensionsversicherung derart geringfügig sind, daß sie den Anfall der Altersrente hinausschieben. Zweifellos stellt dies nicht bloß eine Härte gegen die alten Versicherten dar, die für jahrelang bezahlte Prämien unzureichende Renten erhalten, sondern bedeuten auch für die jüngeren Versicherten eine Gefahr, da der Arbeitsmarkt durch den Abgang der Rentner nur ungenügend entlastet wird.

c) Organisation und Verwaltung

Besonders in der Angestelltenversicherung wäre im Interesse der Versicherten eine organisatorisch und administrativ einheitliche Führung der Geschäfte der Versicherung geboten. Daß ein Buchhalter, der von einem Handels- in einen Industriebetrieb kommt, seine Versicherungszuständigkeit wechselt, bedeutet trotz der stark uniformierten Leistungen und Verfahrensvorschriften für diesen viele Umständlichkeiten.

d) Zusammenfassung

Zusammenfassend ergäben sich also folgende Beschwerden und Wünsche:

1. Die überaus unklare Fassung des Angestelltenversicherungsgesetzes erschwert den Versicherten die Kenntnis des Gesetzes und die Verwirklichung ihrer Rechte;

2. die Familienversicherung der Dispensehegattin und der Lebensgefährtin sowie der Eltern ist eindeutig in dem Sinne zu regeln, daß diese Angehörigen voll anspruchsberechtigt sind;

3. die Arzthilfe und die Heilmittelhilfe ist einheitlich und möglichst zentral zu regeln; die ambulatorische Behandlung soll ausgebaut werden;

4. Krankengeld soll auch bei kurzfristigeren Krankheiten gewährt werden;

5. die Grenze für die Beitrags- und Bemessungsgrundlage ist zu erhöhen;

6. Schaffung einheitlicher großer Versicherungsträger in der Krankenversicherung.

Reform der Sozialversicherung.

Referat für den ÖKW-Krankenkassenausschuß

erstattet von

Dr. Theodor Schneider,
Sekretär des Hauptverbandes der Industrie Österreichs.

Inhaltsverzeichnis.

Seite

A. Einleitung 257

B. Die Krankenversicherung 257

I. Der Versichertenkreis 257

1. Einkommensgrenze, Unterversicherung 257

2. Besondere Gruppen des Versichertenkreises: Heimarbeiter, Hausgehilfen, vorübergehend und aushilfsweise mit geringfügigen Dienstleistungen Beschäftigte 258

II. Das System der Zwangsversicherung . . 259

1. Die Hauptfehler der Krankenversicherung 260

a) Überbeanspruchung der Versicherungseinrichtungen 260

b) Doppelbezüge (Arbeitsentgelt nebst Krankengeld) . 261

c) Freiwillige Mehrleistungen 261

2. Maßnahmen zur Behebung der Hauptfehler 262

III. Aufbringung der Mittel (Beitragsfrage) 264

IV. Organisation und Verwaltung 264

1. Kassenzersplitterung und Kassenkonzentration . . . 264

2. Verwaltungskosten 265

C. Die Unfallversicherung 268

1. Der Versichertenkreis 268

2. Die Beitragsfrage 268

3. Die Bedeutung der Berufskrankheiten 268

D. Die Arbeitslosenversicherung 268

E. Die Angestelltenversicherung 269

1. Krankenversicherung 269

2. Katastrophenversicherung 269

3. Pensionsversicherung 270

F. Alters- und Invaliditätsversicherung der Arbeiter 271

G. Schluß.

Vergleich der Aufwendungen für die Sozialversicherung in Österreich, Tschechoslowakei und Deutschland 271

A. Einleitung.

Ein Referat für den ÖKW-Krankenkassen- und Versicherungsausschuß kann keineswegs eine umfassende Kritik der österreichischen Sozialversicherung enthalten, muß sich vielmehr darauf beschränken, in den einzelnen Versicherungszweigen die aktuellsten Probleme herauszugreifen. Obzwar in dem vom Ausschuß angenommenen Arbeitsprogramm eine Trennung zwischen der Kritik, also den konkreten Beschwerden gegen das heutige System und den Vorschlägen zur Verbesserung des heutigen Systems vorgesehen ist, möchte ich doch an dieser Einteilung nicht festhalten, weil sie zweifellos zu einer Zerreißung der einzelnen Materien führen muß, will vielmehr tunlichst gleich an die Kritik die Vorschläge zur Verbesserung anknüpfen.

Ich möchte zunächst die Krankenversicherung, Unfallversicherung, Arbeitslosenversicherung und Angestelltenversicherung behandeln und dann auch noch einen kurzen Abschnitt der Alters- und Invaliditätsversicherung der Arbeiter widmen, die bekanntlich vom Nationalrat bereits zum Beschlusse erhoben, aber einstweilen noch nicht in Kraft gesetzt worden ist.

Ich habe mich bemüht, bei den einzelnen Versicherungszweigen mich an die im Arbeitsprogramm angeführten Punkte zu halten, doch konnten diese nicht immer genau eingehalten werden.

B. Die Krankenversicherung.

I. Der Versichertenkreis.

1. Einkommensgrenze, Unterversicherung

Für den Versichertenkreis spielt hier naturgemäß in erster Linie die Frage der E i n k o m m e n s g r e n z e eine besondere Rolle. Man mag über die Zweckmäßigkeit einer Einkommensgrenze in der Sozialversicherung verschiedener Ansicht sein, zweifellos ist, daß zumindest bei Einkommen über ein bestimmtes Ausmaß hinaus an Stelle der für die große Menge entsprechenden Versicherung eine Sonderversicherung weitaus zweckmäßiger wäre, welche lediglich bei bedeutenderen Zwischenfällen dem Versicherten in einer für seine Lebenshaltung geeigneten Weise beizuspringen hätte.

Ich möchte hier auch gleich einige Bemerkungen über die Frage „Sparzwang“ oder „Sozialversicherung“ einfügen. Ich halte persönlich das Zwangssparsystem nicht für die allein seligmachende Form, glaube vielmehr, daß eine richtig reformierte Zwangsversicherung, ergänzt durch eine auf dem Sparzwang beruhende Katastrophenversicherung, für die Schichten mit höherem Einkommen wohl der richtigste Weg wäre.

Ein solcher Versuch schiene mir um so leichter zu machen, als die großen Gefahren, welche man nicht ganz unberechtigterweise bei einer versuchsweisen Einführung des Zwangssparsystems an Stelle der gesamten Zwangsversicherung befürchtet, bei der Einführung dieses Systems für einen von vorne herein beschränkten, wirtschaftlich besser situierten und intellektuell höher stehenden Kreis von Versicherten gewiß nicht gegeben wären.

Im Zusammenhange mit der Einkommensgrenze möchte ich auch die oft berührte Frage der Unterversicherung erwähnen, die bei uns so oft als Begründung gegenüber verschiedenen Vorwürfen, z. B. bezüglich übermäßiger Ausdehnung der Naturalleistungen, bezüglich der relativen Höhe der Verwaltungskosten usw. herhalten muß. Ich möchte hier darauf verweisen, daß bekanntlich vor dem Kriege der höchste anrechenbare Tagesverdienst 4 K betragen hat, daß somit die gegenwärtig höchste Lohnklasse, die alle Verdienste über 6 S umfaßt und für die ein durchschnittlicher täglicher Arbeitsverdienst von S 7,20 gilt, keineswegs als untervalorisiert gelten kann.

2. Besondere Gruppen des Versichertenkreises

Einige besondere Gruppen des Versichertenkreises möchte ich noch herausgreifen: vor allem die Heimarbeiter, in deren Kreisen sich selbst immer wieder die Abneigung gegen einen Versicherungszwang zeigt, bei welchem auch die Erfassung und Anmeldung der Versicherten auf vielfache Schwierigkeiten stößt und bei denen wohl zweifellos die Einführung der Versicherungsberechtigung an Stelle des Versicherungszwanges die viel zweckentsprechendere Form wäre. Eine zweite derartige Gruppe, für welche die vorangeführten Argumente noch viel stärker gelten, sind die Hausgehilfen: deren Versicherung kostet den Dienstgebern sehr respektable Summen, um so mehr, als diese fast niemals von dem Abzugsrecht gegenüber den Hausgehilfen Gebrauch machen und sie bietet den Versicherten in den seltensten Fällen brauchbare Leistungen; denn in jedem Haushalt, in dem es irgendwie möglich ist, sorgt bei leichteren Erkrankungen der Dienstgeber selbst für die notwendige ärztliche Hilfe, bei schwereren Erkrankungen ist die Unterbringung im Spital naturgemäß die Regel und für diese Fälle hat die alte Dienstboten-Krankenkasse wenigstens in Wien vollkommen ausgereicht. Ganz unsinnig ist aber die Bezahlung eines Krankengeldes an die Hausgehilfen, das in der Praxis immer nur einer vollkommen ungerechtfertigten Prämie an den erkrankten Hausgehilfen gleichkommt. Dabei kommt die Verwaltung dieser Versichertengruppe im Hinblick auf die enorme Zahl von Dienstgebern mit fast ausnahmslos nur einem Versicherten unverhältnismäßig teuer, so daß die Abschaffung des Versicherungszwanges für die Hausgehilfen sicherlich nur eine Rationalisierung für alle Beteiligten bedeuten würde.

Wie der allzu allgemeine Versicherungszwang überhaupt auf Abwege führt, möchte ich noch an der Gruppe der vorübergehend und aushilfsweise mit geringfügigen Dienstleistungen beschäftigten Personen nachweisen. Es gibt — besonders in der Großstadt und ganz besonders zu Zeiten erhöhter Arbeitslosigkeit — zweifellos kleine Dienstleistungen, die sich gewiß nicht als berufsmäßig darstellen und für die eigentlich kein richtiges Arbeitsentgelt, sondern eine eher als Trinkgeld zu bezeichnende Gegenleistung geboten wird. Ich erwähne hier Dienstleistungen, wie die der Milchausträger, gelegentlicher Verladungsarbeiter, Holzschneider, Paketträger, Reinigungsarbeiter u. dgl. m., Arbeiten, deren Durchführung eigentlich unmöglich gemacht wird, wenn sie durch die Krankenversicherungspflicht belastet werden. Unser Krankenversicherungsgesetz hat zwar die Möglichkeit von Ausnahmen für derartige Beschäftigungen vorgesehen, die Regierung hat aber scheinbar aus übergroßer Ängstlichkeit, es könnte das Prinzip der Versicherungspflicht dadurch gestört werden, nur solche Ausnahmsbestimmungen erlassen, welche auf die vorerwähnten Gruppen keine Anwendung finden können. Es wäre hoch an der Zeit, daß man im Interesse der davon betroffenen Gelegenheitsarbeiter auch hier endlich die Befreiung von der Versicherungspflicht statuiert.

II. Das System der Zwangsversicherung.

Wenn ich nun das gegenwärtige System unserer Zwangsversicherung kritisiere, so möchte ich vor allem auf eine Tatsache verweisen, die vielfach vollständig übersehen wird. Die Zeit der Geldentwertung hat die Krankenkassen naturgemäß zu einem immer größeren Ausbau der Naturalleistungen gebracht. Damals, als die Aufwertung der Geldleistungen mit der Inflation nicht Schritt halten konnte, war dies vielleicht auch der richtige Weg, um den Versicherten halbwegs entsprechende Leistungen zu bieten. Als aber nach der Stabilisierung unserer Währung allmählich auch die Geldleistungen wieder nachrückten, wurde nicht darangegangen, die Naturalleistungen wieder einzuschränken, obzwar es vollkommen klar ist, daß eine solche Ausdehnung der Krankenversicherung nach beiden Richtungen hin für unseren verarmten und wirtschaftlich schwachen Staat untragbar ist.

Ich möchte hiezu auch einige Ziffern anführen. Während vor dem Kriege die Sachleistungen nur ungefähr 42% der Gesamtversicherungsleistungen ausgemacht haben, betrugen sie im Jahre 1928 bereits 51%, sind also gegenüber der Vorkriegszeit im Verhältnis zu den Geldleistungen um mehr als 20% angestiegen.

1. Die Hauptfehler der Krankenversicherung

a) Überbeanspruchung der Versicherungseinrichtungen

Die Hauptfehler der gegenwärtigen Krankenversicherung liegen meines Erachtens einerseits in einer ganz bedeutenden Inanspruchnahme der Krankenkassen durch Bagatellleistungen, andererseits in der Möglichkeit der skrupellosen Ausnützung der Versicherungseinrichtungen durch die Kassenmitglieder. Auch hier möchte ich einige Ziffern anführen, die ich größtenteils den amtlichen Statistiken, teilweise auch dem Buch „Sozialversicherungsreform“ von Dr. Wettingen, Jena 1931, entnommen habe. In den Vereinigten Staaten von Amerika, das bekanntlich keine zwangsweise Krankenversicherung kennt, erkrankt jeder Arbeiter nur jedes fünfte Jahr auf durchschnittlich 35 Tage. In Deutschland erkranken hingegen nach der Statistik 1929 jedes Jahr 60% der Versicherten, also jeder Arbeiter öfters als jedes zweite Jahr, und zwar für durchschnittlich 29 Tage. Die gleichen Ziffern der österreichischen Statistik zeigen uns, daß rund 51% der Mitglieder alljährlich erkranken, mit einer Krankheitsdauer von durchschnittlich 21 Tagen. Wenn also auch die Verhältnisse bei uns noch etwas günstiger liegen als in Deutschland, so zeigt doch ein Vergleich mit der Vorkriegszeit ein ganz erschreckendes Ansteigen der Erkrankungen wie auch der durchschnittlichen Krankheitsdauer, da im Jahre 1912 von 100 Mitgliedern nur 39 mit einer durchschnittlichen Dauer von 17 Tagen erkrankt sind. Die Morbiditätsziffer (die Zahl der auf ein Mitglied im Durchschnitt pro Jahr entfallenden Krankheitstage) hat vor dem Kriege 9 und im Jahre 1928 bereits 15 betragen.

Da nun im allgemeinen von einer Verschlechterung der Volksgesundheit gewiß nicht gesprochen werden kann — eine solche Behauptung wäre ja auch ein Beweis dafür, daß die für die Sozialversicherung immer wieder ins Treffen geführte Verbesserung des Gesundheitszustandes eines Volkes tatsächlich nicht erreicht wird —, so kann nur eine ganz bedeutend verstärkte und ungerechtfertigte Inanspruchnahme der Kasseneinrichtungen als Erklärung für die vorgenannten Tatsachen herangezogen werden.

Dies trifft auch nach den ärztlichen Beobachtungen zu. Ich möchte auch hier wieder zunächst auf Deutschland verweisen, wo nach der bekannten Broschüre von Lieck erfahrene Kassenärzte rund zwei Drittel aller ärztlichen Leistungen in der Krankenversicherung für überflüssig schätzen. Aber selbst wenn man bedenkt, daß solche Schätzungen mehr gefühlsmäßiger Natur sind und wenn man sie daher mit der gebührenden Vorsicht aufnimmt, so dürfte doch mit Recht behauptet werden können, daß vielleicht 30% aller Krankenversicherungsleistungen unnötig sind und daher vollständig unproduktiv und zwecklos geopfert werden. Es ist wohl nicht gerade ein Zufall, daß die vorerwähnte Steigerung des Erkrankungsprozentes in Österreich von 39 auf 51 mit diesem 30%igen Leerlauf rechnungsmäßig fast genau übereinstimmt.

Auch die deutschen Erfahrungen mit der Notverordnung zeigen eine auffallende Übereinstimmung mit diesen Tatsachen. Durch Einführung der Krankenschein-Gebühr ist die Kassenpraxis um 30 bis 40% zurückgegangen; inzwischen ist allerdings bereits wieder eine steigende Inanspruchnahme festzustellen, doch kann auch derzeit noch mit einem Rückgang von 25 bis 30% gerechnet werden, was wohl wieder eine Bestätigung für die Richtigkeit der früher erwähnten Schätzungen von den überflüssigen Versicherungsleistungen beinhaltet.

b) Doppelbezüge

Ein weiterer schwerer Fehler des heutigen Systems liegt zweifellos in der Möglichkeit von Doppelbezügen von Arbeitsentgelt neben dem Krankengeld.

Der § 1154b a. b. G.-B. ist zwar — zumindest in der Industrie — der Hauptsache nach durch Kollektivverträge dahin abgeändert worden, daß an Stelle des vollen Krankenentgeltes nur das halbe Entgelt, dafür aber durch längere Zeit gezahlt wird. Da aber die meisten Krankenkassen von der gesetzlichen Möglichkeit, daß das Krankengeld auch für drei oder weniger Tage gewährt werden kann, Gebrauch machen, sind die Doppelbezüge heute fast zur Regel geworden; dies noch besonders durch die zweifellos irrige Auslegung des Gesetzes, welches diese Möglichkeit der Krankengeldgewährung nur dann gibt, falls dem Erkrankten für diese Zeit kein Anspruch auf Bezug des Entgeltes zusteht, die jedoch so ausgelegt wird, daß sich diese Voraussetzung nur auf den Bezug des vollen Entgeltes bezieht und daher im Hinblicke auf die früher erwähnten kollektivvertraglichen Vereinbarungen praktisch nur wenig wirksam wird.

c) Freiwillige Mehrleistungen

Ein weiterer Hauptfehler liegt noch in der zu starken Ausdehnung der Mehrleistungen. Der Gesetzgeber wollte hier den autonomen Verwaltungen der Krankenkassen freien Spielraum lassen, hat jedoch dabei übersehen, die Möglichkeit der Gewährung von Mehrleistungen an die Voraussetzung einer günstigen finanziellen Situation der Kasse zu knüpfen, so daß heute vielfach Krankenkassen, die sich notorisch in Notlage befinden, aus den durch den Ehrgeiz ihrer Leitungen einmal eingeführten Mehrleistungen nicht mehr herauskommen und damit eine Sanierung unmöglich machen.

Ich möchte nun kurz aufzeigen, durch welche Maßnahmen nach meiner Ansicht den vorbezeichneten Hauptfehlern unserer Krankenversicherung abgeholfen werden kann.

Einfügen möchte ich, daß die wirtschaftlichen Hauptkörperschaften schon oft den Ruf nach einer Beseitigung von Mißbräuchen in unserer Sozialversicherung erhoben haben, daß aber dieser Ruf vielleicht in absichtlichem Mißverstehen meist damit beantwortet wird, daß Simulationen auf jedem Gebiete der Sozialversicherung durch zweckmäßige administrative Maßnahmen fast gänzlich ausgeschaltet werden können und daher bei guter Verwaltung praktisch genommen überhaupt keine Rolle spielen. Wir meinen aber unter „Mißbräuchen" keineswegs nur die zugegebenermaßen weniger häufigen Fälle, in denen die bestehenden Vorschriften planmäßig umgangen werden, sondern wir verstehen unter Mißbräuchen auch alles, was zwar durch die gegenwärtigen Vorschriften gedeckt ist, sich aber unseres Erachtens als ein Mißbrauch des Versicherungsgedankens oder, sagen wir richtiger, als ein *Konstruktionsfehler in den bestehenden Gesetzen* darstellt.

2. Maßnahmen zur Behebung der Hauptfehler

Maßnahmen zur Beseitigung solcher Konstruktionsfehler sind:

1. Die Einführung einer *längeren absoluten Karenzfrist* für die Krankengeldzahlung.

Ich verweise hier darauf, daß die deutsche Reichsnotverordnung eine dreitägige absolute Wartefrist eingeführt hat und daß Frankreich seit der Reform von 1930 das Krankengeld erst vom sechsten Krankheitstage an bezahlt.

2. Die *Heranziehung der Versicherten zur Mittragung der Kosten* der ärztlichen Hilfe, der Heilmittel und sonstiger Heilbehelfe, wobei es gewiß möglich erscheint, in Anlehnung an die deutsche Notverordnung und deren neuerlich erfolgte Revision wirtschaftlich besonders schwache Personengruppen, wie Arbeitslose, schwer verletzte Unfallsrentner u. dgl., von einer solchen Mitzahlung zu befreien.

Diese Mittragung der Kosten für Arzt und Heilmittel stellt nach dem Gutachten zahlloser Fachleute den sichersten und billigsten Schutz der Krankenkassen gegen eine übermäßige Inanspruchnahme, und zwar sowohl seitens des Mitgliedes direkt als auch gegen die gefürchtete Überarztung dar. Und eine solche Mitbeteiligung der Versicherten — mag sie nun durch eine Arzt- und Medikamentengebühr in einheitlicher Höhe oder wenigstens bei gewissen Leistungen in einer prozentualen Mitzahlung des Versicherten bestehen — ist unbedingt nötig, wenn die von mir früher dargelegte, zweifellos in weitem Maße vorhandene übermäßige und zwecklose Inanspruchnahme von Versicherungsleistungen endlich beseitigt werden soll.

3. Beseitigung jeder Doppelleistung, sei es durch Aufhebung des § 1154 b, sei es durch Änderung der Bestimmungen des Krankenversicherungsgesetzes, wobei gleichzeitig auch eine Einschränkung des Krankengeldes auf Arbeitstage durchzuführen wäre.

4. Einschränkung der Mehrleistungen. Diese sollen überhaupt nur bei einer günstigen finanziellen Situation der Kasse möglich sein, worüber ich noch bei den Bestimmungen über die Beitragshöhe einen Vorschlag machen werde, ferner durch die Einschränkung des Kreises der mittelbar Versicherten, sowohl in der Höhe als auch der Dauer der Leistungen an diese Personen, durch verstärkte Heranziehung zur Mittragung der Kosten aller Mehrleistungen, insbesondere auch der erweiterten Heilfürsorge, wobei es keineswegs zweckmäßig erscheint, bei den Mehrleistungen einen Ersatz eventueller Auslagen der Versicherten in einem weiteren Ausmaß als höchstens 70% zu leisten bzw. notwendig, die Mitglieder zur Tragung der Kosten dieser Leistungen in einem Ausmaß von wenigstens 30% des der Kasse erwachsenden Aufwandes heranzuziehen.

Hieher gehört auch die Frage der sogenannten Krankheitsurlaube.

Diese sind schon, rechtlich genommen, eine höchst unklare Angelegenheit, die meist nur dazu führt, daß der betreffende Versicherte in demselben Jahre einen Urlaub auf Kosten der Kasse und einen auf Kosten des Dienstgebers absolviert. Sie bedeuten aber auch praktisch in der bisherigen Form der Durchführung vielfach nur einen Mißbrauch und entspringen einerseits dem bei jeder Versicherung nicht unbegreiflichen Bestreben der Mitglieder, möglichst viel herauszuholen, andererseits dem Bestreben der Ärzte, in unklaren Fällen den lästigen Patienten mit dem Antrag an den Chefarzt auf Gewährung eines Krankheitsurlaubes abzuschütteln. Meines Erachtens darf es daher sogenannte Krankheitsurlaube zum freien Aufenthalt überhaupt nicht geben, die Unterbringung in Heimen oder Anstalten der Kasse ist aber nur dann zulässig, wenn das betreffende Mitglied noch arbeitsunfähig ist und der Heimaufenthalt eben zur Abkürzung des Krankenstandes dient.

III. Aufbringung der Mittel.

Was nun die Aufbringung der Mittel und überhaupt die Beitragsfrage betrifft, so erscheint es mir besonders wichtig, sich nicht mit der Festsetzung eines Normalbeitrages zu begnügen, sondern Zusammenhänge zwischen Beitragshöhe, Mehrleistungen und deren Festsetzung durch die Beitragspflichtigen zu schaffen, ungefähr in folgender Weise:

Der Normalbeitrag für die Krankenversicherung würde bei Durchführung der von mir skizzierten Einschränkungen zweifellos nicht unbeträchtlich, vielleicht auf etwa 5% herabgesetzt werden können. In diesem Rahmen sollten auch die durch Gesetze zu bestimmenden Mehrleistungen mit Mehrheitsbeschluß eingeführt werden können. Eine Erhöhung der Beiträge bis zu 6% sollte nur durch übereinstimmende Voten der Versicherten und der Arbeitgeber möglich sein, eine weitere Beitragserhöhung nur mit Zustimmung der Aufsichtsbehörde; bei einer solchen Konstruktion würde ohne allzu weitgehende Einschränkung der Selbstverwaltung doch ein heilsamer Einfluß auf wohl überlegte Einteilung der zur Verfügung stehenden Mittel erreicht werden.

In diesen Zusammenhang gehört auch die so oft erhobene Klage gegen die Unternehmerschaft wegen der rückständigen Beiträge.

Von mancher Seite wird hierin der „ärgste Mißbrauch“ gesehen und man beklagt sich bitter darüber, daß die erst kürzlich geschaffene Gesetzesbestimmung, wonach abgezogene Beitragsteile als dem Unternehmer anvertrautes Gut gelten sollen und deren nicht rechtzeitige Abfuhr ihn daher wegen Veruntreuung ins Gefängnis bringen sollte, von unseren Gerichten nicht in dem beabsichtigten Sinne gehandhabt wird, da die Gerichte auf dem Standpunkte stehen, daß ein nicht wirklich eingenommener Geldbetrag auch nicht veruntreut werden kann.

Für jeden, der unsere Wirtschaft mit offenen Augen sieht, ist es wohl klar, daß von einem Mißbrauch nur in den seltensten Fällen die Rede sein kann, daß vielmehr die Tatsache der enormen Beitragsrückstände und der großen dubiosen Posten nichts anderes ist als der Beweis dafür, daß die Wirtschaft eben durch die derzeitigen Sozialversicherungsbeiträge weit überlastet ist und sie nicht tragen kann.

IV. Organisation und Verwaltung.

1. Kassenzersplitterung und Kassenkonzentration

Ich komme nun zu den Fragen der Organisation und Verwaltung. Auf diesem Gebiete wird vor allem immer auf die Kassenzersplitterung hingewiesen und ihr die Hauptschuld an der traurigen finanziellen Situation zugeschoben. Ich will keineswegs der Zersplitterung das Wort reden, denn die Kassenkonzentration ist in Österreich so weit vorgeschritten, daß der Bestand von einigen wenigen kleineren Krankenkassen neben den großen Gebietskrankenkassen wohl nicht mehr viel Zweck hat. Immerhin aber muß bei diesem Anlasse daran erinnert werden, daß z. B. die Betriebskrankenkassen immer bei den geringsten Beiträgen und fast ohne Verwaltungskosten die größten Leistungen für die Versicherten geboten haben. Es ist dies ja auch begreiflich, da sich bei ihnen die Verwaltung in einfachster Weise abspielte, da die wichtige Krankenkontrolle im Betriebe automatisch und fast kostenlos erfolgte, da sie dem politischen Einfluß entzogen waren und rein wirtschaftlich verwaltet wurden; allerdings geschah diese Verwaltung unter tätiger Mitwirkung der Unternehmer und darum mußten die Betriebskrankenkassen verschwinden.

Wenn nun öfters von der trostlosen finanziellen Situation der Arbeiterkrankenkassen in Oberösterreich, Salzburg, Tirol und zum Teile auch in Niederösterreich gesprochen wurde, so ist es, wie schon erwähnt, gewiß ganz unrichtig, dafür fast ausschließlich die Kassenzersplitterung als Grund anzuführen, die Schuld liegt vielmehr in der sozialen Übertreibung, die sich insbesondere in der Zeit nach dem Umsturze ausgelebt hat und welche die österreichische Krankenversicherung viel zu rasch und zu weit ausbauen ließ, so daß die wirtschaftliche Tragfähigkeit des Landes eben nicht diesen Anforderungen gewachsen sein konnte und es zur Katastrophe kommen muß, wenn nicht baldigst eine einsichtige Beschränkung erfolgt.

2. Verwaltungskosten

Und was die Bemängelung der Verwaltungskosten betrifft, so ist es gewiß richtig, daß hier manchmal mit Behauptungen und prozentualen Angaben weit über das Ziel geschossen wird und es muß auch festgestellt werden, daß sich bei etlichen Sozialversicherungsträgern tatsächlich das Bestreben zeigt, die Verwaltung wirtschaftlich zu gestalten. Aber die Krankenkassen sind an den Vorwürfen auf diesem Gebiete keineswegs unschuldig, vor allem deshalb, weil der Begriff „Verwaltungskosten" nicht klar erfaßt wird und daher durch die ungleichmäßige und vielfach unrichtige Buchung — z. B. von Posten, die, wie Steuern, Pensionen, zweifellos unter die Verwaltungskosten gehören, unter dem Titel „sonstige Ausgaben" — ein falsches Bild herbeigeführt wird. Diese Tatsache wird gewöhnlich damit abgetan, daß einheitliche behördliche Vorschriften nicht bestehen und solange diese nicht vorhanden sind, eine Kasse sich selbst schaden würde, wenn sie ihre Verwaltungskosten richtig ausweist. Hier muß man wohl die Frage aufwerfen, warum gerade auf diesem Gebiete nach der Behörde gerufen wird und nicht die Selbstverwaltung den Weg geht, durch Vereinbarung in den Kassenverbänden auf eine gleichmäßige und streng richtige Einteilung der Gebarungsziffern zu drängen. Diese Tendenz allein wäre schon geeignet, den Kassen viele Vorwürfe zu ersparen.

Zu diesen Vorwürfen gehören auch die prunkvollen Kassenpaläste. Der informierte Beobachter weiß, daß manchmal solche Paläste zu sehr günstigen Bedingungen erworben werden konnten und daß die notwendige Adaptierung oder gar der Neubau eines eigenen, wenn auch noch so einfachen Amtshauses viel größere Summen verschlungen hätte. Das gleiche kann in manchen Fällen von den Heimen und Anstalten der Kassen gesagt werden, um so mehr, als sie zum Teile in der Zeit der Geldentwertung erworben worden sind. Aber es darf trotz dieser teilweisen Rechtfertigung nicht übersehen werden, daß es viele Fälle gibt, in welchen das Bestreben maßgebender Persönlichkeiten, in einem noch eleganteren Büro zu amtieren oder eine noch schönere Heilstätte zu besitzen als eine andere Versicherungsanstalt, zu überflüssigen Ausgaben führt, die schon wegen des optischen Eindruckes unbedingt vermieden werden sollten.

Auch wer keineswegs demagogisch sein will und zur Sozialversicherung positiv eingestellt ist, muß zumindest seinem Erstaunen Ausdruck geben, daß in diesen Fragen von den verantwortlichen Persönlichkeiten nicht mit größerer Vorsicht und mit mehr Rücksicht auf die psychologische Einstellung der Bevölkerung vorgegangen wird.

Manche überflüssigen, wenn auch nicht allzu bedeutenden Ausgaben entstehen auch durch die zu weitgehende Demokratie, durch welche viele Verwaltungsorgane, insbesondere die Delegiertenversammlung, aber auch der Vorstand und manche Ausschüsse mit einer ganz überflüssig großen Zahl von Mitgliedern besetzt sind. Da diese Organe praktisch genommen fast immer debattelos die Vorschläge der wenigen maßgebenden Persönlichkeiten annehmen, kann hier zweifellos viel an Zeit und Geld erspart werden. Als Beispiel will ich nur, obzwar es eigentlich in die Angestelltenversicherung gehört, gleich hier anführen, daß eine einzige Delegiertenversammlung der Hauptanstalt für Angestelltenversicherung rund 10.000 S kostet!

Ausgaben, die zwar nicht zu den Verwaltungskosten im üblichen Sinne gehören, aber doch nach den gleichen Grundsätzen beurteilt werden müssen, sind z. B. auch die Einrichtungskosten für Ambulatorien, Heilanstalten u. dgl. Hier darf nicht übersehen werden, daß begreiflicherweise die maßgebenden Ärzte sehr leicht dazu verleitet werden — da es auf fremde Kosten geht —, die allerkostspieligsten Einrichtungen zu verlangen und die Kassenleitung sieht sich mangels eines eigenen fachlichen Urteiles meist veranlaßt, solche Wünsche glatt zu erfüllen. Hier wird es notwendig sein, außenstehende Fachleute als Vertrauenspersonen zu befragen, außerdem aber auch bei den eigenen maßgebenden Ärzten ein Verantwortungsgefühl zu erwecken, welches sie dazu bringt, zwar gute und zweckmäßige, nicht aber überflüssig kostspielige Einrichtungen zu beantragen.

Die Hauptpost in den hohen Verwaltungskosten bilden bekanntlich die Personallasten. Ich stehe gewiß auf dem Standpunkt, daß jede Arbeit entsprechend zu bezahlen ist, aber die zweifellos übermäßige und automatisch ansteigende Bezahlung der zahlreichen, gar nicht oder minder qualifizierten Arbeiten im Sozialversicherungswesen im Zusammenhange mit der Unkündbarkeit, mit fast voller Pensionsberechtigung und zahllosen anderen dienstrechtlichen Begünstigungen führt naturgemäß zu einem System der Kassenbürokratie, welches von einer wirtschaftlichen Betriebsführung weit entfernt ist. Daß die Sozialversicherungsangestellten auf diese Weise neben den erwähnten besonderen Begünstigungen auch noch zu einer Gehaltshöhe gelangt sind, welche im Durchschnitt die Verdienste der Versicherten, insbesondere aber der versicherten Angestellten von Industrie und Handel, wie auch der meisten öffentlichen Angestellten weit übersteigen, muß als unhaltbar bezeichnet werden.

Eine Abhilfe hiefür sehe ich nur in einer zweckentsprechenden Abänderung der Dienst- und Besoldungsverhältnisse der Sozialversicherungsangestellten, für welche die gesetzlichen Möglichkeiten geschaffen werden müßten und deren Haupttendenz es sein müßte, die Entlohnung wie auch das sonstige dienstrechtliche Verhältnis der großen Menge der nicht qualifizierten Angestellten den allgemeinen wirtschaftlichen Verhältnissen anzupassen.

Zusammenfassend möchte ich zum Kapitel „Verwaltungskosten" sagen, daß es gewiß falsch ist, wenn man glaubt, durch Ersparungen in den Verwaltungskosten unsere Sozialversicherung sanieren und unserer Wirtschaft eine namhafte Entlastung bringen zu können. Es ist aber andererseits auch sicher, daß sich in den Verwaltungskosten noch vieles ersparen läßt, wenn der wichtige Grundsatz, daß die Verwalter fremder Gelder moralisch verpflichtet sind, jede Ausgabe ganz besonders gut zu überlegen und ihre Notwendigkeit und Zweckmäßigkeit auf das genaueste zu überprüfen, allgemeine Geltung erlangt.

C. Die Unfallversicherung.

1. Versichertenkreis

Zur Unfallversicherung möchte ich mich auf wenige Fragen beschränken, zumal dieser Versicherungszweig ja im Rahmen der Arbeiterversicherung eine vollständige Umgestaltung erfahren soll. Immerhin möchte ich feststellen, daß der Kreis der versicherungspflichtigen Betriebe eine unrichtige Erfassung erfahren hat. Man mag mit der Tendenz, künftighin die Unfallversicherung als Sonderversicherung abzuschaffen und jeden Krankenversicherten auch gegen Unfallsgefahr zu versichern, einverstanden sein; allerdings erscheint es mir dann richtig, dieses System auch vollständig durchzuführen und von jeder Differenzierung nach Gefahrenklassen künftighin abzusehen. Solange aber dieses System nicht gilt und noch die Gefährlichkeit eines Betriebes maßgebend ist für seine Einbeziehung in die Unfallversicherung, ist es zweifellos unsinnig, Betriebe deshalb in die Unfallversicherung einzubeziehen, weil Kleinstmotoren (z. B. ein Haartrockner in einem Friseursalon, ein elektrischer Ventilator in irgend einem sonstigen Betrieb) Verwendung finden.

2. Die Beitragsfrage

Die viel umstrittene Frage der Beitragsherabsetzung in der Unfallversicherung möchte ich dahin beantworten, daß selbstverständlich vom Standpunkte der Industrie die rascheste Durchführung jeder möglichen Entlastung verlangt werden muß. Allerdings könnte ich es nicht für entsprechend finden, wenn unter Berücksichtigung der Beitrags- und Rentenbewegung eine solche Herabsetzung etwa nur auf sehr kurze Zeit möglich wäre und dann ein um so rascheres Ansteigen der Unfallversicherungsbeiträge mit sich bringen sollte. Hier werden also einwandfreie fachmännische Berechnungen den richtigen Weg zu zeigen haben.

3. Die Bedeutung der Berufskrankheiten

Warnen möchte ich an dieser Stelle vor einer allzu leichten Behandlung der Frage der Einbeziehung von Berufskrankheiten in die Entschädigungspflicht. Die deutsche Erfahrung lehrt, daß dort im Jahre 1929 allein durch die Einbeziehung einer Anzahl neuer Krankheiten, insbesondere der Silikose, die Ausgaben um 200% angestiegen sind. Da gewisse Bestrebungen nach einer solchen Ausdehnung auch in Österreich bestehen, wollte ich nicht ermangeln, schon jetzt darauf aufmerksam zu machen und mich unbedingt gegen jede weitere Ausdehnung der entschädigungspflichtigen Berufskrankheiten auszusprechen.

D. Die Arbeitslosenversicherung.

In der Arbeitslosenversicherung glaube ich mich kurz fassen zu können, da ja diese Materie in einer eigenen Subkommission der

Wirtschaftskonferenz 1930 in eingehendster Weise behandelt worden ist. Ich kann mich daher darauf beschränken, jene Vorschläge anzuführen, welche die Beseitigung der derzeitigen Konstruktionsfehler herbeiführen sollen.

Notwendig ist vor allem die Festlegung der Voraussetzung für den Unterstützungsbezug in der Weise, daß nur wirklich berufsmäßige Arbeiter die Unterstützung erhalten können. Weiter sind besondere Beschränkungen bezüglich der Landarbeiter, der Saisonarbeiter, der Jugendlichen und der Frauen zu verlangen. Bezüglich der Dauer und Höhe der Unterstützung ist die Einschränkung der ordentlichen Unterstützung auf die Dauer von 30 Wochen notwendig und von da ab ein stufenweiser Abbau der Notstandsaushilfen bis zu einer Gesamtunterstützungsdauer von höchstens zwei Jahren. Nach dieser Gesamtunterstützungsdauer hat jede besondere Form der Unterstützung wegzufallen und es wären die länger Erwerbslosen der allgemeinen Fürsorge zuzuführen.

Diesen Grundsätzen ist in der XXVII. Novelle zum Arbeitslosenversicherungsgesetz nur teilweise Rechnung getragen worden und es erscheint demnach eine baldigste grundlegende Reform der Arbeitslosenfürsorge unerläßlich, um so mehr, als das weitere Ansteigen der Arbeitslosigkeit bei gleichzeitig notwendiger Schonung der Bundesfinanzen sogar zu einer neuerlichen Erhöhung der Belastung der Wirtschaft geführt hat, deren raschester Abbau verlangt werden muß.

E. Angestelltenversicherung.

1. Krankenversicherung

Auch in der Angestelltenversicherung kann ich mich kürzer fassen. Soweit es sich um die Krankenversicherung handelt, gilt hier vieles in gleicher Weise, was ich im Abschnitt Krankenversicherung der Arbeiter angeführt habe. Ich bin der Ansicht, daß auch in der Krankenversicherung der Angestellten vielfach zu weit gegangen wurde und daß es unbedingt nötig ist, einerseits, was den Kreis der mittelbar Versicherten betrifft, eine Einschränkung eintreten zu lassen, andererseits die übermäßige Inanspruchnahme der Kasseneinrichtungen durch die gleichen Mittel, wie ich sie früher angeführt habe, also vor allem durch die Mittragung eines Teiles der Lasten seitens der Versicherten einzuschränken.

2. Katastrophenversicherung

Insbesondere verweise ich hier nochmals auf meinen Vorschlag, für höher entlohnte Angestellte an Stelle der Normalversicherung eine Katastrophenversicherung einzuführen, was einerseits den Wünschen und Bedürfnissen dieser Versichertenkreise besser entsprechen würde, andererseits eine geeignete Gelegenheit wäre, die Form des Sparzwanges bei einem hiefür am ehesten in Frage kommenden Kreis von Versicherten praktisch zu erproben.

Auch was die Organisation und Verwaltung betrifft, gilt hier vieles meiner Ausführungen im Abschnitt B; wenn auch in der Angestelltenversicherung durch entsprechende Durchführungsverordnungen und durch eine gesetzliche Höchstgrenze bezüglich der Verwaltungskosten gegen ungleichmäßige Buchungen und gegen ein allzu hohes Ausmaß gewisse Vorsorgen getroffen sind, so tut doch auch hier größte Sparsamkeit not, sowohl in der eigentlichen Verwaltung wie auch in der Verwaltung der Heime und Heilstätten.

Daß z. B. manche Heilstätten mit viel zu hohen Verpflegskosten arbeiten, die sogar solche von privaten Anstalten übersteigen, daß die Benützung dieser Heime in schwächeren Zeiten ganz unrationell ist und leicht dazu führt, daß nur zur Verringerung der Regien überflüssigerweise Versicherte dorthin entsendet werden, sind Tatsachen, die in den Zeiten, als den Kassen reichliche Mittel zur Verfügung standen, nicht viel Beachtung fanden, die aber gewiß eine unwirtschaftliche Gebarung beinhalten, die unbedingt abgestellt werden muß.

3. Pensionsversicherung

In der Pensionsversicherung zeigt sich, daß unsere Gesetzgeber in den Leistungen zweifellos von einer gefährlichen Freigebigkeit waren.

Ich will hier nur darauf verweisen, daß die durchschnittliche Invaliditätsrente in Österreich monatlich 184 S beträgt, im Deutschen Reiche ungefähr 141 S. Infolge der bekannten Tatsache, daß die Lebenshaltung im Deutschen Reiche nahezu doppelt so teuer ist wie in Österreich, erweist sich der Wirklichkeitswert der österreichischen Rente mehr als doppelt so hoch wie jener der deutschen Rentenbeträge; es führt auch dazu, daß die österreichischen Renten für die angesammelten Reserven nur mehr eine Deckung für 1³/₄ Jahre aufweisen, während die deutschen Renten immerhin Ende 1930 zehnmal so stark gedeckt waren wie die österreichischen. Da bei dieser Entwicklung nach Ansicht der Sachverständigen schon in naher Zeit mit den laufenden Beiträgen nicht mehr wird das Auslangen gefunden werden können und bei der gegenwärtigen und leider wohl auch noch längere Zeit verbleibenden Wirtschaftskrise eine Beitragserhöhung als gänzlich ausgeschlossen bezeichnet werden muß, wird auch auf diesem Gebiete baldigst an eine Einschränkung gedacht werden müssen.

F. Alters- und Invaliditätsversicherung der Arbeiter.

Hier will ich noch eine Bemerkung über das künftige Arbeiterversicherungsgesetz anschließen und hervorheben, daß auch dieses Gesetz ähnliche Übertreibungen in den Versicherungsleistungen enthält, die für die österreichische Wirtschaft unerträglich erscheinen. Während die deutsche Invaliditätsrente nach Ablauf der Wartezeit einschließlich des Reichszuschusses ungefähr 43 S monatlich ausmacht und die Rente in der Tschechoslowakei ungefähr 21 S beträgt, ist nach dem österreichischen Gesetz eine monatliche Invaliditätsrente einschließlich des Staatszuschusses von 62 S in Aussicht genommen, also ein Betrag, welcher den der deutschen Rente um die Hälfte übersteigt und fast dreimal so hoch ist, wie jener der Tschechoslowakei.

G. Schluß.

Damit wäre eigentlich das Thema meines Referates, soweit es sich auf Kritik und Verbesserungsvorschläge zu erstrecken hat, erschöpft. Das Arbeitsprogramm sieht aber auch noch die Beschaffung von Unterlagen vor und solche wurden dem Ausschuß bisnun vor allem durch die äußerst wertvolle Zusammenstellung des Herrn Sektionschefs Schromm über die österreichische Sozialversicherung zur Verfügung gestellt. Ausländische Daten sind jedoch meines Wissens bisnun noch nicht vorgelegt worden und ich möchte daher auch noch einige Ziffern des Auslandes zu Vergleichszwecken anführen.

Der Aufwand*) der Sozialversicherung, der in Österreich im Jahre 1925 zirka 250 Mill. S ausgemacht hat, ist im Jahre 1929 bereits auf 443 Mill. S gestiegen und hat im Jahre 1930 448 Mill. S betragen. Für 1931 dürfte sich bereits ein Aufwand (Gesamtbeitragssumme) von rund 480 Mill. S ergeben.

Wenn ich zum Vergleiche die Belastung unserer Nachbarstaaten, die zugleich zu den wichtigsten industriellen Konkurrenzländern gehören, heranziehe, so ist zu betonen, daß in der Tschechoslowakei die Gesamtbelastung durch die Sozialversicherung ungefähr zwei Milliarden tsch. K ausmacht, die Gesamtsumme also beiläufig gleich hoch ist wie bei uns, wodurch auf den Kopf der Bevölkerung, die dort ungefähr 13 Mill. beträgt, nur die Hälfte der Belastung entfällt, obzwar in der

*) Es handelt sich hier um die Beiträge der Arbeitgeber und Arbeitnehmer, die den Hauptteil des Gesamtaufwandes der Sozialversicherung decken (siehe auch Bericht von Sektionschef Schromm, S. 321).

Tschechoslowakei die Alters- und Invaliditätsversicherung schon inbegriffen ist.

Ein ähnliches Bild zeigt auch ein Vergleich mit Deutschland. Dort beträgt die Gesamtbelastung durch die Sozialversicherung etwa 6 Milliarden RM oder, da das gesamte deutsche Lohneinkommen mit zirka 43 Milliarden RM berechnet wird, eine Lohnbelastung von ungefähr 15%. Wenn man bedenkt, daß auch dort die Alters- und Invaliditätsversicherung bereits inbegriffen ist, bedeutet die deutsche Belastung kaum zwei Drittel unserer Belastung.

Alle diese Daten führen zu dem Ergebnis, daß tatsächlich eine starke Überlastung der österreichischen Wirtschaft gegeben ist. Es erscheint mir daher unerläßlich, eine Reform der gesamten Sozialversicherung raschestens durchzuführen, und zwar mit dem Leitgedanken, alle nicht unbedingt notwendigen Leistungen und Einrichtungen abzubauen, um die Wirtschaft wenigstens für die notwendigen Leistungen tragfähig zu machen und so diese notwendigen Einrichtungen der Sozialversicherung den Arbeitern und Angestellten erhalten zu können.

Kritik und Vorschläge zum Angestelltenversicherungsgesetz 1928.

Referat für den ÖKW-Krankenkassenausschuß

erstattet, gemäß Stand Dezember 1930, von

Alfred Sponner,
Direktor der Versicherungsanstalt
für Angestellte in der Land- und Forstwirtschaft, Wien.

Inhaltsverzeichnis.

Seite

I. Einleitung 275

II. Kritik am Angestelltenversicherungsgesetz 275
1. Der Geltungsbereich 275
2. Der Versichertenkreis 276
3. Die Versicherungsleistungen 277
a) Festhalten an den Naturalleistungen 277
b) Mitwirkung der Ärzteschaft 278
c) Die Gebührenfrage 279
d) Die Verabfolgung von Heilmitteln 279
e) Die Barleistungen 281
4. Die Aufbringung der Mittel für die Versicherung . . . 283
5. Die Organisation der Versicherung 284
6. Die Höhe der Verwaltungskostentangente 285

III. Verbesserungsvorschläge zum Angestelltenversicherungsgesetz 286
1. Die Organisation 286
2. Der Versichertenkreis 286
3. Verminderung der Ausgaben 287
a) Bagatellschäden, Verpflegskostensätze, Therapia oeconomica 287
b) Barleistungen 287
4. Organisation der Versicherungsträger 287

IV. Allgemeine Vorschläge zur Sozialversicherung 288
1. Mitwirkungsverpflichtung der Ärzte 288
2. Einkommensgrenze 288
3. Reine Versicherung oder Versicherung in Verbindung mit Sparprinzip? 289

I. Einleitung.

Aufgabe dieses Referates sei eine Kritik des Angestelltenversicherungsgesetzes (Ang. V. G.) 1928, betrachtet vom Standpunkte des mit der Durchführung desselben betrauten Versicherungsträgers für die Angestellten in der Land- und Forstwirtschaft und Vorschläge bezüglich der Abänderung desselben. Das Referat soll sich an die Gliederung des Rahmen-Arbeitsprogrammes für den Krankenkassenausschuß halten, wobei die Bemerkung erlaubt sei, daß auch die Sozialversicherungsträger Ursache haben, an dem ihnen durch das Gesetz vorgezeichneten Systeme Kritik zu üben. Der einzige Versicherungsträger nach dem Ang. V. G. für die Land- und Forstwirtschaft erachtet sich um so mehr dazu berufen, weil er sich selbstverständlich nicht der Ansicht verschließen kann, daß sein Dasein mit den wirtschaftlichen Verhältnissen in der Land- und Forstwirtschaft auf Gedeihen und Verderben unlösbar verknüpft ist, andererseits aber auch deshalb, weil im Ang. V. G. wohl die berufsständische Organisation zum Durchbruche kam, der Gesetzgeber aber dabei gewisse Eigenheiten der land- und forstwirtschaftlichen Sozialversicherung übersah oder übersehen mußte.

II. Kritik am Angestelltenversicherungsgesetz.

1. Der Geltungsbereich

Der Geltungsbereich der Versicherungsanstalt für Angestellte in der Land- und Forstwirtschaft erstreckt sich über das ganze Bundesgebiet, der Aufgabenkreis umfaßt alle Zweige der Sozialversicherung mit Ausnahme der Stellenlosenversicherung, für welch letztere er nur die Einhebung und Abfuhr der Beiträge zu besorgen hat. Diese zentralistische Organisation ermöglicht naturgemäß eine intensivere Beobachtung der Auswirkungen des Gesetzes als die Organisation der Versicherungskassen, deren Geltungsbereich sich nur auf bestimmte Gebiete oder im selben Gebiete auf bestimmte Berufsgruppen erstreckt, deren Aufgabenkreis auch auf Durchführung nur einzelner Zweige der Sozialversicherung beschränkt ist.

Es ist ein empfindlicher Mangel des Ang. V. G. und eine Inkonsequenz, daß die Stellenlosenversicherung der Angestellten nicht einbezogen wurde, d. h. daß die Riskentrennung nicht durchgeführt wurde. Dieses Mangels war sich der Gesetzgeber wohl bewußt, denn der Entschließungsantrag der Abgeordneten Dr. Wagner und Dr. Grailer über die Regelung der Stellenlosenunterstützung, abweichend vom Arbeitslosenversicherungsgesetze, wurde nicht grundsätzlich, sondern nur aus Zweckmäßigkeitsgründen abgelehnt.

Das Verlangen nach der Riskentrennung ist nicht nur vom Standpunkte des Dienstnehmers ein gerechtfertigtes, der für seine viel höheren Stellenlosenversicherungsbeiträge nur dasselbe erhält, wie der viel geringere Beiträge zahlende Arbeiter, er ist aber auch insbesonders gerechtfertigt vom Standpunkte der Land- und Forstwirtschaft; die Beitragsleistung der Land- und Forstwirtschaft zur Stellenlosenversicherung kommt in besonderem Maße Handel und Industrie zugute.

Vom 1. Juli 1927 bis 31. Dezember 1929 lieferte die Anstalt an eingehobenen Stellenlosenversicherungsbeiträgen und Notstandsaushilfebeiträgen S 2,414.229,83 an die zuständigen Stellen ab und dies bei ca. 700 unterstützten stellenlosen Versicherten. Man kann daher wohl mit Recht sagen, daß aus der Beitragsleistung der Land- und Forstwirtschaft zur Stellenlosenversicherung Handel und Industrie den überwiegenden Vorteil ziehen.

2. Der Versichertenkreis

Was nun den Versichertenkreis anbelangt, so brachte das Ang. V. G. eine große Erweiterung, die obligatorische Familienversicherung. Im Hinblick auf die zur Verfügung stehenden Beiträge hat der Gesetzgeber den Kreis der Angehörigen zu weit gezogen. Hier zeigt sich nun eine Besonderheit in den Verhältnissen der Land- und Forstwirtschaft. Der land- und forstwirtschaftliche Angestellte gründet frühzeitig einen Hausstand. Das Vorhandensein einer entsprechenden Wohnung, die stabileren Anstellungsverhältnisse, die Berufsausübung oft fern von einer Siedlung begünstigen, ja zwingen oft zur Eheschließung. Nicht zuletzt sei erwähnt, daß der Sinn für Familie am Lande noch viel entwickelter ist als in der Stadt. Die Folge davon ist naturgemäß eine erhöhte Kinderzahl. Aber nicht nur Frau und eheliche Kinder zieht das Gesetz in den Kreis der Familienversicherung, auch Wahlkinder und uneheliche Kinder sowie Kinder über das 18. Lebensjahr, ja selbst Enkel, Eltern, Großeltern und die Wirtschaftsführerin unter gewissen Bedingungen werden in den Versichertenkreis eingeschlossen. Wenn man nun bedenkt, daß besonders auf dem Lande die Eltern und Großeltern den im Gesetze vorgesehenen Bedingungen vielfach entsprechen, so kommen wir zu dem Resultate, daß die Sozialversicherung in der Land- und Forstwirtschaft für die Angehörigen weitaus größere Mittel aufbringen muß als für die unmittelbar Versicherten. Es ist dies ja auch klar, da bei der Anstalt auf 100 unmittelbar Versicherte 150 Angehörige entfallen, ja in Vorarlberg sogar 258. Die Vergleichszahlen in Handel und Industrie sind mit Ausnahme von Vorarlberg 65 bis 100. Hiezu kommt noch, daß die mittelbar Versicherten die Leistungen der Anstalt nicht nur im Verhältnis ihrer Zahl in Anspruch nehmen, sondern daß die für die mittelbar Versicherten zu erbringenden Leistungen auch qualitativ höhere sind. Während z. B. in den Jahren 1927/28 für die unmittelbar Versicherten 27.143 Ordinationen und 11.992 Besuche des Arztes getätigt wurden, beanspruchten im gleichen Zeitraume die mittelbar Versicherten 26.063 Ordinationen, aber 22.168 Besuche. Mit der Vergrößerung der Zahl der Besuche hängt natürlich auch eine größere Inanspruchnahme für die Vergütung der Kilometer an die Ärzte zusammen; es wurden für die unmittelbar Versicherten 59.778, für die mittelbar Versicherten 109.228 km bezahlt. Man sieht ganz deutlich, daß also die Zahl der Besuche und der aufgewendeten Gebühren für Kilometer nicht um 50% gestiegen ist, wie es dem tatsächlichen Verhältnisschlüssel zwischen unmittelbar und mittelbar Versicherten entspricht, sondern um fast 100%. Es ergaben sich im ganzen 53.206 Ordinationen gegenüber 34.160 Besuchen und 169.016 km. Im Jahre 1929 wird das Verhältnis noch ungünstiger. Während die Zahl der Ordinationen auf 54.236 steigt, also um 1030 Ordinationen gegenüber dem Zeitraume von $1^1/_2$ Jahren (1927/28) zunimmt, steigen die Besuche von 34.160 auf 38,437, eine Zunahme von 4277 Besuchen, aus denen eine Mehrausgabe in der Kilometervergütung für 34.536 km resultiert, da im Jahre 1929 203.552 km an die Ärzte vergütet werden mußten. Zurückzuführen ist dieses ungünstige Verhältnis auf eine weitere Besonderheit in der Land- und Forstwirtschaft, die Entfernung des Wohnortes des Versicherten vom Wohnsitz des Arztes, wobei ins Kalkül zu ziehen ist, daß der unmittelbar Versicherte noch den Arzt in seiner Ordination aufsucht, für die mittelbar Versicherten aber der Arzt gerufen wird, um diesen die Wege zu ersparen. So viel über den Versichertenkreis.

3. Die Versicherungsleistungen

a) Festhalten an den Naturalleistungen

Es sei nun gestattet, die einzelnen Zweige der Angestelltenversicherung auf ihre Leistungen hin zu untersuchen. Wenn man die Krankenversicherung des Ang. V. G. betrachtet, so haben wir zweierlei Arten von Leistungen zu berücksichtigen: 1. Die Naturalleistungen und 2. die Barleistungen. Es ist keineswegs eine Frage, ob die Naturalleistungen eventuell durch eine Schadensversicherung ersetzt werden könnten. Es wäre unbedingt bei der Verabfolgung der Naturalleistungen zu verbleiben. Begründet erscheint dies unter Berücksichtigung der Verhältnisse in der Land- und Forstwirtschaft insbesondere dadurch, daß der Großteil der Versicherten seine Bezüge zum Teil, manchmal sogar zum überwiegenden Teil in Naturalien erhält und Bargeld nur im geringen Ausmaße zur Verfügung steht. Wohl wird das Wesen einer Versicherung durch die Schadensversicherung prägnanter zum Ausdruck gebracht, denn die Versicherung hat den Zweck, entstandenen Schaden den Betroffenen leichter tragbar zu machen, nie aber voll auszugleichen. Andererseits wird aber der Zweck der Krankenversicherung mit Rücksicht auf die oben angeführte Art der Entlohnung als auch allgemein mit Rücksicht auf die wirtschaftliche Depression der Angestellten nur durch Gewährung von Naturalleistungen auf dem Gebiete der Krankenpflege erreicht.

b) Mitwirkung der Ärzteschaft

Zur Durchführung dieser Gewährung ist aber eine Voraussetzung notwendig, deren Stipulierung der Gesetzgeber bis zum heutigen Tage unterlassen hat, d. i. die unbedingte Verpflichtung der Ärzteschaft zur Mitwirkung. Seit dem Inslebentreten der Krankenversicherung überhaupt wurden seitens des Gesetzgebers immer nur Versicherungsträger geschaffen, also eine Exekutive des Gesetzes, dieser Exekutive aber nie die Mittel in die Hand gegeben, den Zweck des Gesetzes restlos erfassen zu können, sondern es ihr überlassen, mit der Durchführung fertig zu werden. Wie soll eine Krankenversicherung auf gesunder Basis geführt werden, wenn diejenigen, welche in erster Linie dazu berufen sind, ärztliche Hilfe zu gewähren, nämlich die Ärzte selbst, ihre Mitwirkung verweigern? Es muß dann naturgemäß die Schadensversicherung eintreten, die für den Versicherten aber eine ziemlich schwere Belastung darstellt, da die Beträge, welche er als Vergütung für die ärztlichen Honorare erhält, bedeutend verkürzt erscheinen. Es ist nicht zu verkennen, daß die Lösung dieser Frage, welche ja nicht nur bei uns in Österreich allein aktuell ist, die größten Schwierigkeiten verursacht, sie ist aber unbedingt nötig, um eine klaglose Durchführung der Krankenversicherung zu gewährleisten. Die Erbringung der Naturalleistungen hat aber auch ihre Nachteile. Unbestritten ist, daß durch die Einführung der obligatorischen Krankenversicherung der Gesundheitszustand der unselbständig erwerbstätigen Bevölkerung in einem ganz bedeutenden Maße gehoben wurde. Die seinerzeitige Entwicklung auf dem Gebiete der Krankenversicherung brachte es mit sich, daß die Konkurrenz der Krankenkassen untereinander die Leistungen immer mehr hinaufschraubte, um den Mitgliedern größere Vorteile gegenüber der anderen Krankenkasse zu bieten. Hiedurch wurde ein Zustand geschaffen, der das Verlangen der Mitglieder nach ärztlicher Behandlung nicht vom Standpunkt der Sachlichkeit, sondern vom Standpunkte des persönlichen Eindruckes begreiflich erscheinen ließ. Auf der anderen Seite entwickelte sich eine Hypertrophie im Fachärztetum. Die Inanspruchnahme der ärztlichen Hilfe verlor in der Mentalität der Versicherten immer mehr den Charakter einer empfangenen Leistung. Es wird daher seitens der Versicherten der Arzt nicht immer nur im Falle der Notwendigkeit in Anspruch genommen, sondern auch deshalb, weil es den Versicherten durch die Krankenversicherung möglich gemacht wurde, Leistungen zu empfangen, um ihre eingezahlten Beiträge wieder für sich in Anspruch zu nehmen.

c) Die Gebührenfrage

Notwendige Maßnahmen zur Herabdrückung der Naturalleistungen zeitigen keinen Erfolg. Die im Ang. V. G. vorgesehene Behandlungsgebühr trifft natürlich in einem schweren Krankheitsfalle gerade den Versicherten, welcher notwendige ärztliche Hilfe in Anspruch nimmt, sehr schwer, während die größte Belastung der Krankenversicherung durch Arztkosten bei Inanspruchnahme ärztlicher Hilfe bei Bagatellschäden erfolgt und eine einheitliche Behandlungsgebühr bei einmaliger oder zweimaliger Inanspruchnahme des Arztes nie ihren Zweck erreicht.

Auf dem Gebiete der Anstaltspflege ergibt sich eine für den Versicherungsträger in der Land- und Forstwirtschaft sehr ungünstige Auswirkung dadurch, daß das Gesetz die Leistung der Gebühren der allgemeinen Gebührenklasse festlegt, der Versicherungsträger diese Leistungen auch erbringt, daß aber die Ansätze der allgemeinen Gebührenklasse himmelhohe Unterschiede aufweisen. Während in den Bundesländern öffentliche Spitäler existieren, in denen der Verpflegskostensatz für die allgemeine Gebührenklasse mit S 4,50, S 5,— und S 6,— festgesetzt wird, für die 2. Spitalsklasse ein Verpflegskostensatz von S 8,— und S 9,—, betragen in Wien die Kosten der allgemeinen Gebührenklasse pro Tag S 11,—. Es wollen und können daher die Versicherten nicht begreifen, warum die Anstalt ihnen in den Bundesländern die 2. Spitalsklasse mit einem Verpflegskostensatz von S 8,— bis S 9,— nicht zubilligen will, wenn sie in der 3. Spitalsklasse in Wien S 11,— bezahlen muß. Wenn seitens des Versicherungsträgers darauf hingewiesen wird, daß das Gesetz eine gleichmäßige Behandlung der Mitglieder verlangt und die Anstalt daher nur allen Mitgliedern die 3. Gebührenklasse zubilligen kann, so weisen — vielleicht nicht mit Unrecht — die Mitglieder darauf hin, daß die gleiche Behandlung der Mitglieder eben darin liege, daß die Anstalt S 11,— Verpflegskosten pro Tag bei Aufenthalt im Spital für alle Mitglieder zu entrichten hätte.

d) Die Verabfolgung von Heilmitteln

Ein weiterer Übelstand bei der Verabfolgung von Naturalleistungen ist die Festsetzung der notwendigen Heilmittel.

Lange, lange Jahre wird bereits im Bundesministerium für soziale Verwaltung an der sogenannten Therapia oeconomica gearbeitet. Die Arbeiten gehen aber dort so schleppend vorwärts, daß in der letzten Zeit mitarbeitende Ärzte aus der Kommission austreten wollten, weil ein Endergebnis nicht abzusehen ist.

Die Anstalt ist auf dem Standpunkte gestanden, dem Arzte bei der Verschreibung von Heilmitteln freie Hand zu lassen. Es zeigte sich aber, daß dieser an sich sicherlich gute Gedanke nicht verwirklicht werden kann. Die chemische Industrie Deutschlands hat einen solchen Aufschwung genommen — ich meine dies nicht nur vom therapeutischen, sondern, und das vielleicht in erster Linie, vom wirtschaftlichen Standpunkte aus —, daß sie das ganze Gebiet der Medizin mit fertigen, abgepackten Medikamenten überschwemmt. Dabei handelt es sich im Einzelfalle oft um dasselbe Präparat, das einen unwesentlichen Zusatz bekommt, aber — was viel wichtiger ist — auch einen pompösen Namen und eine grandiose Aufmachung. Dann setzt die Reklame ein. Wir haben in Österreich ca. 15.000 registrierte und zirka ebenso viele nichtregistrierte Markenspezialitäten auf dem Heilmittelmarkte. Um diese Unzahl von Präparaten an den Mann bringen zu können, bedarf es natürlich einer sehr ausgiebigen Reklame nicht nur in der Öffentlichkeit, sondern bei jedem einzelnen Arzt. Diese Reklame verschlingt Unsummen, die selbstverständlich beim Verkauf des Präparates hereingebracht werden müssen. Die Erzeugung dieser Präparate nahm einen solchen Umfang an, daß z. B. in Deutschland — nicht in Österreich — von großen medizinischen Verbänden und von Sozialversicherungsträgern die Forderung aufgestellt wurde, eine gesetzliche Regelung herbeizuführen, da durch die Geschäftigkeit dieses Industriezweiges Unsummen verpulvert werden. Um nun dem Unfug der übermäßigen Verabfolgung derartiger Präparate zu steuern, mußte die Anstalt eine Medikamentenordnung erlassen, d. h. eine Vorschrift, welche Medikamente sie als zweckentsprechend betrachtet und daher nur die Verabreichung solcher Medikamente gestattet. Hier war wieder die Schwierigkeit, daß sich der Geltungsbereich über das ganze Bundesgebiet erstreckte. Jede Versicherungskasse, jede Arbeiterkrankenkasse hat ihre eigene Medikamentenordnung. Die Anstalt, die sich über das ganze Bundesgebiet erstreckt, wollte ursprünglich die Medikamentenordnungen der Versicherungskassen der einzelnen Bundesländer akzeptieren. Dadurch wäre aber einerseits vermöge der Unterschiede in den Medikamentenordnungen eine ungleiche Behandlung der Mitglieder zutage getreten, andererseits die technische Durchführung der Üperprüfung auf Zulassung des Medikamentes übermäßig erschwert worden. Um einen Ausgleich zu schaffen, akzeptierte die Anstalt die Medikamentenordnung der Wiener Versicherungskassen, welche weitaus die reichhaltigste ist, mußte aber natürlich dadurch eine gewisse Belastung gegenüber den Bundesländern in Kauf nehmen.

e) Die Barleistungen

Was nun die Barleistungen in der Krankenversicherung anbelangt, so sei hiezu folgendes bemerkt:

Das Gesetz kennt dreierlei Arten von Barleistungen. Das Krankengeld, die Wochenhilfe und das Begräbnisgeld.

Über das Krankengeld sagt das Ang. V. G., daß es dem Versicherungspflichtigen, wenn er durch eine länger als drei Tage dauernde Krankheit an der Ausübung seiner Dienstobliegenheiten verhindert ist, vom vierten Tage der Dienstverhinderung an auf deren Dauer, höchstens aber durch 78 Wochen für denselben Krankheitsfall gebührt. Es gebührt nicht während der Dauer von vier Wochen nach Beginn der Dienstesverhinderung, soweit der Dienstnehmer für diese Zeit auf Grund gesetzlicher oder vertraglicher Bestimmungen oder auf Grund der das Dienstverhältnis der Angestellten zu einem öffentlich-rechtlichen Dienstgeber regelnden Vorschriften Anspruch auf Fortbezug des vollen Entgeltes oder auf Abfertigung hat.

Wenn diese Vorschriften vom Standpunkte der land- und forstwirtschaftlichen Verhältnisse betrachtet werden, so fällt zunächst auf, daß es bei den land- und forstwirtschaftlichen Angestellten in vielen Fällen schwer sein wird, die Verhinderung der Ausübung ihrer Dienstesobliegenheiten einwandfrei festzustellen. Der land- und forstwirtschaftliche Angestellte hat in der Regel seinen Wohnsitz an der Betriebsstätte. Die Ausübung der Dienstesobliegenheiten ist in der Regel an diese Betriebsstätte gebunden. Man muß sich fragen, ob ein land- und forstwirtschaftlicher Angestellter, der einerseits Kanzleidienst, andererseits auch Außendienst machen muß, an der Ausübung seiner Dienstesobliegenheiten durch Krankheit verhindert ist, wenn diese ihn dazu zwingt, nur den Kanzleidienst zu machen und ihn vom Außendienste fernhält. Im Sinne des Gesetzes wäre eine Verhinderung von Dienstesobliegenheiten gegeben, jedoch nicht eine Verhinderung aller Dienstesobliegenheiten. Wenn man als Beispiel annimmt, daß ein Gutsverwalter an einer Konjunktivitis erkrankt ist, so wird es selbstverständlich erscheinen, daß er als leitender Beamter in der Kanzlei seine Anordnungen treffen kann, daß er die Arbeitseinteilung regeln kann, eine Tätigkeit, die zu seinen normalen Dienstesobliegenheiten gehört; nicht möglich erscheint aber in diesem Krankheitsfalle seine Tätigkeit im Außendienste des Betriebes, Überwachung der Feld- und Waldarbeiten und aller Arbeiten, die den Aufenthalt im Freien notwendig machen. Erscheint nun ein derartiger Angestellter im Falle einer länger als 28 Tage dauernden Erkrankung krankengeldbezugsberechtigt oder nicht? Es ist klar, daß es hier auf eine individuelle Auslegung des Gesetzes ankommen muß, bei der sich oft die Ansichten des Versicherungsträgers und des Versicherten, ja selbst auch des Schiedsgerichtes nicht decken.

Eine zweite Bedingung für den Bezug des Krankengeldes ist jene, daß in allen Fällen, wie oben erwähnt, in denen der Fortbezug des Entgeltes auf Grund des Gesetzes gewährleistet erscheint, das Krankengeld erst vom 29. Tage, und zwar für die ersten 14 Tage zur Hälfte, von der siebenten Woche an zur Gänze zur Auszahlung gelangen soll. Es erscheint hier ein kleiner Widerspruch zum Versicherungscharakter. Wie schon erwähnt, soll die Schadensversicherung dem Versicherten entstandene Schäden leichter tragbar machen. Durch eine Erkrankung erfolgt ein Schaden, dessen Behebung im Gesetze durch die Naturalleistungen der Krankenversicherung vorgesehen erscheint. Ein Ausgleich eines entstandenen finanziellen Schadens erscheint nicht notwendig, da ja bei Fortbezug des Entgeltes eine Einbuße des Einkommens nicht vorliegt. Der durch die derzeitigen Bestimmungen über das Krankengeld entstandene Doppelbezug gibt einen Anreiz, im Krankenstande zu verbleiben, obwohl das Verbleiben nicht mehr vollständig gerechtfertigt ist. Daß hiebei eine Mitwirkung der Ärzteschaft notwendig ist, ist ja klar. Und daß manche Ärzte die strenge Trennung zwischen Dienstesverhinderung und der Möglichkeit der Ausübung der Dienstesobliegenheiten vernachlässigen, ist bei der persönlichen Einstellung des Arztes zum Versicherten nicht verwunderlich.

Eine weitere Kritik am Krankengeldbezug sei an der Bestimmung des Gesetzes gestattet, daß der Stellenlose in den ersten zwei Monaten nach Beginn der Stellenlosigkeit voll anspruchsberechtigt erscheint, d. h. im Falle der Erkrankung dasselbe Krankengeld bezieht, wie er es als Vollversicherter bezogen hätte, und erst im Erkrankungsfalle nach Ablauf dieser zwei Monate in den Krankengeldbezug tritt, wenn er die Stellenlosenunterstützung bezieht, und zwar in der Höhe derselben. Hier ergibt sich natürlich als logische Entwicklungsfolge, daß der Stellenlose trachten wird, vor Ablauf der zwei Monate in den Krankenstand zu treten, um dann für die Zukunft das gegenüber der Stellenlosenunterstützung bedeutend höhere Krankengeld für sich in Anspruch nehmen zu können.

Die zweite Barleistung ist die Wochenhilfe. Die geldliche Unterstützung, die der Wöchnerin auf Grund des Ang. V. G. gewährt wird, stellt, im Grund genommen, nichts anderes dar als eine bevölkerungspolitische Maßnahme, deren Durchführung in finanzieller Hinsicht den Versicherungsträgern aufgebürdet wurde. Die $3^1/_2$jährige Geltungsdauer des Ang. V. G. hat gezeigt, daß bei dieser Maßnahme der Gesetzgeber über das Ziel hinausgegangen ist. Durchschnittlich bewegt sich die Wochenhilfe in ihren Kosten auf S 500,— pro Geburtsfall, die Arztkosten nicht miteingerechnet. Es ist richtig, daß jeder Geburtsfall in einer Familie eine Verschiebung im finanziellen Gleichgewicht bedingt; nicht richtig ist aber, daß diese Verschiebung sich in der Höhe von S 500,— auswirkt. Der Überschuß stellt also eine Prämie dar, eine Leistung, die keineswegs im Charakter einer Schadensversicherung gelegen erscheint. Da außerdem bei den unmittelbar versicherten Wöchnerinnen noch der Fortbezug des Gehaltes gesetzlich gewährleistet wird, ergibt sich hier dieselbe Schlußfolgerung, wie oben erwähnt, beim Bezug von Krankengeld. Im übrigen sei darauf verwiesen, daß eine normale Geburt ja keinen Krankheitsfall darstellt, sondern einen physiologischen Vorgang, der in der Natur des weiblichen Wesens begründet erscheint.

Bemerkt sei noch, daß die Kontrolle der Stillfähigkeit der Mutter bzw. ob die Mutter das Kind stillt, in der Land- und Forstwirtschaft vermöge der großen Entfernungen auf Schwierigkeiten stößt. Diese Kontrolle könnte nur durchgeführt werden durch die Hebamme, durch den Arzt oder durch die Mutterberatungsstelle. Die Durchführung der Kontrolle durch die Hebamme scheint problematischer Natur zu sein. Die Durchführung durch den Arzt erfordert unverhältnismäßige Kosten und die Durchführung durch die Mutterberatungsstelle scheitert an der meist weiten Entfernung des Wohnortes der stillenden Mutter von der letzteren.

4. Die Aufbringung der Mittel für die Versicherung

Was das System der Aufbringung der Mittel für die Sozialversicherung anbelangt, so ist mit dem in der Angestelltenversicherung fixierten wohl kein Idealzustand geschaffen, jedoch wenigstens der Versuch einer gerechten Erstellung des Beitrages gegeben. Vielfach wurde darüber Klage geführt, daß die Führung der Gehaltslisten und die aus ihr resultierende Berechnung der Beiträge durch den Dienstgeber selbst eine Erschwerung der Hereinbringung bedeute, da die Dienstgeber gewohnt seien, Vorschreibungen zu erhalten. Das System der Vorschreibung läßt sich aber in der Angestelltenversicherung, bei der jede Erhöhung oder Verminderung des Gehaltsbezuges des Versicherten um S 1,— sich bei der Berechnung des Beitrages und bei der Errechnung der Bemessungsgrundlage auswirkt, nicht oder nur sehr schwer durchführen. Das System einer Vorschreibung würde einerseits eine Belastung des Verwaltungsapparates bedeuten, andererseits liegt die Vermutung nahe, daß die Veränderungen in den Gehaltsbezügen den

Versicherungsträgern nicht rechtzeitig oder überhaupt nicht bekanntgegeben würden, wodurch einerseits die Versicherten selbst, andererseits aber die Versicherungsträger zu Schaden kämen.

Die Verteilung der Beitragslast, wie sie das Ang. V. G. vorschreibt, entspricht den gegebenen Verhältnissen um so mehr, als sie auf die Deputatbezüge der Angestellten in der Land- und Forstwirtschaft besonders Rücksicht nimmt. Beiträge aus öffentlichen Mitteln würden aber dem Versicherungscharakter widersprechen, da sie eine Steuer der Allgemeinheit zugunsten einer bestimmten Bevölkerungsgruppe darstellen würden. Nur für einen Zweig der derzeitigen Krankenversicherung würden Beiträge aus öffentlichen Mitteln gerechtfertigt erscheinen, nämlich für die Wochenhilfe, die ja, wie vorhin schon ausgeführt wurde, eine bevölkerungspolitische Maßnahme darstellt, an der der Staat am meisten interessiert erscheint.

5. Die Organisation der Versicherung

Nach langjährigem Widerstreit der Meinungen, ob in der Sozialversicherung das Prinzip der territorialen oder das der berufständischen Organisation das Bessere sei, ist im Ang. V. G. die Entscheidung zugunsten des letzteren gefallen. Im besonderen sehen wir in der Anstalt diesem Gedanken dadurch Bahn gebrochen, daß nicht nur die Erfassung einer Berufsgruppe der Angestellten im allgemeinen, sondern der Berufsgruppe eines bestimmten Berufskreises in der Land- und Forstwirtschaft vorgesehen ist. Die Vorteile dieser Organisation sind auf der Hand liegend; da es sich bei den Versicherten eines derartigen Kreises um solche einer im allgemeinen einheitlichen wirtschaftlichen und kulturellen Sphäre handelt, muß es auch möglich sein, den Wünschen der Mitglieder viel eher gerecht zu werden, als bei der territorialen Gliederung, bei der Angehörige verschiedenartiger Wirtschaftssphären eines bestimmten Gebietes zusammengefaßt waren. Von nicht geringerem Vorteile ist auch die Tatsache, daß die Angehörigen eines bestimmten Berufskreises durch Erfassung in einer Anstalt einer gleichmäßigen Behandlung zugeführt werden können, was bei der territorialen Gliederung mit Rücksicht auf die durch die verschiedenen Gebietsteile bedingte Divergenz oft nicht gewährleistet werden kann. Und zuletzt ist noch zu berücksichtigen, daß die seitens einer bestimmten Berufsgruppe für ihre Anstalt aufgewendeten Mittel wieder ihr selbst und nicht fremden Brufsgruppen zugute kommen.

Die Frage, ob die Organisation auf berufsständischer oder bloß dienstrechtlicher Grundlage oder ohne jegliche Unterscheidung aufgebaut werden soll, ist in eindeutiger Weise bereits gelöst. Wenn sich auch in der Land- und Forstwirtschaft bei der Durchführung der berufsständischen Organisation Schwierigkeiten ergaben oder noch ergeben, so haben sie keineswegs einen solchen Umfang, daß man an diesem Systeme zu rütteln brauchte. Die Entwicklung der Volkswirtschaft hat zwangsläufig die im Ang. V. G. zum Ausdruck gebrachte Organisationsform ergeben, um eine Verwendung der der Versicherung aus den einzelnen Berufsgruppen zufließenden Gelder für andere Berufsgruppen, wie es sich ja noch bei der Stellenlosenversicherung zeigt, zu verhindern.

Die innere Organisation der einzelnen Versicherungsträger hat das Gesetz wohl etwas umfangreich und schleppend und dadurch auch etwas kostspielig gestaltet. Die Zusammensetzung der einzelnen Verwaltungskörper ist in bezug auf die Anzahl der Teilnehmer eine etwas umfangreiche. Dies wirkt sich beim Versicherungsträger der Angestellten in der Land- und Forstwirtschaft ungünstig dadurch aus, daß selbstverständlich die einzelnen Bundesländer in den Verwaltungskörpern der Anstalt ihre Vertretung haben wollen und diese Vertretung naturgemäß Kosten verursacht. Um diese Kosten herabzumindern, müssen die Sitzungen der Vertretungskörper auf das Sparsamste festgesetzt werden, was wieder zur Folge hat, daß in manchen Belangen eine Verzögerung in der Erledigung des Aufgabenkreises eintreten kann. Beim Versicherungsträger für die Angestellten der Land- und Forstwirtschaft mußte die Organisation des inneren Dienstes auf den schriftlichen Verkehr aufgebaut werden. Der schriftliche Verkehr erweist sich aber mit Rücksicht auf die Art der Erledigung naturgemäß auch teurer als der mündliche, wozu noch kommt, daß der Bund bzw. die Betriebe des Bundes, die aus der Tätigkeit der Sozialversicherungsträger große Vorteile ziehen, in keiner Weise ein Entgegenkommen zeigen. Ohne Rücksicht und ohne Befragen werden Postporto, Telephon- und Eisenbahntarife erhöht, während auf der anderen Seite den Sozialversicherungsträgern ein Mittel zur Erhöhung ihrer Verwaltungskosten nicht zu Gebote steht. Die Vorschriften des Gesetzes bezüglich der Bescheiderteilung bei zuerkannten oder abgelehnten Ansprüchen der Versicherten bringen zwangsläufig durch die Forderung des Nachweises der Zustellung, die nur durch Rückschein erfolgen kann, eine Erhöhung der Portokosten. Jeder Versuch, den Sozialversicherungsträgern wenigstens diese Möglichkeit zu eröffnen, Rückscheinbriefe ohne Rekommandationsgebühr, so wie sie den Institutionen des Bundes zugestanden sind, abfertigen zu dürfen, wurde seitens der Postverwaltung abgelehnt.

6. Die Höhe der Verwaltungskostentangente

Der Versicherungsträger für die Angestellten in der Land- und Forstwirtschaft hat sämtliche Zweige der Sozialversicherung mit Ausnahme der Stellenlosenversicherung durchzuführen, erhält aber vom Gesetzgeber derzeit nur das, was jede andere Versicherungskasse für Angestellte an Verwaltungskostenaufwand zugebilligt hat. Am deutlichsten sprechen Ziffern. Die Versicherungskassen plus Hauptanstalt, die also in Handel und Industrie die Sozialversicherung für Angestellte durchzuführen haben, erhalten 8‰ der Beitragsgrundlagen als Verwaltungskostentangente, während die Versicherungsanstalt für Angestellte in der Land- und Forstwirtschaft für dieselbe Durchführung nur $5^1/_2$‰ der Beitragsgrundlagen als Verwaltungskostentangente zugebilligt erhielt.

Wohl ist mit Rücksicht darauf, daß die Befürsorgung der mittelbar Versicherten ja genau so viel Arbeit macht wie die Befürsorgung der unmittelbar Versicherten, ein Zusatz im Gesetze, der unter gewissen Voraussetzungen bezüglich der Zahl der mittelbar Versicherten der Anstalt eine Erhöhung der Verwaltungskostentangente zugesteht, die sich gegenwärtig mit rund 1‰ auswirkt, die Verwaltungskostentangente ist also noch immer geringer als die der Versicherungskassen und der Hauptanstalt zusammen. Diese Bestimmung gilt aber nicht für die Anstalt allein, sondern ist allgemeiner Natur, so daß sich z. B. bei Vorarlberg auch eine Erhöhung über die 8‰ der Beitragsgrundlagen für die Versicherungskassen und Hauptanstalt ergibt. Aus diesem Umstande ist deutlich ersichtlich, daß die Versicherungsanstalt für Angestellte in der Land- und Forstwirtschaft, die auf berufsständischer, zentralistischer Grundlage basiert, in der Verwaltung billiger arbeiten muß, als die anderen Versicherungskassen mit der Hauptanstalt.

III. Verbesserungsvorschläge zum Angestelltenversicherungsgesetz.

1. Die Organisation

Wenn nun Vorschläge zur Änderung des Gesetzes gemacht werden sollen, so ergeben sie sich schon aus der vorliegenden Kritik. An der Organisation der Versicherungszweige wäre nichts zu ändern; einzubeziehen wäre einzig und allein die Stellenlosenversicherung und der Einbau derselben in die bestehenden Versicherungsträger des Ang. V. G.

2. Der Versichertenkreis

Was den Versicherungskreis anbelangt, so wäre er einzuengen, und zwar nur bezüglich der mittelbar Versicherten durch Beschränkung auf Gattin und eheliche oder diesen gleichgestellte Kinder. In der Krankenversicherung wäre die Kardinalfrage der Mitwirkung der Ärzteschaft zu regeln vielleicht dadurch, daß wenn schon nicht auf bundesgesetzlicher Grundlage, so doch in den Landesgesetzen eine Mitwirkungsverpflichtung der Gemeindeärzte an der Sozialversicherung ausgesprochen werden könnte.

Um die Kosten der ärztlichen Inanspruchnahme, die, wie vorhin erwähnt, hauptsächlich durch die Bagatellschäden übermäßig groß erscheinen, herabzudrücken, wären, ähnlich wie in der Unfallversicherung, diese auszuschalten. Das könnte dadurch geschehen, daß der Versicherte für die erste Inanspruchnahme des Arztes im selben Krankheitsfalle und Monat selbst aufzukommen hat, wobei es dem Versicherungsträger vorbehalten bliebe, in berücksichtigungswürdigen Fällen Ausnahmen zu machen. Um Mißbräuchen vorzubeugen, müßte diese Bestimmung so gehandhabt werden, daß die Versicherungsträger wohl diese Inanspruchnahme zahlen, jedoch der Versicherte zum Ersatz dieser Kosten bis zu einer gewissen Höhe verhalten wird, und zwar in der Form der Einhebung der sozialen Beiträge überhaupt, d. h. durch Abzug der genannten Kosten von seinen Bezügen durch den Dienstgeber. Es wäre hier natürlich eine Änderung des Gesetzes insoferne notwendig, als die Dienstgeber bisher nur berechtigt sind, die Beiträge, nicht aber z. B. die Ärztegebühr im Abzugswege hereinzubringen; es müßte diese Berechtigung zum Abzug vorgenannter Ärztekosten ausdrücklich festgelegt werden. Ferner wäre darauf Bedacht zu nehmen, daß die unglaublichen Diskrepanzen in den Verpflegskostensätzen der öffentlichen Spitäler beseitigt werden. Es wäre Aufgabe des Volksgesundheitsamtes, endlich die Therapia oeconomica herauszugeben, um den Streit zwischen Versicherten, Ärzten und Versicherungsträgern über die Zulassung verschiedener Medikamente zu beenden und eine Sicherheit in der ärztlichen Verschreibung zu gewährleisten.

3. Verminderung der Ausgaben.
a) Bagatellschäden, Verpflegskostensätze, Therapia oeconomica

Bezüglich der Barleistungen wäre eine Einschränkung des Krankengeldbezuges dahingehend vorzunehmen, daß derselbe erst anfällt, wenn der gesetzliche oder vertragliche Anspruch auf Fortbezug des Gehaltes in Wegfall gekommen ist. Bei Stellenlosen soll das Krankengeld vom Beginn der Stellenlosigkeit an die Höhe der Stellenlosenunterstützung haben oder es soll dem Versicherungsträger, der ja für diese Leistung keine Gegenleistung hat, bei Belassung des Krankengeldes in der gegenwärtigen Form die Stellenlosenunterstützung wenigstens zukommen.

b) Barleistungen

Wird die Wochenhilfe in der gegenwärtigen Höhe belassen, so wäre, wie vorhin ausgeführt, ein Beitrag aus öffentlichen Mitteln hiezu zu leisten.

Was nun die Vorschläge zur Organisation der Versicherungsträger anbelangt, so wäre eine Verkleinerung der Verwaltungskörper in Betracht zu ziehen, weiters die Gleichbehandlung mit den Institutionen des Bundes hinsichtlich der Postporto- und Telephontarife.

4. Organisation der Versicherungsträger

IV. Allgemeine Vorschläge zur Sozialversicherung.

1. Mitwirkungsverpflichtung der Ärzte

Im allgemeinen sei noch bemerkt: Der Vorschlag, den Ärzten gegenüber eine Mitwirkungsverpflichtung an der Sozialversicherung auszusprechen, ist natürlich der weitestgehende. Die verschiedenen Ärztesysteme bzw. Honorierungssysteme für die ärztlichen Dienste in der Sozialversicherung, Pauschalierung des einzelnen Arztes, Limitierung der Ausgaben für das ärztliche Honorar, Bezahlung des einzelnen Arztes nach Einzelleistungen und in neuester Zeit die Pauschalierung der ärztlichen Organisationen, welche wieder aus diesem Pauschalbetrage die Ärzte nach Einzelleistungen entlohnen, haben ihre Vor- und Nachteile, befriedigen aber nicht, weil immer und alle Zeit es vom guten Willen der einzelnen Organisationen der Ärzte abhängt, ob sie mit dem Versicherungsträger einen Vertrag abschließen wollen oder nicht. Wenn man von einer auf gesetzlicher Basis beruhenden diktatorischen Mitwirkungsverpflichtung absehen will, so könnte man als Gegenleistung vielleicht den Ärzten die Steuerfreiheit aus ihrem Einkommen aus der Sozialversicherung zubilligen. Die Pauschalierung des einzelnen Arztes kommt für die Versicherungsanstalt für Angestellte in der Land- und Forstwirtschaft nicht in Frage, da infolge der zerstreuten Siedlungsverhältnisse die Kosten sich zu hoch erstellen würden.

2. Einkommensgrenze

Was die Frage der Einkommensgrenze anbelangt, so ist sie vielleicht begründet darin, daß auch der Beitrag nur bis zu einem gewissen Einkommen eingehoben wird, und zwar bis zu S 400,—. Wohl würde eine Erhöhung bei der Anstalt bis zu S 800,— analog der Pensionsversicherung möglich erscheinen. Es ist jedoch die Frage, ob eine derartige Erhöhung auch die Wirkung hätte, die man sich von ihr verspricht. Bekanntlich sind unter den anspruchsvollsten Versicherten in der Regel jene, die ein höheres Einkommen besitzen. Würden diese nun auch von dem gesamten höheren Einkommen Krankenversicherungsbeiträge bezahlen — ein Betrag, welcher infolge des geringen Perzentsatzes der höher besoldeten Versicherten nicht sehr in die Waagschale fällt —, so würde dies einerseits höhere Forderungen der Ärzteschaft für die ärztliche Behandlung nach sich ziehen, andererseits die Ansprüche der genannten Versicherten noch steigern, so daß der zur Befriedigung der zwei letztgenannten Forderungen notwendige Aufwand den erhöhten Krankenversicherungsbeitrag weit überschreiten würde. Die Einkommensgrenze mit einem bestimmten Einkommen zu ziehen, ist überhaupt sehr schwer. In welcher Höhe sollte sich dieses Einkommen bewegen? Auf der einen Seite werden absolut hohe Einkommen bei großem Familienstand oder häufigen Krankheiten in der

Familie zu geringen Einkommen, andererseits könnte die Sozialversicherung natürlich nur jene Einkommen erfassen, die aus der versicherungspflichtigen Beschäftigung resultieren und da können wieder geringe Einkommen neben großen Einkommen aus nichtversicherungspflichtiger Beschäftigung oder aus Privatvermögen bestehen. Die Unstimmigkeiten wären natürlich durch den Sozialversicherungsträger nicht auszugleichen. Im Versicherungscharakter gelegen erscheint es aber, daß alle Versicherten gleich behandelt werden.

3. Reine Versicherung oder Versicherung in Verbindung mit Sparprinzip?

Zum Schlusse noch einige Bemerkungen über die Frage: Reine Versicherung oder Versicherung in Verbindung mit Sparprinzip. Die heutige Sozialversicherung in ihrer Durchführung hat, wie schon ausgeführt, in gar manchen Belangen den Boden der Versicherung verlassen und ist Fürsorgeaktion geworden. Es ist aber unbedingt nötig, daß der Versicherungscharakter rein erhalten bleibe, um nicht in das Fahrwasser zu kommen, in das die Stellenlosenversicherung gelangt ist, welche in der heutigen Form den Versicherungscharakter fast verloren hat. Auch die in der Öffentlichkeit aufgetauchten Projekte des Sparprinzipes sind nicht so ohne weiteres durchführbar. In der Zeit der wirtschaftlichen Depression, in der Zeit der kolossalen Arbeitslosigkeit wird natürlich das Sparen nicht durchführbar sein. Wenn errechnet wurde, daß nach 30jähriger Tätigkeit an Zwangssparbeiträgen ein Sparer soundso viel tausend Schilling erübrigt hätte, dann sei hiezu bemerkt, daß der Trugschluß darin liegt, daß ein großer Teil der Angestellten bei Erreichung der Altersgrenze die 30- oder 35jährige ununterbrochene Tätigkeit nicht aufweisen wird, daß er daher in der Zeit der Stellenlosigkeit keine Rücklagen gemacht haben wird, und daß daher in diesem Falle aus dem Ausgleichsfonds das Fehlende ergänzt werden muß und damit ist man wieder bei der reinen Versicherung, beim Riskenausgleich angelangt. Weiters würde die Einhebung der Sparbeiträge auf kolossale Hindernisse stoßen. Es ist dies ja auch eine Schwierigkeit, die der Volksversicherung begegnet. Die Einhebung kleinerer Beiträge beim Versicherten verursacht unverhältnismäßige Kosten; auf große Beträge kann aber eine Zwangssparmaßnahme oder eine Volksversicherung nicht aufgebaut werden.

Die Krankenversicherung der Landarbeiter.

Referat für den ÖKW-Krankenkassenausschuß

erstattet von der

Zentralkommission
der christlichen Gewerkschaften Österreichs, Wien.

Inhaltsverzeichnis.

Seite

I. Einleitung 293

II. Der Versichertenkreis 293

1. Versicherungspflicht 293
   a) Versicherungspflichtige Personen 293
   b) Voraussetzungen 293
   c) Schwierigkeiten und Hindernisse 293
2. Versicherung der selbständigen Landwirte 295

III. Das Versicherungssystem 295

1. Anmeldung zur Versicherung 295
2. Einteilung der Versicherten in Lohnklassen 296
3. Leistungen der Krankenversicherung 297
   a) Geldleistungen 297
   b) Sachleistungen 298

IV. Organisation und Verwaltung 299

I. Einleitung.

Mit der Schaffung des Landarbeiterversicherungsgesetzes im Jahre 1928 hat der österreichische Nationalrat nicht nur den letzten großen Baustein in den allen anderen Staaten vorangehenden Sozialversicherungsbau eingefügt, sondern es wurde auch ein Unrecht gegen die Land- und Forstarbeiter, das durch Jahrzehnte bestand, im Rahmen der gegebenen Möglichkeiten beseitigt.

Das genannte Gesetz sieht drei Versicherungszweige vor, und zwar die Krankenversicherung, die Unfall- und die Invaliditäts- bzw. Altersversicherung.

In Kraft getreten sind bis heute die Bestimmungen über die Kranken- und Unfallversicherung, an Stelle der Invaliditäts- bzw. Altersversicherung traten bisher provisorisch Altersfürsorgebestimmungen in Wirksamkeit.

II. Der Versichertenkreis.

Versicherungspflichtig nach dem Landarbeiterversicherungsgesetz — fortan L.-A.-V.-G. bezeichnet — sind alle in land- und forstwirtschaftlichen Haupt- und Nebenbetrieben, in der Jagd, Fischerei und in nicht gewerbsmäßig betriebenen Gärtnereien beschäftigten Personen. Ebenfalls versicherungspflichtig nach dem L.-A.-V.-G. sind im land- und forstwirtschaftlichen Haushalte tätige Hausgehilfen und jene Arbeitnehmer, die bei Erwerbs- und Wirtschaftsgenossenschaften beschäftigt werden, die die Förderung der land- und forstwirtschaftlichen Produktion oder den Verkauf von landwirtschaftlichen Produkten zum Ziele haben und weder fabriksmäßig betrieben werden, noch im Jahresdurchschnitt mehr als fünf ständige Arbeitnehmer beschäftigen. 1. Versicherungspflicht. a) Versicherungspflichtige Personen

Voraussetzung der Versicherungspflicht ist bei allen diesen Personen, daß die Beschäftigung als hauptberufliche angesehen werden kann und daß die beschäftigte Person weder in Armenversorgung steht, noch körperliche oder geistige Gebrechen besitzt, die sie zu mehr als zwei Drittel erwerbsunfähig macht. b) Voraussetzungen

Bei der Feststellung der Versicherungszuständigkeit haben sich insoferne Schwierigkeiten ergeben, als das Dreschmaschinenpersonal wiederholt den Versicherungsträger wechseln mußte, da bei gewerblichen Dreschmaschinenbetrieben beschäftigte Personen aus der c) Schwierigkeiten und Hindernisse

Landarbeiterversicherungspflicht herausfallen und zu Gewerbekrankenkassen zuständig werden. Ebenso erging es den Forstarbeitern, welche im Dienste von Holzhändlern oder in Betrieben waren, welche nicht in einem Eigenwald Schlägerungen vornahmen. Ganz abgesehen von den Schwierigkeiten, die sich hiedurch in der Arbeitslosenversicherung ergeben, erscheint ein solcher Wechsel der Versicherungszuständigkeit auch in der Krankenversicherung äußerst ungünstig und es ist daher sehr begreiflich, daß speziell die Forstarbeiter bestrebt sind, aus der Landarbeiterversicherung überhaupt herauszukommen, trotzdem sie in dieser hinsichtlich der Beitragsleistung besser abschneiden, da sie hier nur für die Hälfte, bei den gewerblichen Kassen hingegen für zwei Drittel der Krankenversicherungsbeiträge aufkommen müssen. In dem Bestreben, in gewerbliche Kassen zu kommen, werden die Forstarbeiter noch bestärkt durch die Meinung, daß sie mit ihren hohen Lohnklassen den Riskenausgleich für die weit niedriger versicherten Landarbeiter herzustellen haben. Angesichts dieser Schwierigkeiten wäre es angezeigt, im Einvernehmen mit allen Interessentengruppen eine einheitliche Versicherungszuständigkeit der genannten Arbeiter herzustellen.

Versicherungspflichtig sind auch die in der Landwirtschaft tätigen Familienangehörigen des Arbeitgebers mit Ausnahme des Gatten und jener Personen, die ein Ausgedinge besitzen.

Sie können jedoch spätestens im Oktober eines jeden Jahres mit Wirksamkeit ab 1. Jänner des folgenden Jahres von der Versicherung befreit werden.

Diese Bestimmung hat in allen Bundesländern ohne Ausnahme bezüglich der Krankenversicherung nicht allein den schärfsten Widerstand der um ihre ländliche Privatpraxis besorgten Ärzte hervorgerufen, sondern sie wurde auch von den Landwirten als Eingriff in ihre Familienrechte angesehen.

Es haben daher sofort mindestens 85% aller Landwirte von dem Befreiungsrecht bezüglich der Krankenversicherung Gebrauch gemacht; die Kassen waren gezwungen, in dieser Hinsicht äußerst konziliant vorzugehen, um die in der Landwirtschaft vorhandene Abneigung gegen alles Zentrale nicht neuerdings zu verschärfen. In der Unfallversicherung hingegen haben die landwirtschaftlichen Arbeitgeber von der Möglichkeit der Befreiung ihrer mitarbeitenden Familienangehörigen weitaus weniger Gebrauch gemacht; in einzelnen Ländern wurde sogar über Wunsch der landwirtschaftlichen Hauptkörperschaften die Unzulässigkeit der Befreiung von der Unfallversicherung ausgesprochen.

Die selbständigen Landwirte (Besitzer und Pächter) sind unter gewissen Voraussetzungen berechtigt, sich bei den Landwirtschaftskrankenkassen für den Krankheitsfall versichern zu lassen. Von dieser Möglichkeit wurde bisher in keinem Bundeslande Gebrauch gemacht, es erscheint daher nicht notwendig, zu den Modalitäten dieser Versicherung und zu der Notwendigkeit des Schutzes der Pflichtversicherten gegen diese keineswegs als gut zu bezeichnende Riske Stellung zu nehmen.

2. Versicherung der selbständigen Landwirte

Hinsichtlich jener selbständigen Landwirte (Besitzer, Pächter), die aus dem Ertrage der landwirtschaftlichen Betriebe vornehmlich ihren Lebensunterhalt bestreiten, sieht das Gesetz die Möglichkeit der länderweisen Einbeziehung in die Unfallversicherung vor; von dieser Möglichkeit wurde bereits in drei Bundesländern Gebrauch gemacht.

Die Versicherungsmöglichkeit wird wohl auch in Hinkunft nur bezüglich der Unfallversicherung bei den Landwirten Anklang finden.

III. Das Versicherungssystem.

Freiwillig fortsetzen können die Krankenversicherung alle versicherungspflichtigen Personen während der Zeit ihrer Arbeitslosigkeit nach einer mindestens 26wöchigen Versicherung. Meldung innerhalb vier Wochen nach Austritt aus der versicherungspflichtigen Beschäftigung und Wohnort im Kassensprengel sind hier Bedingung.

1. Anmeldung zur Versicherung

Da sich erfahrungsgemäß für die freiwillige Versicherung zumeist kränkliche Personen melden, handhaben die Kassen im Interesse der Versicherten die vorgenannten Bestimmungen äußerst strenge.

Alle Versicherungspflichtigen, die in einem Guts- oder Forstbetrieb drei Tage, in einem bäuerlichen Betriebe fünf Tage in einer Kalenderwoche beschäftigt werden, müssen von ihren Arbeitgebern binnen acht Tagen nach dem erfolgten Eintritt in die versicherungspflichtige Beschäftigung bei der zuständigen Kasse angemeldet werden. Versicherungspflichtige Personen, die kürzere Zeit in einer Kalenderwoche arbeiten, werden als unständig Beschäftigte angesehen und müssen sich selbst am Ende einer Kalenderwoche bei der Gemeinde ihres Wohnortes melden und dort ihre nach jedem Arbeitgeber getrennte Beschäftigungszeit in der vergangenen Woche angeben.

Die unständig Beschäftigten haben keinen Anspruch auf die Geldleistungen der Krankenversicherung und auf freie Anstaltspflege, es wäre denn, daß sie in den letzten zwei Monaten vor ihrer

Erkrankung mindestens 18 Tage in einer krankenversicherungspflichtigen Beschäftigung gestanden und ihrer oberwähnten Meldepflicht nachgekommen sind oder aber daß die Erkrankung durch einen Arbeitsunfall hervorgerufen worden ist.

Diese für die Krankenversicherung notwendigen Schutzmaßnahmen und das speziell in Oberösterreich durch das Bestehen von vier Versicherungsträgern sehr erschwerte Meldewesen haben gezeigt, daß nur ein kaum nennenswerter Bruchteil aller unständig Beschäftigten der Meldepflicht nachkommen.

Für die Krankenversicherung bedeutet dieser Zustand keinen Schaden, sondern einen wesentlichen Nutzen, da die unständig Beschäftigten infolge ihrer kurzen Versicherungszeiten naturgemäß schlechte Risken darstellen.

Für die unständig Beschäftigten bedeutet das Fortbestehen dieser schwierigen Meldungen einen bedeutenden Schaden, da ihnen für die Inanspruchnahme der Altersrente bzw. der Invaliden- oder Altersversicherung wertvolle Versicherungszeiten verloren gehen.

Die Kassen sind bemüht, hier im Einvernehmen mit den Gemeinden einen Modus zu finden, der die restlose Erfassung dieser Leute ermöglichen soll.

2. Einteilung der Versicherten in Lohnklassen

Die Versicherten werden in neun Lohnklassen nach ihrem Verdienst eingereiht, eine Ausnahme bilden die in bäuerlichen Betrieben in Verpflegung oder Hausgemeinschaft stehenden Arbeitnehmer, für die gemäß § 11 des L.-A.-V.-G. gruppenweise festgesetzte Lohnklassen, zumeist die Lohnklassen 3, 4 und 5 bestimmt wurden; als höchste zulässige Lohnklasse wurde für die in bäuerlichen Betrieben Beschäftigten die siebente Lohnklasse festgesetzt.

Unständig Beschäftigte sind in der 4. Lohnklasse einzureihen.

Wenn auch bei den in Hausgemeinschaft mit ihren Arbeitgebern lebenden Landarbeitern die Geldleistungen nicht jene Rolle spielen wie bei den gewerblichen Versicherten, so soll doch im Falle einer Besserung der Lage der Landwirtschaft eine möglichst baldige Erhöhung der Lohnklassen der in bäuerlichen Betrieben Beschäftigten angestrebt werden, da die mangels geeigneter Pflege den bäuerlichen Betrieb verlassenden Dienstnehmer infolge des geringen Krankengeldes nur äußerst schwer ihr Fortkommen finden können.

Sofort wäre aber im Einvernehmen mit den Interessenten die Bestimmung zu beseitigen, daß für landwirtschaftliche Dienstnehmer, die mit dem Arbeitgeber in Hausgemeinschaft leben oder von ihm die Verpflegung erhalten, höchstens die 7. Lohnklasse gelten darf. Eine nennenswerte Mehrbelastung würde durch den Entfall dieser Bestimmung nicht entstehen, es würde aber hier den

Wünschen der qualifizierten Dienstnehmer und einer Reihe von Arbeitgebern entsprochen, die diese Begrenzung nicht anerkennen wollen und ihre Dienstnehmer in den ihrem Lohne entsprechenden höheren Lohnklassen versichert wissen wollen.

Eine Erhöhung der Lohnklassen für unständig Beschäftigte ist ebenso dringend, da diese wohl in den meisten Fällen mit einem Krankengeld von S 1,60 pro Tag nicht das Auslangen finden können und die 4. Lohnklasse auch ihrem Tagesverdienst in keiner Weise entspricht.

3. Leistungen der Krankenversicherung

Zu den Leistungen der Krankenversicherung übergehend, kann gesagt werden, daß diese sich dem Arbeiterversicherungsgesetz am weitgehendsten nähern, wesentliche Unterschiede findet man nur vor in der Höhe der Geldleistungen infolge der bereits erwähnten ungünstigen Lohnklasseneinreihung und in einem gewissen Zurücktreten der Pflichtleistungen, deren Ausbau vielfach der Satzung überlassen wurde. Es sei hier besonders auf die Leistungen der Familienversicherung verwiesen, die im Gegensatz zum Arbeiterversicherungsgesetz im L.-A.-V.-G. freiwillige Mehrleistungen darstellen; endlich finden wir im L.-A.-V.-G. das Bestreben nach vereinfachter Geschäftsabwicklung durch Gewährung von Pauschalbeträgen, durch geldliche Ablösung von Naturalleistungen usw.

Die Leistungen der Krankenversicherung gliedern sich in Geldleistungen und Sachleistungen.

a) Geldleistungen

Zu den Geldleistungen gehören das Krankengeld, die Mutterhilfe und das Begräbnisgeld.

Krankengeld gebührt vom vierten Krankheitstage bis zum Ablaufe der 26. Woche bei einer Vorversicherung von mindestens 30 Wochen und bis zum Ablaufe der 52. Woche bei einer Vorversicherung von über 30 Wochen.

Den Satzungen der einzelnen Kassen bleibt es anheimgestellt, diese Pflichtleistungen auszudehnen, es haben auch fast alle Kassen eine Ergänzung vorgenommen.

Der Krankengeldbezug gebührt nicht während der Dauer der Spitalspflege, ferner auch dann nicht, wenn sich der Erkrankte die Krankheit vorsätzlich oder durch schuldhafte Beteiligung an Raufereien zugezogen hat.

Den von der erkrankten Person erhaltenen Familienangehörigen gebührt in den vorgenannten Fällen das halbe Krankengeld.

Erhält die erkrankte Person 80% der vor der Erkrankung erhaltenen Gesamtbezüge vom Arbeitgeber während der Krankheit weiter, so gebührt diesem das Krankengeld.

Bezüglich der Geldleistungen an den Versicherten während einer Anstaltspflege trat in der letzten Zeit für die Versicherten eine empfindliche Verschlechterung insoferne ein, als gemäß einem Erlaß des Bundesministeriums für soziale Verwaltung auf Grund eines Verwaltungsgerichtshofurteiles allen Kassen untersagt wurde, das volle Krankengeld nach dem 28. Spitalsverpflegstage auszuzahlen.

Um die Mitglieder vor Schaden zu bewahren, gewähren seither die meisten Krankenkassen vom 29. Verpflegstag an als außertourliche Unterstützung das halbe Krankengeld.

Mutterhilfe, d. i. Schwangerenunterstützung längstens sechs Wochen vor der Entbindung und Wöchnerinnenunterstützung längstens sechs Wochen nach der Entbindung wird den weiblichen Versicherten gewährt, wenn sie in den letzten zwölf Monaten vor der Entbindung mindestens sechs Monate in einer versicherungspflichtigen Beschäftigung standen und mit dem Arbeitgeber nicht in Hausgemeinschaft leben noch von ihm verpflegt werden. Weibliche Versicherte, die mit dem Arbeitgeber sechs Wochen vor und sechs Wochen nach der Entbindung in Hausgemeinschaft leben oder von ihm die Verflegung erhalten, bekommen an Stelle der Schwangeren-(Wöchnerinnen-)unterstützung einen einmaligen Pauschalbeitrag. Ebenso gebührt eine Stillprämie im Falle des Selbststillens. Endlich erhalten die Hinterbliebenen der Versicherten ein Begräbnisgeld.

Bei dem Bezuge der Geldleistungen — Begräbnisgeld ausgenommen — müssen die Krankenkassen zum Schaden der Allgemeinheit einen Kontrolldienst unterhalten, um die ungerechtfertigte Inanspruchnahme der Leistungen hintanzuhalten.

Dieser Kontrolldienst verursacht einen Aufwand von drei bis vier Schilling pro Mitglied und Jahr, beim Kassenverband und „Volksschutz" z. B. betrug dieser Aufwand im Jahre 1929 rund S 353.000,—, welche Summe wohl besseren Zwecken zugeführt hätte werden können, wenn die Versicherten, besser gesagt die Mitversicherten, aus eigenem diesem Übel steuern würden.

b) Sachleistungen

Die Sachleistungen bestehen aus der Arzthilfe, der Verabfolgung der notwendigen Heilmittel und therapeutischen Behelfe sowie der Spitalspflege.

Um ein Äquivalent für die „hohen Beiträge" zu erhalten, wird die Arzthilfe, auch wenn sie gar nicht notwendig ist, Tag und Nacht in Anspruch genommen, man hat ja ein „Recht" darauf, z. B. wegen einer Zahnextraktion an einem Sonntagnachmittag zwölf Kilometer weit den Arzt holen zu lassen.

Hier liegt neben dem mißbräuchlichen Krankengeldbezug das Grundübel der Krankenversicherung in der Landwirtschaft und diesem beizukommen wird nur dann möglich sein, wenn man allgemein daran gehen wird, die Versicherten an den Arztkosten direkt zu beteiligen, indem man die auf sie entfallenden Beiträge ermäßigt, sie aber gleichzeitig mit einem Beitrag zu den Arzt- und sonstigen Sachleistungskosten zur Sparsamkeit im Bezuge verhält.

Spitalspflege gebührt auf Rechnung der Kasse 28 Tage.

Die Transportkosten in das Spital und die Rückfahrt aus diesem trägt die Kasse.

In der Familienversicherung werden den Angehörigen Arzthilfe, Medikamente und therapeutische Behelfe gewährt, außerdem gebührt noch Mutterhilfe und Begräbnisgeld.

Da die Gemeindekrankenkassen Leistungen der Familienversicherung nicht gewähren, wäre eine gesetzliche Regelung dieser Versicherung nach dem Muster des dermalen allerdings noch nicht in Wirksamkeit getretenen Arbeiterversicherungsgesetzes anzustreben.

Mit der Gewährung der Regelleistungen erachten die zentralen Landwirtschaftskrankenkassen ihre Aufgabe nicht erfüllt, sie gewähren auch eine erweiterte Heilbehandlung in Form von Zahnplomben, Zahnersatz, Bäder-, Heilstätten- und Rekonvaleszentenbehandlungen.

Um den Aufwand zu decken, heben die Landwirtschaftskrankenkassen Beiträge ein, die nach Lohnklassen abgestuft sind und zwischen 50 und 60% der Beitragsgrundlage betragen. Die Hälfte der Beiträge hat der Arbeitnehmer zu tragen, für die gesamte Abfuhr haftet der Arbeitgeber.

Erklärt sich ein Arbeitgeber, der mit seinen Arbeitnehmern in Hausgemeinschaft lebt oder ihnen die Verpflegung gibt, bereit, diesen Arbeitnehmern im Erkrankungsfalle 80% der zuletzt bezogenen Gesamtbezüge durch sechs Wochen weiter zu leisten und im Falle der Spitalspflege die Spitalverpflegskosten in der Höhe des Krankengeldes, höchstens jedoch im Ausmaße der Verpflegsgebühr der allgemeinen Gebührenklasse zu tragen, so hat er Anspruch auf eine entsprechende Ermäßigung des Beitrages.

IV. Organisation und Verwaltung.

Nach der Besprechung des Versichertenkreises, der Leistungsansprüche und der Beiträge erscheint es zum Schlusse notwendig, zur Frage der Organisation und Verwaltung Stellung zu nehmen.

Derzeit sind zur Durchführung der Krankenversicherung die Landwirtschaftskrankenkassen berufen, welche, um Verwaltungskosten zu ersparen, in drei Bundesländern mit den Landarbeiterversicherungsanstalten eine Bürogemeinschaft besitzen.

Im schroffen Gegensatz zu den anderen Bundesländern steht das Land Oberösterreich, welches nicht einen, sondern vier landwirtschaftliche Versicherungsträger besitzt. Mit der Motivierung, Verwaltungskosten durch ehrenämtliche Führung der Ortskassen zu ersparen, haben die Gemeindekrankenkassenanhänger die Krankenversicherung der Landarbeiter an sich gerissen und führen nun die Versicherung in einer dem Gesetz nicht entsprechenden Weise durch.

In den zehn Monaten ihrer Geschäftsführung konnte man sich bereits überzeugen, daß die angeblich ehrenämtliche Führung höhere Verwaltungskosten erfordert als die Geschäftsführung durch die zentralen Landwirtschaftskrankenkassen. Es liegt offen zutage, daß die im Vergleiche mit den von den zentralen Landwirtschaftskrankenkassen eingehobenen niedrigeren Beiträge zu den Gemeindekrankenkassen lediglich durch eine skrupellose Drosselung der Geldleistungen bei den Mitgliedern erzielt werden konnte.

Die Unfall- und Invalidenversicherung der Land- und Forstarbeiter.

Referat für den ÖKW-Krankenkassenausschuß

erstattet von der

Zentralkommission
der christlichen Gewerkschaften Österreichs, Wien.

Inhaltsverzeichnis.

Seite

I. Die Unfallversicherung der Land- und Forstarbeiter . . . 303

1. Ungleiche Behandlung der Land- und gewerblichen Arbeiter . . . 303
2. Lohnklassen für die Kranken- und Unfallversicherung . . 303
3. Weitere Leistungen der Versicherung (Kinderzuschuß, Renten für Todesfälle, Witwenrenten, Waisenrenten) . . 304

II. Die Invalidenversicherung der Land- und Forstarbeiter . . . 305

I. Die Unfallversicherung der Land- und Forstarbeiter.

1. Ungleiche Behandlung der Land- und gewerblichen Arbeiter

Im Landarbeiterversicherungsgesetz ist auch die Unfallversicherung der Land- und Forstarbeiter geregelt. An Versicherungsleistungen wird eine Verletztenrente gewährt, und zwar dann, wenn die Erwerbsfähigkeit des Versicherten durch den Arbeitsunfall um mehr als 15% vermindert ist. Es ist zu rechtfertigen, daß man bei einer geringeren Erwerbsfähigkeitsverminderung überhaupt keinen Anspruch auf Verletztenrente eingeräumt hat; nicht zu rechtfertigen ist aber die zutage tretende ungleiche Behandlung zwischen Landarbeitern und Forst- und Sägearbeitern, daß nämlich die Rente von Landarbeitern bei einer Erwerbsfähigkeitseinbuße bis zu einem Drittel, die Rente von Forst- und Sägearbeitern aber nur bei einer solchen bis zu einem Fünftel zwangsweise abgefertigt werden. Dies beinhaltet eine schwere Härte, weil sich ja auch die Arbeiten in der Landwirtschaft immer mehr spezialisieren. Ein Melker z. B., der einige Finger an der rechten Hand verliert, wird für diese Qualitätsarbeit praktisch unbrauchbar, während es ihm passieren kann, daß er nur mit einer einmaligen Geldleistung abgefertigt wird. Es muß getrachtet werden, hier gleiche Behandlung herbeizuführen.

2. Lohnklassen für die Kranken- und Unfallversicherung

In der Praxis wirkt sich auch der Umstand ungünstig aus, daß sowohl für die Kranken- als auch die Unfallversicherung dieselbe Lohnklasse gilt. Wenn es schließlich und endlich bei der Krankenversicherung noch zu rechtfertigen ist, daß der Großteil der Landarbeiter generell in die 3. und 4. Lohnklasse eingereiht wird, weil ja bei der Krankenversicherung doch in erster Linie der Zweck verfolgt werden soll, dem Versicherten ärztliche Hilfe leicht zugänglich zu machen, so sind diese niederen Lohnklassen in der Unfallversicherung ungerecht und für den Versicherten von größtem Nachteil, weil die in der Unfallversicherung überwiegenden Geldleistungen (Renten) in ihrer Höhe von der Lohnklasse abhängig sind, in die der Versicherte eingereiht ist; es würde sich von keiner Seite ein Widerstand dagegen erheben, daß die Lohnklasseneinteilung in der Unfallversicherung nach dem tatsächlichen Arbeitsverdienst vorgenommen würde. Wenn auch die 1. Novelle zum Landarbeiterversicherungsgesetz vorsieht, daß die Lohnklasse in der Unfallversicherung im Falle der Pauschalierung der Beiträge um eine höher sein kann als in der Krankenversicherung, so ist das sicher nicht genügend. Die Unfallsrente beträgt für vollständig erwerbsunfähig gewordene Arbeiter in den einzelnen Lohnklassen:

1.	12 S
2.	16 „
3.	24 „
4.	36 „
5.	48 „
6.	60 „
7.	72 „
8.	96 „
9.	120 „

Da nun der allergrößte Teil der Landarbeiter in der 4., 5., höchstens 6. und nur ausnahmsweise in der 7. Lohnklasse ist, ergibt sich mit aller Deutlichkeit, daß mit diesen Vollrenten, die ja nur gewährt werden, wenn der Betreffende seine Erwerbsfähigkeit vollkommen eingebüßt hat, in keiner Weise das Auslangen gefunden werden kann.

3. Weitere Leistungen der Versicherung

An weiteren Leistungen ist vorgesehen ein Kinderzuschuß, aber nur dann, wenn die Verletztenrente zwei Drittel der Vollrente und mehr beträgt.

Stirbt der Verletzte infolge des Unfalles, so wird den Hinterbliebenen eine Rente vom Todestage an gewährt und ferner ein Beitrag für die Kosten der Bestattung in der Höhe des Monatsbetrages der Vollrente. Hinterläßt der Verunglückte eine Witwe, so gebührt ihr bis zu ihrem Tode oder ihrer Wiederverehelichung eine Witwenrente im Ausmaße von einem Drittel der Vollrente des Verstorbenen. Heiratet die Witwe, so wird sie mit dem 36fachen Monatsbetrag ihrer Rente abgefertigt. Nach dem versicherten Vater oder der versicherten Mutter gebührt jedem unversorgten leiblichen Kind bis zum vollendeten 16. Lebensjahre eine Waisenrente von einem Sechstel, und wenn es auch den zweiten Elternteil verloren hat oder verliert, von einem Viertel der Vollrente des Verstorbenen. Den Eltern (Großeltern) und Geschwistern des Verstorbenen gebührt, wenn dieser zu ihrem Lebensunterhalte wesentlich beigetragen hat, bis zu ihrem Tode oder bis zum Wegfall ihrer Bedürftigkeit, den unversorgten Geschwistern bis zum vollendeten 16. Lebensjahre ein Drittel der Vollrente des Verstorbenen.

Die Unfallversicherung wurde von allen beteiligten Kreisen aufs Lebhafteste begrüßt und wenn bis jetzt in Niederösterreich, Burgenland und Wien auch sämtliche Besitzer mit ihren Kindern in den Kreis der Versicherten einbezogen wurden, so ist das ein weiterer

Beweis dafür, daß gerade die Unfallversicherung einem dringenden Bedürfnis der Landbevölkerung nachkommt.

II. Die Invalidenversicherung der Land- und Forstarbeiter.

Die Invalidenversicherung der Land- und Forstarbeiter ist so wie bei den Industriearbeitern noch nicht in Kraft getreten. Dafür sind im 10. Abschnitt des Landarbeiterversicherungsgesetzes Altersfürsorgerenten vorgesehen. Die Gewährung dieser wirkt sich sicher günstig aus. Zu bemängeln ist jedoch, daß das Alter, mit dem diese Rente verlangt werden kann, mit 65 Jahren festgesetzt ist. Es ist kein Grund dafür ersichtlich, daß gerade die Land- und Forstarbeiter erst mit 65 Jahren bezugsberechtigt erklärt wurden. Insbesondere ist die Arbeit der Forstarbeiter eine derart schwere, daß nur verhältnismäßig ein geringer Prozentsatz anspruchsberechtigt erscheint. Die Altersrenten betragen in den einzelnen Lohnklassen:

1.	18 S
2.	18 „
3.	18 „
4.	18 „
5.	22 „
6.	26 „
7.	30 „
8.	38 „
9.	46 „

Die Land- und Forstarbeiter sind also erst in der 7. Lohnklasse den Hausgehilfinnen mit 30 S monatlicher Rente gleichgestellt. Dabei kommen in die 7. Lohnklasse der Landwirtschaft nur die Höchstqualifizierten, also ein verschwindender Bruchteil, ganz bestimmt ein Umstand, der die Landflucht verstärkt, denn gerade die älteren Leute trachten mit allen Mitteln von der Landwirtschaft weg und bei irgend einem gewerblichen Betriebe unterzukommen, weil sie dann im Alter viel eher die Rente erhalten und dazu eine viel höhere.

Beitrags- und Versicherungsaufwand in der österreichischen Sozialversicherung im Jahre 1930.

Zur Information des ÖKW-Arbeitsausschusses »Rationalisierung im Krankenkassen- und Versicherungswesen« nach amtlichen Quellen im Mai 1931

zusammengestellt von

Sektionschef Rudolf Schromm,
Bundesministerium für soziale Verwaltung, Wien.

Inhaltsverzeichnis.

Seite

I. Die Zahl der durch die öffentlichrechtliche Versicherung in Österreich erfaßten unselbsändig erwerbstätigen Personen 309

II. Die Verteilung der nach dem Arbeiterkrankenversicherungsgesetz Versicherten auf die Lohnklassen und die durchschnittliche Höhe des Arbeitsverdienstes 310

III. Die Belastung durch die Sozialversicherungsbeiträge 311

A. Höhe der Versicherungsbeiträge für einen industriellen Arbeiter 311

B. Höhe der Versicherungsbeiträge für einen Arbeiter in der Land- und Forstwirtschaft 313

C. Höhe der Versicherungsbeiträge für einen pensionsversicherten Angestellten 315

D. Die Belastung der Betriebe 316

E. Die Belastung der gesamten Wirtschaft 316

IV. Der Jahresaufwand für Versicherungsleistungen 318

1. Krankenversicherung 318
2. Unfallversicherung der Arbeiter 319
3. Unfall- und Pensionsversicherung der Angestellten . . 320
4. Provisionsversicherung der Bergarbeiter 320
5. Arbeitslosen-(Stellenlosen-)versicherung und Altersfürsorge 320
6. Gesamtaufwand in allen Versicherungszweigen . . . 321

I. Die Zahl der durch die öffentlichrechtliche Versicherung in Österreich erfaßten unselbständig erwerbstätigen Personen.

Der weiteste Kreis von Versicherten ergibt sich in der Krankenversicherung.

Die Gesamtzahl der krankenversicherten Personen beträgt rund 2,000.000; bei Berücksichtigung der Familienangehörigen erhöht sich der Stand aller durch die Krankenversicherung betreuten Personen auf rund 4,500.000.

Die folgende Zusammenstellung zeigt neben der Verteilung der Pflichtversicherten auf die bestehenden Krankenversicherungsträger auch die Zahl und Verteilung jener Personen, die der Arbeits-(stellen-)losenversicherungspflicht unterliegen.

	Kranken-versicherungs-pflichtige Personen	Davon arbeits-(stellen-)losen-versicherungs-pflichtig
Gewerbliche Arbeiterkrankenkassen	1,000.000	750.000
Landwirtschaftliche Arbeiterkrankenkassen	300.000	3.000
Versicherungskassen für Angestellte	280.000 [1]	250.000
Krankenversicherungsanstalt der Bundesangestellten	170.000 [1]	—
Krankenkassen der Verkehrsunternehmungen	170.000 [1]	90.000
Krankenfürsorgeanstalt der Gemeinde Wien	45.000 [1]	7.000
Zusammen . . .	1,965.000	1,100.000

[1]) Einschließlich der Rentenempfänger.

II. Die Verteilung der nach dem Arbeiterkrankenversicherungsgesetz Versicherten auf die Lohnklassen und die durchschnittliche Höhe des Arbeitsverdienstes.

Die Verteilung der Versicherten auf die Lohnklassen ist bestimmend für die Höhe des durchschnittlichen Versicherungsbeitrages und damit auch für die Höhe der Beitragseinnahmen und von grundlegender Bedeutung für die Höhe der Ausgaben an Barleistungen.

Nach dem Jahresdurchschnitte für 1930 zeigt die Verteilung der Versicherten auf die einzelnen Lohnklassen das folgende Bild:

Lohnklassen	Von je 1000 für den Fall der Krankheit	Von je 1000 für den Fall der Arbeitslosigkeit
	versicherten Personen sind in die nebenstehende Lohnklasse eingereiht	
1	75	—
2	25	33
3	35	40
4	10	13
5	25	27
6	140	13
7	30	33
8	70	67
9	100	127
10	490	647
	1000	1000

Über die Höhe des durchschnittlichen Arbeitsverdienstes gibt die nachstehende Übersicht Aufschluß:

Versicherungszweig	Wirklicher	Durch die Versicherung erfaßter
	durchschnittlicher monatlicher Arbeitsverdienst in S	
Krankenversicherung	150	125
Arbeitslosenversicherung	180	145
Unfallversicherung	180	160

Hiezu wird bemerkt:

Der höchste für die Versicherung anrechenbare Arbeitsverdienst beträgt in der Kranken- und Arbeitslosenversicherung 156 S monatlich (Tagesarbeitsverdienst 6 S), in der Unfallversicherung 200 S monatlich.

Die Angaben über die Höhe des wirklichen Lohnes beruhen zum überwiegenden Teile auf der Erfahrung und nur zum geringen Teile auf vorsichtig durchgeführten Schätzungen.

Der Vergleich des tatsächlichen mit dem durch die Versicherung erfaßten durchschnittlichen Arbeitsverdienstes läßt erkennen, daß in der Krankenversicherung etwa 83%, in der Arbeitslosenversicherung 80% und in der Unfallversicherung 89% der in Betracht kommenden wirklichen Lohnsumme erfaßt werden.

III. Die Belastung durch die Sozialversicherungsbeiträge.

A. Höhe der Versicherungsbeiträge für einen industriellen Arbeiter.

Auf Grund der Verteilung der Versicherten auf die Lohnklassen ergibt sich im Durchschnitte für einen industriellen Arbeiter, der der Versicherung in allen Zweigen unterliegt, eine monatliche Belastung durch Versicherungsbeiträge von S 24,64.

Von dieser Beitragsleistung entfallen auf die einzelnen Versicherungszweige folgende Teilbeträge:

Monatlicher Beitrag für	Zu Lasten des Arbeitgebers	Zu Lasten des Arbeitnehmers	Für Arbeitgeber und Arbeitnehmer zusammen
	Schilling		
die Krankenversicherung . .	3,42	6,84	10,26
die Unfallversicherung	3,20	—	3,20
die Arbeitslosenversicherung			
a) ordentl. Unterstützung[1])	3,85	3,85	7,70
b) Notstandsaushilfe	—,72	—,72	1,44
die Altersfürsorge	1,02	1,02	2,04
alle Versicherungszweige . .	12,21	12,43	24,64

Es entfallen somit von der Gesamtbeitragsleitung auf den Arbeitgeber und auf den Arbeitnehmer annähernd je die Hälfte.

Zur Erklärung der Berechnungsweise sei bemerkt, daß der Zusatzbeitrag in der Arbeitslosenversicherung im Durchschnitt aller Industriellen Bezirkskommissionen mit 14% des Krankenversicherungsbeitrages[2]) und der Beitrag in der Unfallversicherung, entsprechend einem Betriebe mit mittlerer Unfallsgefahr, mit 2% des durch diese Versicherung erfaßten Arbeitsverdienstes angenommen wurde.

Bezogen auf den Arbeitsverdienst ergibt sich die durchschnittliche Beitragsleistung mit den folgenden Hundertsätzen:

Versicherungszweig	Durchschnittsbeitrag in Prozent des erfaßten Arbeitsverdienstes	Durchschnittsbeitrag in Prozent des wirklichen Arbeitsverdienstes
Krankenversicherung	7,08	5,70
Unfallversicherung	2,00[3])	1,78
Arbeitslosenversicherung		
a) ordentliche Unterstützung . .	5,31	4,28
b) Notstandsaushilfe	1,00	0,80
Altersfürsorge	1,41	1,13
		13,69

[1]) Ab 1. Jänner 1931: 90% des Krankenversicherungsbeitrages (d. i. S 9,25).

[2]) Pro 1931 dürfte der analoge Durchschnittswert voraussichtlich 28 vom Hundert betragen.

[3]) In Prozent des mittleren durch die Unfallversicherung erfaßten Arbeitsverdienstes.

Der Gesamtbeitrag beträgt sonach im Durchschnitte rund $13^3/_4\%$ des wirklichen Arbeitsverdienstes.

Der monatliche Höchstbeitrag für einen in die 10. Lohnklasse eingereihten industriellen Arbeiter beträgt (bei Annahme eines Betriebes mit mittlerer Unfallsgefahr)

in der Krankenversicherung	S 11,70
in der Arbeitslosenversicherung	
a) ordentliche Unterstützung	„ 8,78
b) Notstandsaushilfe	„ 1,64
in der Altersfürsorge	„ 2,34
in der Unfallversicherung	„ 4,—
Insgesamt:	S 28,46

B. Höhe der Versicherungsbeiträge für einen Arbeiter in der Land- und Forstwirtschaft.

In der Landarbeiterversicherung beträgt der wöchentliche Versicherungsbeitrag in Hundertteilen der Beitragsgrundlage (worunter der niedrigste durch die Lohnklasse, in die der Versicherte eingereiht ist, noch erfaßte tägliche Arbeitsverdienst zu verstehen ist)

in der Krankenversicherung gegenwärtig im Durchschnitt	50
in der Unfallversicherung	5
in der Arbeitslosenversicherung	
a) ordentliche Unterstützung	37,5[1])
b) Notstandsaushilfe	10
in der Altersfürsorge	10

In rein land- oder forstwirtschaftlichen Betrieben erstreckt sich der Versicherungsschutz derzeit auf die Krankenversicherung, die Unfallversicherung und die Altersfürsorge. Für die in solchen Betrieben beschäftigten Arbeiter, die im Durchschnitt in die 5. Lohnklasse mit einer Beitragsgrundlage von S 2,40 eingereiht sind, kann mit einem durchschnittlichen tatsächlichen Arbeitsverdienst von 75 S monatlich gerechnet werden.

Das Beitragserfordernis für einen landwirtschaftlichen Arbeiter ergibt sich, auf dieser Grundlage berechnet, in folgender Höhe:

[1]) Ab 1. Jänner 1931: 45%.

Versicherungszweig	Durchschnittsbeitrag	
	monatlich in S	in Prozent des wirklichen Arbeitsverdienstes
Krankenversicherung	5,20	6,9
Unfallversicherung	0,52	0,7
Altersfürsorge	1,04	1,4
Insgesamt . . .	6,76	9,0

Von dem Versicherungsbeitrage entfallen auf den Arbeitgeber 51%, auf den Arbeitnehmer 49%.

Die Sägearbeiter unterliegen außerdem der Arbeitslosenversicherungspflicht. Da der durchschnittliche wirkliche Arbeitsverdienst in dieser Arbeiterkategorie, wie bei den industriellen Arbeitern, mit 180 S im Monat angenommen werden kann, wonach diese Arbeiter durchwegs in die höchste (9.) Lohnklasse einzureihen sind, ergibt sich der durchschnittliche Versicherungsbeitrag für einen Sägearbeiter in folgender Höhe:

Versicherungszweig	Durchschnittsbeitrag	
	monatlich in S	in Prozent des wirklichen Arbeitsverdienstes
Krankenversicherung	13,00	7,2
Unfallversicherung	1,30	0,7
Arbeitslosenversicherung		
a) ordentliche Unterstützung . .	9,75	5,4
b) Notstandsaushilfe	2,60	1,4
Altersfürsorge	2,60	1,4
Insgesamt . . .	29,25	16,1

Von der Gesamtbeitragsleistung entfällt wieder ungefähr je die Hälfte auf Arbeitnehmer und Arbeitgeber.

Die Unternehmer forstwirtschaftlicher Betriebe haben für die Unfallversicherung der von ihnen beschäftigten Forstarbeiter außer dem normalen Unfallversicherungsbeitrag einen Gefahrenklassenzuschlag zu entrichten, der bis auf weiteres mit einem Fünftel der Beitragsgrundlage festgesetzt ist (entspricht gegenwärtig im Durchschnitt 40% des Krankenversicherungsbeitrages).

C. Höhe der Versicherungsbeiträge für einen pensionsversicherten Angestellten.

Bei Zugrundelegung eines durch die Pensionsversicherung erfaßten Durchschnittsgehaltes von monatlich 285 S (gegenüber einem durchschnittlichen wirklichen Gehalte von 315 S) ergibt sich für einen pensionsversicherten Angestellten folgende Belastung durch Versicherungsbeiträge:

Versicherungszweig	Durchschnittsbeitrag		
	monatlich in S	in Prozent des erfaßten Gehaltes	in Prozent des wirklichen Gehaltes
Krankenversicherung	12,83	4,5	4,1
Stellenlosenversicherung			
a) ordentliche Unterstützung	7,98	2,8	2,5
b) Notstandsaushilfe	1,57	0,55	0,5
Unfall- und Pensionsversicherung	21,38	7,5	6,8
Zusammen . . .	43,76	15,4	13,9

Diese Beiträge belasten den Dienstgeber und den Dienstnehmer je zur Hälfte.

Für den Angestellten mit der höchsten Beitragsgrundlage (400 S) beträgt der Gesamtversicherungsbeitrag rund S 61,5.

Für das Jahr 1931 wird, entsprechend den dann in Kraft stehenden, mit Ausnahme der Krankenversicherung durchwegs höheren Beitragssätzen mit der folgenden Belastung durch Beiträge zu rechnen sein:

Versicherungszweig	Durchschnittsbeitrag		
	monatlich in S	in Prozent des	
		erfaßten Gehaltes	wirklichen Gehaltes
Krankenversicherung	12,83	4,5	4,1
Stellenlosenversicherung			
a) ordentliche Unterstützung	9,69	3,4	3,1
b) Notstandsaushilfe	3,13	1,1	1,0
Unfall- und Pensionsversicherung	22,80	8,0	7,2
Zusammen . . .	48,45	17,0	15,4

D. Die Belastung der Betriebe.

Da für einen einzelnen Arbeiter die Summe der Versicherungsbeiträge 13,7%, für einen Angestellten 13,9% des wirklichen Einkommens beträgt, kann die Belastung eines Industrie- oder Handelsbetriebes im Jahre 1930 ohne Rücksicht darauf, wie sich die Zahl der beschäftigten Arbeiter zu jener der Angestellten verhält, mit nahezu 14% der wirklichen Lohn- und Gehaltssumme veranschlagt werden. Von dieser Beitragslast tragen Arbeitgeber und Arbeitnehmer annähernd je die Hälfte.

Die Belastung eines rein landwirtschaftlichen Betriebes ergibt sich mit 9%, diejenige eines landwirtschaftlichen Sägebetriebes mit 16% der effektiven Lohnsumme. Auch in diesen Betrieben belasten die Sozialversicherungsbeiträge den Arbeitgeber wie den Arbeitnehmer ungefähr je zur Hälfte.

E. Die Belastung der gesamten Wirtschaft.

Das gesamte jährliche Beitragserfordernis für alle Versicherungsträger zusammen beläuft sich im Jahre 1930 auf 444 Mill. S.

Dieser Betrag verteilt sich auf die einzelnen Versicherungszweige und Versicherungsträger wie nachstehende Tabelle zeigt:

Versicherungszweig	Arbeiterversicherung	Angestellten-Versicherung	Landarbeiterversicherung	Krankenkassen der Verkehrsunternehmungen	Krankenversicherungsanstalt der Bundesangestellten	Krankenfürsorgeanstalt der Gemeinde Wien	Unfallversicherungsanstalt der österr. Eisenbahnen	Arbeitslosenversicherung der Wehrmänner und Eisenbahner	Alle Versicherungsträger zusammen
	Millionen Schilling								
Krankenversicherung . .	110[1])	38	17	15	21	6	—	—	207
Unfallversicherung . . .	24		3	—	—	—	9	—	
Invaliditäts(Alters-)versicherung	1,5[2])	63[5])	—	—	—	—	—	—	100,5
Arbeitslosen(Stellenlosen-)-versicherung:									
a) ordentliche Unterstützung	73,5[3])	23[6])	—[8])	—	—	—	—	2,5	99
b) Notstandsaushilfe . .	13[4])	4[7])	—[8])	—	—	—	—	0,5	17,5
Altersfürsorge	21	—	3	—	—	—	—	—	24
Alle Versicherungszweige .	243	128	23	15	21	6	9	3,0	448
Hievon entfallen:									
auf die Arbeitgeber . .	116	64	12	7	10,5	3	9	1,5	223
auf die Arbeitnehmer .	127	64	11	8	10,5	3	—	1,5	225

1) Nach Ausscheidung der Beiträge der freiwillig Versicherten.
2) Umlage in der Provisionsversicherung der Bergarbeiter.
3) Im Jahre 1931: 85 Millionen S.
4) Im Jahre 1931: 25 Millionen S.
5) Im Jahre 1931: 66 Millionen S.
6) Im Jahre 1931: 28 Millionen S.
7) Im Jahre 1931: 8 Millionen S.
8) Der verhältnismäßig geringfügige Beitragsaufwand in der Arbeitslosenversicherung der Landarbeiter ist in dem bezüglichen Beitragsaufwand für die gewerblichen Arbeiter enthalten.

IV. Der Jahresaufwand für Versicherungsleistungen.

1. Krankenversicherung.

Bei allen Krankenversicherungsträgern zusammen beträgt der Jahresaufwand für Versicherungsleistungen insgesamt 193 Mill. S. Es werden also von den Gesamtbeitragseinnahmen von 207 Mill. S rund 93% für Versicherungsleistungen verwendet.

Von diesen Ausgaben entfallen in runden Beträgen auf

a) die Kosten der ärztlichen Hilfe, einschließlich zahnärztlicher Hilfe . . . . 60 Mill. S,
b) die Kosten der Heilmittel und Heilbehelfe, einschließlich des Zahnersatzes . . . . 30 Mill. S,
c) die Kosten der Anstaltspflege . . . . . . 41 Mill. S,
d) die Barleistungen . . . . 62 Mill. S.

Die einzelnen Kategorien von Versicherungsträgern haben an dem Gesamtaufwand an Ärztekosten und an dem für Barleistungen folgenden Anteil:

	Aufwand in Millionen S für	
	Ärztekosten	Barleistungen
Arbeiterversicherung	23	47
Angestelltenversicherung	13	6,5
Landarbeiterversicherung	4,5	4,5
Krankenversicherungsanstalt der Bundesangestellten	10,5	1,1
Krankenkassen der Eisenbahnen .	6	2,8
Krankenfürsorgeanstalt der Gemeinde Wien	3	0,1
Zusammen . . .	60	62

Das durchschnittliche tägliche Krankengeld, berechnet auf Grundlage der angegebenen Lohnklassenverteilung, beträgt S 3,20.

Nach Kategorien von Versicherungsträgern, die durch die selbständige Regelung der Krankenversicherung bestimmt sind, ist die Verteilung des Versicherungsaufwandes auf die Arten der Leistungen sehr verschieden. So entfallen, ausgedrückt in Hundertteilen der Beitragseinnahmen, beispielsweise

	bei den gewerblichen Arbeiterkrankenkassen	bei den Angestelltenkrankenkassen	bei der Krankenvers.-Anstalt der Bundesangest.
a) auf die Barleistungen . . .	43	17	5
b) auf die Kosten der ärztl. Hilfe, einschl. zahnärztl. Hilfe	21	34	50
c) auf die Kosten d. Heilmittel und Heilbehelfe, einschl. des Zahnersatzes	12	20	20
d) auf die Kosten der Anstaltspflege	16	22	20
e) auf alle Leistungen zusamm.	92	93	95

Für eine zu Schlußfolgerungen berechtigende Vergleichung dieser Prozentsätze untereinander erscheinen die angeführten Verhältniszahlen völlig ungeeignet, weil bei den in Betracht gezogenen Einrichtungen der gesetzlich bestimmte Umfang der Leistungen (nach Art und Höhe, bzw. Qualität der gebotenen Leistung) verschieden ist.

Die Nettoverwaltungskosten belaufen sich, gleichfalls in Hundertteilen der Beitragseinnahmen ausgedrückt, im Durchschnitte

bei den Arbeiterkrankenkassen auf 11%
„ „ Angestelltenkrankenkassen auf 6%
„ der Krankenversicherungsanstalt der Bundesangestellten auf . . . . $7^1/_2$%.

Auch diese Prozentsätze lassen einen unmittelbaren Vergleich wegen der Verschiedenheit in der Höhe des Versicherungsbeitrages und in den Verwaltungsagenden nicht zu.

2. Unfallversicherung der Arbeiter.

Der Jahresaufwand für Versicherungsleistungen beträgt

in der gewerblichen Unfallversicherung . . . . 20 Mill. S
„ „ Unfallversicherung der österreichischen Eisenbahnen . . . . 8 „ „
zusammen . . 28 Mill. S

oder rund 85% der Beitragseinnahmen.

Die Verwaltungskosten in diesem Versicherungszweige belaufen sich im Durchschnitt auf rund 15% der Beitragseinnahmen.

Der jährliche Überschuß wird zur Ansammlung einer in der Rentenversicherung notwendigen Rücklage verwendet; im Jahre 1930 wurden bei allen Unfallversicherungsanstalten zusammen rund 2 Mill. S thesauriert.

Der Leistungsaufwand in der Unfallversicherung der Landarbeiter läßt sich mit annähernd 2 Mill. S beziffern; thesauriert wurden rund 1 Mill. S.

3. Unfall- und Pensionsversicherung der Angestellten.

Der Aufwand für Versicherungsleistungen beträgt im Jahre 1930 annähernd 48 Mill. S, die Verwaltungskosten einschließlich der Vergütungen an die Versicherungskassen belaufen sich auf rund 3 Mill. S. Von den Beitragseinnahmen werden hienach rund 75% für Versicherungsleistungen und rund 5% zur Deckung der Verwaltungskosten verwendet.

Der Gebarungsüberschuß dient wieder zur Bildung einer Rücklage, die im Berichtsjahre eine Erhöhung um rund 17 Mill. S erfahren hat.

4. Provisionsversicherung der Bergarbeiter.

Die Jahressumme der Zuschüsse zu den Provisionen der Bergwerksbruderladen beträgt annähernd 4 Mill. S. Im Rahmen dieser Zusammenstellung soll die Belastung durch die Provisionszuschüsse jedoch nur mit jenem Teilbetrage berücksichtigt werden, der seine Bedeckung in der von den Bergwerksunternehmungen zu diesem Zwecke eingehobenen Umlage (im Jahre 1930 rund 1,5 Mill. S) findet. Der restliche Teil dieser Belastung wird aus den Mitteln des Bergbaufürsorgefonds bestritten.

5. Arbeitslosen-(Stellenlosen-)versicherung und Altersfürsorge.

Nach den Gebarungsergebnissen für das Jahr 1930 ergibt sich der Unterstützungsaufwand in der Arbeitslosen-(Stellenlosen-)versicherung und in der Altersfürsorge mit folgenden Ziffern:

a) ordentliche Unterstützung	136 Mill. S
b) Notstandsaushilfe	56 „ „
c) Altersfürsorge (einschließlich Hausgehilfen, Bergarbeiter und Landarbeiter)	37 „ „
zusammen . .	229 Mill. S

Die genannten Ziffern stellen den reinen Unterstützungsaufwand dar. Zuzüglich der Kosten der produktiven Arbeitslosenfürsorge und der Sonderaktionen im Betrage von 3,5 Mill. S und der Verwaltungskosten im Betrage von 13,5 Mill. ergibt sich der Gesamtaufwand in der Arbeitslosenversicherung und Altersfürsorge mit 246 Mill. S.

Die Kosten der Arbeitsvermittlung, die durch eine besondere Umlage zu decken sind, betragen jährlich rund 4,5 Mill. S. Diese Belastung erscheint in den Summarziffern dieses Berichtes weder als Ausgabe- noch als Einnahmepost berücksichtigt.

6. Gesamtaufwand in allen Versicherungszweigen.

Der Gesamtaufwand in der österreichischen Sozialversicherung im Jahre 1930 ergibt sich sodann mit 575 Mill. S; von diesem Betrage entfallen

auf Versicherungsleistungen	505 Mill. S
auf Rücklagenbildung in der Rentenversicherung .	20 „ „
auf Verwaltungskosten	40 „ „
auf sonstige Ausgaben	10 „ „

Zur Bedeckung dieses Gesamtaufwandes standen zur Verfügung:

a) an Beiträgen der Arbeitgeber und Arbeitnehmer . .	448 Mill. S
b) an Beiträgen des Bundes und der Länder zu den Kosten der Arbeitslosenversicherung und der Altersfürsorge rund	50 „ „
c) an sonstigen Einnahmen der Versicherungsträger . .	25 „ „
zusammen . .	523 Mill. S

Der restliche Betrag in der Höhe von 52 Mill. S wurde vom Bunde aus dem Titel der Bevorschussungsverpflichtung in der Arbeitslosenversicherung vorschußweise bestritten.

Zusammenfassender Bericht über das Ergebnis der Beratungen des Ausschusses.

In den Kreis der Aufgaben, die sich das Österreichische Kuratorium für Wirtschaftlichkeit gestellt hat, fällt auch das Aufsuchen aller Arten von Verlustquellen, die sich im Wirtschaftsleben geltend machen, und die Untersuchung des Einflusses, den diese auf die Produktionskosten und damit auf die Wettbewerbsfähigkeit der österreichischen Volkswirtschaft nehmen.

Die Tatsache, daß die Aufwendungen in der öffentlichrechtlichen Krankenversicherung in den letzten Jahren in einem nahezu ununterbrochenen Ansteigen begriffen sind und der Umstand, daß diese unerfreuliche Erscheinung aus der Entwicklung der allgemeinen Gesundheitsverhältnisse allein nicht erklärt werden kann, veranlaßte das Österreichische Kuratorium für Wirtschaftlichkeit, einen eigenen Ausschuß zu dem Zwecke einzusetzen, die Ursachen dieser Erscheinung näher zu ergründen und Wege zu ihrer Bekämpfung aufzuzeigen. Insbesondere sollte er die Frage der Rationalisierung auf dem Gebiete der öffentlichrechtlichen Krankenversicherung zum Gegenstand eines sorgfältigen Studiums machen und sich hiebei sein Arbeitsfeld so weit stecken, daß unter den Rationalisierungsgedanken nicht nur die Betriebseinrichtungen und die Art der Geschäftsführung, sondern auch der gesamte Versicherungsaufbau und die Leistungspolitik fallen. Dem Ausschuß fiel ferner die Aufgabe zu, entsprechend dem Ergebnis seiner Beratungen allfällige Reformvorschläge zu erstatten.

Dieser Ausschuß wurde am 24. Februar 1930 gebildet und faßte zunächst den Beschluß, den Kreis der Teilnehmer an den Beratungen durch Beiziehung von Fachleuten und Interessentenvertretern entsprechend zu erweitern, um im Interesse der Klarstellung umstrittener Fragen möglichst alle Faktoren zu Worte kommen zu lassen, die in den Belangen der Reformbedürftigkeit der öffentlichrechtlichen Krankenversicherung einen besonderen Standpunkt einnehmen. Dem auf diese Weise ergänzten Ausschuß gehörten die in der Liste auf den Seiten 8—10 genannten Personen an.

Der Ausschuß wählte einstimmig zum Vorsitzenden den Präsidenten der Ingenieurkammer für Wien, Niederösterreich und Burgenland, Baurat Dr.-Ing. Bruno Bauer. Zur Durcharbeitung und abschließenden Beurteilung des umfangreichen Beratungsstoffes benötigte der Ausschuß im ganzen 14 Sitzungen.

Über die Arbeitsmethode und den Gang der Verhandlungen ist in kurzem folgendes zu berichten:

Auf Grund des Ergebnisses einer Generaldebatte über Umfang und Ziel der Beratungstätigkeit des Ausschusses wurde zunächst ein Rahmenarbeitsprogramm aufgestellt, das drei Hauptpunkte umfaßt.

Punkt I betrifft Gegenstand und Art der Kritik, die an den heute bestehenden Einrichtungen der Krankenversicherung geübt wird. Dieser Programmpunkt umfaßt im besonderen die konkreten Beschwerden gegen das heutige System in bezug auf Zweck und Ausdehnung der Versicherung, Versicherungssystem und Leistungsniveau, Aufbringung der Mittel sowie Organisation und Verwaltung.

Punkt II betrifft die Bereitstellung der Unterlagen, die erforderlich sind, um festzustellen, inwieweit die an dem bestehenden System geübte Kritik in den tatsächlichen Verhältnissen begründet und stichhältig ist.

Punkt III schließlich betrifft Vorschläge zur Verbesserung des heutigen Systems. Unter diesen Programmpunkt fällt auch die Erörterung grundsätzlicher Fragen, wie Ärztesystem, Einkommensgrenze, Schadensversicherung, Verbindung des Sparprinzips mit dem Versicherungsprinzip u. ä.

Der Ausschuß beschloß, die Stellungnahme der Interessenten zu diesem Fragenkomplex in der Form von schriftlichen Referaten einzuholen. Zu diesem Zwecke wurden von seiten der Arbeitgeber, der Arbeitnehmer, der Versicherungsträger und der Ärzte Referenten bestellt. Gleichzeitig wurde an den Vertreter des Bundesministeriums für soziale Verwaltung, Sektionschef Schromm, das Ersuchen um Beistellung statistischer Materialien über die Gebarungsverhältnisse bei den Trägern der öffentlichrechtlichen Krankenversicherung in Österreich gerichtet.

Die eingelangten Referate sowie das vom Bundesministerium für soziale Verwaltung in dankenswerter Weise zur Verfügung gestellte statistische Material wurden vervielfältigt und allen Ausschußmitgliedern zum Studium übermittelt.

Es wurden die folgenden Einzelreferate vorgelegt:

„Mängel des österreichischen Sozialversicherungswesens“ von Doktor Leopold Bermann, Sekretär der Kammer für Handel, Gewerbe und Industrie in Wien.

„Die Krankenversicherung der Arbeiter vom Standpunkt der Arbeiterkrankenkassen“ von Stephan Huppert, Direktorstellvertreter der Arbeiterkrankenversicherungskasse Wien.

„Rationalisierung des Krankenkassen- und Versicherungswesens“ (Angestelltenversicherungskassen), von Ing. Fritz Jordan, Leitender Beamter der Versicherungskasse für Industrieangestellte in Wien.

„Die Krankenversicherung der öffentlichen Angestellten in Österreich unter besonderer Berücksichtigung der Krankenversicherungsanstalt der Bundesangestellten“ von Ministerialrat Dr. Alfred Korschinek, Generaldirektor der Krankenversicherungsanstalt der Bundesangestellten.

„Allgemeine ärztliche Gesichtspunkte zur Frage der Rationalisierung der österreichischen Krankenversicherung“ von Medizinalrat Dr. med. Camillo Lill, Chefarzt der Städtischen Gaswerke, Vertreter des Verbandes der Kassenärzte.

„Kritik an der sozialen Krankenversicherung und ihren derzeitigen Systemen“ von Dr. med. Josef Alexander Lipiner, frei praktizierender Facharzt.

„Gedanken zur Reform der Sozialversicherung“ von Dr. Bruno Mathis, Rechtsreferent der Österreichischen Land- und Forstwirtschaftsgesellschaft in Wien.

„Konzentration in der Angestelltenversicherung“ von Leopold Mühlberger, Zentralinspektor der Hauptanstalt für Angestelltenversicherung.

„Anvertrautes Gut in der Sozialversicherung“ von Leopold Mühlberger, Zentralinspektor der Hauptanstalt für Angestelltenversicherung.

„Überkonsum in der Sozialversicherung“ von Leopold Mühlberger, Zentralinspektor der Hauptanstalt für Angestelltenversicherung.

„Kritik an der Krankenversicherungsanstalt der Bundesangestellten“ von Hofrat Theodor Nechwalsky, Obmann des Schutzverbandes der bei der Krankenversicherungsanstalt der Bundesangestellten Versicherten.

„Kritische Betrachtungen zur österreichischen Sozialversicherung“ von Hofrat Dr. Edmund Palla, Generalsekretär der Kammer für Arbeiter und Angestellte in Wien.

„Reform der Sozialversicherung“ von Dr. Theodor Schneider, Sekretär des Hauptverbandes der Industrie Österreichs.

„Kritik und Vorschläge zum Angestelltenversicherungsgesetz 1928“ von Alfred Sponner, Direktor der Versicherungsanstalt für Angestellte in der Land- und Forstwirtschaft.

„Die Krankenversicherung der Landarbeiter“, Referat der Zentralkommission der christlichen Gewerkschaften Österreichs.

„Die Unfall- und Invalidenversicherung der Land- und Forstarbeiter“, Referat der Zentralkommission der christlichen Gewerkschaften Österreichs.

Die vorangeführten Referate sind im Hauptteil B „Referate der Ausschußmitglieder“ dieses Buches enthalten. Sie bildeten die Grundlage für eine eingehende Erörterung der in den Rahmen des aufgestellten Arbeitsprogrammes sich einfügenden kontroversen Fragen. Es zeigte sich dabei, daß insbesondere folgende Fragen umstritten bzw. einer Klärung bedürftig sind: Vor allem die Frage des sogenannten „Überkonsums“, worunter die übermäßige Inanspruchnahme der Versicherungsleistungen durch die Versicherten zu verstehen ist, und die Wege zu seiner Bekämpfung. Ferner der Begriff des Bagatellschadens und die Art seiner Erfassung, die Zweckmäßigkeit einer Einkommensgrenze in der öffentlichen Krankenversicherung und die Behandlung der von ihr betroffenen Personen. Schließlich die Verbindung des Sparprinzips mit dem Versicherungsprinzip. Auch hinsichtlich der Frage des Betriebes von Ambulatorien zeigten sich starke Gegensätze.

Was die Frage des Überkonsums betrifft, glaubte die überwiegende Mehrheit der Ausschußmitglieder, keinen Grund zu haben, an dessen Tatsächlichkeit in Anbetracht der vorliegenden Gebarungsergebnisse und der sonstigen diesbezüglich gemachten Beobachtungen zu zweifeln. Von der Mehrheit der Vertreter der Arbeitnehmer und der Versicherungsträger wurde das Vorhandensein eines Überkonsums in Frage gestellt und hiebei insbesondere auf die durch ärztliche Aussprüche bestätigte praktische Schwierigkeit hingewiesen, im Einzelfall einen behaupteten Überkonsum festzustellen. Die Frage nach den Ursachen eines allfälligen Überkonsums wurde dahin beantwortet, daß diese sowohl in dem Verhalten der Versicherten wie in jenem der Ärzte gelegen sind, das wieder zum größten Teil in den allgemeinen wirtschaftlichen Verhältnissen begründet ist, vor allem aber in dem Anreiz zur Geltendmachung des Leistungsanspruches in jenen Fällen, wo das Krankengeld im Verhältnis zum tatsächlichen Arbeitsverdienst übermäßig hoch bemessen ist. Gegenüber dem letztangeführten Umstand wird von den Vertretern der Arbeitnehmer wieder ins Treffen geführt, daß die heute vielfach noch bestehende Unterversicherung — worunter die Tatsache zu verstehen sei, daß der versicherte Lohn hinter dem wirklichen Arbeitsverdienst stark zurückbleibt — die Möglichkeit eines Überkonsums geradezu ausschließe.

In der Frage der Bagatellschäden nimmt die Mehrzahl der Ausschußmitglieder den Standpunkt ein, daß die Ausschaltung der Bagatellschäden dem Versicherungsprinzip nicht zuwiderlaufe, wenn von einer solchen Maßnahme die gering entlohnten Arbeitnehmer ausgenommen werden und der Begriff des Bagatellschadens der wirtschaftlichen Tragfähigkeit des Versicherten angepaßt werde. Eine solche Regelung sei jedenfalls in der Angestelltenversicherung zu empfehlen, weil sie die Möglichkeit eröffnet, in Schadensfällen schwererer Art ausgiebige Hilfe bringen zu können. Von einem Teil der Ausschußmitglieder wird der Gedanke der Ausschaltung der Bagatellschäden mit dem Argumente bekämpft, daß der breiten Masse der Versicherten bei den gegenwärtigen Entlohnungsverhältnissen die Alleintragung der Kosten angeblicher Bagatellschadensfälle nicht zugemutet werden könne. Dieser ablehnende Standpunkt wird noch unterstützt durch den Hinweis, daß in der Praxis der Begriff des Bagatellschadens schwer abzugrenzen sei und seine Erfassung mit bedeutenden Verwaltungsmehrauslagen verbunden sein müsse.

Besonders heiß umstritten ist die Frage der Einkommensgrenze. Ein Teil der Ausschußmitglieder (hauptsächlich Vertreter der Arbeitgeber- und Ärzteorganisationen) spricht sich für die Einführung einer Einkommensgrenze in der öffentlich-rechtlichen Krankenversicherung mit der Begründung aus, daß die von dieser Grenze betroffenen Kreise eines Versicherungsschutzes in der heute gebotenen Form nicht bedürftig erscheinen. Ein anderer Teil der Ausschußmitglieder (hauptsächlich Vertreter der Arbeitnehmer und der Versicherungsträger) tritt für die Beibehaltung des gegenwärtigen Zustandes ein und begründet diesen Standpunkt damit, daß die derzeitige Form der Versicherung den Ansprüchen, die auch seitens dieses Personenkreises berechtigterweise an eine Sozialversicherung gestellt werden können, vollkommen genüge und die Einführung der Einkommensgrenze, sofern diese nicht den Ausschluß aus der Versicherung bedeutet, Versicherte mit verschieden gearteten Leistungsansprüchen schaffe, was für die breite Masse der Versicherten nicht tragbar sei. In bezug auf die Behandlung der von der Einkommensgrenze Betroffenen tritt die überwiegende Mehrheit der Ausschußmitglieder für die Weiterbelassung dieser Personen in der Versicherung bei gleichzeitiger Neuregelung der Versicherung für diesen Personenkreis auf geänderten Grundlagen ein. Einzelne Vertreter von Arbeitnehmerorganisationen sprechen sich dafür aus, daß die Einkommensgrenze, wenn deren Einführung schon nicht zu umgehen sei, mit der Befreiung von der Versicherungspflicht verbunden sein soll. Während die Mehrheit der Ausschußmitglieder der Auffassung ist, daß die Einkommensgrenze sich nur auf das Diensteinkommen allein beziehen soll, wird von Vertretern der Ärzteschaft und einem Vertreter der Versicherungsträger die Forderung erhoben, daß von der Einkommensgrenze das Gesamteinkommen erfaßt werden soll.

Die in der Öffentlichkeit gegebenen Anregungen, die dahin gehen, zum Zwecke der Bekämpfung des Überkonsums in der Krankenversicherung das Versicherungsprinzip mit dem Sparprinzip in einer Weise zu verbinden, daß hiedurch für den einzelnen Versicherten ein Anreiz geschaffen werde, zu seinem finanziellen Vorteil die Leistungen der Versicherung nur in dem gesundheitlich wirklich begründeten Maße in Anspruch zu nehmen, konnten von dem Ausschuß mangels entsprechender Unterlagen noch nicht endgültig beurteilt werden. Diese Frage soll daher noch zum Gegenstand eines weiteren Studiums gemacht werden, von dessen Ergebnis erst ein abschließendes Urteil erwartet werden kann. Die vom Ausschuß diesbezüglich gefaßte Resolution beschränkt sich daher in der Hauptsache auch nur auf eine allgemeine Zielsetzung.

Die Frage der Zweckmäßigkeit des Betriebes von Ambulatorien wurde von allen Mitgliedern des Ausschusses, die nicht dem ärztlichen Berufsstande angehören, ferner von einem Vertreter der Ärzteschaft im bejahenden Sinne beantwortet.

Die auf Grundlage der Einzelreferate abgeführte Diskussion hat, um den weiteren Beratungen konkrete Ziele zu stecken und so einem Abschweifen der Debatte ins Uferlose zu steuern, es zweckmäßig erscheinen lassen, eine Stellungnahme der Ausschußmitglieder zu ganz bestimmten Fragepunkten, die den Kern der strittigen Teilprobleme treffen, herbeizuführen.

Der Standpunkt, der von den Ausschußmitgliedern zu den bezüglichen Fragepunkten eingenommen wurde, ist in die Form von Resolutionen gekleidet, mit deren genauer Wiedergabe diese Darlegungen ihren Abschluß finden. Mit einer einzigen Ausnahme konnte in allen Fällen eine übereinstimmende Meinung aller jeweils anwesenden Ausschußmitglieder erzielt werden; da es sich hierbei vielfach um die Ausgleichung mehr oder minder starker Gegensätze handelte, tragen einige dieser Resolutionen deutlich erkennbaren Kompromißcharakter. In dem einen Falle, wo eine einheitliche Stellungnahme nicht erreicht werden konnte, erscheinen die Verschiedenheiten in der Auffassung durch einen entsprechenden Zusatz zum Ausdrucke gebracht.

Es folgen nun die zu den einzelnen Fragepunkten gefaßten Resolutionen im Wortlaute:

Fragepunkt 1: Krankengeld (Überkonsum).

Ein wirksames Mittel zur Bekämpfung des Überkonsums an Krankengeld bildet die Herstellung eines angemessenen Verhältnisses zwischen Krankengeld und Arbeitsverdienst.

(Einstimmig.)

Fragepunkt 2: Arzthilfe (Überkonsum).

Auch auf dem Gebiete der Arzthilfe besteht ein Überkonsum, zu dessen Bekämpfung der Einbau von Sicherungen notwendig wird, die bei dem System der freien Ärztewahl besonders wirksam gestaltet werden müssen.

(Einstimmig.)

Fragepunkt 3: Heilmittel (Überkonsum).

Die übermäßige Inanspruchnahme von Heilmitteln hängt zum großen Teile mit dem Überkonsum an Arzthilfe zusammen. Es wäre auch auf die größte Ökonomie in der Verschreibweise hinzuwirken.

(Einstimmig.)

Fragepunkt 4: Erweiterte Heilfürsorge.

Erweiterte Heilfürsorge ist zweckmäßig, wenn sie zur rascheren Wiederherstellung der vollen Erwerbsfähigkeit führt oder in anderer Weise geeignet ist, den Aufwand von Pflichtleistungen zu vermindern. Als vorbeugende Maßnahme soll sie jedoch nur in dem Umfange gewährt werden, daß die zur Deckung der Pflichtleistungen erforderlichen Mittel keine Beschränkung erfahren. Der Betrieb eigener Heilstätten wäre nur besonders großen und leistungsfähigen Versicherungsträgern oder Verbänden von solchen vorzubehalten.

(Einstimmig.)

Fragepunkt 5: Leistungen aus außerordentlichen Fonds.

Der außerordentliche Unterstützungsfonds soll nur aus Überschüssen oder außerordentlichen Einnahmen der Versicherungsträger dotiert werden. Die Verwendung seiner Mittel ist im

Rahmen der Versicherung auf berücksichtigungswürdige Einzelfälle, für die individuelle Merkmale maßgebend sein sollen, zu beschränken.

(Einstimmig.)

Fragepunkt 6: Ambulatorien.

Der Betrieb von Ambulatorien wird, soferne deren Wirtschaftlichkeit feststeht, bei medizinischer Gleichwertigkeit als zweckmäßig erachtet.

(Mit Stimmenmehrheit gefaßt. Dafür stimmen alle nicht dem ärztlichen Berufsstand angehörigen Mitglieder des Ausschusses, ferner ein Ärztevertreter, dagegen stimmen die übrigen Vertreter der Ärzteschaft.)

Fragepunkt 7: Einkommensgrenze.

Die Einführung einer Einkommensgrenze kann praktisch nur in der Krankenversicherung der Angestellten in Betracht kommen. Die Festsetzung einer Einkommensgrenze soll nicht den Ausschluß aus der Versicherung, sondern nur eine Änderung in den Versicherungsleistungen bewirken. Im Falle der Einführung der Einkommensgrenze hätten die von ihr betroffenen Angestellten eine selbständige Riskengemeinschaft zu bilden.

(Einstimmig.)

Fragepunkt 8: Bagatellschäden und Schadensversicherung.

Soweit die wirtschaftliche Lage der Versicherten es rechtfertigt, ist die Ausschaltung der Bagatellschäden, deren Begriff dem tatsächlichen Versicherungsbedürfnis angepaßt sein soll, anzustreben. Die Ausschaltung der Bagatellschäden aus der Leistungsverpflichtung des Versicherungsträgers erfolgt in zweckmäßiger Weise durch eine Schadensversicherung, bei der der Versicherte in allen Fällen an dem durch den Eintritt des versicherten Ereignisses verursachten Schaden beteiligt wird. Insbesondere ist es empfehlenswert, für die Angestellten mit höherem Einkommen eine solche Schadensversicherung zu schaffen, daß für diesen Personenkreis unter Ausschaltung aller Leistungen bei kleineren Schadensfällen eine angemessene Vergütung bei schwereren Schadensfällen geleistet werden kann.

(Einstimmig.)

Fragepunkt 9: Einbau des Spargedankens.

Neben dem Versicherungsprinzip wäre das Sparprinzip nur soweit zur Anwendung zu bringen, daß ohne Steigerung des

Beitragsaufwandes der Versicherungszweck noch voll und ganz erreicht wird. Das Ziel einer solchen Maßnahme wäre hienach darauf zu beschränken, einen allfälligen Überkonsum in Spargut zu verwandeln. Doch dürften die aus der Einführung des Sparprinzipes allenfalls erwachsenden Verwaltungsmehrkosten nicht unverhältnismäßig groß sein. Ein brauchbares, diesen Forderungen Rechnung tragendes System müßte erst entworfen und auf seine Durchführbarkeit überprüft werden.

(Einstimmig.)

Fragepunkt 10: Verwaltung.

Im Interesse einer weitgehenden Rationalisierung der Betriebsführung im allgemeinen und der Verwaltung im besonderen wäre anzustreben:

1. Die Schaffung lebensfähiger Einheitskassen im Bereiche gesetzlich selbständig geregelter Krankenversicherungen.
2. Tunlichste Einschränkung der Verwaltungskörper in bezug auf deren Gliederung und Mitgliederzahl.
3. Die Vereinheitlichung der Geschäftseinrichtungen und der Rechnungslegung.
4. Die Ökonomisierung des technischen Verwaltungsapparates.
5. Die Beschränkung der Eigenbewirtschaftung von Heimen und Anstalten auf besonders leistungsfähige Versicherungsträger oder Verbände von solchen.

(Einstimmig.)

ÖKW-Veröffentlichungen.

Bis 15. Mai 1932 sind erschienen:

1. **„Rationalisierung und Weltwirtschaft"** — Aufbau und Ordnung der Weltwirtschaft — von Ernst Streeruwitz. (Geschäftsführender Vorsitzender des Österreichischen Kuratoriums für Wirtschaftlichkeit, Präsident der Wiener Handelskammer, gewesener Bundeskanzler der Republik Österreich.)

   Inhalt: An Hand reichen statistischen Materiales werden die Grundzüge der Rationalisierung vom Standpunkt künftiger Weltgemeinschaft behandelt. Die 4 Hauptstücke des Buches befassen sich mit der Begriffsabgrenzung, den Subjekten, den Objekten und Methoden der Rationalisierung; im letzten Hauptstück werden insbesondere die innere Organisation der Großwirtschaft (Kartelle, Trusts, Konzerne, Interessengemeinschaften und besondere Formen der Großorganisation) sowie die internationale Arbeitsteilung und Kooperation (das Menschenproblem, die Güterwirtschaft, das Geld- und Währungswesen und die politische Ordnung) im Sinne der arbeitsteiligen Weltwirtschaft der Zukunft behandelt.

   559 (XIX und 540) Normseiten (Format Önorm A 5) mit 37 Abbildungen, 3 Tafeln und 3 Beilagen.

   Verlag Julius Springer, Wien 1931. Preis: Broschiert S 24,50 (RM 14.40), gebunden S 28.— (RM 16.50).

2. **„Österreichs zukünftige Energiewirtschaft."** Von Generaldirektor a. D. Ziv.-Ing. Richard Hofbauer.

   Inhalt: Die Energievorräte Österreichs, der Bedarf Österreichs an elektrischer Energie, die Verwertung der Energievorräte Österreichs, die künftige Energieverteilung, Organisationsprobleme der österreichischen Energiewirtschaft, Richtlinien für die Durchführung des Planes.

   87 Normseiten (Format Önorm A 5) mit 2 Tafeln und einer energiewirtschaftlichen Übersichtskarte.

   Verlag Julius Springer, Wien 1930. Preis S 4.80.

3. **„Die wirtschaftlichen Grundlagen der Donauschiffahrt.“** Von Generaldirektor Hofrat Ludwig Wertheimer.

Inhalt: Das geopolitische Milieu der Donauschiffahrt, die Friedensschlüsse und die Donauschiffahrt, die Voraussetzungen der Donauschiffahrt, der Schiffahrtsbetrieb auf der Donau, die österreichische Schiffahrt, Möglichkeiten der Hebung der Donauschiffahrt.
60 Normseiten (Format Önorm A 5) mit 7 Tabellen, einer vierfarbigen Donaukarte und einem Güterfahrplan der Betriebsgemeinschaft auf der Donau.
Verlag Julius Springer, Wien 1930. Preis S 3.80.

4. **„Die österreichische Donau im mitteleuropäischen Binnenschiffahrtsnetz.“** Von Sektionschef a. D. Ing. Otto Schneller.

Inhalt: Wirtschaftlichkeitsbestrebungen und Wasserwege, Wasserwege in Österreich und Deutschland, Notwendigkeit von einheitlichen Schiffsabmessungen für das mitteleuropäische Wasserstraßennetz, Durchzugswasserstraßen, Zusammenfassung, Beschlüsse des ÖKW-Donauausschusses.
31 Normseiten (Format Önorm A 5) mit einer Tabelle, 3 Längenprofilkarten und einer vierfarbigen Übersichtskarte über „Die Wasserstraßen Mitteleuropas“.
Industrieverlag Spaeth & Linde, Wien 1930. Preis S 2.80.

5. **„Die technischen Grundlagen der Donauschiffahrt.“** Von Hofrat Professor Rudolf Halter.

Inhalt: Allgemeine Beschreibung der Donau, Detailbeschreibung der einzelnen Donaustrecken: die Donau in Bayern, die österreichische Donaustrecke Passau—Devin, die vormals ungarische Donau Devin—Moldova-veche, die Kataraktenstrecke Moldova-veche—Turnu Severin, der untere Donauabschnitt Turnu Severin bis Sulina, die Donaumündung, Fahrwasserbezeichnung und -beleuchtung, die Donauhäfen, Beschlüsse des ÖKW-Donauausschusses.
68 Normseiten (Format Önorm A 5) mit 10 Tabellen, 4 Bildern und 4 Tafeln (Übersicht des Donaulaufes, generelles Längenprofil der Donau von Ulm bis zur Mündung, synoptische Darstellung der Sohle der österreichischen Donau, Längenprofil des Donauweges Baziaş—Eisernes Tor).
Verlag Julius Springer, Wien 1931. Preis S 7.65 (RM 4.50).

6. **„Stand der österreichischen Normung Juni 1930.“** Verfasser: Österreichischer Normenausschuß für Industrie und Gewerbe (ÖNA).

Inhalt: Allgemeine Normen, Bauwesen, Berg- und Hüttenwesen, Chemische Industrie, Elektrotechnik, Feuerschutzwesen, Krankenhauswesen, Landwirtschaft, Maschinenbau, Verkehrswesen, Sonstige Normen.
39 Seiten (Format Önorm A 5).
Selbstverlag des Kuratoriums, 1930. Preis S 1.—.

7. **„Entwicklung und Rationalisierung der österreichischen Landwirtschaft."**

Mit folgenden Beiträgen: Überblick über Lage und Probleme der österreichischen Landwirtschaft (Hofrat Dr. Winter), Viehwirtschaft (Prof. Dr. Stampfl), Pflanzenbau (Dr. Müller), Wein-, Obst- und Gemüsebau (Hofrat Löschnig), Technik in der Landwirtschaft (Dir. Ing. Greil), die Landarbeiterfrage (Dr. Stoiber), Österreichs landwirtschaftliche Genossenschaften (Dr. Lekusch), das landwirtschaftliche Unterrichtswesen (Doktor Steden), die Rationalisierung des Betriebes in der Landwirtschaft (Dr.-Ing. Strobl).

242 Normseiten (Format Önorm A 5) mit 50 Tabellen.

Agrarverlag, Wien 1931. Preis S 7.—.

8. **„Fortschritte im Hochbau."** Von Doz. Ing. Dr. techn. Sepp Heidinger, Graz.

Inhalt: Wissenschaftliche Grundlagen (Wärmeschutz, Schallschutz), Bauteile und Baustoffe (tragende Wände, Skelettwände, Kaminausbildung, Außenputz, Zwischenwände, Decken, Fenster und Türen), Erfahrungen mit neuen Bauweisen (Wirtschaftlichkeit, Wärme- und Schallschutz), Baubetrieb in Deutschland (Organisation der Baustellen, Werkzeuge, Schalungen, Gerüste, Baumaschinen), Gemeinschaftsarbeit, Vergleich der Baukosten in Deutschland und Österreich.

127 Normseiten (Format Önorm A 5) mit 14 Tabellen und 108 Bildern.

Verlag Julius Springer, Wien 1931. Preis S 9.60 (RM 5.65).

10. **„Der Austausch von Betriebserfahrungen."** Ziele und Methoden der österreichischen Arbeitsgemeinschaft für Erfahrungsaustausch von Dr. Hellmuth Boller, Wien.

Inhalt: Das amerikanische Vorbild, Leitgedanken und psychologische Voraussetzungen, der Aufbau des Erfahrungsaustausches in Österreich, Struktur, Organisation und Arbeitsgebiet der Erfahrungsaustausch-Gruppen, Methoden und Ergebnisse des Erfahrungsaustausches in Österreich (1928—1931), statistische Übersicht, Anhang (Bericht der Untergruppe für Lohnverrechnung über Lohnerfassung und Lohnverrechnung bis zur Auszahlung an den Arbeiter, praktische Auswertung des Erfahrungsaustausches).

71 Normseiten (Format Önorm A 5) mit 12 Abbildungen (Formularen).

Verlag Julius Springer, Wien 1931. Preis S 4.60 (RM 2.70).

11. **„Rationalisierung im Krankenkassenwesen."** Bearbeitet vom ÖKW-Arbeitsausschuß „Rationalisierung im Krankenkassen- und Versicherungswesen".

Mit folgenden Beiträgen: Mängel des österreichischen Sozialversicherungswesens (Dr. Bermann), Die Krankenver-

sicherung der Arbeiter vom Standpunkt der Arbeiterkrankenkassen (Dir.-Stellv. Huppert, Rationalisierung des Krankenkassen- und Versicherungswesens (Ing. Jordan), Die Krankenversicherung der öffentlichen Angestellten in Österreich unter besonderer Berücksichtigung der Krankenversicherungsanstalt der Bundesangestellten (Gen.-Dir. Dr. Korschinek), Allgemeine ärztliche Gesichtspunkte zur Frage der Rationalisierung der österreichischen Krankenversicherung (Med.-Rat Dir. med. Lill), Kritik an der sozialen Krankenversicherung und ihren derzeitigen Systemen (Dr. med. Lipiner), Gedanken zur Reform der Sozialversicherung (Dr. Mathis), Konzentration in der Angestelltenversicherung, ferner Anvertrautes Gut in der Sozialversicherung und Überkonsum in der Sozialversicherung, von Zentralinspektor Mühlberger, Kritik an der Krankenversicherungsanstalt der Bundesangestellten (Hofrat Nechwalsky), Kritische Betrachtungen zur österreichischen Sozialversicherung (Hofrat Dr. Palla), Reform der Sozialversicherung (Dr. Schneider), Kritik und Vorschläge zum Angestelltenversicherungsgesetz 1928 (Dir. Sponner), Die Krankenversicherung, die Unfall- und Invalidenversicherung der Land- und Forstarbeiter (Zentralkommission der christlichen Gewerkschaften Österreichs), Beitrags- und Versicherungsaufwand in der österreichischen Sozialversicherung im Jahre 1930 (Sekt.-Chef Schromm).
Zusammenfassender Bericht über das Ergebnis der Beratungen des Ausschusses mit den Resolutionen über Krankengeld, Arzthilfe, Heilmittel, Erweiterte Heilfürsorge, Leistungen aus außerordentlichen Fonds, Ambulatorien, Einkommensgrenze, Bagatellschäden und Schadensversicherung, Einbau des Spargedankens, Verwaltung.

336 Normseiten (Format Önorm A 5).

Verlag Julius Springer, Wien, 1932. Preis S 12.— (RM 7.20).

Demnächst erscheint:

12. „Rationalisierung für den Handel." Normung der Geschäftsvordrucke. Unter Mitwirkung des Österreichischen Normenausschusses bearbeitet von Dozent Dr. Erwin Paneth, Wien.

Inhalt: I. Teil (Textteil): Wesen der Rationalisierung und Normung, Rationalisierung im Handel. Welche Faktoren sind bei der Normung der Geschäftsvordrucke zu berücksichtigen? Der Inhalt der Vordrucke (Vermerke, Vordrucksformen, Klauseln), die Raumnutzung (Kopf, Textteil, Schlußteil und besondere Kennzeichen), das Format, die Papiersorte, die Verwendung verschiedener Farben, Normgeschäftsvordrucke und geschäftliche Praxis.

Der II. Teil (Mustersammlung der Normgeschäftsvordrucke) enthält nebst den Önormen A 1001 „Papierformate" und A 1005 „Briefhüllen" die einzelnen Formulare:

a) für den Warenverkehr: Bestellschein, Lieferschein, Wareneingangsschein, Konsignations-Lieferschein und -Rücklieferschein, Rückwaren-Lieferschein und -Übernahmsschein, Konsignations-Rückübernahmsschein, Reparatur-Lieferschein und -Übernahmsschein, Leihwaren-Quittung, Lager-Anforderungsschein- und -Abfuhrschein, Abschreibungsschein;

b) für den Geldverkehr: Empfangsbestätigung und Kassenbericht;

c) für die sonstige Betriebsverwaltung: Brief-, Rechnungs- und Konsignationsrechnungsblätter sowie Fortsetzungsblätter, Gutschrifts- und Konsignationsgutschrifts-Anzeige, Belastungs- und Konsignationsbelastungs-Anzeige, Lohnliste, Gehaltsliste und Stellenbewerbung.

26 Textseiten (Format Önorm A 4) mit 46 Vordrucken.

Verlag Julius Springer, Wien 1932. Preis S 5.80 (RM 3.40).

GPSR Compliance

The European Union's (EU) General Product Safety Regulation (GPSR) is a set of rules that requires consumer products to be safe and our obligations to ensure this.

If you have any concerns about our products, you can contact us on ProductSafety@springernature.com

In case Publisher is established outside the EU, the EU authorized representative is:

Springer Nature Customer Service Center GmbH
Europaplatz 3
69115 Heidelberg, Germany

Batch number: 10844811

Printed by Printforce, the Netherlands